¡Vamos!
¡Adelante!
Curso intensivo

2

von
María Teresa Barco Adalid
Denise Bondonno
Esther Christiani-Weber
Asunción Diez Flórez
Gabriela Farah de Günther
Carlos Forte
Beate James
Cristina Jiménez-Landi
Britta Mailand
Steffen Mailand
Nuray Yilmaz

Ernst Klett Verlag
Stuttgart · Leipzig

¡Vamos! ¡Adelante! Curso intensivo 2

Zusatzmaterialien für Schülerinnen und Schüler zu diesem Band

- **Cuaderno de actividades** mit Mediensammlung, Vokabeltrainer und Übungssoftware, Klett-Nr. 537481
- **Grammatisches Beiheft** mit Klett Erklärvideos, Klett-Nr. 537482
- **Medien zum Schulbuch**, Klett-Nr. ECA10045DMA12
- **Vokabel- und Verbenlernheft**, Klett-Nr. 537483
- **Fit für Tests und Klassenarbeiten** mit Mediensammlung, Klett-Nr. 537487
- **99 Grammatische Übungen** mit Klett Erklärvideos, Klett-Nr. 537488
- **Trainingsheft** mit Mediensammlung, Klett-Nr. 537489

1. Auflage   1 5 4 3 2 1 | 27 26 25 24 23

Alle Drucke dieser Auflage sind unverändert und können im Unterricht nebeneinander verwendet werden. Die letzte Zahl bezeichnet das Jahr des Druckes.

Autorinnen und Autoren: María Teresa Barco Adalid, Düsseldorf; Denise Bondonno, Würzburg; Esther Christiani-Weber, Darmstadt; Asunción Diez Flórez, Düsseldorf; Gabriela Farah de Günther, Ettlingen; Carlos Forte, Frankfurt / Main; Beate James, Augsburg; Cristina Jiménez-Landi, Berlin; Britta Mailand, Flensburg; Steffen Mailand, Flensburg; Nuray Yilmaz, Reutlingen

Entstanden in Zusammenarbeit mit dem Projektteam des Verlages.

Gestaltung: Susanne Hörner, Staufen
Umschlaggestaltung: Susanne Hörner, Staufen
Titelbild: Adobe Stock / Adobe Systems Software Ireland Limited (JFL Photography)
Satz: Satzteam 7, Bondorf
Druck: Industriedruck Brandenburg GmbH, Wustermark

Printed in Germany
ISBN 978-3-12-537480-5

Inhaltsverzeichnis

* Die Materialien der *Caja de sorpresas* sind ein fakultatives Angebot.

Anhang

* *Unidad* 7B ist für Nordrhein-Westfalen fakultativ. Sie kann auch in anderen Bundesländern ausgelassen werden. Die grammatischen Pensen werden in Band 3 erneut eingeführt.
** *Unidad* 7C ist fakultativ, außer in Nordrhein-Westfalen.
*** Die Materialien der *Caja de sorpresas* sind ein fakultatives Angebot.

So lernst du mit ¡Vamos! ¡Adelante! Curso intensivo

Immer wissen, worum es geht

Zu Beginn jeder Lektion erfährst du, worum es geht und was du lernen wirst.

Üben und kommunizieren

In den Texten lernst du die spanisch-sprachige Welt immer besser kennen. Die Übungen bringen dich in alltäglichen Situationen schnell zum Sprechen und Schreiben – häufig mit anderen gemeinsam.

Nach zahlreichen Übungen wendest du in der **Minitarea** dein neues sprachliches Wissen an und bist anschließend auf die **Tarea final** vorbereitet.

Abwechslungsreich lernen

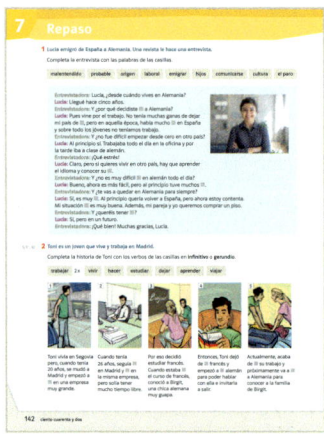

Die **Cajas de sorpresas** enthalten bunt Gemischtes aus der spanisch-sprachigen Welt. In **Un paso más** gibt es dazu Arbeitsideen.

Individuell lernen

Auf den Seiten **Con ayuda** findest du Hilfe-stellungen für Übungen in den Lektionen, in **Un paso más** Anregungen zum Weiterarbeiten. **Cara a cara** enthält den zweiten Teil aller Partnerübungen.

A1 🔊 Den Zugang zu den Audios, Videos
V2 ▶ und Dokumenten findest du in deinem
D3 📄 **¡Vamos! ¡Adelante!**-eBook sowie in
den Medien zum Schulbuch.

Neues vielseitig anwenden

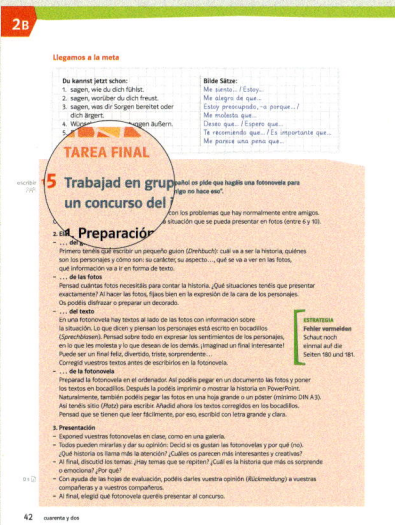

Mit der *Tarea final* endet jede Lektion.
Du wiederholst und überprüfst mit
dieser Aufgabe das Gelernte in einem
neuen Kontext.

Gut vorbereitet auf Arbeiten und Prüfungen

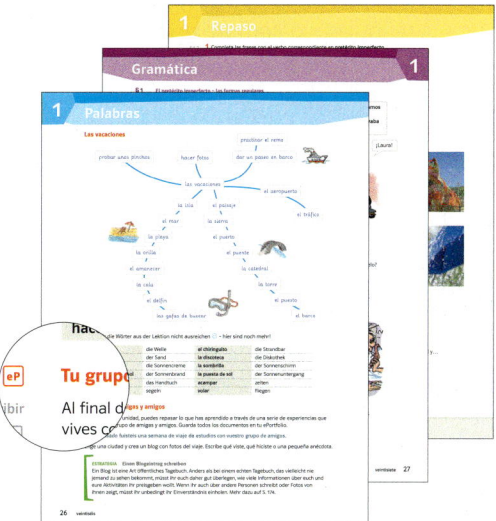

Mithilfe dieser Seiten kannst du dich nach jeder
Lektion auf Klassenarbeiten vorbereiten.
Außerdem kannst du dein **eP** ePortfolio mit
kreativen Beiträgen weiter ausbauen.

Lernen lernen

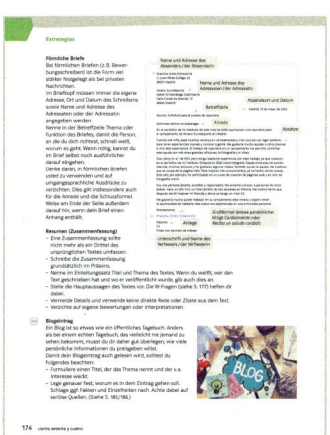

Die *Estrategias* stellen dir fürs
Lernen hilfreiche Strategien
vor und geben Tipps, auch für
dein **eP** ePortfolio.

Symbole und Medien

→ ◯	Verweis zu einer einfacheren Variante der Übung
→ ●	Verweis auf zusätzliche Übungen
📖	Arbeitsheft
§ 5	Verweis auf die Grammatikseiten im Buch und im Grammatischen Beiheft
eP	ePortfolio
👥	Partnerarbeit
👥👥	Gruppenarbeit
🧍	Bewegungsübungen
🚩	Vergleich mit anderen Sprachen und Kulturen
MK	Medienkompetenz
A1 🔊	Verweis auf Hörtext Nr. 1
V2 ▶	Verweis auf Video Nr. 2
D3 📄	Verweis auf Dokument Nr. 3
⊶⊢⊸	fakultativ

¿Qué sabéis ya?

Jugad en parejas. Necesitáis una moneda
y dos objetos pequeños, por ejemplo, unas gomas.

Para saber quién empieza, echadlo a cara  o cruz[1] .

- La persona que empieza tira otra vez la moneda[2]:
  Cara avanza[3] una casilla[4] y cruz avanza dos.
- Si no sabe la respuesta o comete un error[5], empieza a jugar
  su compañera o compañero.
- Cada persona puede jugar, como máximo, tres veces seguidas.[6]
- Gana la persona que primero llega a la meta.
- Podéis controlar las respuestas de vuestra compañera o vuestro
  compañero con las soluciones del documento D1.

SALIDA

1 Di tres cosas que puedes hacer con un móvil.

2 Da el nombre de cuatro cosas que necesitas para hacer una tortilla.

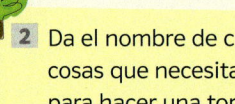

3 Conjuga el verbo *hacer* en indefinido.

4 Di ocho cosas que hay en tu habitación.

5 Busca el intruso[7]: *tomó, hizo, come, llegué*.

7 Nombra cuatro habitaciones que hay en un piso.

6 ¿Cómo se llaman los meses del año que no tienen "r"?

8 Describe la ropa que llevas hoy.

9 Lee estos números: 101, 500, 750, 1920.

11 Di qué tomaste ayer para desayunar.

10 Di en español: *Ich habe Hunger. Ich möchte gerne einen Salat essen.*

---

1 echar a cara o cruz – eine Münze werfen; **2 tirar otra vez la moneda** – die Münze noch einmal werfen;
3 avanzar – vorrücken; **4 una casilla** – ein Kästchen; **5 cometer un error** – einen Fehler begehen;
6 como máximo, tres veces seguidas – höchstens drei Mal hintereinander;
7 el intruso – der Eindringling

META

30 Nombra cinco actividades que haces para preparar una fiesta de cumpleaños.

28 Di cuál de estas cosas no es una verdura: la zanahoria, la lechuga, el plátano o el ajo.

27 Nombra cinco lugares y tiendas que hay en una ciudad.

29 ¿Cómo se llaman los días de la semana?

26 ¿Qué tiempo hace hoy?

23 Di en español: *Carlos kann gut Basketball spielen. Heute kann er aber nicht, er ist krank.*

25 Nombra cinco actividades que puedes hacer en tu tiempo libre.

21 Conjuga el verbo *querer* en indefinido.

22 ¿Cómo se llama el río que está en la frontera entre México y EE.UU.?

24 Di en español: *Was hältst du davon, wenn wir morgen shoppen gehen?*

20 Si está lloviendo, avanza dos casillas.

19 ¿Qué hiciste ayer a las ocho de la tarde?

18 ¿Cómo dices en español: *Um wie viel Uhr treffen wir uns? Und wo?*

17 Di en español: *Kannst du mir bitte dein Handy leihen?*

16 Nombra cinco lugares que puedes visitar si vas a México.

15 ¿Cómo se llaman las estaciones del año en español?

14 Nombra ocho colores.

12 Si hoy es martes, avanza una casilla.

13 Di a qué hora te levantaste ayer.

1

Lugares de vacaciones

LERNZIEL

Am Ende der Lektion wirst du über deine Ferien berichten.
Dafür lernst du,
– etwas in der Vergangenheit zu erzählen.
– über gewohnheitsmäßige Handlungen zu berichten.
– eine Handlung zu strukturieren.
– ein Foto zu beschreiben.
Dazu brauchst du
– das *pretérito imperfecto*.
– das *pretérito indefinido*.

Primer paso

1 **Tus amigos Maite y Marcos están de vacaciones en España. Maite está en el País Vasco y Marcos en las Islas Baleares.**

Formad dos grupos en clase. Un grupo busca información en Internet sobre el País Vasco y el otro grupo sobre las Islas Baleares. Completad una ficha como la siguiente.

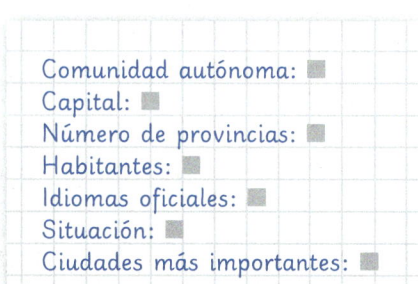

Comunidad autónoma: ■
Capital: ■
Número de provincias: ■
Habitantes: ■
Idiomas oficiales: ■
Situación: ■
Ciudades más importantes: ■

> **CULTURA**
> **Las comunidades autónomas**
> En España hay diecisiete comunidades autónomas. El País Vasco y las Islas Baleares son dos de ellas. Cada comunidad autónoma tiene una o más provincias.

> **ESTRATEGIA**
> **Buscar información**
> Wenn ihr „Baskenland" oder „Balearen" in eure Internet-suchmaschine eingebt, werdet ihr wahrscheinlich Tausende von Ergebnissen erhalten. Wie könnt ihr dann herausfinden, welche nütz-lich und richtig sind?
> Auf Seite 185 findet ihr dazu einige Tipps.

hablar **2** Con ayuda de la información del ejercicio anterior y de la casilla, preparad en parejas una charla de un minuto sobre el País Vasco o sobre las Islas Baleares. Presentadla a una persona del otro grupo.

> **EXPRESIONES** **So kann ich über eine autonome Region sprechen.**
> La comunidad autónoma está en el norte / sur / este / oeste de España.
> La comunidad está al norte / sur / este / oeste de Madrid.
> Limita con…
> La capital se llama…
>
> Los idiomas oficiales son…
> Tiene… provincias / habitantes.
> Las ciudades más importantes son…
> Las islas más importantes son…

escuchar
A 1, 2 🔊
1 📖

3 Maite y Marcos te mandan algunas fotos de sus vacaciones y audios.

Escucha los audios de Maite y Marcos y ordena las fotos en el orden en que se nombran.
En cada caso hay una foto que no se nombra en el audio.

los pinchos

> ¡Hola! ¿Qué tal?
> Estoy de vacaciones
> en el País Vasco
> con mi padre.
> Un beso,
> Maite

el Museo Guggenheim

una señal en euskera

practicar remo en la ría

el puente Zubizuri con las torres Isozaki

> ¡Hola!
> Estoy pasando
> unas vacaciones
> geniales en Mallorca.
> Hasta pronto,
> Marcos

la cala Llombards

la ensaimada, un dulce típico

la sierra de Tramontana

barcos en el puerto de Sóller

una señal en la calle en catalán

hablar
👥

4 Hablad en parejas. Decid qué dos fotos os gustan más y explicad por qué.

A   Unos días en Bilbao

Visita a Bilbao

A 3 ◁)) **Maite y su padre están pasando unos días de vacaciones en Bilbao. Su padre vivió en esta ciudad cuando era pequeño.**

Maite: Papá, ¿podemos ver tu barrio, tu colegio, el casco viejo y toda la parte nueva de la ciudad? ¡Ah, y también quiero probar unos pinchos!

Padre: Muy bien. Vamos primero a dar un paseo
5 por mi barrio. Mira, Maite, en esta calle vivía yo. Cuando era pequeño, era un barrio gris y tenía mucho tráfico. Ahora es una zona peatonal y los niños pueden jugar en la calle.

Maite: ¡Guau! Es un barrio muy bonito. Mira ese
10 puente y esas torres. ¡¡¡Me encantan!!!

Padre: Sí, hay muchos edificios nuevos, pero no tienes que gritar. Ese puente es el Zubizuri que significa "puente blanco" en vasco. Antes, aquí estaba la zona industrial de Bilbao. Solo había
15 fábricas y mucha contaminación. La ciudad era bastante fea, por eso no venían turistas. En cambio, hoy en día es diferente. ¡Mira cuánta gente está haciendo fotos a Puppy, la mascota del Guggenheim!

20 **Maite:** Oye, papá. ¿Y tu cole? ¿Estaba por aquí cerca?

Padre: Sí, muy cerca. Tu tío Juan y yo estudiábamos en los Escolapios. Íbamos y volvíamos siempre juntos a pie. Después del colegio hacíamos los deberes, veíamos la tele, practicábamos muchos
25 deportes con todos nuestros amigos o íbamos al parque. Los fines de semana íbamos con nuestro grupo de amigos a la playa de Plencia o a bailar.

Maite: ¿Y también ibais al Museo Guggenheim con el cole?

30 **Padre:** Maite, piensa un poco. En aquel tiempo todavía no existía.

Maite: ¡Ay! ¡Es verdad! ¡Qué tonta! Papá, ¿qué pone ahí?

Padre: Pues es información en euskera sobre
35 el autobús.

Maite: El euskera es un idioma muy difícil…

Padre: Bueno, un poco. Actualmente todos los niños lo aprenden en el colegio, sin embargo tu abuelo no sabía euskera porque en ese tiempo
40 estaba prohibido.

Maite: Ah, pues no lo sabía. ¡Oye! ¿Vamos ahora a San Mamés?

Padre: Ven, Maite, vamos a entrar primero al Museo Marítimo ahora.
Tienes que ver una cosa. Luego vamos al estadio de fútbol de San Mamés.
45 **Maite:** Vaaale, papá, pero… ¿podemos ir primero a comer unos pinchos?
Padre: Hija, ¡acabas de desayunar! ¿Todavía tienes hambre?
Bueno, vamos, tienes razón. Yo también quiero
comer algo.
Maite: ¿Cuándo eras pequeño también comías
50 pinchos?
Padre: Sí, todos los fines de semana íbamos el tío
Juan y yo con tus abuelos a un bar que estaba
al lado de casa. Hoy vamos a ir a la calle Henao,
a un bar que tiene los mejores pinchos del mundo.
55 **Maite:** Vale, y esta tarde vamos a Plencia.
Padre: De acuerdo. Ahora podemos ir en metro.
Entonces solo podíamos ir en tren.
Maite: Bueno, primero los pinchos y luego al museo.
¿Y qué tengo que ver en el museo?
60 **Padre:** ¡Qué curiosa eres! Luego te cuento.

leer **1** Lee el texto y di si las frases son correctas o no. Corrige las falsas.

a) Maite y su padre van primero a comer pinchos.
b) En el barrio del padre de Maite no hay coches.
c) A Maite le gusta mucho Bilbao.
d) El Guggenheim es un museo muy antiguo.
e) En Bilbao ahora hay pocos turistas.
f) Los jóvenes no saben euskera.
g) Maite y su padre no pueden ir en metro a Plencia.
h) Maite quiere probar una tarta típica de Bilbao.

leer **2** Haz un resumen de la visita de Maite y su padre a Bilbao. → ○ S.152
2, 3

EXPRESIONES **So kann ich eine Geschichte strukturieren.**
Primero… Después… Luego… Más tarde… Al final…

3 El padre de Maite le quiere enseñar algo en el Museo Marítimo.

Piensa qué puede ser. Anota tus ideas.

leer **4** **Según el padre de Maite, Bilbao es hoy en día muy diferente de cómo era hace 50 años.**

Escribe cómo era Bilbao antes y cómo es ahora según el padre de Maite.

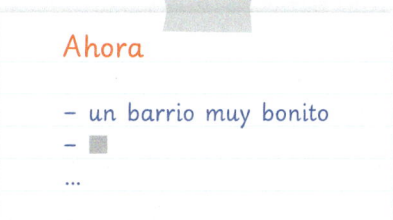

Antes

– un barrio gris
–
…

Ahora

– un barrio muy bonito
–
…

5 Describe y compara estas dos fotos de Bilbao con ayuda de las expresiones.

> **EXPRESIONES** **So kann ich ein Foto beschreiben.**
> En la foto hay / vemos…   A la izquierda…   Al fondo…
> En primer plano…   A la derecha…   En la foto de la derecha hay…
> En el centro…   Al lado de… / Entre… /   En la de la izquierda vemos…

Bilbao es diferente

V 1 ▷
Erklärvideo
§ 1, 2

6 En el texto hay un nuevo tiempo verbal del pasado, el **pretérito imperfecto**.
Busca en el texto las frases de cómo era Bilbao y la vida allí antes y escríbelas.

> **GRAMÁTICA** **Das *pretérito imperfecto***
>
> Das ***pretérito imperfecto*** wird vor allem verwendet, um etwas in der Vergangenheit
> zu beschreiben (z. B. eine Person, einen Ort) oder über gewohnheitsmäßige Hand-
> lungen zu sprechen. Häufige Signalwörter für das ***pretérito imperfecto*** sind
> *antes, en aquel tiempo, normalmente, todos los días / todas las…*
>
> *Todos los fines de semana íbamos a la playa.*
> *Antes era un barrio gris.*

§ 1, 2
4 ▢

7 Completa la tabla con las formas que faltan del **pretérito imperfecto** con ayuda de
las frases del ejercicio anterior.

los verbos regulares			los verbos irregulares		
estudiar	saber	venir	ser	ir	ver
estudiaba	▪	venía	▪	iba	veía
▪	sabías	venías	▪	ibas	veías
estudiaba	▪	venía	▪	iba	veía
▪	sabíamos	veníamos	éramos	▪	▪
estudiabais	sabíais	veníais	erais	▪	veíais
estudiaban	sabían	▪	eran	iban	veían

8 Jugad en parejas. Decid la forma del **pretérito imperfecto**. El dado os da la persona.

§ 1, 2

a) ⚀ tener   c) ⚅ estar   e) ⚄ ser   g) ⚁ salir

b) ⚄ jugar   d) ⚅ venir   f) ⚀ ver   h) ⚃ ir

¿Y qué hacíais vosotros?

9 Prepara una ficha con 16 casillas. Pregunta a tus compañeras y compañeros cómo eran o qué hacían cuando tenían 10 años. Anota el nombre de las personas que contestan con un "sí". Gana *(Es gewinnt)* la persona que tenga primero cuatro nombres en línea (vertical, horizontal o diagonal).

§ 1, 2

5, 6

1 tener móvil 	2 tener el pelo largo	3 dormir 10 horas o más	4 tener mascota 
5 escuchar canciones en español	6 vivir en otro lugar (otra ciudad / casa)	7 llevar gafas 	8 pasar las vacaciones en la playa 
9 estudiar en otro colegio	10 hacer deporte 	11 pelearse con los amigos	12 montar a caballo
13 tocar la guitarra 	14 volver solo del colegio	15 ir en bicicleta al colegio 	16 gustar ir de compras

—Cuando tenías 10 años,
  ¿ya llevabas gafas?
—Sí, ya llevaba gafas. /
  No, (todavía) no llevaba gafas.

> **GRAMÁTICA** Reflexive Verben im *pretérito imperfecto*
> Bei reflexiven Verben im *pretérito imperfecto* stehen die Reflexiv-
> pronomen wie im *presente* in der Regel direkt vor dem Verb.
> Zum Beispiel: *Me levantaba todos los días a las seis de la mañana.*

10 La persona que gana tiene que leer los nombres con la actividad, como en el ejemplo, al resto de la clase.

Tim tenía una mascota, Sandra llevaba gafas…

¿Qué hacíamos antes?

§ 1, 2
7 ▢

11 **Hay algunos años de diferencia entre estos dibujos.**

Míralos y haz frases para comparar cómo pasaban los jóvenes el tiempo libre antes y ahora.

| Pasado | Antes…
Entonces… | Hace 10 / 20 /… años…
En aquel tiempo… | Cuando mis padres
eran pequeños… |

| Presente | Hoy… | Hoy en día… | Actualmente… | Ahora… |

12 Comenta los dibujos y di si es verdad lo que se ve en ellos o no.

> **EXPRESIONES** So kann ich …
>
> | **einer Meinung zustimmen.** | **eine Meinung ablehnen.** |
> |---|---|
> | Creo que es verdad. | No es verdad. |
> | Yo también lo veo así. | Yo no lo veo así. |
> | Me parece que es así / que es verdad. | Me parece que no es así / que no es verdad. |
> | Tienes razón. | No tienes razón. |
> | La idea es muy buena. / El dibujo es muy bueno. | No es así. La idea me parece mala. |

—Creo que el dibujo es bueno porque, hoy en día, …
—Yo creo que no es así. Es verdad que antes la gente…, pero ahora también…

§ 1, 2
8 ▢

13 Escribe seis frases sobre ti hace cinco años: tres tienen que ser correctas y tres falsas. Después dale a tu compañera o compañero las frases y ella o él tiene que decir qué frases son las correctas.

mediación **14** Siempre les decís a vuestros padres que son como el dueño (*Besitzer*) de Gaturro y les enseñáis este cómic. Quieren saber por qué y de qué trata el cómic.

Explícales el cómic.

→ ● S.159

la barra de amigos – el grupo de amigos; **la charla** – die Unterhaltung; **la esquina** – die Ecke; **la reunión** – das Treffen; **pavear** – herumalbern

escuchar **15** Después de comer unos pinchos muy ricos, Maite y su padre visitan el Museo Marítimo.

A 4 ◁))

Escucha el diálogo y contesta las preguntas.

→ ○ S.152

1. ¿Qué quería enseñar el padre a Maite?
2. ¿Cómo era antes el padre de Maite?
3. ¿Qué deporte hacía?
4. ¿Dónde pasaba los fines de semana?
5. ¿Qué hacían si llovía?
6. ¿Por qué se enfadaba la abuela?
7. ¿Qué hacían en las fiestas?
   Escribe tres cosas.

16 Mira otra vez el cómic y comenta qué cosas de las que hacía el padre de Maite menciona (*erwähnt*) también el dueño de Gaturro.

17 **MINITAREA** **¿Quién es?**

hablar Traed una foto vuestra de cuando erais pequeñas o pequeños o de una persona famosa y haced una ficha como esta. Colgad las fichas en clase y adivinad de quién se trata.

Antes	Ahora
– vivir – Berlín	– vivir – Barcelona
– tener el pelo…	– tener el pelo…
…	…

B Vacaciones en Mallorca

Una cosa increíble

A 5 🔊 **Marcos te escribe un e-mail y te cuenta cómo fueron sus vacaciones en Mallorca.**

Hola:

¿Qué tal tus vacaciones?
Yo estuve unos días con mi tía Carmen
y mi prima Laura en un hotel de Sóller,
un pueblo cerca de Palma. Me encantó.

5 El hotel era precioso, estaba en la sierra
de Tramontana y no muy lejos del
aeropuerto. Lo mejor eran las vistas
desde la ventana de mi habitación:

10 podía ver las montañas. La comida
del hotel estaba muy rica y todas las
noches había fiestas y bailábamos.
Lo más curioso eran las llaves de
las habitaciones.

15 Tenían forma de tren. ¿Sabes por qué? Porque hay un tren que va de Sóller a Palma: el viaje es
superchulo y el paisaje increíble.
Casi todos los días íbamos al puerto de Sóller y, desde allí, tomábamos un barco para ir a la cala
de Torrent de Pareis. La playa no era muy grande y no había mucha gente.
¡Nos bañábamos en el mar veinte veces al día! Ya, ya sabes que yo soy un tío muy exagerado. 😊

20 Y ahora viene lo más interesante: un día en la cala conocí a Estel, una chica de Palma. Te cuento.
Yo olvidé en el hotel, en la maleta, las gafas de bucear. Entonces mi prima me prestó sus gafas,
¡unas gafas muy feas! Bueno, al final me puse las gafas de Laura y entré en el agua. Mientras
nadaba, el agua entraba en las gafas porque eran un poco pequeñas.
Yo no podía ver bien y, de repente, me choqué con algo. Me quité las gafas y entonces la vi: la chica

25 más guapa del mundo que se reía de mí y de mis gafas. ¡Qué vergüenza! ¡Era superguapa! Tenía
el pelo largo y rubio. Sus ojos eran verdes. Yo no podía hablar, solo podía mirarla. Entonces ella
me dijo su nombre. Se llamaba Estel. Yo le dije: "¿¿¿Estel???". Y ella me contestó: "Sí, me llamo
Estel. Estrella en castellano". ¡Uy! Era como una estrella y muy maja, ¿sabes?
Bueno, pues salimos del agua, empezamos a hablar en la orilla y de pronto llegó Laura. Los tres

30 quedamos para hacer una excursión en barco al día siguiente porque teníamos muchas ganas
de ver delfines.
La excursión en barco empezó a las seis de la mañana y duró más de dos horas. Estel y yo
hablamos y nos reímos mogollón. Laura nos hizo muchas fotos. Lo bueno fue que vimos el
amanecer desde el barco, pero lo malo fue que no vimos los delfines. Pero bueno, todo fue genial.

35 Después de la excursión, fuimos al puerto porque teníamos mucha hambre. Allí había
unos puestos de comida y compramos a una mujer unas ensaimadas. Después, nos fuimos a
un parque. Mientras comíamos, mirábamos también las fotos de la excursión. Y, de repente,
nos dimos cuenta de algo increíble y empezamos a reírnos.

Perdón, luego te mando otro correo electrónico y te cuento más. Estel llega en cinco minutos.

40 Un besito,
Marcos

leer **1** Resume el correo de Marcos en pocas frases.

> **ESTRATEGIA** **Eine Zusammenfassung schreiben**
> In einer Zusammenfassung schreibt ihr nur die wesentlichen Inhalte.
> Sie steht immer im Präsens. Mehr dazu auf Seite 174.

leer **2** Lee el correo otra vez y ordena estos dibujos según lo que cuenta Marcos.

leer **3** **Ya sabes que Marcos es muy exagerado.**

Busca en los dibujos cinco errores y corrígelos.

Marcos dice que..., pero...

4 Piensa qué puede ser esa cosa increíble que Marcos, Laura y Estel vieron en una de las fotos de la excursión.

> **EXPRESIONES** **So kann ich Vermutungen äußern.**
>
> Creo que { Marcos/Estel…
> va a ser algo bueno/malo porque…
>
> No estoy seguro,-a, { pero creo que…
> pero pienso que va a pasar esto: …
>
> A lo mejor…

escuchar **5** Escucha el audio para comprobar tus suposiciones.
A 6 🔊

Me gustó mogollón

6 Marcos usa en su correo formas coloquiales (*Ausdrücke aus der Umgangssprache*). Busca en el texto los sinónimos de estas palabras de las casillas.

> bonito   simpático   una persona   mucho

> **CULTURA   Jugendsprache**
> Typisch für die Jugendsprache sind Abkürzungen. Um eine oder zwei Silben gekürzt werden Nomen (*profe* für *profesor* und *cumple* für *cumpleaños*), Adjektive (*diver* für *divertido*) und auch mehrteilige Begriffe (*porfa* für *por favor*). Jugendsprachen folgen im Allgemeinen keinen Regeln. Sie können aber durchaus auch die Standardsprache beeinflussen, so hat z. B. *cine* den Begriff *cinematógrafo* verdrängt.

Lo mejor

§ 4   **7** Completa estas frases según la opinión de Marcos sobre sus vacaciones.

  a) Lo mejor para Marcos fue / fueron…
  b) Lo peor para Marcos fue / fueron…
  c) Lo más importante para Marcos fue / fueron…
  d) Lo más curioso fue / fueron…
  e) Lo más bonito para Marcos fue / fueron…

> **GRAMÁTICA   *Lo* + Adjektiv**
> Mit **lo** werden Adjektive (auch Superlative) und Ordnungszahlen (**lo primero…**) substantiviert. Dies entspricht im Deutschen der Substantivierung mit „das", z. B. das Beste.

§ 4   **8** **Un amigo de Sóller va a venir a visitarte y quiere información sobre el lugar donde vives.**
10 📄

Escribe frases con las siguientes expresiones.

Lo más bonito de mi ciudad / pueblo / barrio es el casco viejo / son los parques.

> Lo más bonito…   Lo más feo…   Lo más interesante…

> Lo peor…   Lo mejor…   Lo más famoso…

escuchar   **9** **Radio Balear 20 está haciendo entrevistas**
A 7 🔊   **en el centro de Palma sobre la pregunta:**
¿Qué es para ti lo mejor de Mallorca?

Escucha a las cuatro personas.
Di de dónde son y apunta, por
lo menos, una palabra clave /
idea por persona.   → ○ S. 152 → ● S. 159

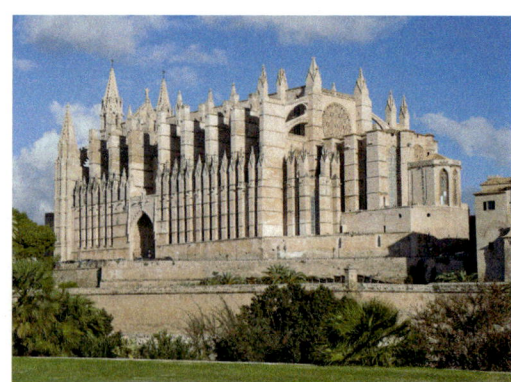
la catedral de Palma

	¿De dónde es?	¿Qué es lo mejor de Mallorca?
Persona 1	Barcelona	▪

Para el chico de Barcelona,
lo más importante es…

De repente se rio

§ 5 **10** En el texto aparecen dos tiempos del pasado. Busca en el texto cinco frases en las que se describen situaciones, personas, sentimientos o cosas y otras cinco donde se describen acciones.

§ 5 **11** Completa la regla con ayuda de las frases del ejercicio anterior.

> Wenn in einer Erzählung das pretérito imperfecto und das **pretérito indefinido** zusammen benutzt werden, werden mit dem ▮ Situationen, Personen, Gefühle oder auch das Wetter beschrieben. Das ▮ verwendet man bei Handlungen und Ereignissen, die neue eintreten. Häufige Signalwörter sind: entonces, de pronto, de repente.

§ 5 **12** Para contar algo en el pasado se usan diferentes tiempos verbales. En cada dibujo hay dos acciones.
Escribe al lado del símbolo → la **descripción de una acción** y al lado del símbolo ↓ **la nueva acción**. Mira el ejemplo.

→ estar en la playa

↓ empezar a llover

> **ESTRATEGIA** Visualisieren
> Symbole (wie die Pfeile hier in der Übung), Zeichnungen, Diagramme oder Abbildungen kannst du nutzen, um etwas kurz zusammenzufassen und es dir einzuprägen. Mehr dazu auf S. 183.

§ 5 **13** Escribe ahora una frase para cada dibujo con ayuda de estas expresiones.
11, 12

> Cuando estaba en la playa, empezó a llover.

> **EXPRESIONES** So kann ich Handlungen strukturieren.
>
> | **para empezar** | **para conectar** |
> |---|---|
> | Una vez… | de repente / de pronto… |
> | Un día… + *pretérito imperfecto* | entonces… + *pretérito indefinido* |
> | Aquel día… | cuando… |

¡Qué vergüenza!

§ 5 **14** **Marcos te manda un mensaje al móvil y te cuenta qué le pasó hace unos días.**

13 Lee la anécdota y elige la forma verbal correcta en cada caso.

¡Hola! ¿Qué tal? Te tengo que contar una historia que pasó hace unos días. Te vas a reír mucho, pero yo **pasé / pasaba** mucho miedo. Ese día no **pude / podía** ir a la playa porque **hizo / hacía** mucho viento y **llovió / llovía** mucho. Por la tarde, Estel me **mandó / mandaba** un mensaje y me **invitó / invitaba** a su casa para ver una película. Cuando **llegamos / llegábamos** a su casa, allí no **hubo / había** nadie y **estuvo / estaba** muy oscuro, por eso **tuve / tenía** un poco de miedo. Estel **fue / iba** un momento al baño y yo **me quedé / me quedaba** solo en su habitación, cuando de repente **escuché / escuchaba** un ruido muy raro. **Empecé / Empezaba** a gritar y **salí / salía** de la habitación. Estel **vino / venía** rápidamente y **se rio / se reía** mucho. Cuando **entramos / entrábamos** en la habitación, **vi / veía** algo debajo de la cama. **Fue / Era** un gatito pequeño y de color gris. **Fue / Era** el gato de Estel. Lo peor es que, al día siguiente, mientras **estuvimos / estábamos** en la playa, Estel **contó / contaba** la historia a todos sus amigos y a mi prima. ¡Qué vergüenza!

§ 5 **15** Lee otra vez la anécdota y completa el siguiente esquema.

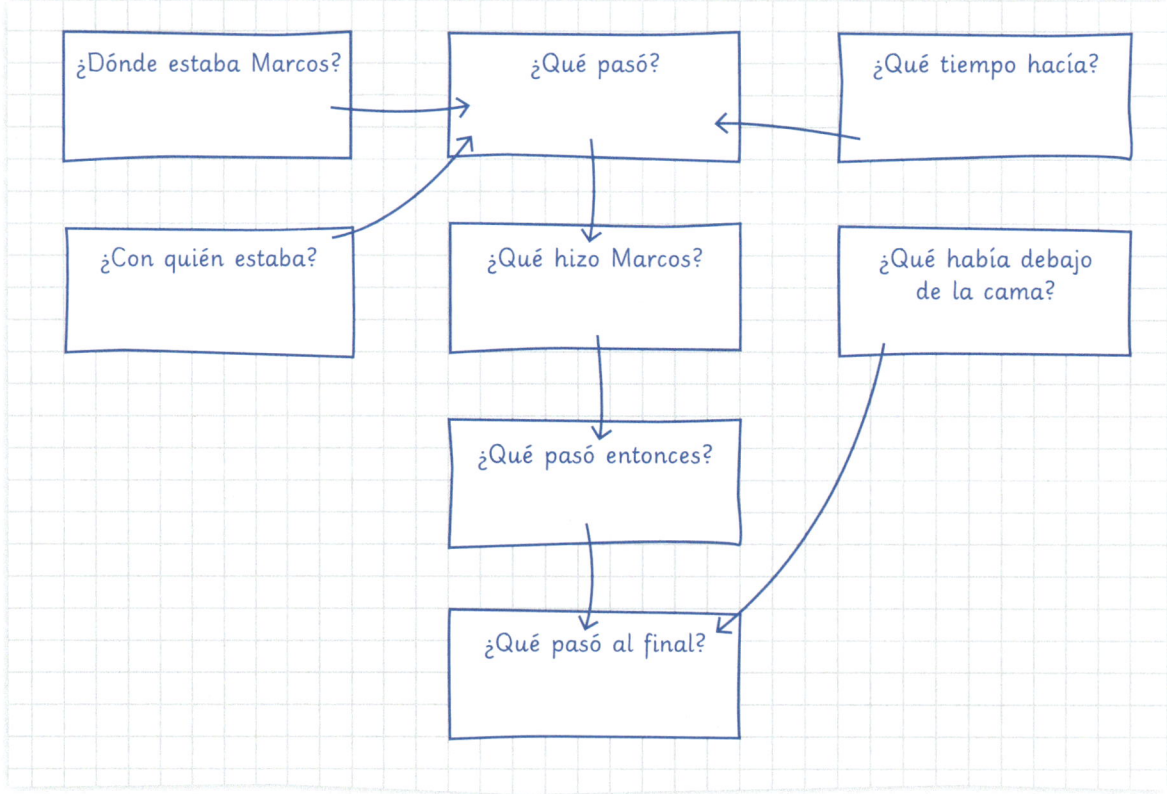

| ¿Dónde estaba Marcos? | ¿Qué pasó? | ¿Qué tiempo hacía? |

| ¿Con quién estaba? | ¿Qué hizo Marcos? | ¿Qué había debajo de la cama? |

¿Qué pasó entonces?

¿Qué pasó al final?

escribir
14, 15

16 Contestas al mensaje de Marcos y le cuentas también una anécdota.

Escribe una pequeña anécdota. Elige una de estas ideas y escribe un final.
Puedes hacer primero un esquema como el del ejercicio 15.

a) estar solo,-a en casa y…

b) hacer un examen…

c) ir por la calle…

llamarme mi madre al móvil
desmayarse
darme un paquete
perder las gafas

> **GRAMÁTICA** *entonces*
>
> **¡Ojo!**
> Denkt daran: ***entonces*** hat zwei Bedeutungen.
> **entonces + pretérito imperfecto** = damals
> **entonces + pretérito indefinido** = dann

Una ruta de senderismo

escuchar
A 8 ◁))

17 Carlos le cuenta a su amiga Estel qué le pasó ayer en una excursión.

Escucha la historia y contesta las siguientes preguntas.

→ ● S.159

a) ¿Qué hizo Carlos ayer?
b) ¿Qué vio cuando llegaron al pueblo?
c) ¿Qué hizo Carlos entonces?
d) ¿Qué pasó en ese momento?
e) ¿Qué pasó al final?

escuchar
A 8 ◁))
16, 17

18 Escucha el diálogo de nuevo y fíjate cómo reacciona la persona que escucha la historia. Completa las expresiones que faltan.

> **EXPRESIONES** **So kann ich in einem Gespräch …**
>
> | **um Informationen bitten** | **oder Anteilnahme zeigen.** |
> |---|---|
> | ¿Qué? | ¡Qué + adj.!: ¡Qué divertido / ■ / bonito / raro / … ! |
> | ■ | ¡Qué + sust.!: ¡Qué ■ / miedo / (mala) suerte / … ! |
> | ¿ ■ / dijiste? | ¡Increíble! / ¡Genial! / ¡No me lo puedo creer! |
> | ¿Y qué pasó después / ■ ? | ¿Qué dices? / ¿Qué me estás contando? |

MINITAREA **Una anécdota**

hablar
ᵒᵘᵒ

19 En parejas, presentad vuestras anécdotas del ejercicio 16. Una persona cuenta su anécdota a la otra persona. La persona que escucha tiene que reaccionar con las expresiones del ejercicio 18. Después la otra persona cuenta su anécdota y su pareja reacciona. Tenéis en total tres minutos cada uno.

TAREA FINAL **Mis mejores vacaciones**

escribir

20 En la Tarea final de las páginas 12 y 13 del Cuaderno de actividades cuentas a un amigo español en un correo algo interesante que te pasó en tus últimas vacaciones.

Las vacaciones

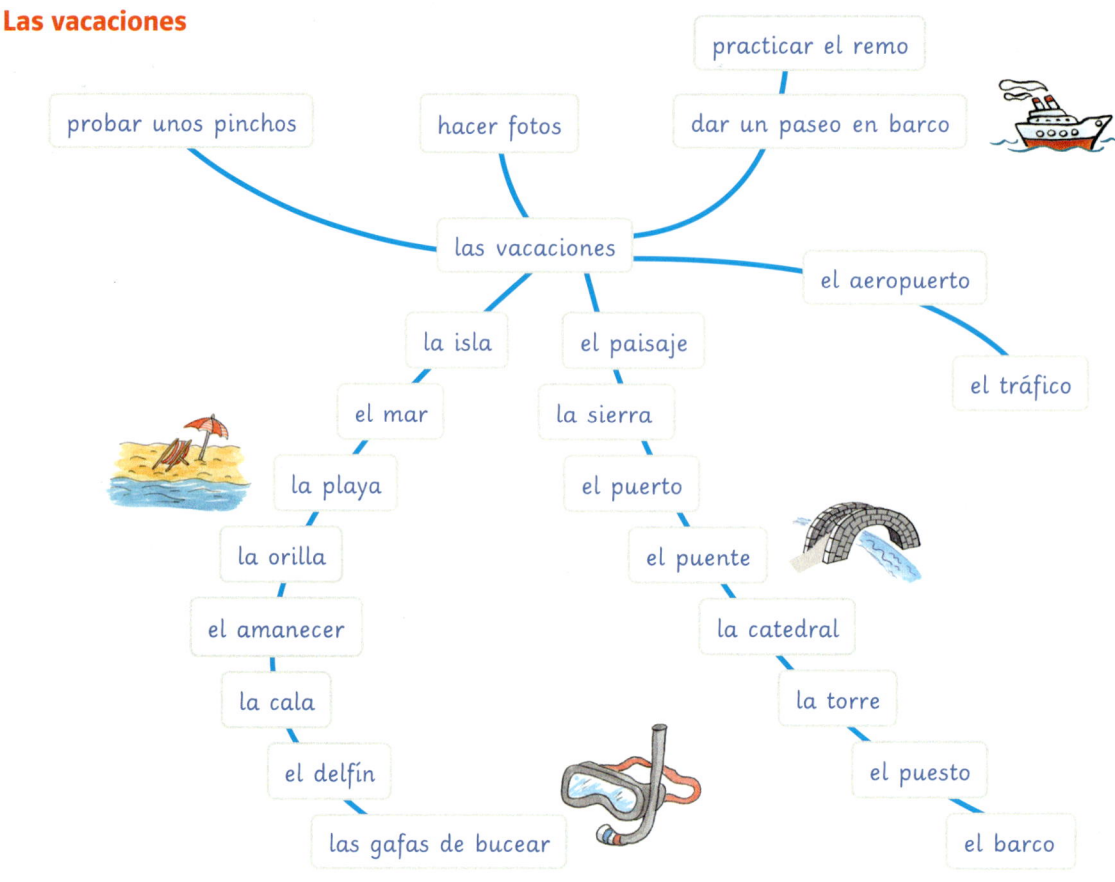

practicar el remo

probar unos pinchos

hacer fotos

dar un paseo en barco

las vacaciones

el aeropuerto

la isla

el paisaje

el tráfico

el mar

la sierra

la playa

el puerto

la orilla

el puente

el amanecer

la catedral

la cala

la torre

el delfín

el puesto

las gafas de bucear

el barco

Wenn dir die Wörter aus der Lektion nicht ausreichen ☺ – hier sind noch mehr!

la ola	die Welle	el chiringuito	die Strandbar
la arena	der Sand	la discoteca	die Diskothek
la crema solar	die Sonnencreme	la sombrilla	der Sonnenschirm
la quemadura de sol	der Sonnenbrand	la puesta de sol	der Sonnenuntergang
la toalla	das Handtuch	acampar	zelten
hacer vela	segeln	volar	fliegen

Tu grupo de amigas y amigos

 escribir

Al final de cada unidad, puedes repasar lo que has aprendido a través de una serie de experiencias que vives con tu grupo de amigas y amigos. Guarda todos los documentos en tu ePortfolio.

El año pasado fuisteis una semana de viaje de estudios con vuestro grupo de amigos.

Elige una ciudad y crea un blog con fotos del viaje. Escribe qué viste, qué hiciste o una pequeña anécdota.

> **ESTRATEGIA   Einen Blogeintrag schreiben**
> Ein Blog ist eine Art öffentliches Tagebuch. Anders als bei einem echten Tagebuch, das vielleicht nie jemand zu sehen bekommt, müsst ihr euch daher gut überlegen, wie viele Informationen über euch und eure Aktivitäten ihr preisgeben wollt. Wenn ihr auch über andere Personen schreibt oder Fotos von ihnen zeigt, müsst ihr unbedingt ihr Einverständnis einholen. Mehr dazu auf S. 174.

Gramática

§1 El pretérito imperfecto – las formas regulares

estar	volver	existir
estaba	volvía	existía
estabas	volvías	existías
estaba	volvía	existía
estábamos	volvíamos	existíamos
estabais	volvíais	existíais
estaban	volvían	existían

Cuando **eramos** pequeños, **jugábamos** juntos en el recreo del colegio. **Tenía** el pelo largo y moreno y **llevaba** gafas. ¿Quién soy?

¡Laura!

§2 El pretérito imperfecto – las formas irregulares

ser	ir	ver
era	iba	veía
eras	ibas	veías
era	iba	veía
éramos	íbamos	veíamos
erais	ibais	veíais
eran	iban	veían

§3 todo y todos

Ayer estuve en la playa **todo** el día.
Toda la comida está muy rica.

Todos mis amigos juegan al fútbol.
Voy **todos los días** al instituto.
¿Por qué están **todas** tus blusas en el suelo?

§4 lo + adjetivo

Lo bueno es que hizo buen tiempo.
Lo más bonito de Mallorca son sus playas.

Lo peor es que llovió.
Lo importante es que lo pasamos genial.

§5 El uso del pretérito imperfecto y del pretérito indefinido

Estaba en la cocina preparando la comida.

Entonces sonó el teléfono.
De repente los niños **empezaron** a gritar.
De pronto un gato **entró** por la ventana.

¡**Ojo!** entonces…, de pronto…, de repente…, cuando… + *pretérito indefinido*

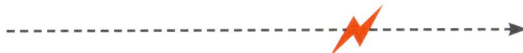

§ 1, 2 **1** Completa las frases con el verbo correspondiente en **pretérito imperfecto**.

comer   existir   ser (3x)   ir   bailar   bañarse   contar   reírse   haber   ver

a) Cuando mis padres ▩ jóvenes, no ▩ los móviles.
b) En las vacaciones, mi familia y yo ▩ el amanecer todos los días.
c) Yo antes ▩ muchos dulces, pero ahora no.
d) Antes ▩ zonas peatonales en mi ciudad.
e) Cuando yo ▩ pequeño, mi familia y yo ▩ a Mallorca y ▩ en el mar.
f) Antes mi abuelo me ▩ muchas anécdotas graciosas y ▩ (yo) mucho.
g) Cuando Julián y tú ▩ pequeños, ▩ flamenco una vez a la semana.

§ 4 **2 Daniela estuvo de vacaciones en el País Vasco.**

Escribe una frase para cada foto con ayuda de los adjetivos como en el ejemplo.

interesante

rico

turístico

bueno

curioso

malo

Lo más interesante fue el Museo Guggenheim.

§ 5 **3** Elige el final correcto para cada frase.

1. Ayer cuando entré en el museo,
   a) no hubo nadie.
   b) no había nadie.

2. Estaba durmiendo y, de pronto, alguien…
   a) me llamó al móvil.
   b) me llamaba al móvil.

3. Antes viajábamos en tren o en coche.
   a) Entonces no hubo viajes en avión.
   b) Entonces no había viajes en avión.

4. Fui de vacaciones a Mallorca…
   a) cuando tuve 16 años.
   b) cuando tenía 16 años.

5. Aquel día estaba paseando por la ciudad y…
   a) empezó a llover.
   b) empezaba a llover.

6. Escuché un ruido muy raro y entonces…
   a) grité.
   b) gritaba.

§ 5 **4** **Carmen, la tía de Marcos, habla con la recepcionista del hotel.**

Completa el diálogo con la forma correcta de los verbos entre paréntesis en **pretérito imperfecto** o **pretérito indefinido**.

Carmen: Hola, buenos días. Tengo un problema. Ayer por la noche ▦ (**llegar**) muy tarde al hotel y, cuando ▦ (**entrar**) en mi habitación, vi que mis maletas no ▦ (**estar**).

Recepcionista: Perdón, ¿a qué hora ▦ (**llegar, usted**)?

Carmen: Bueno, creo que ▦ (**ser**) las doce de la noche.

Recepcionista: ¿Qué ▦ (**hacer, usted**) entonces?

Carmen: Pues ▦ (**mirar**) debajo de la cama, ▦ (**buscar**) en el baño… Pero mis maletas no ▦ (**estar**) allí.

Recepcionista: Perdón, ¿por qué no ▦ (**llamar, usted**) a la recepción?

Carmen: Sí, llamé, pero nadie ▦ (**contestar**) al teléfono.

Recepcionista: ¿Y por qué no ▦ (**venir, usted**) a la recepción?

Carmen: El jardín ▦ (**estar**) muy oscuro. Además, yo ▦ (**estar**) sola y ▦ (**tener**) miedo.

Recepcionista: ¿Me puede decir su número de habitación y quién le ▦ (**dar, él / ella**) la llave?

Carmen: Habitación 501. Sí, un chico moreno que ▦ (**llevar**) gafas y barba.

Recepcionista: ¿Es usted la señora Müller?

Carmen: ¿La señora Müller? ¡Claro que no! Yo soy la señora Vieta.

Recepcionista: Perdón. Tengo que mirar una cosa. ¡Oh, lo siento! Ayer el chico le ▦ (**dar**) la llave de la habitación 501, pero usted tiene la habitación 502. Sus maletas están allí.

escuchar
A 9 ◁))

5 **Fernando cuenta una anécdota que le pasó el verano pasado.**

Escucha la anécdota y ordena las imágenes. Hay una imagen que no pertenece a la anécdota.

D 2 🖹
Lösungen

2

Me siento bien

Primer paso

LERNZIEL

Am Ende der Lektion wirst du eine *Fotonovela* für einen Wettbewerb entwerfen.
Dafür lernst du,
– zu sagen, wie sich jemand fühlt.
– etwas zu wünschen/anzuregen.
– auszudrücken, was einem gefällt und was einen stört.
– etwas zu bewerten.
– Dinge zu beurteilen.
Dazu brauchst du
– *estar* + Adjektive.
– den *subjuntivo*.
– den *subjuntivo* nach Verben des Empfindens und des Wünschens.
– den *subjuntivo* nach unpersönlichen Ausdrücken.
– den *infinitivo* oder den *subjuntivo*.

escuchar
A 10 ◁))

1 **Estás en el parque del Retiro en Madrid y escuchas una conversación entre dos jóvenes, Gema y Marta.**

Escucha la conversación y di si las siguientes afirmaciones son correctas o no. Corrige las que no son correctas.

a) Marta tiene un problema con un profesor del instituto.
b) Marta está muy enfadada con su amigo porque contó un secreto a todo el instituto.
c) Marta no puede ir al viaje de fin de curso.
d) Los padres de Marta no trabajan y por eso no tiene dinero para el viaje.
e) Marta contó a la clase que no quería ir al viaje.
f) El mejor amigo de Marta contó el secreto porque se pelearon.
g) Marta piensa que no está bien contar los secretos de los amigos.

§6
1 📄

2 Tus amigas y amigos se sienten hoy de diferentes formas.

Di cómo se sienten las personas de las fotos y por qué. Utiliza los emoticonos de abajo.

Yo creo que la chica de la primera foto está/se siente…

Mis padres no me dejan ir a la fiesta del instituto. ¡No entienden a los jóvenes!

La semana pasada fue un horror. Trabajé mucho y esta semana tengo otra vez mil proyectos.

Mañana tenemos el examen de Matemáticas. Lo sé todo, no es difícil, pero… no puedo dormir.

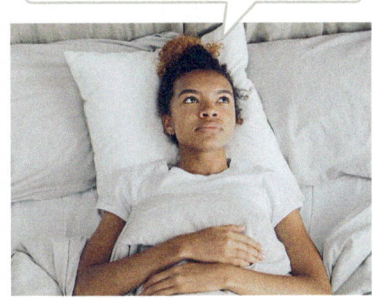

 contento,-a  sorprendido,-a  deprimido,-a  cansado,-a enfadado,-a decepcionado,-a

 enfermo,-a  triste  nervioso,-a  aburrido,-a  enamorado,-a  preocupado,-a

§6
2–4 📄

3 Di cómo se sienten las personas en estas situaciones con ayuda de las expresiones del ejercicio anterior.

a) Tu madre cuando llegas a casa tarde.
b) Tú cuando tienes buenas notas.
c) Tú cuando te olvidas los deberes en casa.
d) Tus amigos cuando les dices de repente que os vais un fin de semana de excursión.
e) Tu mejor amigo cuando no puede salir un fin de semana.

4 Habla con tu compañera o compañero y explícale cómo te sientes hoy y por qué te sientes así.   → ● S.159

5 Haced una encuesta en la clase. Con ayuda de una aplicación, escribid de forma anónima cómo os sentís hoy y presentad los resultados en clase.

A   ¡Necesito ayuda!

¿Qué hago?

A 11 🔊   **Tu amiga Lucía tiene algunos problemas con sus padres y con su novio Pablo. Por eso escribe mensajes a sus amigos y les cuenta sus problemas.**

Lucía
¡Hola! Tengo un problema. Bueno, en realidad, son varios y me siento muy mal. Estoy hecha polvo 🙁. Por eso, necesito vuestros consejos y vuestra ayuda para encontrar una solución.

Lucía

5   **Lucía**
La semana pasada perdí el diccionario nuevo de Inglés y los mapas de Geografía y, además, me dieron las notas del instituto. Y desde entonces, mis padres están muy enfadados conmigo. Sé que están preocupados por mí, pero odio que me digan todo el tiempo: "Tienes que ser más
10 responsable y estudiar más". ¡Estoy hasta las narices! Me están haciendo la vida imposible y, la verdad, es que ya estoy harta. Vale, sé que no son las mejores notas de toda mi vida, pero tampoco son las peores 🙂.
A ellos solo les gusta que esté todo el día estudiando en casa y que no salga con mis amigos. ¡Qué vida más aburrida! ¡Ahora estoy castigada y
15 no me dejan ir este viernes a la fiesta de mi clase! Me siento fatal porque yo quiero ayudar a mis compañeros a prepararla y no dejarlos colgados. Estoy pensando en decir una mentira a mis padres e ir.

Lucía
El otro problema es que estoy castigada y no puedo salir, por eso Pablo
20 queda con mi amiga Sofía por las tardes. Ella es muy maja y superalegre y, además, acaba de romper con su novio. Me alegro de que Pablo y mi amiga sean amigos, pero no soporto que pasen tanto tiempo juntos. Además, estoy muy preocupada por algo y me estoy comiendo mucho el coco. Ayer cuando Pablo me visitó, miré en su móvil y tenía muchos mensajes de Sofía.
25 La verdad es que me molesta mucho que se escriban tanto y tengo miedo de que haya algo entre ellos… ¿o no? ¡Puf! No sé qué pensar… Yo sé que a Pablo Sofía le parece muy guapa. ¡Uf! ¿Qué hago? La cosa es que yo estoy muy enamorada de Pablo, pero tampoco quiero perder a mi amiga.

leer   **1** Lee el texto.
   a) Explica en pocas frases qué problemas tiene Lucía.
   b) Di cómo se siente y por qué está así.

leer **2** Relaciona la información de las dos columnas para resumir el texto.

a) Lucía está hecha polvo
b) Sus padres están enfadados con ella
c) Sus padres le dicen
d) Además, sus padres no la dejan
e) Lucía quiere ayudar a preparar la fiesta
f) Lucía está preocupada también porque
g) La mejor amiga de Lucía
h) Lucía piensa que, a lo mejor,

1. que tiene que estudiar más.
2. su novio y su amiga quedan sin ella.
3. porque tiene varios problemas.
4. y no dejar colgados a sus amigos.
5. no tiene novio en ese momento.
6. ir a la fiesta del viernes en el instituto.
7. hay algo entre su novio y su amiga.
8. porque tiene malas notas en el instituto.

hablar **3** Formad grupos pequeños y discutid sobre los problemas de Lucía. Para eso contestad las preguntas.

a) ¿A quién y cómo le cuentas tus problemas?
b) Elige una de estas preguntas:
  1. ¿Qué te parece lo que hace Lucía con el móvil de Pablo?
  2. ¿Piensas que es una buena idea decir una mentira a los padres? ¿Por qué (no)?

  Creo que es una buena idea / una mala idea porque…

4 **Lucía utiliza expresiones coloquiales en sus mensajes.**

Relaciona las expresiones con su significado.

a) estar hecho polvo (l. 3)
b) estar hasta las narices (l. 10)
c) dejar colgado a alguien (l. 16)
d) comerse el coco (l. 23)

1. no hacer algo, no ayudar a alguien
2. pensar demasiado en un problema
3. estar muy enfadado, -a no poder más
4. estar muy cansado, -a, también triste

5 Imagina para cada expresión una situación en la que la puedes usar.

Cuando termino un examen, estoy…

6 Di si hay expresiones parecidas en los idiomas que conoces.

Me alegro de que estéis ahí

V 2
Erklärvideo
§ 7

7 En las siguientes frases aparece una forma verbal nueva:
el **presente de subjuntivo**. Di cuál es en cada frase.

a) No me gusta que mis padres me hagan la vida imposible.
b) No soporto que mis padres no me dejen salir el viernes.
c) A mis padres les encanta que estudie mucho.
d) No me gusta que mi amiga escriba mensajes a mi novio.
e) Odio que mi novio salga todas las tardes con mi amiga.
f) Me molesta que mi amiga vaya a la fiesta con mi novio.

§ 7 **8** Completa la regla con ayuda del ejercicio anterior.

> **GRAMÁTICA** **Das *presente de subjuntivo***
> Der Stamm des ***presente de subjuntivo*** leitet sich von der ▪. Person Singular ▪ ab. Dies gilt auch,
> wenn diese Form eine Besonderheit aufweist. Der ***subjuntivo*** von ***tener*** ist also ***tenga***, ***tengas***…,
> der von ***poner*** ▪, ▪… und der von ***pedir*** ▪, ▪… Die Verben auf *-ar* bilden die Endung auf ▪, die
> Verben auf *-er* und *-ir* auf ▪. Einige Verben haben unregelmäßige Formen, z. B.: ***ser***, ***dar***, ***ir***, ***saber***…

9 Jugad a las cartas con los verbos. Para eso:

§ 7

- Preparad en grupos de cuatro 36 tarjetas con las formas del **presente de subjuntivo** de estos verbos: trabajar, comer, salir, tener, decir y comprar.
- Escribid las seis personas del presente de subjuntivo. Cada persona en una tarjeta.
- Mezclad las tarjetas y repartidlas.

La meta (*Ziel*) del juego es tener el verbo completo conjugado. Gana la persona que tiene más verbos completos. Jugad así:

- Preguntad a una compañera o a un compañero si tiene una forma que os falta.

A: ¿Tienes "trabajes"?
B: Sí./No. ¿Tienes tú…?

- Si la respuesta es "sí", ella o él os tiene que dar la tarjeta y vosotros podéis volver a preguntar. Si la respuesta es "no", continúa otra persona.

§ 7, 8
7 🗒

10 **Lucía y sus padres están muy enfadados.**

Lee las frases y fíjate en los verbos en **negrita**. Explica qué te llama la atención.

§ 7–9
5, 6 🗒

11 El **subjuntivo** se usa para expresar, por ejemplo, lo que nos gusta que hagan otras personas. Juega con los dados. Forma frases con las formas y las expresiones de la derecha.   → ○ S. 153

- ⚀ = contar
- ⚂ = poder
- ⚄ = ver
- ⚁ = reírse
- ⚃ = ir
- ⚅ = preferir

⚄ → Odio que mis amigos no puedan ir a la excursión.

> **EXPRESIONES**   So kann ich ausdrücken …
>
> | **was mir gefällt.** | **was mir nicht gefällt.** |
> |---|---|
> | Me gusta que… | No me gusta que… |
> | Me encanta que… | Odio que… |
> | Me alegro de que… | No soporto que… |
> | | Me molesta que… |
> | | Estoy harto, -a de que… |

§ 9
8–10

12 **Lucía tiene muchos amigos, pero no le gusta todo lo que hacen.**

Mira los dibujos y escribe qué no le gusta a Lucía de sus amigos como en el ejemplo.

No me gusta que mis amigos me manden mensajes largos.

§ 9
11

13 Describe a tu mejor amigo. Apunta las tres cosas que te gustan y las que más te molestan.

→ ○ S.153

Ayuda profesional (parte 1)

escuchar
A 12–15

14 **Hay personas que buscan consejos en Internet, pero también muchos jóvenes llaman a una especialista como Lara Fuentes cuando necesitan ayuda.**

Escucha los audios y completa las tres primeras líneas *(Zeilen)* de la tabla. La cuarta línea la vas a necesitar más tarde.

	Persona 1	Persona 2	Perso
¿Cómo se llama?	▪		
¿Cuántos años tiene?	▪		
¿Qué problema tiene?	▪		
Consejos	▪		

Experiencias en otro país

mediación **15** Estás de intercambio (*Austausch*) en España y lees en un blog este testimonio. Quieres ayudar a la chica y quieres preguntarle a tu compañero de intercambio si él tiene una idea.

Como él no entiende el texto, explícale la situación en la que se encuentra esa persona.

> **ESTRATEGIA** **Sprachmittlung**
> In *¡Vamos! ¡Adelante! Curso intensivo* 1 bist du schon einigen Sprachmittlungsübungen begegnet. Denke daran, dass du bei Sprachmittlungsübungen ganz selten alles übertragen musst, sondern nur das, was für die Person wichtig ist, an die du dich wendest. Überlege daher als ersten Schritt immer genau, welche Punkte das sind und lasse den Rest weg. Mehr dazu auf S. 178.

Blog

Mariposa

Hallo ,

ich brauche euren Rat, denn ich glaube, dass ich eine Riesendummheit gemacht habe! Es geht um Folgendes: In meiner Klasse sind zwei Mädels, die seit dem Kindergarten befreundet sind. Man sieht die zwei eigentlich immer nur im Doppelpack: Sie sitzen nebeneinander, gehen zusammen shoppen, ins Kino, zum Sport (obwohl die eine viel sportlicher ist als die andere – aber wenn sie einem Wettkampf hat, fährt die andere immer mit, um sie anzufeuern). Und zu einer Party brauchst du eine allein auch nicht einladen, denn dann kannst du sicher sein, dass sie nicht kommt. Ich finde, dass die beiden total süß miteinander umgehen und so habe ich sie vor ein paar Tagen gefragt, ob sie denn zusammen sind.

Ich habe mir nichts dabei gedacht, ich war einfach nur neugierig, und es wäre ja auch nichts dabei. Die beiden haben mich groß angeschaut, aber seither habe ich den Eindruck, dass sie weniger zusammen machen und verunsichert sind. Das tut mir total leid, denn ich wollte ja nicht ihre Freundschaft zerstören, sondern ihnen ganz im Gegenteil sagen, dass ich das gut finde. Und jetzt weiß ich nicht, wie ich das wieder gutmachen kann. Soll ich noch einmal mit den beiden reden? Oder lieber so tun, als wäre nichts gewesen? Habt ihr eine Idee? Ich bin für jeden Tipp dankbar, denn ich bin echt verzweifelt.

▶▶▶ MINITAREA   ¿Necesitas un consejo?

escribir **16** **Tienes un problema con una persona (amigo, familiar, vecino...).**
MK

Escribe un mensaje en el que explicas lo que no te gusta, te molesta, etc. Puedes escribirlo en papel o crear un chat con una aplicación y escribir el mensaje de forma anónima o con un nombre inventado. Guarda (*Behalte*) el mensaje porque los vas a necesitar más tarde.

> **ESTRATEGIA**
> **Veröffentlichung von persönlichen Daten**
> In Chats solltest du sorgfältig mit sensiblen Daten umgehen. So solltest du z. B. niemals persönliche Angaben wie deinen vollständigen Namen, deine Adresse oder deine Telefonnummer nennen.

B ¿Buenos consejos?

¡Ánimo, Lucía!

A 16 ◁)) **Las amigas y los amigos de Lucía contestan a su mensaje.**

Bea
¡Tranquila, Lucía! Es lógico que te moleste que Pablo y Sofía se manden tantos mensajes. Pero, a lo mejor, ellos solo están pensando en cómo pueden ayudarte y por eso se escriben. Es importante que hables con ellos y, sobre todo, que les
5 expliques que te sientes mal. ¡Confía en ellos! ¡Ánimo! Pero hablar no significa discutir.

Lucía

Manu
¿Cómo que tranquila, Bea? Lucía, ¿en serio controlaste el móvil de Pablo? ¡¡¡Eso no está bien!!! Si tienes una relación con alguien, tienes que confiar en esa persona. Mirar el móvil de alguien es lo último. Tienes que pedirle perdón.

10 **Luis**
Manu, tienes razón, pero es normal que Lucía esté preocupada.
Lucía, es necesario que hables con Pablo y le cuentes tus miedos. A lo mejor son solo amigos o están planeando una sorpresa para ti. Y si no es así y Pablo y tu amiga tienen una relación, pues: ¡Adiós, Pablo! ¡Adiós, amiga! Les deseas lo mejor y punto. Mejor sola que mal acompañada.

15 **María**
Así es, Luis. ¡¡¡Ah!!! ¡¡¡Los padres!!! Ellos siempre quieren que estudiemos más, que no salgamos tanto. Pero ¿qué esperas de ellos? ¿Por qué no les propones que hagan una excepción el viernes y les prometes que te vas a quedar otro día en casa para estudiar y que vas a sacar mejores notas? Así tus padres ven que eres responsable. Te recomiendo que hables con ellos y que
20 les digas que es muy importante para ti ir a esa fiesta porque es posible que no lo sepan. Por cierto, yo tuve el mismo problema con mi exnovio David y una amiga, y espero que no te pase lo mismo… Ahora están juntos. Pero mi novio actual es mil veces mejor que David. 😊 ¡Suerte!

Paula
¡Pobre Lucía! La verdad es que la situación es horrible. Tus padres te hacen la vida imposible y
25 tu novio queda con tu amiga mientras tú estás castigada. Es una pena que te pase esto. Si Pablo manda tantos mensajes a tu amiga, yo creo que eso significa algo. Te recomiendo que cambies de novio. Yo también dejé a mi novio hace poco. Hay miles de chicos guapos, búscate otro. ¡Ah! ¿Y qué pasa si al final tus padres no te permiten ir a la fiesta? Para mí, las fiestas del instituto siempre son un rollo.

30 **Bea**
Paula, eres tonta. Tu comentario no va a ayudar a Lucía. Así solo va sentirse peor. ¡Qué fácil es decir tonterías!

leer **1** Lee los mensajes y di a qué persona se refieren.

a) Piensa que Pablo y la amiga de Lucía tienen una relación.
b) Cree que uno de los mensajes no es una ayuda para Lucía.
c) No le gustan las fiestas del instituto.
d) Tuvo el mismo problema que Lucía con su novio.
e) Piensa que mirar el móvil de otra persona no está bien.
f) Cree que Lucía tiene que hablar con su novio y su amiga.

leer **2** Di con cuál de los amigos de Lucía estás más de acuerdo y por qué.

Te recomiendo que...

leer
§ 10

3 El **subjuntivo** también se utiliza con expresiones de deseo y para dar consejos.
Completa estas frases con ayuda de la información de los mensajes.

Bea recomienda a Lucía que hable con sus padres y les explique cómo se siente.

a) Manu quiere que…
b) Luis le propone que…
c) María espera que…
d) Paula le propone…
e) Bea no quiere que Paula…

§ 10
12, 13

4 Imagina que Lucía es tu compañera y tú conoces sus problemas.

Dile lo que piensas. Usa las ideas de abajo con el **subjuntivo** y las expresiones de la casilla.

Te propongo que tus padres y tú habléis.

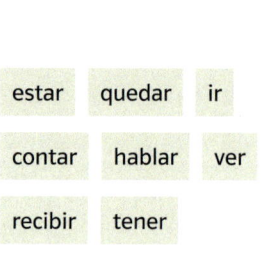

estar   quedar   ir

contar   hablar   ver

recibir   tener

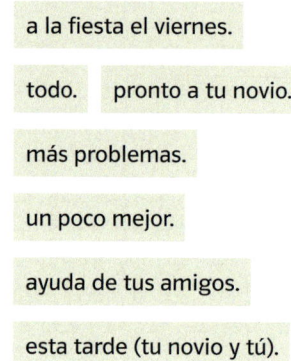

a la fiesta el viernes.

todo.   pronto a tu novio.

más problemas.

un poco mejor.

ayuda de tus amigos.

esta tarde (tu novio y tú).

EXPRESIONES

So kann ich etwas wünschen und Anregungen geben.

Pido que…
Quiero que…
Espero que…
Deseo que…   + subjuntivo
Propongo que…
Recomiendo que…

hablar
§ 10

5 Elige una de las siguientes situaciones y pídele consejo a alguien.
Esa persona te va a proponer alguna solución. Después esa persona
elige una situación y tú le tienes que dar consejos.   → ● S.159

A: *Saco muy malas notas. ¿Qué me recomiendas/propones?*
B: *Te recomiendo que estudies con compañeros./*
hagas los deberes./…

a) Me olvidé del cumpleaños de mi mejor amigo y ahora
no me habla.
b) Saco muy malas notas y tengo miedo de hablar con
mis padres.
c) Quiero hacer un viaje con mis amigos, pero mis padres
no me dejan.
d) A mis padres no les gustan mis amigos y no me dejan salir
con ellos.
e) Me robaron el móvil en el instituto.
f) Me gusta alguien del instituto, pero no sabe que existo.
g) Un compañero de clase se ríe de mí porque mis padres
no tienen mucho dinero.

Es importante que...

§ 11 **6** En el texto "¡Ánimo, Lucía!" hay otras expresiones que llevan el presente de subjuntivo. Busca en el texto las expresiones que faltan.

> **GRAMÁTICA** Der *subjuntivo* nach unpersönlichen Ausdrücken
>
> Der *subjuntivo* wird in Nebensätzen mit *que* verwendet, wenn im vorangehenden Hauptsatz eine Wertung oder ein persönliches Urteil zum Ausdruck kommt. Oft handelt es sich dabei um unpersönliche Ausdrücke, die nach dem Schema *es* + ▨/Nomen + *que* gebildet werden.
>
> *Es lógico que te ayude. / Es una pena que no tengas tiempo.*

> **EXPRESIONES**
>
> **So kann ich etwas beurteilen.**
>
> Es necesario que...
>
> ▨
>
> ▨
>
> ▨ /imposible que...
>
> ▨
>
> ▨
>
> Es raro que...
>
> Es fácil/difícil que...

§ 11
14, 15 ▢

7 Entre tus amigas y amigos hay personas que no saben qué hacer.

Lee los problemas y dale un consejo a cada persona con las expresiones del ejercicio anterior.

> Quiero pasar un año en España.

→ ● S. 160

> Entonces es necesario que hables primero con tus padres y después con el profesor de español.

1. Deseo tener una mascota, pero mis padres no quieren.

2. Quiero aprender a hacer surf, pero vivo lejos del mar.

3. Siempre me peleo con mi hermana. ¡No la soporto!

4. Tengo problemas en el instituto con un profesor.

5. Me gustaría hacer un viaje por el mundo.

6. Mi novia y yo hacemos cosas diferentes en el tiempo libre.

Ayuda profesional (parte 2)

escuchar
A 17–20 🔊

8 **La especialista Lara Fuentes da consejos a las personas de la página 35.**

Escucha el audio y completa la línea de "consejos" de tu tabla del ejercicio 14 de la página 35 con los consejos de la especialista.

→ ○ S.153

leer
16 📄

9 **En un foro has encontrado los siguientes consejos.**

Di a cuál de las personas del ejercicio anterior pueden ayudar. Para una persona no hay consejo.

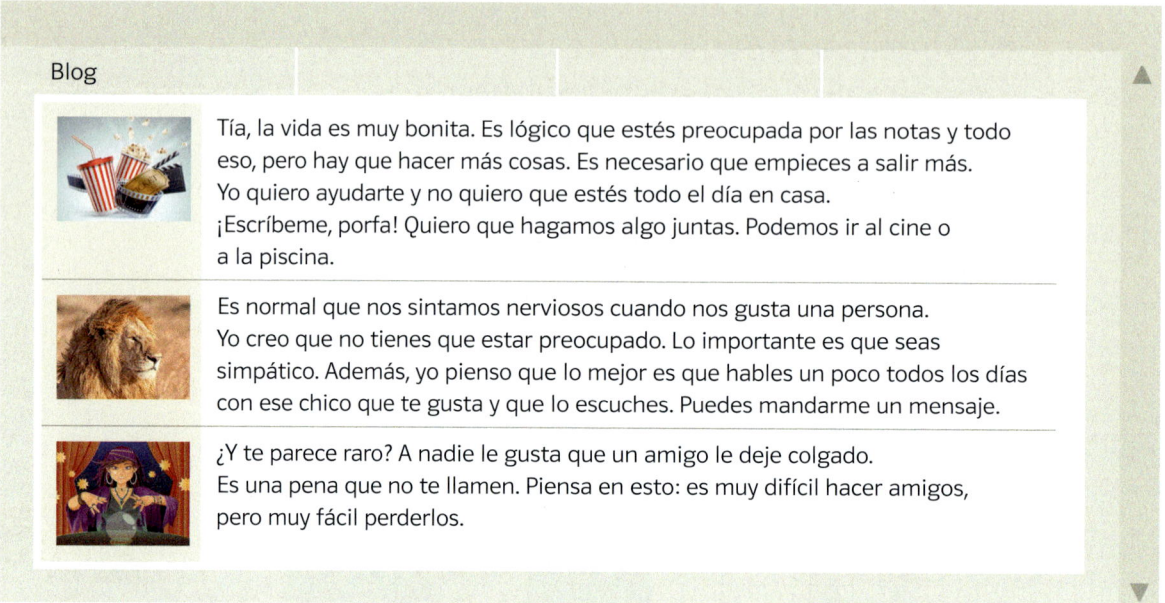

Blog

Tía, la vida es muy bonita. Es lógico que estés preocupada por las notas y todo eso, pero hay que hacer más cosas. Es necesario que empieces a salir más.
Yo quiero ayudarte y no quiero que estés todo el día en casa.
¡Escríbeme, porfa! Quiero que hagamos algo juntas. Podemos ir al cine o a la piscina.

Es normal que nos sintamos nerviosos cuando nos gusta una persona.
Yo creo que no tienes que estar preocupado. Lo importante es que seas simpático. Además, yo pienso que lo mejor es que hables un poco todos los días con ese chico que te gusta y que lo escuches. Puedes mandarme un mensaje.

¿Y te parece raro? A nadie le gusta que un amigo le deje colgado.
Es una pena que no te llamen. Piensa en esto: es muy difícil hacer amigos, pero muy fácil perderlos.

¿Quieres contarme tu problema?

§ 12
10 Lee las siguientes frases y explica cuándo se usa el **infinitivo** y cuándo el **presente de subjuntivo**.

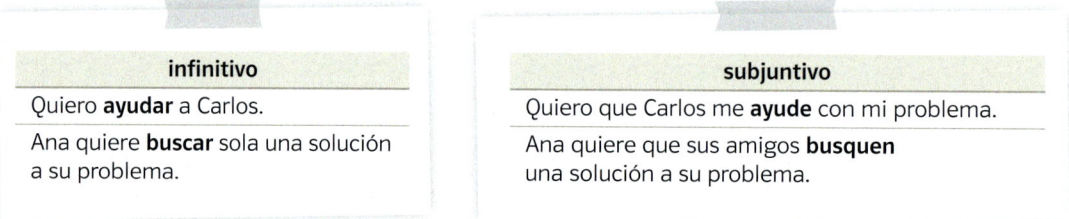

infinitivo
Quiero **ayudar** a Carlos.
Ana quiere **buscar** sola una solución a su problema.

subjuntivo
Quiero que Carlos me **ayude** con mi problema.
Ana quiere que sus amigos **busquen** una solución a su problema.

§ 12
17 📄

11 Forma frases con las siguientes palabras. Piensa que tienes que utilizar el **infinitivo** o el **presente de subjuntivo**.

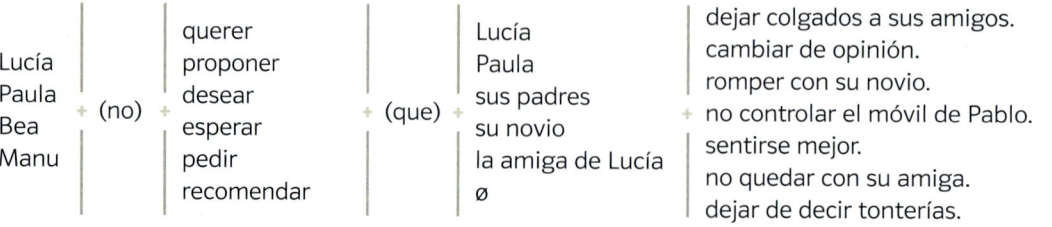

Lucía Paula Bea Manu + (no) + querer proponer desear esperar pedir recomendar + (que) + Lucía Paula sus padres su novio la amiga de Lucía ø + dejar colgados a sus amigos. / cambiar de opinión. / romper con su novio. / no controlar el móvil de Pablo. / sentirse mejor. / no quedar con su amiga. / dejar de decir tonterías.

12 **Lucía habla con su novio Pablo.**

§ 12
18

Completa el diálogo con las formas correctas del **subjuntivo** o el **infinitivo**. Una persona hace el papel de Lucía. La otra hace el papel de Pablo y trabaja con la página 164.

Lucía: Pablo, odio que te (**escribir, tú**) con Sofía.
No puedes (**hacer, tú**) eso.
Pablo: Pero, ¿qué dices? No me gusta que pienses así.
Yo solo quería ayudar.
Lucía: ¿Ayudar? Pues me molesta mucho que os (**mandar, vosotros**)
mensajes y no soporto que la (**ver, tú**) cuando yo no estoy.
Pablo: Es una pena que creas eso porque no es verdad.
Lucía: ¡Ah! ¿No? No soporto que la gente (**decir**) mentiras.
Pablo: Tú sabes muy bien que a mí no me gusta decir mentiras.
Lucía: Tienes razón. Lo siento, pero no soporto que (**estar, tú**) hablando
en los recreos con Sofía.
Pablo: No va a pasar más. Es necesario que confíes otra vez en mí. Solo quería buscar una solución a tu problema. Y como Sofía te conoce muy bien…
Lucía: Está bien, pero entonces es importante para mí que no (**hacer, vosotros**) más cosas juntos sin mí.

Refranes

13 **En todos los idiomas existen refranes que se usan a la hora de dar consejos.**

Relaciona los cuatro refranes con significado parecido.

A	B	C	D
Al mal tiempo, buena cara.	**Mejor tarde que nunca.**	**Querer es poder.**	**Mejor sola que mal acompañada.**

Besser spät als nie.	What can't be cured must be endured.	Mieux vaut tard que jamais.
Lieber allein als in schlechter Begleitung.	Where there's a will, there's a way.	Quand on veut, on peut.
Gute Miene zum bösen Spiel machen.	Better late than never.	Mieux vaut être seul que mal accompagné.
Wo ein Wille ist, ist auch ein Weg.	Better to be alone than in bad company.	Faire contre mauvaise fortune bon coeur.

MINITAREA **Un consejo**

escribir **14** Poned los mensajes de la Minitarea A encima de una mesa. Si los habéis escrito en formato digital, podéis imprimirlos o hacer el ejercicio de forma digital.

- Elegid un mensaje y escribid de forma anónima un consejo para esa persona.
- Poned todos los mensajes con sus consejos otra vez encima de la mesa.
- Luego tomad uno de los mensajes: uno de vosotros lee el correo y el consejo.
- Al final discutid qué os parece el consejo y comentad si tenéis otros para ese problema.

Llegamos a la meta

Du kannst jetzt schon:	Bilde Sätze:
1. sagen, wie du dich fühlst.	Me siento… / Estoy…
2. sagen, worüber du dich freust.	Me alegro de que…
3. sagen, was dir Sorgen bereitet oder dich ärgert.	Estoy preocupado, -a porque… / Me molesta que…
4. Wünsche und Erwartungen äußern.	Deseo que… / Espero que…
5. Ratschläge geben.	Te recomiendo que… / Es importante que…
6. etwas beurteilen.	Me parece una pena que…

TAREA FINAL   Un concurso

escribir

15 **Trabajad en grupos. Vuestra profesora de español os pide que hagáis una fotonovela para un concurso del instituto. El título es: "Un amigo no hace eso".**

1. Preparación
Buscad ideas y preparad un mapa mental con los problemas que hay normalmente entre amigos. Comentad las ideas y elegid después una situación que se pueda presentar en fotos (entre 6 y 10).

2. Elaboración
– . . . del guion
Primero tenéis que escribir un pequeño guion (*Drehbuch*): cuál va a ser la historia, quiénes son los personajes y cómo son: su carácter, su aspecto…, qué se va a ver en las fotos, qué información va a ir en forma de texto.

– . . . de las fotos
Pensad cuántas fotos necesitáis para contar la historia. ¿Qué situaciones tenéis que presentar exactamente? Al hacer las fotos, fijaos bien en la expresión de la cara de los personajes. Os podéis disfrazar o preparar un decorado.

– . . . del texto
En una fotonovela hay textos al lado de las fotos con información sobre la situación. Lo que dicen y piensan los personajes está escrito en bocadillos (*Sprechblasen*). Pensad sobre todo en expresar los sentimientos de los personajes, en lo que les molesta y lo que desean de los demás. ¡Imaginad un final interesante! Puede ser un final feliz, divertido, triste, sorprendente…
Corregid vuestros textos antes de escribirlos en la fotonovela.

> **ESTRATEGIA**
> **Fehler vermeiden**
> Schau noch einmal auf die Seiten 180 und 181.

– . . . de la fotonovela
Preparad la fotonovela en el ordenador. Así podéis pegar en un documento las fotos y poner los textos en bocadillos. Después la podéis imprimir o mostrar la historia en PowerPoint. Naturalmente, también podéis pegar las fotos en una hoja grande o un póster (mínimo DIN A 3). Así tenéis sitio (*Platz*) para escribir. Añadid ahora los textos corregidos en los bocadillos. Pensad que se tienen que leer fácilmente, por eso, escribid con letra grande y clara.

3. Presentación
– Exponed vuestras fotonovelas en clase, como en una galería.
– Todos pueden mirarlas y dar su opinión: Decid si os gustan las fotonovelas y por qué (no). ¿Qué historia os llama más la atención? ¿Cuáles os parecen más interesantes y creativas?
– Al final, discutid los temas: ¿Hay temas que se repiten? ¿Cuál es la historia que más os sorprende o emociona? ¿Por qué?
– Con ayuda de las hojas de evaluación, podéis darles vuestra opinión (*Rückmeldung*) a vuestras compañeras y a vuestros compañeros.
– Al final, elegid qué fotonovela queréis presentar al concurso.

D3

Un amigo no hace eso

1 ¡Hola, chicos! ¿Qué? ¿Qué tal?

2 ¡Ah! Hola, Maite.

3 Ayer os vio mi madre en el centro comercial y a mí no me llamasteis.

4 ¡Oh! Lo siento. Lo olvidamos.

6 Perdón, Maite, pero últimamente tú eres la que no viene nunca con nosotros. Siempre nos dejas colgados.

5 ¿Lo olvidasteis? ¿Olvidasteis llamarme? Pero tía, ¿qué dices? Una amiga no hace eso, una amiga te llama… Odio que no quedéis más conmigo.

7 No es verdad.

8 Sí es verdad. Ahora solo quieres estar con Manu y pasas de nosotros.

9 Lo siento. Tenéis razón. Creo que es necesario que haga más cosas con vosotros. No quiero dejaros más colgados.

10 ¡Esta es nuestra Maite!

2 Palabras

Tengo un problema

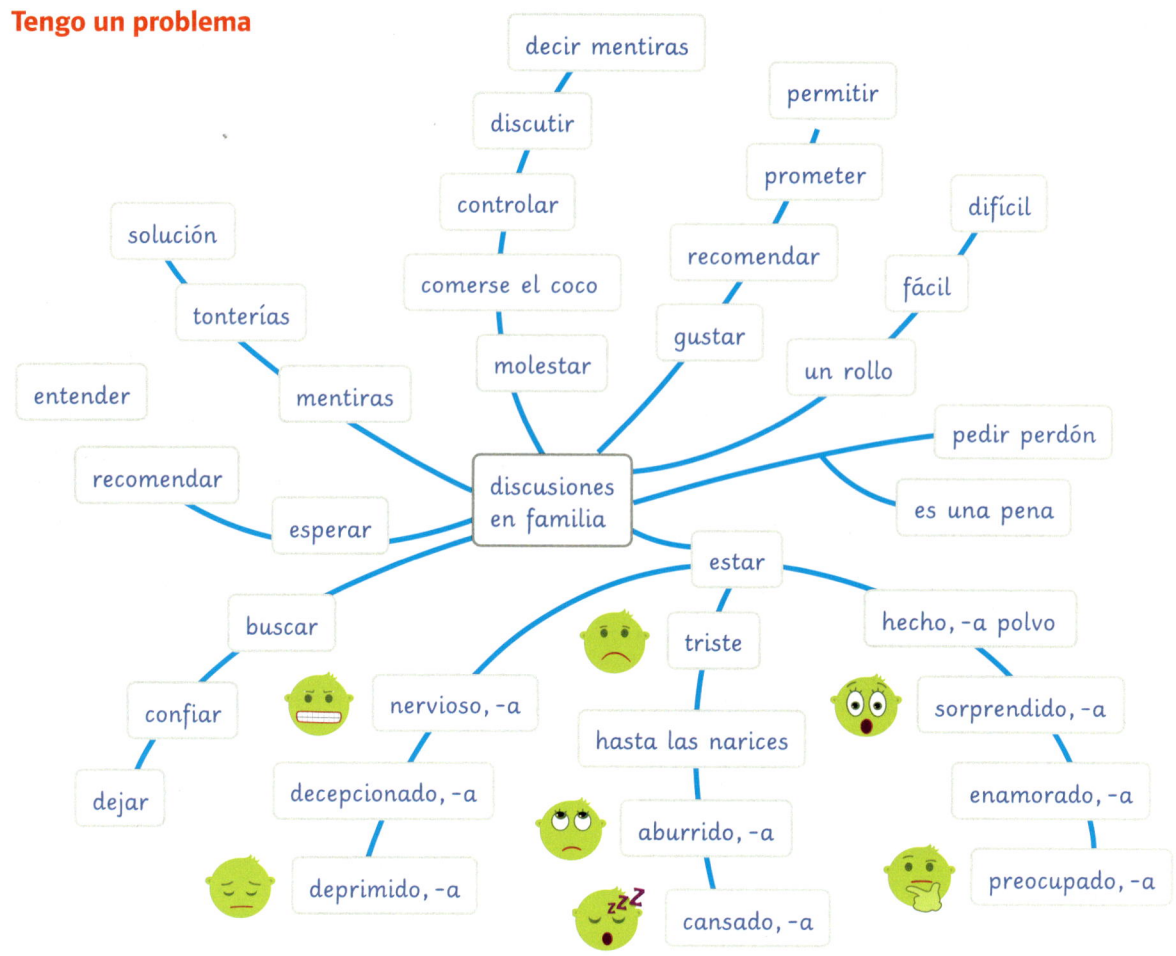

Wenn dir die Wörter aus der Lektion nicht ausreichen ☺ – hier sind noch mehr!

aprobar	bestehen	la bofetada	die Ohrfeige
suspender	durchfallen	descarado,-a	frech
traicionar	verraten	maleducado,-a	ungezogen
tener celos	eifersüchtig sein	ofendido,-a	beleidigt
educar	erziehen	tímido,-a	schüchtern
quejarse	sich beklagen	arrogante	arrogant
gritar	anschreien, anbrüllen	alabar a alguien	jdn loben
la promesa	das Versprechen	adular a alguien	jdm schmeicheln
desilusionado,-a	enttäuscht	obedecer	gehorchen
la recomendación	die Empfehlung	criticar	kritisieren
la bronca	der Krach	llegar a un acuerdo	einen Kompromiss schließen
la crítica	die Kritik	animarse	aufmuntern

eP **Tu grupo de amigas y amigos**

escribir **Tu amiga o amigo siempre saca malas notas.**

Escribe al menos seis consejos para ayudarla o ayudarlo a sacar buenas notas.

Gramática

§6 El verbo estar con adjetivos

estoy	enfadado, -a
estás	contento, -a
está	triste
estamos	enamorados, -as
estáis	preocupados, -as
están	decepcionados, -as

¿Cómo estás?

Estoy muy **contenta** porque es mi cumple y vamos a hacer una fiesta muy grande.

§7 El presente de subjuntivo – los verbos regulares

estudiar	tener	pedir
estudie	tenga	pida
estudies	tengas	pidas
estudie	tenga	pida
estudiemos	tengamos	pidamos
estudiéis	tengáis	pidáis
estudien	tengan	pidan

§8 El presente de subjuntivo – los verbos irregulares

estar	ir	saber	dar	ser	haber
esté	vaya	sepa	dé	sea	haya
estés	vayas	sepas	des	seas	hayas
esté	vaya	sepa	dé	sea	haya
estemos	vayamos	sepamos	demos	seamos	hayamos
estéis	vayáis	sepáis	deis	seáis	hayáis
estén	vayan	sepan	den	sean	hayan

§9 El subjuntivo con verbos y expresiones de sentimiento

Me gusta / Me encanta que seáis amigos.
No soporto / Estoy harto, -a de / Odio que digas mentiras.

Me **alegro** de que te **gusten** los animales.

§10 El subjuntivo con verbos de deseo

Espero / Deseo que tengas un buen viaje.
Te recomiendo / Te propongo que hagas más deporte.

§11 El subjuntivo con expresiones impersonales

Es importante que aprendas idiomas.
Es normal que ella llame a su madre una vez por semana.

§ 6 **1** Une las frases con su estado de ánimo correspondiente. Dos estados de ánimo no tienen frase.

a) Clara siempre cuenta mis secretos. ¡Estoy hasta las narices!
b) Estoy viendo una película que es un rollo.
c) Hoy no he ido al instituto porque tengo dolor de barriga.
d) Hoy, cuando llegué a clase, tenía un regalo encima de la mesa. ¡No me lo esperaba!
e) Me alegro mucho de que mis padres me dejen ir a la fiesta.
f) Puff, no puedo andar más y todavía quedan cinco kilómetros.

+

1. Estoy contento, -a.
2. Estoy triste.
3. Estoy enfermo, -a.
4. Estoy aburrido, -a.
5. Estoy enfadado, -a.
6. Estoy nervioso, -a.
7. Estoy sorprendido, -a.
8. Estoy cansado, -a.

§ 7, 8 **2** Busca el intruso.

a) odie – recomendasteis – vayamos – quieran
b) controléis – tenía – estén – escriba
c) pidas – expliquemos – dan – olvidéis
d) come – esperen – quiera – dejemos
e) rompamos – celebráis – mandemos – escribamos
f) beba – trabajaron – andemos – cantes
g) viajaste – vivas – compren – regaléis

§ 9–11 **3 Lucía no sabe si contarle a su novio que le controló el móvil.**

Completa las frases con los siguientes verbos en **presente de subjuntivo**.

| pedir | entender | estar | explicar | escribir | darse cuenta | controlar | confiar | olvidar |

a) Espero que Pablo ▨ por qué controlé su móvil.
b) Voy a pedir a Pablo que (nosotros) ▨ todo y empecemos nuestra relación de cero.
c) Es posible que no ▨ más en mí.
d) Es importante que le ▨ perdón.
e) No quiero que Pablo ▨ mi móvil.
f) No soporto que Pablo ▨ a otras chicas.
g) Es normal que ▨ enfadado.
h) Mis amigos me recomiendan que le ▨ que solo lo hice una vez.
i) Tengo miedo de que Pablo ▨ de que le controlé el móvil muchas veces.

escuchar
A 21 ◁))

4 Tres personas hablan de sus problemas.

Di qué dibujo corresponde a cada texto. Hay un dibujo sin audio.

§ 7–11 **5** Completa estos consejos con el **indicativo** o el **subjuntivo**.

a) Yo creo que tus amigos ■ (**querer**) saber qué te molesta.

f) Es necesario que ■ (**hacer, vosotros**) actividades en familia.

b) Te recomiendo que no ■ (**ir**) a la fiesta.

g) A lo mejor ■ (**tener, tú**) que contar toda la verdad a tus padres.

c) ¿Por qué no ■ (**pagar, tú**) la mitad y ella ■ (**pagar**) la otra mitad?

h) Yo pienso que no ■ (**poder, tú**) dejar colgados a tus amigos.

d) Te propongo que ■ (**buscar, tú**) un trabajo los fines de semana para ganar un poco de dinero.

i) Deseo que no ■ (**pasar, tú**) por la misma situación que yo. Mi novia ■ (**romper**) conmigo hace dos semanas.

e) ¿Qué te parece si ■ (**quedar, nosotros**) el viernes y ■ (**hablar**) tranquilamente?

j) Yo creo que es importante que ■ (**hablar, tú**) con tu novia y que ■ (**buscar, vosotros**) una solución.

leer **6** Di cuáles de los consejos del ejercicio anterior son para las personas del ejercicio 4.

§ 12 **7 Marta está muy enfadada y decepcionada con su amigo Santi.**

Completa el diálogo con las formas correctas del **subjuntivo** o **infinitivo**.

Marta: Santi, odio que ■ (**contar, tú**) mis secretos. No puedes ■ (**hacer**) eso.
Santi: Marta, ¿qué dices? No me gusta que ■ (**pensar, tú**) así. Solo quería ■ (**ayudar**).
Marta: Has contado que no tengo dinero. Me molesta que en el instituto todos los compañeros y los profesores ■ (**conocer**) mis problemas.
Santi: Solo deseaba ■ (**ayudar**). Yo solo quiero que ■ (**ir, nosotros**) juntos al viaje. Es una pena que ■ (**tener, tú**) que quedarte en casa.
Marta: Vale, pero quiero que ■ (**entender, tú**) mi situación. No soporto que la gente ■ (**intentar**) buscar una solución a mis problemas sin hablar conmigo. Te pido que no lo ■ (**hacer**) otra vez.
Santi: Perdón. Siento que lo ■ (**ver, tú**) así. No quiero que ■ (**pensar, tú**) que soy un mal amigo.
Marta: No tienes que tener miedo de que ya no ■ (**ser, yo**) tu amiga. Pero espero que la próxima vez ■ (**buscar, nosotros**) una solución juntos.
Santi: Me alegro de que ■ (**pensar, tú**) así. Mira, ¿quieres que ■ (**ir, nosotros**) a comer una pizza? Invito yo.

D 4
Lösungen

3

Los medios digitales

Primer paso

LERNZIEL

Am Ende der Lektion wirst du einen Comic erstellen, in dem du einen interessanten Aspekt der neuen Medien aufzeigst.
Dafür lernst du,
– über die Nutzung digitaler Medien zu sprechen.
– auszudrücken, was man denkt oder bezweifelt.
– etwas zu entgegnen.
– über den sicheren Gebrauch von digitalen Medien zu sprechen.
Dazu brauchst du
– den *subjuntivo* nach verneinten Meinungsverben und Ausdrücken des Zweifelns.
– die Verneinung mit *nunca*, *nada*, *nadie* und *tampoco*.
– die Konjunktionen *para que*, *sin que* und *antes de que*.

1, 2 **1** Mira las fotos y comenta qué medios usas para hacer estas actividades.

Yo uso el móvil para chatear, el ordenador para…

| chatear | ver películas/series | conectarse a Internet | buscar información |

| escuchar música | jugar a videojuegos | hablar con otras personas | hacer fotos |

| buscar amigos | acceder a las redes sociales | leer/escuchar noticias |

el móvil

la tableta

el ordenador

el portátil

la radio

la cámara de fotos

el periódico

la aplicación

el televisor

CULTURA
La misma cosa, palabras diferentes
En España y en Latinoamérica se usan algunas veces palabras diferentes para hablar de las mismas cosas.

el móvil – el celular

el ordenador – el computador / la computadora

hablar

2 Hablad en parejas. Explicad si utilizáis otros medios y para qué actividades los utilizáis.

3 Explica cuánto tiempo pasas con las actividades del ejercicio 1. Ordénalas según la frecuencia.

Yo chateo todos los días / muchas veces / a veces / pocas veces.
Nunca chateo.

| todos los días | muchas veces | a veces | pocas veces | (casi) nunca |

3

4 **Encuentras una estadística que muestra las actividades que los jóvenes españoles hacen en Internet.**

Explica la estadística con ayuda de las expresiones de abajo.

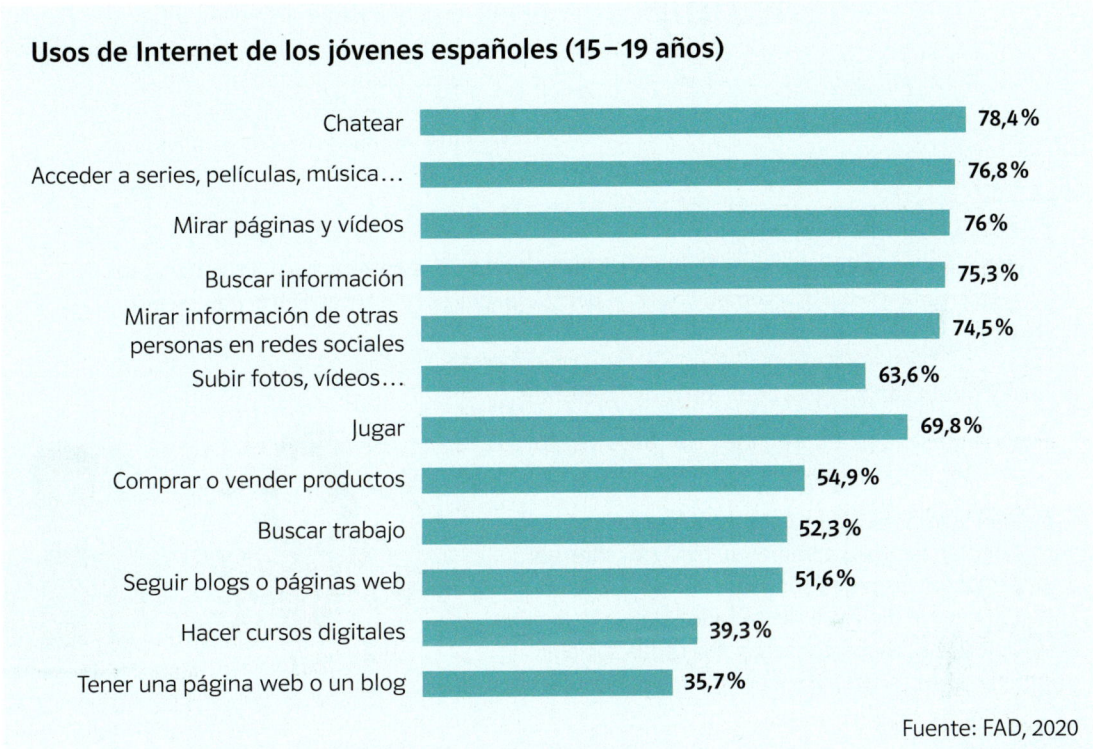

Usos de Internet de los jóvenes españoles (15 – 19 años)

Actividad	%
Chatear	78,4 %
Acceder a series, películas, música…	76,8 %
Mirar páginas y vídeos	76 %
Buscar información	75,3 %
Mirar información de otras personas en redes sociales	74,5 %
Subir fotos, vídeos…	63,6 %
Jugar	69,8 %
Comprar o vender productos	54,9 %
Buscar trabajo	52,3 %
Seguir blogs o páginas web	51,6 %
Hacer cursos digitales	39,3 %
Tener una página web o un blog	35,7 %

Fuente: FAD, 2020

EXPRESIONES So kann ich eine Statistik versprachlichen.
Un / El 51,2 %… = Un / El cincuenta coma dos por ciento…
Un / El 66,6 %… / Dos tercios (⅔)…
Un / El 49,2 %… / Casi la mitad (½) de los jóvenes españoles usa(n) Internet para…
Un / El 20,1 %… / Casi un cuarto (¼)…
Un / El 94,9 %… / Casi todos… / La mayoría…

MK

5 Haced una encuesta en clase. Con ayuda de una aplicación, escribid qué actividades del ejercicio anterior hacéis en Internet y presentad los resultados en la clase.

6 Compara lo que hace tu clase en Internet con lo que hacen los jóvenes españoles.

→ ● S. 160

A ¡No sin mi móvil!

No entiendo nada de ordenadores

§ 13 **1** Mira las frases de Clara y completa la regla sobre la negación.

— **Nunca** olvido mi móvil en casa.
— **No** escucho **nunca** la radio.
— **Nadie** necesita un televisor.
— **No** conozco a **nadie** sin móvil.
— **Nada** me gusta más que jugar a los videojuegos.
— **No** vendo **nada** por Internet.
— **Tampoco** hago cursos digitales.
— **No** tengo **tampoco** una cámara de fotos.

> **GRAMÁTICA** **Die Verneinung**
> Wenn *nunca*, *nada* und *nadie* ■ dem Verb stehen, muss ■ dem Verb zusätzlich *no* ergänzt werden. Stehen die drei Verneinungen ■ dem Verb gibt es kein zusätzliches *no*.

§ 13 **2** **Juan y María son amigos, pero son muy diferentes.**

Transforma las siguientes frases en frases negativas para saber cómo es María.

a) Juan siempre juega con el móvil por las noches.
b) También le gusta comprar su ropa por Internet.
c) Le gustan las redes sociales.
d) Del mundo digital le gusta todo.
e) Quiere que todos conozcan sus redes sociales.
f) En Internet siempre encuentra cosas interesantes.

§ 13
4–6 **3** Seguro que conoces a alguien que es muy diferente a ti. Escribe tres frases sobre ti y tres cosas sobre esa persona.

A mí me gusta mucho chatear, pero mi hermano no chatea nunca.

hablar **4** Escribe cinco preguntas sobre ti para una persona de la clase. Pueden ser verdad o no.
Prepara también las respuestas. Después hazle las preguntas y la persona dice si cree
§ 13 que es verdad o no. → ○ S.154

A: ¿Crees que uso las redes sociales?
B: No, tú no usas nunca las redes sociales.
A: Sí, es verdad. No uso nunca las redes sociales./
No, no es verdad, (a veces / siempre…) uso
las redes sociales.

no… nadie   no… tampoco
no… nunca   no… nada

¿Adictos al móvil?

A 22 ◁))

Luis G. C.

En el instituto Reina Isabel de Madrid empieza la próxima semana un experimento: los alumnos van a pasar siete días y siete noches sin móvil, es decir, no van a poder utilizarlo durante este
5 tiempo. "Es verdad que no todos nuestros alumnos son adictos al móvil, pero muchos sí lo son. Por eso nos gustaría saber, en primer lugar, cuánto tiempo al día se conectan a Internet. Y, en segundo lugar, queremos también que
10 los alumnos disfruten de la comunicación entre ellos sin utilizar medios digitales", nos dice el director del instituto, Alfonso Muñoz. "Sé que el experimento no va a gustar a nadie, pero pienso que va a ser una experiencia muy útil
15 para todos. No creo que todos los alumnos aguanten toda la semana. Estoy seguro de que la mayoría va a hacer trampas y que va a buscar excusas para poder utilizarlo. Otros van a quejarse todo el día, ya que son, desde hace
20 mucho tiempo, adictos al móvil y no pueden vivir sin una pantalla".

leer
7 ▢

5 Lee el artículo y contesta las preguntas.

   a) ¿Qué experimento van a hacer en el instituto Reina Isabel?
   b) ¿Qué buscan con este experimento?
   c) ¿Qué piensa el director del instituto sobre el experimento?

hablar
§ 14
8 ▢

6 Di lo que piensas con ayuda de las expresiones. Discute sobre el experimento y si piensas que es una experiencia útil para los alumnos del instituto o no.

→ ○ S. 154

EXPRESIONES **So kann ich sagen ...**			
was ich denke.		**was ich bezweifle.**	
Creo que…		No creo que…	
Pienso que…	+ indicativo	No pienso que…	+ subjuntivo
Es verdad que…		No es verdad que…	
Estoy seguro, -a de que…		No estoy seguro, -a de que…	

escribir
9 ▢

7 Comenta la frase siguiente con ayuda de las expresiones del ejercicio anterior.

"Los alumnos son, desde hace mucho tiempo, adictos al móvil".

Una semana sin móvil

A 23 ◁)) **Alba, una joven, escribe en un blog su opinión después de leer el artículo de Luis G.C. sobre el experimento en el instituto Reina Isabel de Madrid.**

Blog

Alba
Campos
Revilla,
Madrid
(15 años)

Acabo de leer una noticia en el periódico y me gustaría dar mi opinión.
Por un lado, quiero decir que sí es verdad que pasamos demasiado tiempo con
nuestros móviles. Yo, por ejemplo, lo uso como despertador y la primera cosa
que hago por la mañana, es mirar mis mensajes. También es verdad que estoy
5 horas y horas jugando, chateando o subiendo fotos en vez de salir a la calle,
quedar con mis amigos o ayudar en casa.
Pero, por otro lado, también pienso que el móvil es algo que hace más fácil la vida
a muchas personas. Mis padres están siempre preocupados cuando salgo con
mis amigos. Por eso, siempre les mando mensajes y les digo dónde estoy.
10 Hay mucha gente que lleva un diccionario o un mapa cuando está en el
extranjero. En cambio, yo uso unas aplicaciones. Es mucho más práctico y rápido.
Tengo un tío que utiliza una silla de ruedas y también usa aplicaciones para
encontrar hoteles especiales para él. Por lo tanto y, en mi opinión, tengo que decir
que los nuevos medios son una ayuda y mejoran el día a día de muchas personas.
15 Además, me gustaría decir que nosotros, los jóvenes, utilizamos tabletas, ordenadores y móviles desde que somos niños, así que no es raro que pasemos mucho
tiempo con ellos. No creo que todas estas cosas nos desconecten del mundo
normal o de las personas, sino que nos conectan de una manera diferente. Por lo
tanto, no creo que los jóvenes seamos, como dice el director del instituto Reina
20 Isabel, "adictos al móvil". Nosotros sabemos, y muchos adultos no, en qué
momento hay que utilizarlo o no.
Pienso que estos muchas veces no saben cómo usarlo y cuándo usarlo. Mi madre,
por ejemplo, viene a la mesa a cenar con el móvil y le tengo que decir: "¡Mamá, el
móvil, por favor! Estamos cenando". Pero ella lo usa todo el día. ¡Está
25 enganchada!
Bueno… quiero decir que el móvil tiene sus ventajas y sus desventajas, y estoy
segura de que los jóvenes podemos vivir una semana sin él. Estoy segura de que
nadie va a hacer trampas. No obstante, para terminar, me gustaría hacer dos
preguntas al director del instituto. La primera es: ¿para qué quiere hacer el
30 experimento? Quizás para él no es una tontería. Sin embargo, yo estoy en contra
porque yo creo que todos los jóvenes sabemos cuándo y cómo usar el móvil. Y la
segunda: ¿por qué no participan también los profesores y el director del instituto
en el experimento?

leer **8** Completa la tabla con ayuda del texto y del artículo de la página anterior.

Argumentos del director con los que Alba está de acuerdo	Argumentos del director con los que Alba no está de acuerdo	Otros argumentos de Alba a favor del móvil

hablar **9** Di si estás de acuerdo con las siguientes afirmaciones de Alba. Da tu opinión con ayuda de las expresiones de la página 51.

→ ● S.160

    a) "… que sí es verdad que pasamos demasiado tiempo con nuestros móviles". (l. 2 – 3)
    b) "… el móvil es algo que hace más fácil la vida de muchas personas". (l. 7 – 8)
    c) "No creo que todas estas cosas nos desconecten del mundo normal o de las personas, sino que nos conectan de una manera diferente". (l. 17 – 18)

10 **Alba menciona que hay algunas aplicaciones que son útiles para las personas con discapacidades (*Behinderungen*).**

Di si conoces otras aplicaciones útiles y descríbelas.

hablar
MK
👥 **11** Formad grupos y cread una aplicación que os ayude a mejorar vuestro día a día o el de otras personas. ¿Qué problema os ayuda a resolver? ¿Qué funciones tiene? ¿Cómo se llama la aplicación? Presentad los resultados a vuestra clase en forma de anuncio publicitario. La clase decide qué aplicación es la mejor.

¿Todos somos adictos?

hablar
10 ▣ **12** Mira la caricatura. Explica qué quiere expresar el autor con ella y si el autor y Alba tienen la misma opinión o no.

hablar
👥 **13** Hablad en parejas y decid si estáis de acuerdo con el autor de la caricatura. Explicad por qué (no).

Yo creo/pienso que tiene razón porque...
Yo no creo que...

Por un lado, quiero decir...

14 Alba utiliza en su carta al director diferentes conectores (*Verbindungswörter*) y expresiones para estructurar sus ideas.

11

Búscalos y completa la tabla. Después traduce las expresiones al alemán.

→ ○ S.154

EXPRESIONES So kann ich ...		
Gedanken ordnen. para terminar, ▦	**etwas entgegnen.** en cambio, ▦	**Schlussfolgerungen ziehen.** así que, ▦
etwas ergänzen. ▦	**etwas begründen.** ▦	**Weitere Ausdrücke:** ▦

15 El padre de uno de los alumnos del instituto escribe también su opinión sobre el experimento.

Aquí tienes una parte de su correo donde faltan los conectores. Mejora el texto y escríbelo otra vez. A veces hay varias posibilidades.

Yo pienso que el móvil es algo muy útil para muchas actividades. ▦, yo lo utilizo como calculadora, como diccionario, como despertador o para buscar información. ▦, también lo uso para hablar con mi
5 hermano, que vive en México. Nos mandamos fotos y mensajes. ▦, tenemos una aplicación y nos vemos y hablamos una vez a la semana. ▦, creo que también hay muchas personas, jóvenes y adultas, que no pueden vivir sin el móvil. ▦, pienso que es necesario
10 utilizarlo bien.

¡Lo conseguimos!

escuchar
A 24 ◁))

16 El director del instituto Reina Isabel tiene una reunión con los padres de los alumnos.

Escucha al director y completa las frases.

a) El director y los profesores participaron también en el proyecto...
b) El director pensaba que el experimento era muy difícil para los alumnos porque...
c) Todos los alumnos participaron...
d) La semana que viene...
e) El 80% de los jóvenes...
f) El director espera que en los cursos...

„Machen Medien süchtig?"

mediación **17** Blanca, tu amiga de intercambio, sabe algunas palabras en alemán. Encontró este artículo en Internet y entendió el título, pero quiere saber más.

Explícale de qué trata.

Machen Medien süchtig?

Vor dem Experiment dachte ich, dass mir mein Handy alles bedeutet. Es war einfach immer da, ich habe es eigentlich permanent genutzt, den ganzen Tag. Deshalb hatte ich am Anfang große Angst, es abzugeben. Ich hatte Angst, dass ich weniger Kontakt mit meinen Freunden habe, dass ich nicht mehr nach Hause komme, wenn ich den Bus verpasse – ganz banale
5   Dinge.
Bei dem Projekt „Machen Medien süchtig?" habe ich freiwillig mitgemacht, weil ich mal sehen wollte, wie abhängig ich wirklich bin und wie es sich anfühlt, eine Woche ohne Handy zu leben. Wir kennen das ja so gar nicht mehr. Die Woche war für mich ganz anders, als ich erwartet hatte. Ich habe gemerkt, dass es ohne Handy tierisch entspannend sein kann. Ich hatte viel
10 mehr Zeit für andere Sachen. Vor allem hat man mehr Zeit für sich selbst, um zwischendurch auch mal runterzukommen und über andere Sachen nachzudenken. Am meisten vermisst habe ich aber WhatsApp. Für meine Freunde und mich ist das der einfachste und schnellste Weg zu kommunizieren. Natürlich möchte ich mein Handy nicht missen. Es macht wirklich viele Sachen einfacher. Wenn man zum Beispiel an der Bushaltestelle steht und sich langweilt, kann
15 man schnell zu Hause bei seiner Mama anrufen, sich mit Freunden verabreden oder ein paar Nachrichten lesen.
Wir Jugendlichen werden mittlerweile von vielen Erwachsenen als Süchtige dargestellt, aber so ist es überhaupt nicht, meine Mitschüler und ich kommen auch gut ohne Handy aus. Ich finde, man muss das auch mal positiv sehen. Vor allem schreiben wir mit unseren
20 Freunden. Die Leute sollten sich freuen, dass die Jugend heutzutage so viel kommuniziert. Trotzdem möchte ich mein Verhalten ändern, weil es echt stressig sein kann, wenn man sich andauernd damit beschäftigt. In Zukunft will ich das Handy deshalb öfter mal weglegen.
Janine, 16, lebt eine Woche ohne Handy

© Hannah König, Der Spiegel

---

hablar **18** Inventad un diálogo entre dos personas. A **A** no le gustan las nuevas tecnologías, por eso quiere pasar una semana sin móvil y participar en el experimento de su instituto. **B** no puede vivir sin ellas y está en contra del experimento. Los dos quieren convencerse el uno al otro.
Preparad vuestros argumentos y representad el diálogo en clase.

→ ● S.161

MINITAREA   Mi familia e Internet

escribir **19** No solo los jóvenes usan Internet, también lo hacen los adultos.

Preparad un cuestionario (*Fragebogen*) para hacer una encuesta (*Umfrage*) sobre el uso de Internet en vuestra familia.
– Trabajad en pequeños grupos y preparad diez preguntas, por ejemplo: qué usan, cuántas veces, por qué, qué medios (no) conocen, cuándo fue la última vez que escribieron una carta, etc.
– Cada grupo presenta sus preguntas en clase. Comentadlas y elegid entre todos las quince preguntas más interesantes para un cuestionario.
– Haced el cuestionario en casa. Haced las preguntas en alemán, pero escribid las respuestas en español.
– Presentad en clase los resultados y comparadlos con los de toda la clase.

B Experiencias en Internet

¡No al ciberacoso!

1 **Internet puede ser peligroso en algunos casos.**

Mira el cartel y descríbelo con ayuda de las expresiones de abajo.

Campaña is4k-ciberbullying, INCIBE – Instituto Nacional de Ciberseguridad, www.is4.es

> **EXPRESIONES**   **So kann ich über ein Plakat sprechen.**
> El cartel es parte de una campaña a favor de / en contra de…
> La campaña utiliza dibujos / fotos / imágenes. En ellos / ellas podemos ver…
> En el cartel hay mensajes que dicen…
> En el cartel vemos también…
> En esta campaña se pide / se dice / se recomienda que… + subj.

hablar **2** Con ayuda del cartel y de tu propia experiencia, explica qué es el ciberacoso y da un ejemplo.

escuchar **3** **Andrés entrevista a la señora Soria en su pódcast y hablan sobre una campaña.**

A 25 ◁))

Escucha el pódcast y contesta las preguntas.

a) ¿De qué campaña habla Andrés?
b) ¿Qué imagen hay en el cartel?
c) ¿Por qué es importante esta campaña?
d) ¿Cuál es el objetivo de la campaña?

Mi experiencia con el ciberacoso

A 26 🔊

Un periódico hace una entrevista a Gonzalo, un joven experto en ciberacoso.

Entrevistadora: Gonzalo, ¿nos puedes explicar qué es el acoso y qué es el ciberacoso?

Gonzalo: El acoso es molestar o amenazar a una persona. Muchas veces el acosador tiene más años o es más fuerte que la víctima.
5 En el ciberacoso, el acosador utiliza la red o los teléfonos móviles para difundir rumores e insultos.

Entrevistadora: Tú sufriste el ciberacoso con tan
10 solo 14 años. Gonzalo, ¿nos puedes contar qué te pasó? Pues creo que tus palabras pueden ayudar para que muchos jóvenes no tengan que sufrir como tú sufriste.

Gonzalo: Sí, claro. Mira... un día un "amigo"
15 difundió rumores sobre mí en nuestro blog de clase. Escribió cosas muy feas. Todo era mentira, pero mis compañeros empezaron a acosarme y luego a mandarme insultos. Al final, nadie hablaba conmigo en el instituto. Nadie me
20 respetaba. Fue horrible. Me sentía fatal.

Entrevistadora: ¡Qué horror! Y, ¿qué hiciste?

Gonzalo: Yo era un chico muy tímido, ¿sabes? No hablaba mucho, todo me daba vergüenza y, durante meses, no hablé con nadie del problema.
25 Al principio intenté ignorar los comentarios, pero me sentía solo, deprimido, triste... Después, empecé a buscar información en la red y me di cuenta de que difundir rumores y molestar se puede denunciar. Además, en un blog conocí a
30 personas con el mismo problema que tenía yo y me apoyaron. La mayoría de las personas que conocí tenían entre 11 y 16 años. Por supuesto, también hablé con mis padres y con un profesor, y ellos también me ayudaron mucho.
35 **Entrevistadora:** Entonces, ¿piensas que los medios digitales son peligrosos?

Gonzalo: No creo que esté bien decir que son peligrosos, pero sí tengo que decir que hay que usarlos de manera responsable. No es tan fácil como instalar un programa antivirus: en Internet   40 no hay secretos, toda la información se queda allí. Nunca desaparece.

Entrevistadora: ¿Qué consejos nos puedes dar para que no haya más víctimas del ciberacoso y para poder evitarlo?   45

Gonzalo: Si piensas bien antes de escribir o subir una foto, si no te haces amigo de desconocidos, si no das tus datos personales y no contestas a los insultos, puedes disfrutar de todas las ventajas que te ofrecen los medios   50 digitales. Si te molestan o te acosan, guarda las pruebas, como fotos, correos, etc. Y, si te das cuenta de algo que no te gusta, habla con tus padres, tus amigos o con un profesor antes de que pasen cosas peores. No te tiene que dar   55 vergüenza y siempre tienes que luchar.

Entrevistadora: Muchas gracias, Gonzalo. Estoy segura de que tus consejos van a ayudar a muchas personas.

🚩 **4** Lee el texto y prepara una tabla con las palabras del texto que puedes entender porque son parecidas a otros idiomas.

🇪🇸 español	🇩🇪 alemán	🇬🇧 inglés	🇫🇷 francés	otro idioma
la víctima	...	victim	la victime	...

ESTRATEGIA

Wörter erschließen

Die Bedeutung unbekannter Wörter lässt sich oft durch Vergleiche mit der Muttersprache und/oder mit Fremdsprachen erschließen. Mehr dazu auf Seite 177.

leer
12, 13 ⬚

5 Contesta las siguientes preguntas.

a) ¿Cuál es la diferencia entre acoso y ciberacoso?
b) ¿Cómo se sentía Gonzalo cuando sufrió ciberacoso?
c) ¿Quiénes apoyaron a Gonzalo?
d) ¿Qué consejos da Gonzalo para evitar el ciberacoso?

leer

6 Ordena la información del texto en un esquema como el siguiente.

→ ● S.161

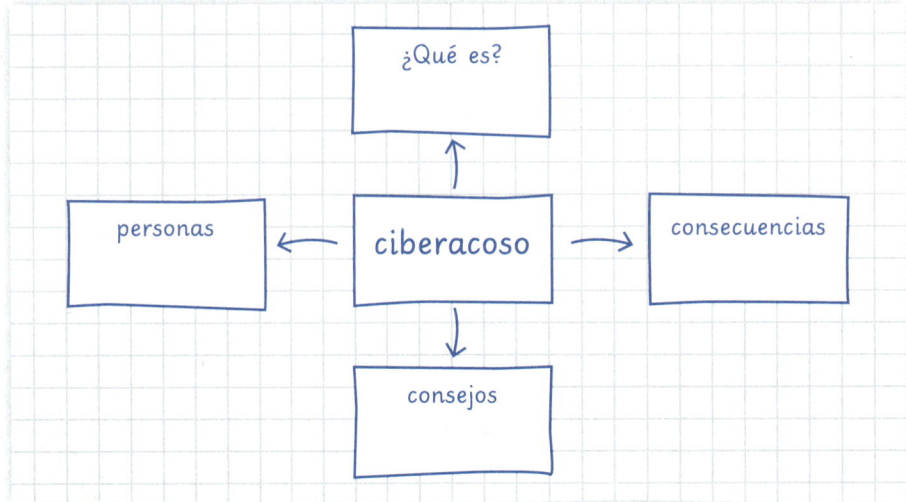

mediación

7 **Un amigo vuestro sufre ciberacoso y queréis ayudarlo.**

Con la ayuda de la información del ejercicio anterior, escribe un correo a tu amigo en alemán con los puntos más importantes.

Para que estéis seguros

§ 15

8 Lee las siguientes frases y di qué significan **para**, **para que**, **sin** y **sin que** en ellas.

a) El acosador utiliza Internet o los teléfonos móviles **para** difundir rumores.
b) Tus palabras pueden ayudar **para que** muchos jóvenes no tengan que sufrir.
c) Debes hablar con alguien **sin** ponerte nervioso.
d) Hay que usar los medios digitales de manera responsable **sin que** nadie sufra.

§ 15
14, 15 ⬚

9 **Estos son algunos consejos para usar los medios digitales de una manera segura.**

Une las frases con **para que**, **sin que** o **antes de que** para formar consejos. A veces hay varias posibilidades.

Instala un programa antivirus en el ordenador para que tus documentos estén seguros.

> **GRAMÁTICA** **Die Konjunktionen** *para que*, *sin que* und *antes de que*
> Nach den Konjunktionen **para que**, **sin que** und **antes de que** steht der *subjuntivo*.

a) instalar un programa antivirus
b) usar Internet de manera responsable
c) hablar con alguien
d) utilizar las redes sociales
e) guardar las pruebas
f) denunciar al acosador o la acosadora

+ para que / sin que / antes de que +

1. tus documentos – estar seguro
2. nadie – sufrir
3. (tú) – tener problemas
4. desconocidos – poder ver tus fotos
5. (tú) – poder pedir ayuda
6. (él/ella) – no molestar a más personas

Todos juntos contra el ciberacoso

mediación
16, 17

10 Tus padres ven el cartel sobre el ciberacoso cuando estás haciendo los deberes y quieren saber lo que pone.

Explícales los ochos consejos.

Ocho consejos
para luchar contra el ciberacoso

¡Así todos ganamos!

1 No pienses que todo es seguro cuando utilizas la red.
2 Participa siempre en las redes sociales de una manera positiva y con educación.
3 Evita poner tus datos personales y respeta los de las demás personas.
4 Es muy importante que utilices las opciones de privacidad de tus redes sociales.
5 ¡Ojo! Todas las personas pueden ver lo que publicas.
Piénsalo bien antes de subir algo a la red.
6 Si te molestan, desconecta y pide ayuda.
7 Si te acosan, guarda las pruebas.
8 Recuerda que el acosador también paga
por el daño que hace.

hablar
18, 19

11 Explica cuáles son los tres consejos más importantes para vosotros y por qué.

MINITAREA   Campaña publicitaria

escribir
👥

12 En grupos, organizad una pequeña campaña contra el (ciber)acoso en vuestro instituto con ayuda de las ideas de la unidad. Preparad y presentad un cartel. Poned dibujos o fotos y escribid un eslogan. Después, comparad las ideas en clase y discutid qué cartel os gusta más y por qué. Al final, elegid la mejor campaña.

MK

ESTRATEGIA
Produkte gemeinsam erstellen
Ihr könnt im Internet einige Tools für kollaborative Bearbeitung finden, mit denen ihr eure Ideen bzw. eure Plakate zusammen bearbeiten könnt.

TAREA FINAL   Un cómic sobre los nuevos medios

escribir
MK

13 En la Tarea final de las páginas 31 y 32 del Cuaderno de actividades vas a hacer un cómic que muestre un aspecto interesante de Internet: un uso práctico, un uso peligroso o un aspecto gracioso de gente que utiliza los nuevos medios.

Los nuevos medios

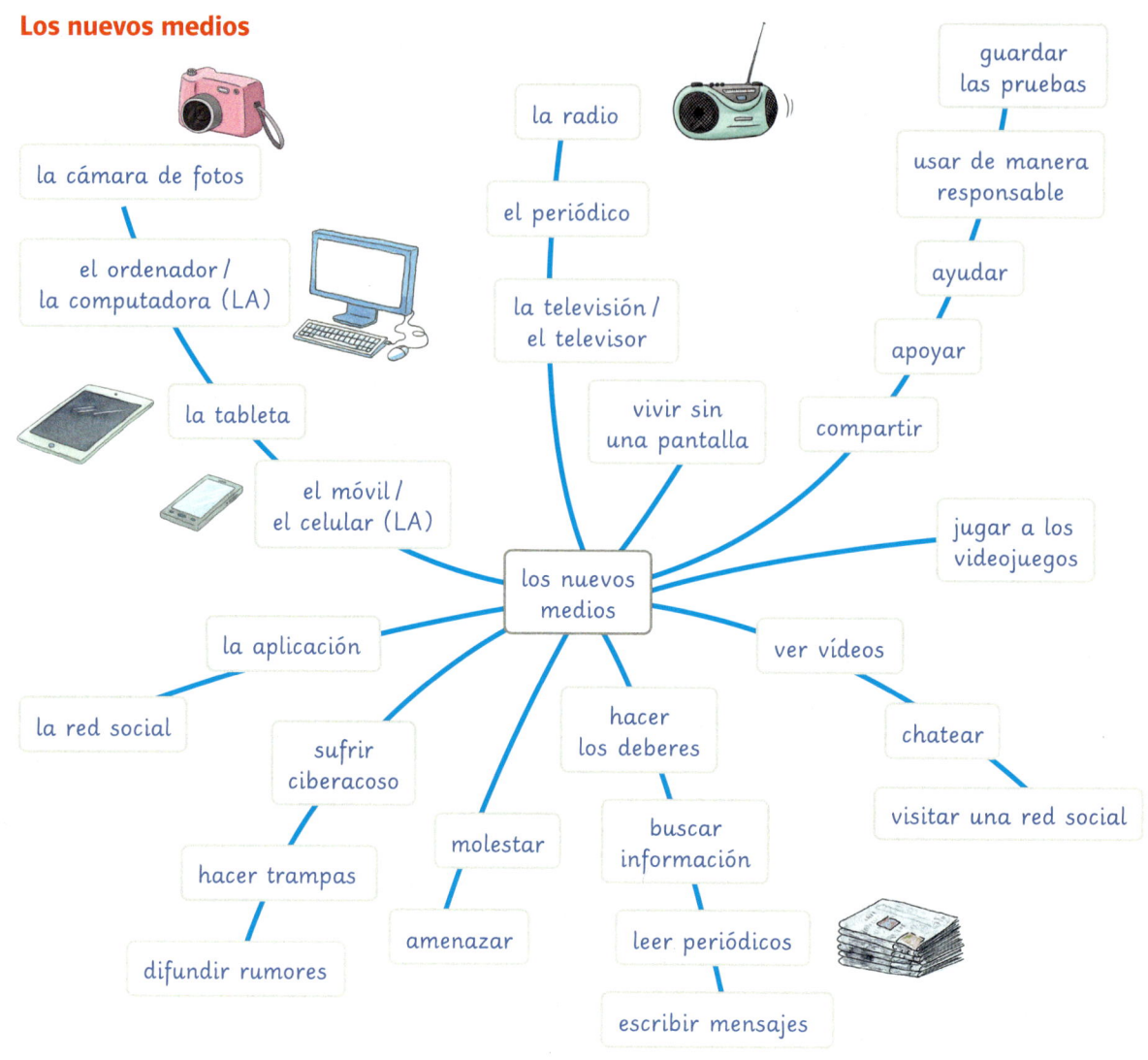

la cámara de fotos

la radio

el periódico

el ordenador /
la computadora (LA)

la televisión /
el televisor

guardar
las pruebas

usar de manera
responsable

ayudar

apoyar

la tableta

vivir sin
una pantalla

compartir

el móvil /
el celular (LA)

jugar a los
videojuegos

los nuevos
medios

ver vídeos

la aplicación

la red social

sufrir
ciberacoso

hacer
los deberes

chatear

visitar una red social

hacer trampas

molestar

buscar
información

difundir rumores

amenazar

leer periódicos

escribir mensajes

Wenn dir die Wörter aus der Lektion nicht ausreichen ☺ – hier sind noch mehr!

la impresora	der Drucker	borrar	löschen
el teclado	die Tastatur	guardar/grabar	speichern
el documento	die Datei	bloquearse	abstürzen
la carpeta	der Ordner	bloquear	sperren; blocken
el virus	der Virus	denunciar	anzeigen
el mando a distancia	die Fernbedienung	encender	den Computer
imprimir	ausdrucken	el ordenador	hochfahren

eP
Tu grupo de amigas y amigos

escribir

Tu clase colabora en el periódico que tu instituto organiza con el instituto de intercambio en España. El tema del próximo número es "El mundo digital". Tu grupo de amigas y amigos quiere participar con un artículo con el título: "Cómo cambia Internet el mundo".

Escribe el artículo.

Gramática

§13 La negación

Nunca veo películas en la tableta.
Nadie dice la verdad en Internet.
Nada me gusta más que dormir.

No participo **nunca** en foros de Internet.
¿**No** leyó **nadie** mi comentario?
Ayer **no** hice **nada** y **tampoco** hoy voy a hacer **nada**.

Yo **no** como **nunca** tartas de chocolate. A mí el chocolate **no** me gusta **nada**.

§14 El subjuntivo tras verbos negados de opinión

No creo que todos los jóvenes digan la verdad en las redes.
No pienso que tu plan vaya a funcionar.
No estoy seguro de que sepas lo que haces.
No es verdad que estemos enganchados.
Eso **no significa que** tenga problemas.

¡Os lo digo solo una vez más! Es importante que viva solo y que sea independiente. ¡Y **no es verdad que** yo **sea** todavía un niño!

Mamá, ¿me haces la maleta?

§15 El subjuntivo con para que, sin que y antes de que

Tengo que hablar con mis padres **para** buscar una solución.
Tengo que hablar con mis padres **para que** me ayuden.

¡Hola! Venimos **para que** no **estés** sola.

¡¡Vine a casa **para estar** sola!!

1 **Un chico cuenta su experiencia con las redes sociales para un periódico.**

Completa el artículo con las palabras de las casillas según corresponda.

| ciberacoso | redes sociales | vídeo | desconocidos | desconectar |

| insultos | acoso | móvil | ayuda | víctima | pruebas | peligroso |

Este joven de Zamora sufrió ▢ hace dos años. Todo empezó cuando unos compañeros de clase difundieron por las ▢ un ▢ mientras él estaba de fiesta y bailaba con un chico.

"De repente, empezaron a llegarme miles de comentarios y mensajes de ▢ con ▢", contó el joven. "Sufría mucho y me preguntaba: ¿Qué tiene de malo bailar con un chico?".

"Al principio no sabía qué hacer. El ▢ era 24 horas al día y siete días a la semana y pasaba las tardes delante del ▢ preguntándome quién podía escribir cada comentario. No podía ▢ del mundo digital."

Sin embargo, un día se lo contó a sus padres y ellos lo apoyaron. Empezó a guardar ▢ del acoso y lo denunció. "Es importante que la ▢ de acoso busque ▢", recomendó el joven, aunque él, cuando contó a sus profesores que sus compañeros de clase lo acosaban, solo le dijeron: "Son cosas de jóvenes".

Internet está en nuestro día a día y tiene muchas ventajas, pero también puede ser muy ▢.

§ 13 **2** Transforma las frases como en el ejemplo.

Nunca leo blogs. No leo nunca blogs.

a) Mis padres tampoco saben que sufro ciberacoso.
b) Nada me parece divertido últimamente.
c) Nunca quiso participar en el experimento.
d) A Daniela tampoco le gustan las aplicaciones para buscar pareja.
e) Nunca chateo con desconocidos.

§ 13 **3** Completa las frases con **no** si es necesario.

a) Las redes sociales ▢ me gustan nada.
b) Hoy tampoco ▢ tengo ganas de salir con mis amigos.
c) Marta ▢ habla nunca con desconocidos.
d) En clase nadie ▢ habla con el chico nuevo.
e) Ayer tampoco ▢ escribí a Laura.
f) Los adultos ▢ entienden a los jóvenes nunca.
g) Nunca ▢ escucho la radio.

escuchar
A 27 🔊

4 **Encuentras una entrevista sobre el tema del ciberacoso en las redes sociales.**

Escucha la entrevista a una experta en ciberacoso y di qué dice la experta en el audio.

La experta dice que…

a) … los jóvenes sufren cada vez más el ciberacoso.
b) … los jóvenes piensan mucho antes de subir una foto a las redes sociales.
c) … los insultos no significan siempre acoso.
d) … la información que está en Internet puede llegar a miles de personas.
e) … los jóvenes tienen que ignorar los comentarios de la gente que insulta solo porque le gusta.
f) … es mejor no denunciar si los acosadores son compañeros de clase.
g) … los jóvenes tienen que buscar ayuda.

§ 14

5 **En las redes sociales, muchas personas hacen comentarios sobre Internet.**

Completa los comentarios con el **presente de indicativo** o **subjuntivo**.

A
No creo que Internet ■ (**ser**) seguro.

B
Pienso que los algoritmos nos ■ (**conocer**) mejor que nuestro mejor amigo.

C
Yo siempre ■ (**conectarse**) a Internet con mi móvil.

D
¡Cuidado con la información que ■ (**subir, vosotros**) a las redes sociales!

E
No creo que las personas ■ (**conocer**) a la mayoría de sus "amigos" en las redes sociales.

F
Creo que la mayoría ■ (**utilizar**) Internet de manera responsable.

G
Me parece horrible que las empresas ■ (**vender**) nuestros datos personales.

H
Estoy seguro de que muchas personas ■ (**sufrir**) acoso y no lo cuentan.

I
No es verdad que todos los jóvenes ■ (**ser**) adictos a Internet.

J
Para los jóvenes es muy importante que mucha gente ■ (**seguir**) sus redes sociales.

K
No me gusta que todo el mundo ■ (**acceder**) a mis redes sociales.

L
Espero que las campañas contra el ciberacoso ■ (**ayudar**) a los jóvenes.

§ 15

6 Completa las frases con **para que**, **sin que** o **antes de que**.

a) Mis padres me dieron dinero ■ pueda comprarme un móvil nuevo.
b) Denuncia los insultos ■ sea demasiado tarde.
c) No pasa un día ■ mis amigos y yo discutamos.
d) Tienes que hablar sobre el acoso con tus padres ■ puedan ayudarte.
e) No está bien mandar fotos de otras personas ■ ellas lo sepan.
f) Tengo que escribir a Fernando ■ se vaya a la cama.

D 5 📄
Lösungen

1 España y sus regiones

V3 ▷

2 Volar

Hoy me levanto sin pensar
Voy a dejarlo todo y luego yo
Pongo la mano en el aire, echo a volar
Sin complicarme la vida
5 Disfrutar y yo

Yo quiero más, quiero más
Es como quiero ser
Nada más, nada más
Ni un minuto que perder

10 *Volar con el viento*
Y sentir que se para el tiempo
Pintar el momento
Y las nubes ir persiguiendo
Saber cantar, pasarlo bien
15 *Ir por las calles y querer*
Volar con el viento
Y sentir que se para el tiempo

Deja lo malo, para de pensar
En qué podría haber sido
20 Y empieza ya a ver que el
Futuro está llamando a tu puerta
Así que aprovecha, haz como yo y di:

Yo quiero más, quiero más
Es como quiero ser
25 Nada más, nada más
Ni un minuto que perder   *(Estribillo)*

Y ver cómo las casas quedan atrás desenfocado ya
Los árboles nos pasan alrededor
Quiero más, quiero más
30 Ni un minuto que perder   *(Estribillo 2x)*

Álvaro Tauchert Soler nació de padre alemán y madre española en Barcelona en 1991. En su carrera musical no usa su primer apellido.
Con 19 años funda el grupo Urban Lights junto con su hermano Gregory.
Su carrera en solitario empezó en 2015 cuando se fue a vivir a Berlín y grabó *El mismo sol*, con – entre otras canciones – la canción "Volar", que tuvo mucho éxito internacional. Desde entonces, Álvaro Soler ha publicado más álbumes y sencillos y ganado varios premios.

2 dejar – *hier:* hinter sich lassen; **3 echar a volar** – davonfliegen; **5 disfrutar** – genießen; **9 ni** – *hier:* kein; **12 pintar** – zeichnen, anmalen; **13 la nube** – die Wolke; **13 ir persiguiendo** - verfolgen; **14 cantar** - singen; **14 pasarlo bien** - Spaß haben; **19 en qué podría haber sido** – was gewesen sein könnte; **21 llamar** – *hier:* anklopfen; **22 aprovechar** – nutzen; **27 quedar atrás desenfocado** – verschwommen zurückbleiben

3 Así contaminamos con medios digitales

Tipo de actividad	Cantidad de CO_2
Un mensaje de WhatsApp	0,2 gramos
Un mensaje con una foto	2–4 gramos
Un vídeo de 1 minuto	30–56 gramos
Un correo electrónico	4 gramos
Un correo electrónico con una foto	30–50 gramos
Una búsqueda en Internet	0,2 gramos
Una hora de videoconferencia o de *streaming*	2–90 gramos
Un correo almacenado	10 gramos al año
La producción de un *smartphone*	58 kilos
1 km en coche	150 gramos

4 ¿Cómo reducir la huella de carbono digital?

la huella de carbono – der CO_2-Fußabdruck;
la nube – *hier:* die Cloud;
borrar – löschen;
darse de baja de algo – etw. abbestellen

Energías renovables. El periodismo de las energías limpias. 07/06/2021

5 Mi nueva vida en Internet

El día en que me convertí en Julia comenzó como un viernes cualquiera, un viernes tan odioso como todos los viernes.
5 Lo sé, la gente normal adora el viernes, es su día favorito de la semana. Pero eso le pasa a la gente
10 que tiene una vida, no a la gente como yo.
Es decir, teóricamente tengo una vida, por supuesto. Una vida que
15 consiste en ir al instituto los días de diario, estudiar por las tardes, ir al conservatorio, a clase de inglés, a nadar los sábados por la mañana... y también en comer con mi padre y mi
20 hermana a mediodía, y en cenar viendo la tele con mi madre, y en desayunar deprisa y corriendo en la cocina, y en... ¿qué más? Recoger mi habitación, leer un rato por las noches antes de apagar
25 la luz, llamar por teléfono a la abuela, perder el tiempo en Internet... Creo que no hace falta que siga. Salta a la vista lo interesante que es mi existencia. [...] Fue entonces, mientras estaba tumbada
30 escuchando el silencio de la casa, cuando se me ocurrió. La foto que me había hecho Lucía tenía que estar bien. Medio en broma, ella me había sugerido que la colgase en Facebook. Tenía razón:
35 mi excusa para no hacerme un perfil era siempre la foto. Pero ahora contaba con una bastante presentable... y era una tentación.

Hacía tiempo que venía dándole vueltas. A través 40 de Facebook, a lo mejor me resultaría más fácil relacionarme con la gente. Todas las cosas que me aturden de las relaciones 45 sociales desaparecen cuando te relacionas por Internet: los silencios incómodos, los gestos que sorprendes en la otra 50 persona y que preferirías no haber visto, la entonación desagradable, las sonrisas que pueden significar todo lo contrario de lo que parece que significan... En 55 Facebook la gente se relaciona escribiendo. Y eso sí sé hacerlo: escribir. [...] Entonces me decidí. Estaba mirando la foto, y me di cuenta de que había salido realmente bien. Lucía tenía razón: parecía 60 la foto de otra persona, de una chica mucho más interesante y atrevida que yo. [...] ¿Y si a esa persona diferente le buscaba un nombre nuevo, un nombre inventado? Sería como empezar de cero, al menos en 65 internet. Una nueva vida con un nuevo nombre, con una nueva imagen... Me sentía como alguien a punto de actuar en una película.
De repente tenía toda la libertad del 70 mundo para explorar, para decir cosas que yo normalmente nunca habría dicho, para comportarme como una persona diferente. Al fin y al cabo, no era tan mala idea. Si una persona es un desastre en la 75 vida real, ¿por qué no cambiar?

© *El libro de los rostros.* Ana Alonso, Javier Pelegrin. SM

1 convertirse – sich verwandeln; **2 comenzar** – empezar; **3 cualquiera** – irgendein; **13 por supuesto** – ¡claro!;
22 deprisa – rápido; **23 recoger** – aufräumen; **24 un rato** – un momento; **24 apagar la luz** – das Licht ausschalten;
27 hacer falta – ser necesario; **27 saltar a la vista** – ins Auge springen; **31 se me ocurrió** – ich hatte die Idee;
33 la broma – der Scherz; **33 que... colgase** – dass ich ... hochladen soll; **40 darle vueltas a** – pensar mucho en;
45 aturdir – verwirren; **53 desagradable** – unangenehm; **53 la sonrisa** – das Lächeln; **62 atrevido,-a** – kühn, verwegen;
73 comportarse – sich verhalten; **74 al fin y al cabo** – letztendlich

6 Eso no tiene gracia

7 En la biblioteca

el enchufe – die Steckdose; **el cargador** – das Ladegerät; **la contraseña** – das Passwort

4

Busco trabajo

Primer paso

LERNZIEL

Am Ende der Lektion wirst du dich um einen Ferienjob bewerben und in einem Rollenspiel ein Vorstellungsgespräch üben. Dafür lernst du,
– über Berufe zu sprechen.
– deine Interessen, Stärken und Fähigkeiten zu beschreiben.
– deine Kenntnisse und Fertigkeiten darzustellen.
– zu sagen, was du gemacht hast.
– einen Lebenslauf und ein Bewerbungsschreiben zu verfassen.
Dazu brauchst du
– das *pretérito perfecto*.
– die Indefinitbegleiter *algún* und *ningún*.
– Adjektive, die je nach Stellung im Satz eine andere Bedeutung haben.

1 Mira las siguientes fotos y explica qué actividades hace la gente en su trabajo. Las ideas de las casillas te ayudan. Puedes usar algunas para más de una profesión.

la ingeniera

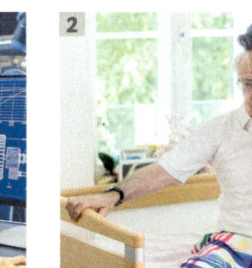
el enfermero

la monitora de deporte

el reportero

la secretaria

el diseñador de páginas web

hacer fotos	dar cursos de diferentes deportes	trabajar en un hospital	servir comidas y bebidas	organizar el día a día de una oficina

cuidar a las personas enfermas

hablar idiomas

diseñar, por ejemplo, puentes o aviones

trabajar en un teatro

saber motivar a los participantes

trabajar con el ordenador

crear tiendas online

dar clases de francés

escribir artículos

ayudar a mejorar productos y aparatos

ayudar a empresas a tener una página web interesante

2 En el ejercicio 1 hay varias actividades que no corresponden a las profesiones de las fotos. Búscalas y di de qué profesiones son.

hablar
2–4

3 Elige una de las profesiones de las fotos y, con ayuda de las expresiones de abajo, di qué es importante para trabajar en ella. Tu compañera o compañero intenta saber qué profesión es.

A: En esta profesión hay que tener paciencia, normalmente tienes que trabajar por turnos…
B: Creo que es el enfermero.

EXPRESIONES **So kann ich über Interessen und Fähigkeiten sprechen.**

En esta profesión… { hay que… / tienes que… }

– ser creativo, -a / emprendedor, -ora / organizado, -a / responsable / flexible / comunicativo, -a / amable / abierto, -a / una persona segura de sí misma / serio, -a / estar en forma…
– trabajar en equipo / solo, -a / de día / de noche / por turnos / por horas / el fin de semana…
– viajar mucho / hablar idiomas / ayudar a otras personas / trabajar con números / dar consejos / escribir bien / tener paciencia…

---

escuchar
A 28–31

4 **Cuatro jóvenes hablan sobre sus gustos y lo que les gustaría hacer en el futuro.**

Escucha lo que dicen y apunta qué profesión de las fotos es la mejor para ellos.
Después, hablad en clase sobre vuestras ideas y justificad vuestras respuestas.

5 ¿Y tú? ¿Qué es importante para ti en la vida y a la hora de elegir una profesión? Elige entre las siguientes ideas o apunta otras.

1. El dinero
  a) En mi profesión quiero sobre todo ganar mucho dinero.
  b) Prefiero un trabajo interesante, con muchas experiencias nuevas.
  c) Lo más importante para mí es que el trabajo sea seguro.

2. Las horas
  a) Necesito un trabajo regular, siempre a las mismas horas.
  b) Prefiero ser flexible y decidir yo a qué horas trabajo.
  c) Quiero tener mucho tiempo libre, para mi familia, mis amigos, mis aficiones.

3. Las personas
  a) Me gusta trabajar en equipo.
  b) En mi trabajo quiero, además, conocer a muchas otras personas.
  c) Prefiero trabajar solo/sola.

4. La empresa
  a) No quiero trabajar en una empresa.
  b) La empresa tiene que ser grande porque allí hay más oportunidades.
  c) Para mí es importante que la empresa respete el medioambiente.

hablar

6 Formad grupos de tres. Explicad al grupo vuestras ideas del ejercicio 5.

hablar

D 6

7 **En el pasado había profesiones que estaban consideradas típicamente femeninas o típicamente masculinas.**

En parejas, hablad sobre si creéis que existen hoy en día todavía profesiones que solo pueden hacer las mujeres o solo los hombres y dad algunos ejemplos. Pensad también en otras culturas que conocéis. Podéis trabajar con el documento D 6.

A   Intereses y puntos fuertes

Planes de futuro

A 32 ◁))

Inicio	Actualidad	Tiempo libre	Prácticas	Salud	Contacto

Hoy, para el Día del Trabajo, varios chicos y chicas han hablado con nuestra revista digital *Jóvenes hoy* sobre sus planes de futuro.

A mí me gustan mucho los idiomas. Soy bilingüe porque mi madre es inglesa y me ha hablado siempre en inglés. Soy una persona abierta, bastante responsable, creo yo, y tengo mucha paciencia. Me encanta estar con gente, viajar y, sobre todo, trabajar en actividades con niños. Participo en un programa de mi instituto que se llama "Hoy por ti, mañana por mí". Cuidamos a niños que están solos en casa por las tardes. Muchas veces son niños pobres y organizamos actividades para ellos, por ejemplo: hacemos deporte, trabajamos con música, jugamos, vamos de excursión, comemos juntos la merienda… Yo quiero ser profesor, ¿sabes? Por eso he elegido el Bachillerato de Humanidades y Ciencias Sociales para ir a la universidad.
David, 17 años, Bilbao

Yo todavía no sé qué voy a hacer después del instituto. ¡Todos los días tengo una idea nueva! Tengo muchos sueños y me interesan muchas cosas: el teatro, la música, el medioambiente… Últimamente, mis padres y yo hemos hablado mucho de mis planes de futuro. Ellos quieren que estudie Ciencias Económicas y que trabaje en su empresa, pero yo prefiero trabajar con personas que con números.
Soy una persona sociable y creativa, y me gustaría hacer unas prácticas en una ONG o irme un año al extranjero, como algunos amigos de mi clase. A mis padres no les gusta la idea de que me vaya. Pero yo quiero irme porque, hasta ahora, no he estado en ningún país del extranjero y quiero conocer el mundo. Creo que puede ser una gran experiencia para mí.
Marcela, 15 años, Jaén

Estoy estudiando para ser ingeniero y, después de mis estudios, me gustaría trabajar en Alemania. Por eso, estudio alemán desde que empecé el Bachillerato. Además, estos últimos meses he visto en la tele que allí buscan ingenieros. Pero irse al extranjero no es una decisión simple.
Me has preguntado cómo soy. Pues, mis antiguos compañeros siempre han dicho que soy muy tranquilo y organizado y que nunca estoy de mal humor.
Carlos, 18 años, León

A mí me gusta mucho trabajar con el ordenador y por eso siempre tengo las últimas aplicaciones. Este año he hecho algunos cursos digitales: uno de creación de páginas web y otro de fotografía digital, y he aprendido muchas cosas nuevas. Además, esta semana una amiga y yo hemos participado en un concurso de aplicaciones creativas. Solo estoy en 4.º de ESO, pero ya sé que quiero estudiar Informática.
Mis padres dicen que soy un desastre y muy nerviosa. Tienen razón 😊, pero también soy muy creativa y no me aburro nunca. Soy muy abierta y comunicativa y me gustaría trabajar en un equipo con diferentes tipos de personas.
Arancha, 16 años, Madrid

45 Estudiar no me gusta mucho. (En muchas asignaturas solo tengo un 2 o un 3). Pero yo soy la que siempre arregla todos los aparatos que se rompen en mi casa. Una simple mirada y muchas veces ya sé lo que no funciona.
Creo que voy a hacer una formación profesional y a abrir mi propia tienda, ser mi propia jefa. Esta semana he escrito a tres institutos para pedir información. Todavía no he recibido ninguna respuesta, pero espero que me contesten pronto.
Lucía, 16 años, Barcelona

leer

1 Lee los textos y busca los intereses y los puntos fuertes de los cinco jóvenes. Apúntalos en una tabla. Después, compara el resultado con un compañero o una compañera. → ○ S. 155

leer

2 Di qué persona de los textos puede decir qué frase.

a) Hoy tengo que preparar los bocadillos para los niños.
b) Participo a veces en concursos de fotografía y una vez me dieron un premio.
c) Los idiomas no son mi punto fuerte, pero para trabajar en el extranjero es importante conocer la lengua.
d) Mis padres tienen planes muy concretos para mí, pero a mí me interesan otras cosas.
e) ¿Cómo que no funciona? Lo miro mañana, ahora no tengo tiempo.

3 Explica estas palabras o expresiones con tus propias palabras. → ○ S. 155

a) bilingüe (l. 3)
b) hoy por ti, mañana por mí (l. 7)
c) tener sueños (l. 15)
d) estar de mal humor (l. 30)
e) aburrirse (l. 39)
f) arreglar (l. 43)

EXPRESIONES
So kann ich etwas umschreiben.
La palabra/expresión… significa que…
Decimos … cuando una cosa/persona…
Con la expresión/palabra… queremos decir que algo/ que una persona…

ESTRATEGIA **Unbekannte Wörter erklären**
Wer eine Fremdsprache lernt, versteht natürlich nicht immer alles.
Dann helfen Erklärungen oder Beispiele oft weiter. Mehr dazu auf S. 170.

4 Haz un mapa mental con tus puntos fuertes y tus intereses. Puedes usar un diccionario si necesitas más palabras.

cosas que me gustan y otros intereses

puntos fuertes

yo

escribir
5 □

5 Con ayuda de tus ideas del ejercicio 4 escribe un texto corto sobre ti.

Yo creo que tengo mucha paciencia y me encanta trabajar con niños…

6 Mezclad todos los textos del ejercicio anterior y repartidlos en clase. Leed el que habéis recibido e intentad saber de quién es. Después, explicad en clase de quién se trata y por qué creéis saberlo.

La persona del texto habla de… Además, dice que… Por eso, creo que es…

Solo estoy en 4.° de ESO

leer **7** **Arancha cuenta a la revista digital que está en 4.° de ESO y Carlos que empezó a aprender alemán en Bachillerato.**

Con ayuda de este gráfico explica qué son la ESO y el Bachillerato.

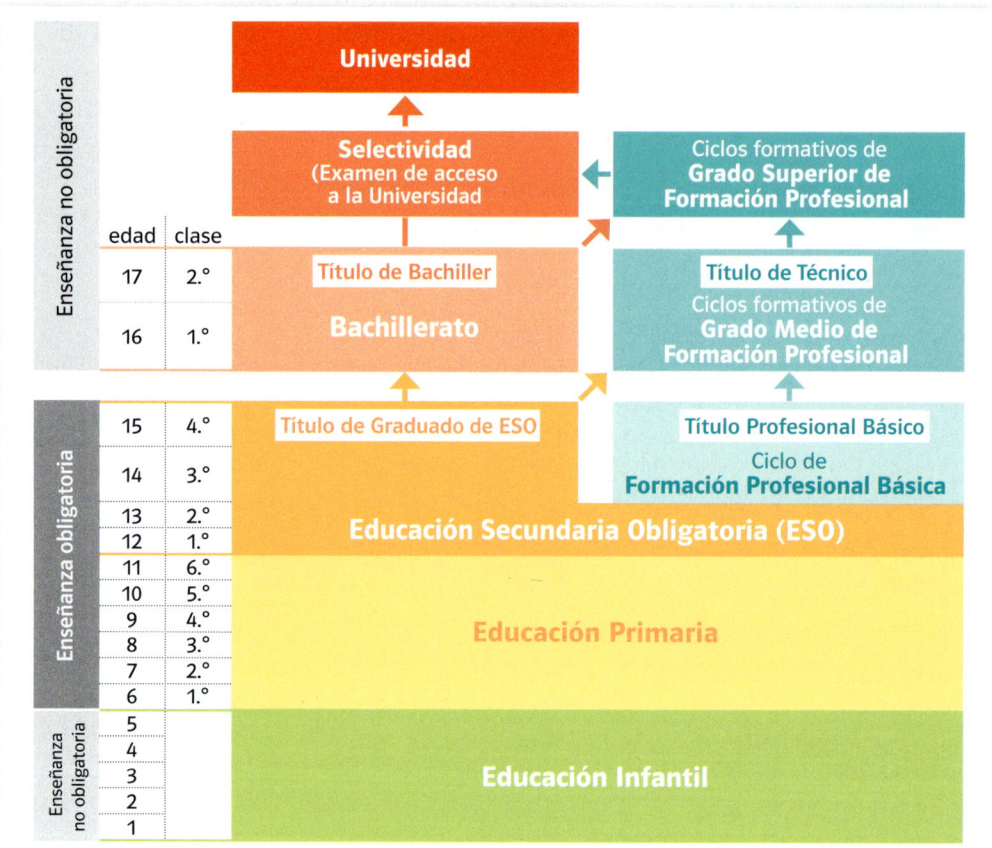

escribir **8** **Una amiga española, que va a ir de intercambio a Alemania, se interesa por el sistema educativo alemán.**

Con ayuda del gráfico (ejercicio 7) explícale las diferencias entre el sistema alemán y el español. Piensa, por ejemplo, en los siguientes puntos.

- las etapas de la educación (obligatorias y no obligatorias)
- los años de la Educación Primaria
- la Educación Secundaria Obligatoria y el Bachillerato
- la Formación Profesional
- los diferentes caminos que llevan a la Universidad

CULTURA   **El sistema educativo en España**

Las notas en España van del 0 al 10. La mejor nota es el 10. Para aprobar un examen o un test, hay que conseguir al menos un 5.

La mayoría de los centros educativos en España son públicos, pero también hay un importante sector privado de educación. Un 26% de los estudiantes va a centros concertados, es decir, escuelas privadas que siguen las normas del Estado y están subvencionadas por él. Los padres pagan solo una contribución relativamente pequeña. El 60% de estos centros son religiosos. Un 7% va a centros completamente privados que son financiados únicamente por los padres y tienen más libertades, por ejemplo, para elegir a los estudiantes o su orientación pedagógica.

¿Ya habéis elegido qué vais a estudiar?

V 4 ▷
Erklärvideo
§ 16

9 En las siguientes frases aparece una nueva forma del pasado: el **pretérito perfecto**. Mira las formas y apunta a qué infinitivo corresponden.

a) En el curso he aprendido muchas cosas nuevas.
b) Algunos amigos de Marcela ya han estado en el extranjero.
c) Mi amiga y yo hemos participado en un concurso.
d) Me has preguntado cómo soy.
e) ¿Ya habéis elegido qué vais a estudiar?

§ 16 **10** Haz una tabla como esta y complétala con los verbos del ejercicio 9. Después, explica cómo se forma el **pretérito perfecto** de los verbos regulares.

	eine Form von haber	das Partizip der Verben		
		auf -ar	auf -er	auf -ir
(yo)	▨	hablado	▨	▨
(tú)	▨	▨		
(él, ella / usted)	ha	▨		
(nosotros, -as)	▨	▨		
(vosotros, -as)	▨			
(ellos, ellas / ustedes)	▨			

> **GRAMÁTICA** **Besonderheiten der Formen des *pretérito perfecto***
> Die Endung **-ido** bekommt einen Akzent, wenn davor **a, e oder o** stehen, z.B.:
> *leer → leído*   *creer → creído*   *traer → traído*
>
> Konjugiertes Verb und Partizip werden nie getrennt. Pronomen oder Verneinungspartikel stehen vor dem konjugierten Verb:
> *Hoy **nos** hemos levantado a las cinco de la mañana.*
> ***Nunca** he viajado / **No** he viajado nunca al extranjero.*

§ 17 **11** Algunos verbos tienen participios irregulares. Busca en el texto "Planes de futuro" los participios de estos verbos.

| decir | escribir | hacer | ver |

§ 17
6, 7 ▭ **12** Aquí tienes más participios irregulares. Con ayuda de los dibujos busca su infinitivo.

abierto   puesto   roto   vuelto

13 Tiempos verbales como el **pretérito perfecto** existen también en otras lenguas, por ejemplo en inglés.
§ 18   Lee las frases y explica cómo se usan en las dos lenguas y en otras, si conoces otros ejemplos.
¿Qué diferencia hay con el alemán?

Hoy he estudiado tres horas.
Nunca he trabajado en las vacaciones.

Today I have studied for three hours.
I have never worked during the holidays.

> **GRAMÁTICA**   **Der Gebrauch des** *pretérito perfecto*
> Das ***pretérito perfecto*** steht häufig in Verbindung mit Zeit- oder Häufigkeitsangaben
> wie *hoy, ya, hasta ahora, alguna vez, nunca, todavía (no)* oder *este/esta* (+ Zeitraum),
> z. B. *esta mañana, esta semana, este año*.

§ 16–18   **14 David trabaja en un proyecto con niños y esta tarde han jugado a la búsqueda**
8 📄   **del tesoro (*Schnitzeljagd*).**

Completa el texto con los verbos en la forma correcta del **pretérito perfecto**.

Esta tarde ▨ (**preparar, yo**) un juego especial para un grupo de niños del
proyecto: la búsqueda del tesoro. ▨ (**ser, él**) genial. Al principio, muchos de
los niños no ▨ (**querer**) participar porque no les gusta moverse. Por eso,
al principio, ▨ (**tener, ellos**) problemas. Pero ¡en total ▨ (**jugar, nosotros**)
más de una hora! ▨ (**correr, nosotros**), ▨ (**escalar**) … Los niños, además,
▨ (**tener**) que encontrar las respuestas a algunas preguntas. Al final,
todos ▨ (**estar**) cansados, pero felices. Me ▨ (**decir, ellos**): "▨ (**preparar, tú**)
un juego muy interesante. ¿Hacemos otro juego mañana?" Es guay, ¿no?
¿ ▨ (**hacer, vosotros**) alguna vez una cosa así?

15 Decid en cadena qué (no) habéis hecho esta semana.
§ 16–18
9 📄

| escribir tres correos | elegir un/una… | romper algo | ver a mis abuelos |

| pelearse con… | participar en un/una… | arreglar algo | hacer los deberes |

A: Esta semana he elegido un destino para las vacaciones.
B: Esta semana todavía no he…

16 En parejas, haced una lista con diez actividades que habéis hecho este mes.
No todo tiene que ser verdad. Después, quedad con otro grupo.
§ 16–18   Este mira vuestra lista y dice qué cree que (no) es verdad.

A + B: Creemos que vosotros esta semana ya… / todavía no habéis…
C + D: Sí, es verdad. Ya hemos… / No, no es verdad. No…

§ 16–18   **17** Cuenta en clase la información que tienes del ejercicio anterior.

A: Esta semana, C y D ya han…, pero no han…

§ 16–18 **18** Prepara una ficha con 12 casillas. Pregunta en clase a tus compañeras y compañeros
10, 11 si han hecho estas cosas este mes. Si alguien contesta "sí", anota su nombre en la casilla.
Gana quien tiene primero seis nombres.

→ ● S.161

1 mandar 20 mensajes con el móvil	2 montar a caballo	3 hacer la cama	4 dar un paseo
5 comprar ropa	6 ver una película en el cine	7 ir de excursión en bicicleta	8 desayunar a las 5 de la mañana
9 salir con los amigos	10 comer en un restaurante	11 hacer un regalo	12 estar castigado

¿Una simple pregunta o una pregunta simple?

§ 19 **19** **En español hay adjetivos que se pueden poner detrás y delante del sustantivo.
Entonces muchas veces tienen un significado diferente.**

Lee las siguientes frases y explica qué significan los adjetivos en cada frase.

a) **Pobre** María, mañana tiene tres exámenes. | En este barrio vive mucha gente **pobre**.

b) El **nuevo** coche de mi tío. | Mi abuelo y su coche **nuevo**.

§ 19 **20** Completa las siguientes frases con el adjetivo adecuado de las casillas.
12, 13 Explica también su significado.

a) Pablo y yo nos conocemos desde hace muchos años. Es un ▨ amigo ▨ de clase.
b) Me encanta trabajar en el periódico del instituto. ¡Es un ▨ trabajo ▨!
c) ¡▨ Cristina ▨! Sus padres no la dejan salir esta noche.
d) El ▨ director ▨ del instituto es muy amable.
e) Mi madre ahora trabaja en un ▨ edificio ▨ en el centro que tiene más de cien años.
f) ¿Juan? ¿Mi novio? No. Es un ▨ amigo ▨.
g) Mi hermano va a estudiar en la Universidad Complutense de Madrid.
Es una ▨ universidad ▨ con más de 60 000 estudiantes.
h) Es una ▨ pregunta ▨ que te he hecho: ¿Me ayudas o no?

antiguo,-a

grande

nuevo,-a

pobre

simple

escuchar

A 33 🔊

§ 19

21 Escucha lo que dice la gente y di de qué habla.

a) La chica habla de…
1. su nuevo instituto.   2. su instituto nuevo.

b) El antiguo profesor del chico ahora da clases a…
1. pobres niños.   2. niños pobres.

c) La señora explica…
1. una simple receta.   2. una receta simple.

Algunos compañeros de mi clase…

§ 20

14 📋

22 **Luis quiere ir a estudiar a EE.UU. Su amigo Juan tiene algunas dudas.**

En parejas, completad el diálogo con las formas adecuadas de **algún/alguno,-a** o **ningún/ninguno,-a**. La persona que hace el papel de Luis trabaja con la página 164.

Juan: ¿Has hablado ya con ■ profesor o has mandado un correo a ■ universidad?
Luis: No, todavía no he mandado **ninguno**, pero ya he leído **alguna** información en Internet. **Algunas** universidades piden que se haga un curso de idiomas antes de ir.
Juan: ¿Un curso de idiomas? ¡Pero tú nunca has hecho ■! Yo no entiendo por qué quieres ir a estudiar a EE.UU. si no sabes nada de inglés.
Luis: Pues por eso quiero estudiar allí. En **ningún** lugar aprendes un idioma mejor que en el país mismo.
Juan: Sí, claro, pero ¿no es mejor que aprendas primero el idioma antes de estudiar en la Universidad? ■ ONG tienen programas para ayudar y aprender el idioma al mismo tiempo.
Luis: Sí, yo también lo he pensado ya y he escrito a **algunas**, pero hasta ahora no he recibido **ninguna** respuesta.

§ 20

23 **Luis y Juan siguen hablando sobre los planes de futuro.**

Completa las respuestas de Juan a las preguntas de Luis con ayuda de las palabras de las casillas.

algún/alguno,-a	ningún/ninguno,-a	nunca	nada	tampoco

Luis: Y tú, ¿has estado alguna vez en EE.UU.?
Juan: No, …
Luis: ¿Y en algún país de Europa?
Juan: No, …, pero me gustaría mucho ir.
Luis: ¿Conoces a alguien en el extranjero?
Juan: No, …, pero nuestro vecino es de EE.UU.
Luis: ¡Qué bien! Seguro que te ha contado muchas cosas sobre su país, ¿no?
Juan: No, hasta ahora… Es que acaba de mudarse. Pero le voy a preguntar pronto.
Luis: A lo mejor tiene también algún consejo para mí sobre los estudios.
Juan: Seguro que…

§ 20

24 Escribe cinco preguntas sobre las experiencias y los planes de futuro de tu compañero o compañera. Puedes usar las ideas de los ejercicios anteriores u otras. Él o ella contesta.

A: ¿Quieres ir a algún país extranjero después del Bachillerato?
B: Sí, me gustaría mucho ir a… / No, no quiero ir al extranjero.

Un proyecto social

mediación **25** Alicia, tu compañera de intercambio, está preparando un trabajo sobre proyectos sociales para los jóvenes. Ha encontrado en una página de Internet alemana una entrevista interesante, pero no entiende todo.

Contesta sus preguntas.

a) ¿Qué significa "Lesepate"?

b) ¿Desde cuándo participa Jan en este proyecto?

c) ¿Qué ha aprendido Jan con ayuda del proyecto?

d) ¿Qué consecuencias tiene este proyecto en su futura vida profesional?

Wer liest, ist klar im Vorteil

Jan engagiert sich als Lesepate. Der 17-Jährige liest in seiner Freizeit für Senioren und Seniorinnen Kurzgeschichten oder Gedichte und in Kindergärten aus Bilderbüchern vor. Warum er selbst davon profitiert, erzählt er planet-beruf.de im Interview.

5 **planet-beruf.de:** Wie bist du auf die Idee gekommen, dich als Lesepate zu engagieren?

Jan: Das Projekt „Lesepaten – Geschichten verbinden Generationen" wurde an unserer Realschule vorgestellt. Ich dachte, das wäre eine gute
10 Möglichkeit, sich sozial zu engagieren und zu sehen, wo meine Stärken sind, oder ob ich später etwas in der Richtung machen möchte. Ich war die ganze neunte Klasse dabei. Jetzt bin ich Mentor und betreue mit einer Klassenkameradin zusammen unsere Nachfolger.

planet-beruf.de: Was hast du durch dein Engagement als Lesepate gelernt?

Jan: Mir ist aufgefallen, dass man mit der Zeit die Texte gar nicht mehr groß üben muss,
15 weil einem das Lesen – auch in der Schule – viel leichter fällt und man Selbstbewusstsein und ein sicheres Auftreten bekommt. Wir hatten Seminare mit Theaterpädagogen und -pädagoginnen, wo wir Rollenspiele und Sprechübungen gemacht haben, sodass man die Texte gut vortragen kann.

planet-beruf.de: Hat dir das Vorlesen auch bei der Berufsorientierung geholfen?
20 **Jan:** Sinn und Zweck des Projektes ist es, Geschichten vorzulesen, aber man unterhält sich auch mit den Senioren und Seniorinnen über die Geschichten oder eigene Erlebnisse. Generell fällt es einem leichter, Leute anzusprechen und weniger schüchtern zu sein. In der Agentur für Arbeit habe ich einen Test gemacht. Da kam heraus, dass ich sehr gern Kontakte mit Menschen knüpfe. Ich habe aus dem Projekt mitgenommen, dass ich das
25 gerne im Beruf nutzen möchte, etwa im Service oder im sozialen Bereich. […]

© Bundesagentur für Arbeit

MINITAREA **Primeras experiencias profesionales**

hablar **26** En la entrevista de la Tarea final vas a hablar de tus intereses, puntos fuertes y experiencias.

Anota todo lo que has hecho hasta ahora en tu vida. Añade tus notas al mapa mental del ejercicio 4 de la página 71. Ten en cuenta estas cosas: intercambios, cursos, clases particulares (*Nachhilfe*), trabajos para los vecinos, con niños pequeños, con asociaciones deportivas, religiosas…

 Después, habla con un compañero o una compañera que te dice si todo está claro o te da consejos para mejorar tu lista.

B Quiero hacer unas prácticas

Anuncios de trabajo

leer

15–17

1 **En las vacaciones, Arancha quiere hacer unas prácticas. En el periódico de su instituto ve estos anuncios.**

Leedlos y escribid la información sobre cada trabajo en una tabla como esta.

puesto	actividad	cualidades	conocimientos
animador			
	subir fotos y escribir artículos		
		ser deportista y sociable	
			tener algo de experiencia en los trabajos de la cocina

Buscamos jóvenes
de 15 a 18 años (chicos y chicas)

para hacer prácticas en verano.
En el campamento participan chicos de 6 a 12 años de todos los países.

Campamento de Verano Eurodeporte

Pinilla del Valle – Naturaleza, deporte e inglés

Del 15 al 31 de agosto

¿Te gustaría organizar actividades para nuestros participantes? Buscamos **animadores** con alemán, inglés o francés como lengua materna para organizar nuestras excursiones y fiestas. Además, la persona tiene que saber español.

¿Te gusta la fotografía y escribir? Necesitamos **reporteros** para subir fotos y escribir artículos de las actividades del campamento en nuestra página web. Buscamos una persona creativa, comunicativa y con conocimientos de inglés, informática y fotografía.

¿Te interesa ser **monitor de deporte**? Buscamos una persona sociable y flexible con experiencia. Además, tiene que saber inglés y un segundo idioma para ayudar en nuestras actividades deportivas.

Necesitamos, además, una persona organizada y responsable para **ayudar en la cocina**. Hay que ayudar a preparar la comida y servirla. Para este puesto es útil tener algo de experiencia en los trabajos de la cocina, pero no son necesarios conocimientos especiales.

¿Te interesa alguno de estos puestos?
Entonces manda tu solicitud completa con currículum vítae y carta de presentación por correo electrónico a:
Isabel Arrizabalaga Castresana • Verano Eurodeporte • Calle Conde de Aranda, 12 • 28045 Madrid
correo electrónico: i.arrizabal@eurodeporte.es • www.eurodeporte.camp • Teléfono: 91 4617219

La solicitud de Arancha

Arancha ha decidido presentar su solicitud para uno de los puestos del anuncio, pero tiene algunas dudas sobre cómo hacer una buena solicitud.

escuchar
A 34 🔊

2 Escucha el diálogo entre Arancha y su tía Icíar y completa su currículum vítae con la información del diálogo.

Arancha Ureta Echevarría

Datos personales

Fecha y lugar de nacimiento
23 de abril de 2006 en Bilbao
Dirección
Juan Pérez Zúñiga, 25
28027 Madrid
Teléfono
914 758 210
Correo electrónico
a.ureta@hmail.es

Experiencia profesional

Desde 2020	Reportera en el periódico del instituto
Desde 2019	Clases particulares de Inglés y Matemáticas

Educación y formación

2022	▪, Microforum, Madrid
2021	Intercambio escolar en Francia
Desde septiembre 2019	Educación Secundaria y Bachillerato, IES Miguel Delibes, Madrid
2013 – junio 2018	Educación Primaria, Colegio San Javier, Madrid

Competencias personales

Idiomas	Español, ▪ Inglés, ▪ Francés, ▪
Conocimientos de informática	Word, PowerPoint, Excel
Aficiones	▪, ▪ y diseño multimedia

18, 19

3 Explica qué más va a hacer Arancha para su solicitud.

leer

4 Añade a tus notas del ejercicio 1 (página 71) la información sobre Arancha que has leído en su currículum.

escribir
eP
MK

5 Escribe tu currículum vítae con ayuda del de Arancha y tus apuntes de la minitarea del bloque A.

> **ESTRATEGIA   Digitale Bewerbung**
> Bewerbungen macht man heutzutage meist digital, als E-Mail-Bewerbung (Dokumente per Mail-Anhang als PDF) oder als Online-Bewerbung (Eingabe der Daten in ein Formular auf einer Webseite des Unternehmens). Die Art der Bewerbung richtet sich nach den Angaben in der Stellenausschreibung.
> Auch für eine Bewerbung per E-Mail oder Papier empfiehlt es sich, die Unterlagen digital zu erstellen, z. B. mit dem Europass, den die Europäische Union in vielen verschiedenen Sprachen anbietet und mit dem man Lebenslauf und Anschreiben erstellen und ansprechend gestalten sowie Zeugnisse speichern kann.

6 **Aquí tenéis también la carta de presentación que ha escrito Arancha.**

Leedla y después discutid en parejas si Arancha es la persona perfecta para el puesto de reportera
y si creéis que la señora Arrizabalaga la va a invitar a una entrevista. Explicad por qué (no).

Arancha Ureta Echevarría
C/ Juan Pérez Zúñiga, 25
28027 Madrid

Verano Eurodeporte
Isabel Arrizabalaga Castresana
Calle Conde de Aranda, 12
28045 Madrid

Madrid, 10 de mayo de 2022

Asunto: Solicitud para el puesto de reportera

Estimada señora Arrizabalaga:

En el periódico de mi instituto de este mes he leído que buscan una reportera para
el campamento de Verano Eurodeporte en Madrid.

5   Cuando era niña, pasé muchos veranos en campamentos y creo que son un lugar perfecto
para tener experiencias nuevas y conocer a gente. Me gustaría mucho ayudar a otros jóvenes
a vivir esta experiencia. El trabajo de reportera en un campamento me permite combinar
esta ayuda con mis otras grandes aficiones: la fotografía y el vídeo.

Solo estoy en 4.° de ESO, pero tengo bastante experiencia con este trabajo, ya que colaboro
10   en el periódico de mi instituto. Empecé en 2020 como fotógrafa. Desde entonces, he escrito,
además, muchos artículos y he grabado algunos vídeos. También ayudo al equipo del instituto
que se ocupa de la página web. Para mejorar mis conocimientos, ya he hecho varios cursos.
Este año, por ejemplo, he participado en un curso de creación de páginas web y en otro de
fotografía móvil.

15   Soy una persona abierta, sociable y responsable. Me encanta conocer a personas de otros
países. Hace un año hice un intercambio de dos semanas en Francia. Me motivó tanto que
después decidí mejorar mi francés y ahora ya tengo un nivel A2.

Me gustaría mucho poder trabajar en su campamento este verano y espero tener
la oportunidad de hablarle más sobre mis experiencias en una entrevista personal.

20   Atentamente,

Arancha Ureta Echevarría

Adjunto:
CV
Vídeo con ejemplo de trabajo

7 En la carta aparecen expresiones que se utilizan sobre todo en cartas formales.
Busca para estas expresiones españolas su correspondiente expresión en alemán.

Estimada señora   Asunto   Atentamente   Adjunto

Ayer me quedé en casa, pero hoy he ido a una fiesta

§ 21
21 ▢

8 Ayer Arancha no hizo muchas cosas, pero hoy ha conseguido realizar todos sus planes.

Explica lo que Arancha ha hecho hoy.

Ayer Arancha no...

- durmió bien.
- se levantó temprano.
- eligió la foto para su solicitud de trabajo.
- mandó la solicitud de trabajo.
- hizo los deberes de Matemáticas.

- salió de casa.
- quedó con sus amigas.
- ayudó a su madre con los trabajos de la casa.
- escribió algunas ideas para una nueva aplicación.

Pero hoy Arancha ha dormido bien. Se...

§ 21
22–24 ▢

9 Escribid en unas tarjetas de color
  – **rojo** los marcadores temporales del **pretérito perfecto** (ver, por ejemplo, el ejercicio 13 de la página 74).
  – **verde** los marcadores del **pretérito indefinido** que ya conocéis.
  – **azul** los **infinitivos** de varios verbos.
  Haced dos montones: uno con las tarjetas rojas y verdes y otro con las tarjetas azules.
  Cada persona coge, por turnos, una tarjeta de cada montón y forma una frase con la forma correcta del pasado. Una frase correcta vale un punto. Quien consiga más puntos, gana.

Ayer ayudé a Felipe a preparar su fiesta de cumpleaños. Esta mañana...

escuchar
A 36–38 ◁))
§ 21

10 Tres jóvenes hablan sobre sus primeras experiencias laborales.

→ ○ S.155

Escucha lo que cuentan y apunta qué les pasó.

Esta semana Miguel ha... El martes tuvo que...

escribir
§ 21
25, 26 ▢

11 Escribe un pequeño texto sobre una experiencia del pasado (año, mes, semana) y otra parecida o diferente de este año, mes, semana…
Habla, por ejemplo, de unas prácticas, un acontecimiento (*Erlebnis*) en las vacaciones, una excursión con el instituto…
Puedes contar tus experiencias reales o inventar algo.

EXPRESIONES
So kann ich einen Text strukturieren.
  – Primero… / Después… / Entonces… / Luego… Al final…
  – También… / Además…
  – Un día…
  – De repente…

→ ● S.161

El año pasado ayudé en la cocina de un restaurante muy grande. Un día preparamos la comida para una fiesta con 150 personas. ¡Fue un rollo!
Este año he trabajado en una heladería. He conocido a mucha gente interesante y, además, ¡he podido probar todos los helados que tienen! ¡Mmmhh! ¡Qué rico! Me gustaría volver el año que viene.

La entrevista de Arancha

12 Arancha ha recibido una invitación de Campamento de Verano Eurodeporte y hoy tiene la entrevista con la señora Arrizabalaga.

Antes de escuchar la entrevista, piensa cómo va a ser: ¿De qué temas van a hablar?
¿Qué preguntas van a hacerle a Arancha?
¿Qué puede contestar ella?

> **ESTRATEGIA**
>
> **Sich auf eine Hörverstehensaufgabe vorbereiten**
> Überlege dir vor einer Hörverstehensübung immer, worum es in dem Text gehen könnte. Notiere auch wichtige Wörter und Ausdrücke zum Thema. Diese Vorbereitung hilft dir, den Text besser zu verstehen.
> Mehr zum Hörverstehen auf S. 170.

escuchar
A 39 ◁))

13 Escucha la entrevista y compara la información con lo que sabes ya sobre Arancha. Apunta la información nueva.

14 Explica cómo es el curso que tienen que hacer los jóvenes antes de empezar a trabajar en el campamento.

15 Discutid en parejas qué os parece la entrevista. ¿Creéis que Arancha la ha hecho bien y que le van a dar el trabajo? ¿Por qué (no)?

→ ● S.161

Un plan de futuro diferente

27 **16** Explica con tus propias palabras qué (no) quiere hacer el chico del dibujo en el futuro. Imagina también por qué piensa así.

cumplir xx años – xx Jahre alt werden;
la edad – das Alter;
el presidente del gobierno – der Regierungschef

MINITAREA   Mi presentación

escribir

eP

17 **Quieres hacer unas prácticas en España este verano.**

Elige uno de los anuncios de la página 78. Escribe una carta de presentación y/o haz un vídeo para presentarte. La tabla del ejercicio 4 de la página 71, tus notas de la minitarea de la página 77, tu currículum del ejercicio 5 y la carta de presentación de Arancha te ayudan. No te olvides de estos puntos:

- datos personales
- datos de contacto
- experiencia profesional en este sector

- por qué eres la persona perfecta para el trabajo
- por qué te gustaría hacerlo
- saludo y despedida

¡Ojo! No te olvides tampoco de que es una carta formal. (Ver la página 174.)

Llegamos a la meta

Du kannst jetzt schon sagen...	Bilde Sätze:
1. welche Fertigkeiten und Kenntnisse man für eine Aufgabe oder einen Job braucht.	Hay que ser... / saber... / tener... / ...
2. welches deine Interessen, Stärken und Träume sind.	Mis intereses / puntos fuertes / sueños son...
3. was ein Wort bedeutet.	La palabra significa... / quiere decir...
4. was du heute gemacht hast.	Hoy he...
5. dass du etwas noch nicht gemacht hast.	Todavía no he...
6. dass du noch nie in ... warst.	Nunca he estado en...

TAREA FINAL **Una entrevista de trabajo**

18 Al equipo de Isabel Arrizabalaga del Campamento de Verano Eurodeporte le ha gustado tu solicitud y te ha invitado a una entrevista. Prepárate bien para representar después tu entrevista en clase.

1. Preparación
- Formad parejas de personas que en la minitarea de la página anterior han trabajado sobre el mismo anuncio de la página 78. Decidid quién va a ser el entrevistador o la entrevistadora y quién el candidato o la candidata. Este o esta le da su currículum y su carta de presentación al entrevistador o la entrevistadora o le muestra su vídeo.
- Para preparar bien la entrevista, podéis contestar a estas preguntas.

El candidato o la candidata:
¿Qué quieres contar sobre ti?
¿Qué puntos fuertes e intereses son importantes?
¿Tienes preguntas sobre el anuncio, el trabajo, los conocimientos necesarios...?

El entrevistador o la entrevistadora:
¿Qué esperas del candidato / de la candidata?
¿Qué quieres preguntar para saber si es la persona adecuada para el puesto?
¿Qué más es importante para una buena entrevista?

- Preparad vuestro papel con los resultados de las dos minitareas y del ejercicio 5 de la página 79.
- Practicad la entrevista.

2. Presentación
- Presentad la entrevista a otra pareja o en clase.
- También podéis grabarla para mostrarla en clase. Si queréis utilizarla en otro contexto, tenéis que preguntar a la otra persona que aparece en ella si os lo permite.

3. Evaluación
Decid al grupo que ha presentado su entrevista lo que os ha parecido: ¿Qué han hecho bien? ¿Qué pueden mejorar? Para evaluar el trabajo, podéis trabajar con el documento D 7.

D 7

ESTRATEGIA
Ein Gespräch führen
Halte mit deinem Gegenüber Blickkontakt, höre aufmerksam zu, beantworte Fragen freundlich und sprich langsam. Mehr dazu auf Seite 168.

El trabajo

la secretaria
el reportero
la monitora de deporte
la ingeniera
el enfermero
el diseñador de páginas web
la profesión

responsable
amable
organizado, -a
creativo, -a
comunicativo, -a
abierto, -a
flexible
la cualidad

mejorar productos y aparatos
crear páginas web
arreglar cosas
escribir artículos
diseñar puentes
cuidar a personas enfermas

el trabajo

trabajar por turnos
trabajar en equipo
trabajar de día / de noche
una empresa
el jefe
el puesto
las aficiones
los datos personales

la Educación Primaria
la Educación Secundaria
el Bachillerato
la Universidad
la Formación Profesional
unas prácticas
el concurso

el currículum vítae
la carta de presentación
los conocimientos
la solicitud

Wenn dir die Wörter aus der Lektion nicht ausreichen ☺ – hier sind noch mehr!

hacer un voluntariado	ehrenamtlich arbeiten	**el compañero / la compañera de trabajo**	der Arbeitskollege / die Arbeitskollegin
contratar a alguien	jdn einstellen	**solicitar un trabajo**	sich bewerben
la carrera	die Laufbahn, die Studienrichtung	**el sueldo**	das Gehalt
la oportunidad	die Chance	**salir adelante**	vorwärtskommen

eP

Tu grupo de amigas y amigos

escribir

MK

Muchas personas de tu grupo todavía no saben qué quieren hacer después del instituto.

Busca información en Internet sobre cómo elegir un trabajo o una profesión. Escribe un correo electrónico o graba un mensaje de audio para explicarles la información que has encontrado.

Gramática

§ 16   **El pretérito perfecto − los verbos regulares**

Präsens von	**haber** + *participio*	
(yo)	he	
(tú)	has	trabaj**ado**
(él, ella / usted)	ha	com**ido**
(nosotros, -as)	hemos	sal**ido**
(vosotros, -as)	habéis	
(ellos, ellas / ustedes)	han	

No he trabaj**ado**. No he com**ido**. No he sal**ido**.
Esta semana **me he levantado** todos los días a las cinco de la mañana.

§ 17   **El pretérito perfecto − los verbos irregulares**

abrir	→ he **abierto**		creer	→ he **creído**
ver	→ he **visto**		leer	→ he **leído**
escribir	→ he **escrito**		traer	→ he **traído**
hacer	→ he **hecho**			
poner	→ he **puesto**			
romper	→ he **roto**			
decir	→ he **dicho**			

¿Quién **ha roto** mi ordenador?

§ 18   **El uso del pretérito perfecto**

Esta semana hemos tenido tres exámenes.
¿Ya has ido a casa de la abuela?
Todavía no ha llegado tu hermano.
¿Has estado **alguna vez** en los EE. UU.?

§ 19   **Los adjetivos que cambian de significado según la colocación: pobre, grande, antiguo, simple y nuevo**

El **pobre** Fernando no puede venir al cine
con nosotros. ¡Qué lástima!
En este barrio vive mucha gente **pobre**.
En mi **antiguo** instituto han construido
un edificio **nuevo**.

§ 20   **Los adjetivos indefinidos algún y ningún**

¿Tienes **algún** problema?
Yo tengo **algunas** amigas que ya tienen 18 años.
No tengo **ninguna** duda.

¿No hay **ningún** tren hasta mañana? ¿De verdad?

§ 21   **El uso del pretérito perfecto y del pretérito indefinido**

Este fin de semana **he salido** con Julián,
pero el fin de semana pasado **salí** con Marta.
La semana pasada **no visité** a nadie,
pero esta semana ya **he visitado** a mi abuela
y **me he encontrado** con mi tía Elisabeth.

§ 16, 17 **1** Escribe las formas del **pretérito perfecto** que indican los dados.

a) ⚃ dar   c) ⚁ decir   e) ⚅ aburrirse   g) ⚀ arreglar   i) ⚃ hacer

b) ⚄ ser   d) ⚂ entender   f) ⚄ ver   h) ⚃ seguir   j) ⚄ elegir

§ 18 **2 Esta semana Daniel ya ha hecho muchas cosas, pero no todo lo que tiene que hacer.**

Escribe frases como en el ejemplo.

✔	✘
• hacer los deberes de Inglés	• ayudar a su hermano con los deberes de Matemáticas
• instalar una nueva aplicación en el móvil de su padre	• arreglar un problema del móvil de su madre
• informarse sobre los trabajos de verano	• escribir ninguna solicitud
• decidir qué va a llevar a la fiesta en casa de un amigo	• comprar los ingredientes
• hablar por teléfono con su compañero de intercambio	• explicarle las reglas del instituto
• pensar en lo que pueden hacer juntos	• proponerle actividades para su primer fin de semana en la ciudad
• leer el mensaje de su amigo colombiano	• contestarle

Daniel ya ha hecho los deberes de Ingles, pero todavía no ha ayudado...

§ 18 **3 Este fin de semana Ana ha hecho una excursión con su amiga Olga.**

Con ayuda de los dibujos escribe un pequeño texto sobre lo que han hecho.

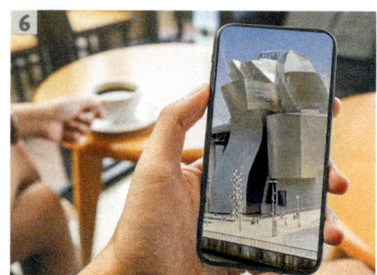

§ 20 **4** Al Campamento de Verano Eurodeporte también ha escrito un chico para solicitar un puesto como animador. Isabel Arrizabalaga no está contenta del todo con su solicitud.

Completa el siguiente texto con las formas correctas de **ningún/ninguno,-a**.

> ¡Es increíble lo que recibes como solicitud hoy en día! ¡Esta es una vergüenza!
> Ese chico no tiene ▦ experiencia en el trabajo con niños, no ha hecho ▦ prácticas
> en el sector, no tiene ▦ afición relacionada con el trabajo. No habla ▦ lengua
> extranjera. Se ve, además, que no ha buscado ▦ información sobre nuestras
> actividades. ¿Tiene interés en nuestro trabajo? No, ▦, solo le interesa el dinero.
> Creo que no tiene ▦ plan sobre lo que quiere hacer en la vida.
> No, no tenemos ▦ puesto para una persona así.

§ 20 **5** Como necesitan más animadores, Isabel Arrizabalaga ha decidido, sin embargo, invitar al chico a una entrevista.

Con ayuda de las ideas del ejercicio anterior escribe las preguntas que le puede hacer.

¿Tienes alguna experiencia...

§ 19 **6** Relaciona las siguientes frases con la explicación adecuada.

a) Esta es una pregunta simple.   **1.** No vas a tener problemas para encontrar la respuesta.
b) Esta es una simple pregunta.   **2.** Es una pregunta, nada más.

c) Esta es mi antigua casa.   **1.** La casa tiene muchos años.
d) Esta es una casa antigua.   **2.** Ahora vivo en otra casa.

e) Esta es una gran persona.   **1.** Mide casi 2 metros.
f) Esta es una persona grande.   **2.** Es una persona importante.

g) Este es un pobre chico.   **1.** Este chico tiene muy poco dinero.
h) Este es un chico pobre.   **2.** Este chico tiene muchos problemas.

§ 21 **7** Elvira quiere ganar algo de dinero. Su idea es ofrecer ayuda con los trabajos de ordenador a la gente de su barrio. Para eso, escribe un anuncio en un portal digital de su ciudad.

Con ayuda de las siguientes ideas escribe lo que puede poner en el anuncio.

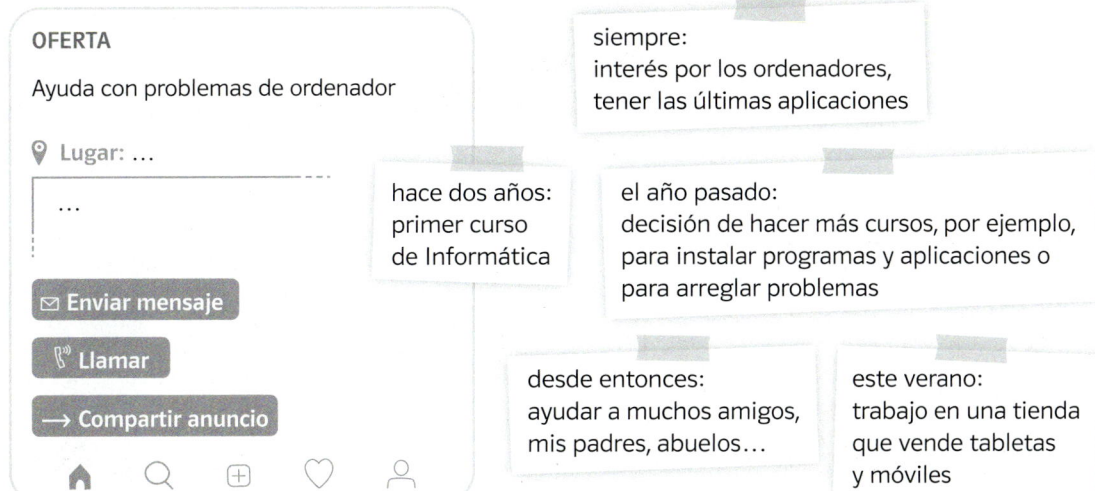

OFERTA

Ayuda con problemas de ordenador

📍 Lugar: …

…

✉ Enviar mensaje
📞 Llamar
→ Compartir anuncio

siempre:
interés por los ordenadores,
tener las últimas aplicaciones

hace dos años:
primer curso
de Informática

el año pasado:
decisión de hacer más cursos, por ejemplo,
para instalar programas y aplicaciones o
para arreglar problemas

desde entonces:
ayudar a muchos amigos,
mis padres, abuelos…

este verano:
trabajo en una tienda
que vende tabletas
y móviles

D 8 📄
Lösungen

5

Galicia

Primer paso

LERNZIEL

Am Ende der Lektion wirst du ein Programm für eine einwöchige Reise nach Galicien erstellen.
Dafür lernst du,
– über eine *comunidad autónoma* zu sprechen.
– Ratschläge zu erteilen.
– Urlaubserinnerungen wiederzugeben.
– auszudrücken, was einem gehört.
Dazu brauchst du
– den verneinten Imperativ.
– die Adverbien auf *-mente*.
– die Steigerung der Adverbien.
– die Verwendung von zwei Objektpronomen.
– die Possessivpronomen und betonten Possessivbegleiter.

1 Tu clase quiere ir de viaje de fin de curso a Galicia. Buscas información en Internet y encuentras este cartel de una campaña de turismo.

Habla con una persona de la clase. Di qué cosas del cartel ya conoces de Galicia y qué otras cosas sabes que no aparecen en el cartel.

... ciudades con historia

¡Pasa tus vacaciones en Galicia!
Aquí vas a descubrir...

... monumentos antiguos

... diferentes rutas

... paisajes únicos

... playas preciosas

escuchar
A 40 ◁))

2 Las lenguas oficiales de Galicia son el castellano y el gallego. Yago, un chico gallego, se presenta.

Lee y escucha lo que cuenta Yago y di qué entiendes.
→ ● S.161

> Ola, son Yago. Son galego, teño dezaseis anos, vivo en A Coruña. Falo galego e español. Encántame quedar cos amigos, escoitar música e ver pelis románticas. No verán gústame ir á praia; nado moito e, dende o ano pasado, tamén fago surf. E a ti, que che gusta facer no teu tempo libre?…

3 Haz este cuestionario para ver qué sabes de Galicia.

1 Galicia limita con…
a) Cataluña y Andalucía.
b) Portugal, Castilla y León, Asturias y el océano Atlántico.
c) Francia y el mar Mediterráneo.

2 Su clima es atlántico:
a) los inviernos no son fríos y en verano, normalmente, tampoco hace mucho calor.
b) hace mucho calor en invierno.
c) casi nunca llueve, solo unos veinte días al año.

3 Las ciudades más grandes son…
a) Lugo y Ferrol.
b) A Coruña y Vigo.
c) Santiago de Compostela y Pontevedra.

4 El símbolo de A Coruña es…
a) la torre de Hércules.
b) el Guggenheim.
c) el Museo del Prado.

5 La capital de Galicia es…
a) Santiago de Compostela.
b) Vigo.
c) Barcelona.

6 Lo más típico de Galicia son…
a) los paisajes verdes y rurales.
b) las grandes ciudades.
c) las zonas secas.

7 Galicia tiene unos…
a) 1500
b) 3000
c) 5000
kilómetros de costa.

8 Uno de los platos más famosos de esta comunidad es…
a) el pincho.
b) la ensaimada.
c) el pulpo.

9 Los pequeños edificios para guardar los productos del campo se llaman…
a) estadios.
b) palacios.
c) hórreos.

10 El día de la comunidad autónoma de Galicia, el Día de Santiago, es…
a) el 6 de enero.
b) el 25 de julio.
c) el 12 de octubre.

CULTURA **Galicia**

Provincias: A Coruña, Lugo, Orense y Pontevedra
Habitantes: unos 2 800 000
Lenguas oficiales: el castellano y el gallego
El instrumento típico: la gaita

Algunos datos sobre **el Camino de Santiago**:
más de 800 kilómetros en España
más de 262 000 peregrinos al año
más de 390 albergues

V5 ▷ **4** Mira el vídeo y comprueba tus respuestas.

A   Vive Galicia

¡No hagáis eso!

§ 23   **1** **En una campaña publicitaria, la comunidad autónoma de Galicia usa estos eslóganes.**

Lee los eslóganes y completa la regla.

> **¡Pasa tus vacaciones en Galicia!**

> **¡No esperes más! ¡Prepara tu mochila y haz el Camino de Santiago!**

> **¡No lo penséis más! ¡Perded el miedo y venid a descubrir los secretos de nuestra región!**

> **¡No tengáis miedo al idioma! Lo vais a entender sin problemas y la gente es muy amable.**

GRAMÁTICA   **Der verneinte Imperativ**

Der verneinte Imperativ (Singular und Plural) wird mit den Formen des ▪ gebildet.
Objekt- oder Reflexivpronomen stehen nach der Verneinung und ▪ dem Imperativ.

No me llames más y no me escribas más mensajes.
No os levantéis tan temprano. Hoy no hay clase.

---

2 Haced grupos pequeños y jugad a las cartas. Para eso:

§ 23

- Buscad unas tarjetas **rojas** y otras **azules**. Las tarjetas rojas corresponden al pronombre "tú" y las tarjetas azules al pronombre "vosotros".
- En cada tarjeta escribid uno de los siguientes verbos: hablar, comer, beber, escribir, volver, pagar, ir, ser, salir, traer, tener, venir y hacer.
- Mezclad los dos montones.
- Cada persona coge, por turnos, una tarjeta del montón y forma una frase con el imperativo negativo de tú o de vosotros.

§ 23   **3** **Tu profesor da algunos consejos a la clase antes de ir de viaje a Galicia.**

Escribe los consejos del profesor para la clase en **imperativo negativo de vosotros**.

a) no olvidar el billete de avión
b) no llevar demasiado dinero
c) no usar maletas muy grandes
d) no hacer las maletas en el último momento
e) no llegar tarde al aeropuerto
f) no salir de fiesta la noche antes del viaje

escribir   **4** **Un compañero no ha podido venir hoy a clase.**

§ 23

Escríbele un mensaje y explícale los seis consejos de vuestro profesor. Usa el **imperativo de tú**.

A 41 🔊

¡Descubre Galicia!

El Camino de Santiago y Santiago de Compostela

Si quieres pasar unos días inolvidables, no esperes más: prepara rápidamente tu mochila y disfruta del Camino de Santiago, la ruta de peregrinación más antigua y más famosa
5 de Europa. El Camino termina en Santiago de Compostela, capital de la comunidad. Allí, miles de peregrinos visitan cada día la catedral con la tumba del apóstol Santiago e incluso puedes subir a los tejados de la catedral. ¡Desde allí las vistas de la ciudad son increíbles! También puedes visitar el centro
10 histórico con sus iglesias y palacios.

Deportes de aventura

Para los que necesitan emociones fuertes, Galicia también tiene mucho que ofrecer. ¡No tengáis miedo! Elegid la actividad perfecta para vosotros: rafting, escalada o tirarse
15 por tirolina en nuestros parques de aventuras.
¡No os vayáis sin probar estos deportes de aventura!
Seguro que os lo vais a pasar muy bien.

Islas Cíes

Para los amantes de la naturaleza, este es el destino ideal:
20 no olvides reservar uno de los barcos que salen cada día de los puertos de Vigo, Cangas y Baiona y visita este paraíso con su naturaleza y playas preciosas. Aquí puedes bucear en aguas transparentes, disfrutar del paisaje en canoa o visitar alguno de los faros... ¡Es una experiencia única y muy agradable!

Festivales de música

25 Son muchos los conciertos y festivales de música en Galicia, pero es especialmente popular el de Ortigueira, un festival de música folk famoso internacionalmente. ¡No te pierdas esta fiesta de cuatro días en plena naturaleza con camping en la playa!

Comida típica gallega

30 ¿Te gusta la buena comida? Entonces camina tranquilamente por las calles de Galicia y busca un bar o restaurante.
Pide pescado fresco, pulpo o una sopa de marisco y, de postre, prueba la tarta de Santiago.

leer **5** Escribe tres frases sobre el texto: dos frases con información correcta y una con información falsa. Lee las frases a una persona de la clase. Esa persona dice si son correctas o no y corrige la falsa.

leer **6** Haz un mapa mental sobre Galicia con ayuda de la información del texto. Después, añade la información que aprendiste en las páginas anteriores.

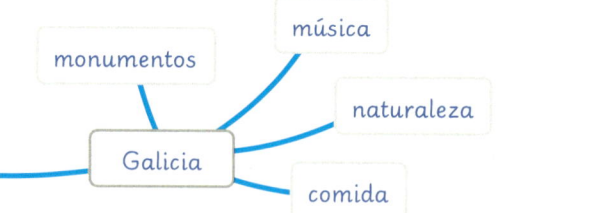

música
monumentos
naturaleza
→ ● S.161
Galicia
actividades
comida

MK **7** Busca en Internet dónde se encuentran los lugares que se mencionan en el texto y márcalos en el mapa que encuentras en el documento D 9.

D 9

Galicia, el buen camino

escuchar **8** **Yago te manda un vídeo sobre su región.**

V 6 Mira el vídeo y di qué aspectos de Galicia quiere mostrar a los turistas la Consellería de Turismo.

9 Di qué actividades pueden hacer los turistas en esta región.

MK **10** Haced una encuesta en clase. Cada persona dice qué tres actividades del texto o del vídeo le parecen más interesantes. Con ayuda de una aplicación, podéis recoger los datos y hacer una lista con las actividades preferidas de la clase.

Camina tranquilamente

§ 24 **11** Mira los adjetivos y los adverbios correspondientes y explica cómo se forma el adverbio.

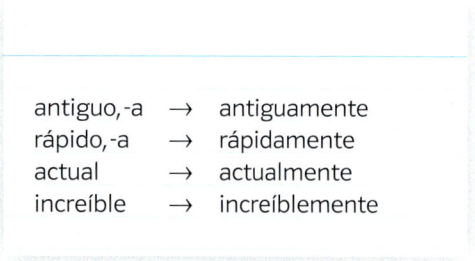

antiguo,-a   →   antiguamente
rápido,-a   →   rápidamente
actual   →   actualmente
increíble   →   increíblemente

> **GRAMÁTICA**   Die Adverbien auf *-mente*
> Auch die Adverbien werden wie Adjektive mit ***más*** gesteigert :
> Él llegó **tarde**. / Él llegó **más tarde** que yo.
>
> Bei den unregelmäßigen Adverbien ***bien*** (Adjektiv *bueno,-a*) und ***mal*** (Adjektiv *malo,-a*) sind auch die Steigerungsformen unregelmäßig:
> ***mal*** → ***peor***, ***bien*** → ***mejor***.

§ 24 **12** Compara cómo es en español y cómo se forma el adverbio en otras lenguas que conocéis.

§ 24 **13** Completa las siguientes frases con el adverbio de uno de los siguientes adjetivos.

tranquilo,-a   internacional   especial   necesario,-a   normal

a) Para visitar Galicia, no hay que hablar ▦ gallego.
b) En Galicia hay muchos pueblos pequeños donde puedes vivir ▦.
c) El Camino de Santiago es famoso ▦ .
d) Los gallegos comen ▦ mucho pescado.
e) La catedral de Santiago es un lugar ▦ importante para los peregrinos.

§ 24 **14** **Hace algunos días escribiste a Yago un correo con algunas preguntas sobre Galicia. Aquí está su respuesta.**

Completa el correo con un adjetivo o un adverbio. Los colores te van a ayudar.

→ ○ S. 156

| especial | bonito,-a (2x) | genial | loco,-a | tranquilo,-a | seguro,-a |
| normal | simpático,-a | rápido,-a | bueno,-a | malo,-a | majo,-a |

Hola:

Te contesto a todas las preguntas que me hiciste en tu correo.
Lo primero de todo: no tengas miedo. Vas a pasar unos meses ▢ aquí.
Mira, en los pueblos pequeños la gente habla ▢ gallego, pero en las ciudades
5 todos hablan muy ▢ castellano. Así que ▢ no vas a tener problemas con
el idioma.
¿Quieres saber qué hago? Pues mira, en verano, voy todos los días a la playa.
La playa de Bastiagueiro es ▢ ▢.
En invierno no hay mucha gente en la playa. Cuando no hace ▢ tiempo, algunas
10 personas pasean ▢ por la orilla, pero mis amigos y yo hacemos surf. Siempre
hago ▢ los deberes y me voy a la calle con mi amigo Pedro. Es muy ▢ y siempre
nos divertimos mucho porque tiene ideas muy ▢.
Mi región te va a encantar porque es muy ▢ y la gente es muy ▢.

Hasta pronto,
Yago

escribir **15** Escribe un correo a Yago y cuéntale qué haces tú normalmente con tus amigos.

mediación **16** **Estás de vacaciones en Galicia con tu madre y tu padre y queréis pasar un día en**
escuchar **Santiago de Compostela. En la oficina de información y turismo os dan información**
V7 ▷ **sobre los lugares que podéis visitar. Tu madre y tu padre no entienden nada.**

Mira el vídeo y resúmeles todo lo que explican allí.

MINITAREA **Un vídeo sobre mi región**

17 **Yago te ha enseñado todo lo que se puede ver y hacer en su región. Tú quieres mandarle un vídeo y presentarle tu región.**

En pequeños grupos, haced un vídeo corto en el que presentéis vuestra región (los lugares más importantes, la comida típica, las actividades que se pueden hacer…).

ESTRATEGIA **Ein Video drehen**
Es gibt im Internet zahlreiche kostenlose Tools, die dir helfen können, ein Video zu bearbeiten und zu verbessern. Wenn du diese Möglichkeit nutzen möchtest, überlege dir, welche Funktionen du brauchst und informiere dich über das Programm – oder probiere einfach mal etwas aus. Weitere Tipps zum Drehen eines Videos findest du auf S. 184.

B   El Camino de Santiago

El blog de Maite

A 42 ◁)) **Maite quiere hacer el Camino de Santiago y pide en su blog información sobre él.**

Blog de Maite

Maite_aventura

Ya tengo planes para el verano: voy a hacer una parte del Camino de Santiago con mi amiga Clara, su hermano Luis (el mío no quiere venir) y dos amigos. ¡Tengo unas ganas…! Me encanta la naturaleza, visitar pueblos, probar comida típica y también hacer ejercicio. Así que estoy segura de que va a ser una gran experiencia.
5 Además, me han contado que en el Camino conoces a gente de todo el mundo. ¡¡¡Otro buen motivo para hacerlo!!! Por cierto, ¿alguien ha hecho el Camino? Tengo algunas preguntas y espero que vosotros me las podáis contestar. Son estas: ¿cuántos kilómetros hace la gente normalmente al día?, ¿son muy difíciles las etapas?, ¿qué tamaño de mochila necesito? No tengo todavía botas, pero mi
10 amiga Ana ya ha hecho el Camino y se las voy a pedir. Seguro que me las deja. ¡Todos vuestros consejos e ideas son bienvenidos! Ahora para mí todo es un lío.

2 COMENTARIOS
Peregrino_ veterano55

Gran idea, Maite. Yo he hecho varias veces el Camino y se lo recomiendo a todo el mundo. Mis botas han conocido muchos lugares y a mucha gente. Si quieres, te las regalo 😊. Los kilómetros para caminar cada día los decide tu cuerpo,
15 aunque lo normal es hacer entre 10 y 20. Además, unas etapas son más difíciles que otras y cada día es diferente. Pero si queréis recibir la Compostela, entonces tenéis que hacer como mínimo 100 kilómetros.

La_gallega

Hola! Estoy de acuerdo contigo, Peregrino_veterano55. Y mi consejo para ti, Maite: es muy importante estar en buena forma y llevar calzado cómodo porque
20 las botas son una cosa muy importante. ¡Mejor unas tuyas viejas que las de una amiga y nunca unas botas nuevas! Y la mochila debe pesar, más o menos, el 10% de tu peso, pero no más. Lleva también un buen chubasquero. Ya sabes que en Galicia suele llover. ¡Suerte y buen Camino!

Maite_aventura

25 ¡Hola a todos! Ya he vuelto del Camino. ¡Ha sido una pasada! Fue un viaje impresionante, aunque también algo complicado: nuestros amigos Santi y Antón llevaban unas mochilas de unos 15 kilos llenas de ropa (la mía solo pesaba 6) y, después de tres días, les dolía mucho la espalda y no podían caminar más. Los pobres tuvieron que volver a casa en tren y las mochilas se las tuvimos que mandar por correo. Pero Clara, su hermano y yo sí conseguimos nuestra
30 Compostela. Lo mejor del viaje fue que conocimos a mucha gente muy maja y de todos los países: jóvenes, adultos, familias… Unos hacían el Camino por motivos religiosos, otros para conseguir un reto personal y muchos buscaban una experiencia nueva. Por la noche, todos dormíamos en un albergue, cenábamos juntos, jugábamos y charlábamos. ¡Ah! ¡Una cosa! Llevad tapones para los oídos.
35 No os los dejéis en casa porque vais a dormir con mucha gente en la misma habitación. Os lo repito otra vez: ¡¡¡acordaos de llevarlos!!! ¡¡¡Y tampoco os olvidéis de vuestros documentos!!! Mañana os voy a contar algo increíble que nos pasó el tercer día. Ahora no os lo puedo contar. No tengo tiempo. ¡Qué risas! ¿Curiosos?

leer **1** Lee el texto y pon un título para cada entrada del blog.

→ ○ S.156

leer **2** Di si estas frases son correctas o no. Corrige las que no son correctas.

 a) Maite ya ha hecho varias partes del Camino.
 b) Maite no está en buena forma porque no hace nunca ejercicio.
 c) La mochila tiene que pesar como mínimo diez kilos.
 d) Santi y Antón volvieron a casa sin sus mochilas.
 e) Es mejor llevar botas nuevas de una amiga que tus botas viejas y cómodas.

> **CULTURA La Compostela**
> Es un documento que certifica que has hecho el Camino de Santiago. La recibes en la Oficina de Atención al Peregrino de la Catedral de Santiago si cumples tres requisitos: hacer el Camino por motivos religiosos, hacer una ruta de al menos 100 km si es a pie o a caballo y 200 km si es en bicicleta y justificar que se ha recorrido esa distancia.

leer **3** Mira los dibujos y busca los cinco errores. Hay un dibujo que no tiene errores.

escribir **4** **Maite cuenta en el blog que el tercer día les pasó algo increíble.**

Piensa qué les pudo pasar a Maite y sus amigos ese día y escribe un pequeño texto con la anécdota.

¡Te lo cuento más tarde!

§ 25 **5** Busca en el texto la palabra o la persona a la que se refieren los pronombres en **negrita**.

 a) **Lo** usas cuando llueve.
 b) **La** recibes cuando terminas el Camino.
 c) **Los** necesitas si quieres dormir sin ruido.
 d) **Les** mandaron las mochilas por correo.
 e) No te recomiendan llevar**las** nuevas.
 f) **Le** gusta hacer ejercicio.

§ 25 **6** **Un peregrino cuenta cómo es un día en el Camino.**
→ ● S. 162

Sustituye las palabras entre paréntesis por un **pronombre de objeto directo** o de **objeto indirecto**.

Hola:

Hoy cuento (**a vosotros**) cómo es un día en el Camino.
Pues empiezo (**el día**) con un buen desayuno con mis amigos en el
albergue. El desayuno es muy importante porque tenemos que preparar
5 (**a nosotros**) para caminar muchos kilómetros. Después de desayunar,
pensamos en la ruta que vamos a hacer y en las siguientes etapas.
No tenemos (**las etapas**) planeadas, pero normalmente caminamos unos
25 kilómetros cada día. A veces durante la ruta hablamos todo el tiempo,
a veces hacemos (**la ruta**) en silencio. Durante el camino conocemos a
10 otros peregrinos de países diferentes y preguntamos (**a los peregrinos**)
por su experiencia. Cuando estamos cansados, hacemos una pausa y
nos relajamos un poco. Después de la comida, por la tarde, cada uno pasa
un tiempo solo. Así tengo tiempo de tomar fotos y subir (**las fotos**) a mis
redes sociales. También puedo hablar con mi padre y contar (**a mi padre**)
15 dónde estoy. Por la noche dormimos en albergues para peregrinos.
Hay (**los albergues**) por todo el Camino. Después de la cena, estamos
tan cansados que nos duchamos y nos vamos a la cama.

Un saludo desde Galicia

GRAMÁTICA **Direktes und indirektes Objektpronomen**
Nach dem direkten **Objekt(-pronomen)** fragt man mit „Wen?" oder „Was?",
nach dem **indirekten Objekt(-pronomen)** mit „Wem?".

Pronombres de objeto directo	
me te **lo / la** nos os **los / las**	Yo **lo** busco. Tú **la** llevas.

Pronombres de objeto indirecto	
me te **le** nos os **les**	Yo **le** explico la ruta. Tú **me** escribes un mensaje.

---

§ 25
V 8 ▷
Erklärvideo

7 Lee las siguientes frases y explica el orden de colocación (*Stellung*) de los **pronombres de objeto directo** y **objeto indirecto**.

a) Tengo algunas preguntas y espero que vosotros **me las** podáis contestar.
b) Mañana os voy a contar algo increíble que nos pasó el tercer día. Ahora no **os lo** puedo contar.

§ 25 **8** Mira ahora los pronombres de estas frases. Di a qué palabras se refieren.

a) No tengo todavía botas, pero mi amiga Ana ya ha hecho el Camino y **se las** voy a pedir.
b) Los pobres tuvieron que volver a casa en tren y las mochilas **se las** tuvimos que mandar por correo.

§ 25 **9** Transforma las siguientes frases. Para ello, encuentra el objeto directo y el indirecto de las frases y sustitúyelos por los pronombres correspondientes.

a) Maite cuenta sus planes a su hermano.
b) Maite explica la ruta a sus padres.
c) Maite, ¡enseña los folletos sobre Galicia a tu abuela!
d) Maite está pidiendo información a sus amigos del blog.
e) Maite quiere mandar un correo a Clara.
f) Maite da tapones de los oídos a Clara para que pueda dormir.

10 Trabajad en parejas. Preguntad a una persona de la clase a quién tenéis que dar las siguientes cosas. Una persona trabaja con la parte **A**. La otra persona trabaja con la parte **B** de la página 165. Utiliza los verbos de las casillas.

§ 25

A: Tengo unas gafas.
B: Dáselas a Marcos.

dar   dejar   llevar   ofrecer   regalar

GRAMÁTICA   Die Stellung von zwei Objektpronomen
Ella explica **el viaje** a sus amigos.
Ella ~~les~~ **se lo** explica.

Da **las gafas** a María.
Dá**selas**.

Quiero regalar **un libro** a Ana.
Quiero regalár**selo**.
Se lo quiero regalar.

Estoy comprando **un móvil** a Juan.
Estoy comprándo**selo**.
Se lo estoy comprando.

Julia    Marcos    Pedro    Daniel

Carlos    Mónica    Sara    Mateo

Luis    Cristina    Blanca    Laura

Esto es lo que pasó

escuchar
A 43 ◁))

11 **Maite cuenta qué pasó el tercer día del Camino de Santiago.**

Escucha el audio y explica qué ocurrió ese día.

> **ESTRATEGIA**   **Hörverstehen**
> Für das Globalverständnis ist es nützlich, sich die wichtigsten Informationen stichwortartig
> zu notieren. Leitfragen mit *¿Quién? ¿Dónde? ¿Cuándo?* und *¿Qué?* helfen dabei. Um Fragen
> zum Detailverständnis beantworten zu können, konzentriert euch auf die Schlüsselwörter.
> Mehr dazu auf S. 170.

12 Compara la historia de Maite con la tuya del ejercicio 4 de la página 95.

¡Los nuestros son más nuevos!

§ 26   **13** Lee estas frases del texto y di a qué objetos o personas se refieren.

a) "el mío no quiere venir" (línea 2)
b) "¡Mejor unas tuyas que las de una amiga…!" (línea 20)
c) "la mía solo pesaba 6" (línea 27)

> **GRAMÁTICA**   **Die Possessivpronomen und betonten Possessivbegleiter**
> Die Possessivpronomen und betonten Possessivbegleiter geben Besitzverhältnisse oder
> Beziehungen an.
>
> mí**o**, mí**a**, mí**os**, mí**as**   nuestr**o**, nuestr**a**, nuestr**os**, nuestr**as**
> tuy**o**, tuy**a**, tuy**os**, tuy**as**   vuestr**o**, vuestr**a**, vuestr**os**, vuestr**as**
> suy**o**, suy**a**, suy**os**, suy**as**   suy**o**, suy**a**, suy**os**, suy**as**

§ 26   **14** **Maite, Clara, Antón y Santi se encuentran en un bar y recuerdan algunas anécdotas del viaje.**

Completa las frases con la forma adecuada del **posesivo (mío, tuyo…)** de las palabras entre
paréntesis. Piensa si tienes que usar el artículo o no.

a) Antón se comió unos bocadillos y Santi se enfadó mucho porque eran ▨ (**de él**).
b) Lo mejor fue cuando vino el chico alemán con el perro y creía que era ▨ (**de nosotros**).
c) Mi cama era más pequeña que ▨ (**tu cama**).
d) Me acuerdo de cuando nos encontramos con un vecino ▨ (**de ti**).
e) Tuviste mucha suerte con vuestras botas. ▨ (**Mis botas**) duraron tres días.
f) ¿Y las mochilas? Chicos, ▨ (**vuestras mochilas**) eran demasiado grandes y pesaban mucho.
g) No te olvides de lo que pasó con nuestras Compostelas, Clara. ▨ (**Tu Compostela**) la perdiste
de camino al albergue.

15 Poned uno o dos objetos encima de la mesa. Después, una persona de la clase toma uno de
§ 26   los objetos de la mesa y pregunta a otra persona, como en el ejemplo, de quién son las cosas.

A: Paul, ¿este libro es (el) tuyo?
B: No, ese libro no es (el) mío.
A: ¿Es el libro de Tina?
B: Sí, es (el) suyo.

El festival de Ortigueira

mediación **16** Tu amigo Andrés y tú queréis hacer una parte del Camino de Santiago. A ti te gustaría terminarlo en Ortigueira y allí participar en el festival de música, pero Andrés no quiere ir hasta allí.

Lee el artículo sobre el festival de Ortigueira y convence a tu amigo Andrés para que te acompañe al festival.

> **CULTURA   Jóvenes y tradición**
> En los últimos años, cada vez más jóvenes se unen a grupos tradicionales para aprender a tocar la gaita y a bailar bailes gallegos.

Als mir meine Freundin erzählt hat, dass sie zum Festival von Ortigueira fahren will, habe ich sie für verrückt gehalten. Ein Festival keltischer Musik in einem Dorf mit 2000 Einwohnern in Galicien, der Ecke
5 Spaniens, in der es dauernd regnet – das klang nicht nach einem Super-Event. Aber genau das ist es! Ich habe mich nämlich überreden lassen (sie kann sehr überzeugend sein 😊) und bin mitgefahren. Seitdem bin ich total begeistert. Jedes Jahr kommen
10 mehr Leute dorthin – 70 000 sollen es letztes Jahr gewesen sein – und die Stimmung ist einmalig. Vier wahnsinnige Tage direkt am Meer! Die meisten Besucher sind so zwischen 15 und 30 und immer gut drauf. Viele kommen aus Portugal, Irland oder Frankreich, alle lieben Musik. Partystimmung gibt es nicht nur während der Konzerte oder vor der Bühne. Überall wird
15 Musik gemacht, gesungen, getanzt und es finden spontan kleine Konzerte statt. Danach geht die Party weiter, oft bis zum nächsten Morgen. Du lernst supernette Leute kennen, vor allem im großen Festzelt. Von der keltischen Musik selbst hatte ich erst keine Ahnung und heute bin ich ein Fan. Das Besondere hier in Galicien ist die Gaita, eine Art Dudelsack, der aber anders klingt als die, die man aus Irland, Schottland oder der Bretagne kennt.
20 Und alles ist kostenlos. Man kann in einem Pinienwald campen, gleich am Strand von Morouzos. Da gibt es alles, was man braucht, Dusch- und Waschhäuser, Koch- und Essplätze, einen Parkplatz. Und wenn man einkaufen will, kann man den Shuttlebus zum Dorf benutzen. Also, für mich ist Ortigueira Kult, im nächsten Jahr bin ich wieder da.

MINITAREA   Mi camino

hablar **17** **Estás en Galicia con un programa de intercambio. A es un alumno del instituto alemán y quiere hacer el Camino de Santiago, pero le falta mucha información. B es un alumno del instituto gallego y sabe mucho sobre el Camino. A le hace muchas preguntas a B.**

Preparad y representad un diálogo en parejas. Si necesitáis más información, podéis buscarla en Internet.

TAREA FINAL   Viaje de fin de curso

escribir **18** En la Tarea final de las páginas 57 y 58 del Cuaderno de actividades vas a preparar el viaje de tu clase de Español: una semana por Galicia.

¡Ven a Galicia!

Wenn dir die Wörter aus der Lektion nicht ausreichen ☺ – hier sind noch mehr!

la arquitectura	die Architektur	**el cepillo**	der Kamm
la Edad Media	das Mittelalter	**la pasta de dientes**	die Zahnpasta
el carné (de alberguista)	der (Herbergs-)Ausweis	**el desinfectante**	das Desinfektionsmittel
la etapa	die Etappe	**la tirita**	das Pflaster
el monitor / la monitora	der Betreuer / die Betreuerin	**la toalla**	das Handtuch
el saco de dormir	der Schlafsack	**el papel higiénico**	das Toilettenpapier
el jabón	die Seife	**la linterna**	die Laterne
el gel de ducha	das Duschgel	**la crema solar**	die Sonnencreme

`eP` **Tu grupo de amigas y amigos**

hablar **Algunas personas de tu clase de Español no quieren ir de viaje de fin de curso a Galicia.**

Haz una presentación sobre Galicia para convencer a tus compañeros y compañeras para hacer el viaje. Puedes hacer un póster, un vídeo corto o un folleto.

§22 La negación del imperativo

	-ar	-er	-ir
(tú)	**no** habl**es**	**no** com**as**	**no** sub**as**
(vosotros, -as)	**no** habl**éis**	**no** com**áis**	**no** sub**áis**

No tengas / **No teng**áis miedo.
No hagas / **No hag**áis los deberes.
No pierdas / **No** perd**áis** el dinero.
No pidas / **No pi**dáis pizza en Galicia.

No te levantes / **No** os levantéis tarde.
No me **dig**as / **No** me **dig**áis mentiras.

No tengas miedo.
Nero solo quiere jugar.

§23 Los adverbios terminados en -mente

perfecto, perfect**a** → perfect**amente**
rápido, rápid**a** → rápid**amente**
fáci**l** → fácil**mente**
regula**r** → regular**mente**

Camina **lentamente**, por favor.
No quiero que te caigas otra vez.

§24 La colocación de los pronombres de objeto

(**tu nueva bici** / a mí)   ¿**Me la** enseñas?
(**los deberes** / a ti)   ¿**Te los** está explicando?
(**las fotos** / a nosotros)   ¿Quieres enseñár**noslas**?

(**la verdad** / a sus padres)   ¡Juan, dí**sela**!

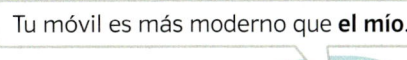

le / les +	lo la los las	→	se +	lo la los las

§25 Los pronombres posesivos

singular		plural	
masculino	**femenino**	**masculino**	**femenino**
mí**o**	mí**a**	mí**os**	mí**as**
tuy**o**	tuy**a**	tuy**os**	tuy**as**
suy**o**	suy**a**	suy**os**	suy**as**
nuestr**o**	nuestr**a**	nuestr**os**	nuestr**as**
vuestr**o**	vuestr**a**	vuestr**os**	vuestr**as**
suy**o**	suy**a**	suy**os**	suy**as**

Tu móvil es más moderno que **el mío**.

5 | Repaso

§ 23 **1 Maite hace una lista con consejos para hacer el Camino de Santiago.**

Completa los consejos con el **imperativo afirmativo** o el **imperativo negativo** (singular y plural).

Consejos para hacer el Camino de Santiago

1. ■ (**buscar**) antes información sobre el Camino y ■ (**pensar**) en la ruta y en las etapas.
2. No ■ (**llevar**) una mochila muy grande.
3. No ■ (**meter**) mucha ropa en la mochila.
4. ■ (**llevar**) un chubasquero porque en Galicia llueve mucho.
5. No ■ (**comprar**) botas nuevas. ■ (**usar**) un calzado que sea cómodo.
6. No ■ (**olvidar**) tapones para los oídos para poder dormir bien en los albergues.
7. ■ (**reservar**) los albergues durante el viaje.
8. Para conseguir la Compostela, ■ (**caminar**) como mínimo cien kilómetros.
9. (**hablar**) con los peregrinos.
10. (**respetar**) la naturaleza.

---

§ 24 **2 Maite escribe un mensaje a su mejor amiga desde Galicia.**

Completa el mensaje con los adverbios de los adjetivos de las casillas.

¡Hola, Rocío! Hoy hemos tenido un día complicado. Nuestro plan era hacer hoy una etapa de 10 kilómetros porque estábamos muy cansados. caminamos unos 20 kilómetros. Empezamos a caminar muy temprano con buen tiempo, pero después de cinco kilómetros empezó a llover mucho. Clara y Santi no tenían chubasqueros, así que entramos en un bar y esperamos allí . Dos horas después, pudimos seguir. Llegamos muy tarde a O Cebreiro y no encontramos un albergue porque estaban todos llenos. Al final, tuvimos que andar cinco kilómetros más hasta el próximo pueblo. ■ estamos a unos 150 kilómetros de Santiago de Compostela 😊.

tranquilo,-a

normal

especial

actual

fácil

---

escuchar
A 44 ◁)) **3 Un peregrino pregunta el camino para ir al albergue.**

Escucha el audio y di qué dibujo es el correcto.

§ 25 **4** Completa la leyenda de la torre de Hércules. Sustituye las palabras en **negrita** por los **pronombres de objeto directo** o de **objeto indirecto**.

La Torre de Hércules es un monumento muy importante de la ciudad de La Coruña, Galicia. No se sabe quién construyó **el monumento**, pero los romanos encontraron la torre en ruinas en el siglo I y construyeron **la torre** otra vez.

Cuenta una leyenda que, hace mucho tiempo, en la zona de la actual Galicia, existía un gigante que se llamaba Gerión. Él no era bueno con los habitantes y, por eso, todos odiaban **a Gerión**. Siempre pedía **a los habitantes** la mitad de todo lo que tenían, también sus hijos.

El pueblo estaba muy enfadado, por eso, un día hablaron con Hércules, el hijo del dios Zeus, y preguntaron **a Zeus** si podía ayudar **a ellos**. Gerión luchó contra Hércules, pero Hércules fue más fuerte. Entonces, Hércules construyó encima de la tumba de Gerión una torre y dio **a la torre** el nombre de Torre de Hércules. Alrededor de la torre, Hércules construyó una ciudad. La primera persona que visitó **la ciudad** fue una mujer que se llamaba Cruña. Cuando Hércules vio **a la mujer**, se enamoró y llamó a la ciudad como ella: La Coruña.

§ 25 **5** Contesta las preguntas. Sustituye el objeto directo y el objeto indirecto por los pronombres correspondientes como en el ejemplo.

¿Mando **un mensaje** a Fátima y a ti? → Sí, mándanoslo.

a) ¿Puedo contar tus planes a mi hermano? → No, no…
b) ¿Explico la ruta a mis padres? → Sí, …
c) ¿Enseño los folletos sobre Galicia a Pablo y a Santi? → Sí, …
d) ¿Puedo pedir más información a mis amigos del blog? → Sí, …
e) ¿Mando un correo a Clara? → No, …
f) Santi, ¿diste las gracias a Maite y a Clara por mandar tu mochila? → Sí, …
g) ¿Quieres regalar tus botas a Maite? → No, …

§ 26 **6** Traduce las siguientes frases al español.

a) Wem gehört dieser Dudelsack? – Er gehört mir.
b) Ein Freund von uns ist nach Galicien gereist.
c) Luis hat sich neue Stiefel gekauft. Meine sind aber bequemer als seine.
d) Kannst du mir deinen Regenmantel leihen? Ich finde meinen nicht.
e) Wer ist das? Sind das Freunde von euch?
f) Mach dir keine Sorgen, das war ein Problem von mir.

D 10
Lösungen

6

Argentina

Primer paso

escuchar
V9 ▷

1 Mira el vídeo y di por lo menos cinco cosas que tiene este país o que puedes hacer como turista en él.

EXPRESIONES **So kann ich über den Inhalt von Videos und Fotos sprechen.**

| En el vídeo En la foto | vemos… encontramos… aparece(n)… se refleja(n)… | El vídeo La foto | muestra… permite ver… recomienda ir a… / invita a hacer… quiere conseguir / lograr que… (+ subj.) | que representa(n)… que se parece(n) a… |

leer **2** Mira las siguientes fotos y lee los textos de abajo. Relaciona las fotos con los textos.
Uno de los textos se refiere a la foto de la página anterior y uno no tiene foto.

A
Buenos Aires es la capital y la ciudad más grande del país. Su símbolo es el Obelisco.

B
En el Parque Nacional Iguazú está una de las cataratas más grandes del mundo.

C
En las costas de Tierra del Fuego es posible ver focas, ballenas o delfines.

D
El Perito Moreno, en la Patagonia argentina, es uno de los pocos glaciares del mundo que todavía crece.

E
El Aconcagua, con 6982 m, es la montaña más alta del continente americano.

F
La Pampa es una enorme región casi sin árboles. Tiene unos 1.200.000 kilómetros cuadrados y es de gran importancia económica.

G
En Argentina hay unos 400 lagos. Muchos de ellos están rodeados de montañas. El más grande es el Lago Argentino en la Patagonia, cerca del glaciar Perito Moreno.

H
Los gauchos son el símbolo de Argentina. Montaban a caballo y cuidaban las vacas en la Pampa. Antes no había caballos en América: los trajeron los europeos.

CAPITAL: Buenos Aires
IDIOMA OFICIAL: español
HABITANTES: unos 43 millones
MONEDA: el peso argentino

3 Busca en el mapa de la página 246 los lugares de las fotos que aparecen en estas dos páginas y di dónde se encuentran.

1 📄 **4** Ordena la información de estas dos páginas en un mapa mental. Guárdalo y complétalo con lo que vas a aprender en esta unidad.
Puedes utilizar esta información en la tarea final.

escuchar
A 45 🔊 **5** Escucha el diálogo entre cuatro jóvenes que se encuentran en Iguazú y apunta la información que se da sobre ellos.

escuchar
A 45 🔊 **6** Explica adónde quieren ir los jóvenes después y di las razones por las que cada uno de ellos quiere hacer la excursión. → ● S.162

CULTURA **Los gallegos**
Los argentinos llaman gallegos a todos los españoles, ya que muchos inmigrantes españoles eran de Galicia.

A   El país de los seis continentes

Lo que más me gusta del país

§ 26
2 ▢

1 Con lo que acabas de aprender sobre Argentina, ¿qué piensas del país? Completa las siguientes frases con tus ideas e impresiones.

Lo que más me gusta de Argentina es que allí hay muchos animales diferentes porque a mí me encantan los animales.

a) Lo que más me gusta…
b) Lo que antes no sabía…
c) Lo que menos me interesa…
d) Lo que me parece impresionante…
e) Lo que, además, me gustaría saber sobre el país…

LA FAUNA DE ARGENTINA

GRAMÁTICA   Lo que

Lo que ist ein Relativpronomen, das sich auf den gesamten Inhalt eines Satzes bezieht. Es ist unveränderlich und entspricht dem deutschen **was** oder **das, was**. Es kann auch mit einer Präposition stehen.
*En Latinoamérica hay muchas ciudades muy grandes, **lo que** mucha gente no sabe.*
*Es verdad todo **lo que** digo.*
*Argentina tiene muchos paisajes y climas diferentes **por lo que** se llama también el país de los seis continentes.*

EXPRESIONES   So kann ich über Eindrücke von einem Land sprechen.

Argentina me parece un país… impresionante / tranquilo / aburrido / con mucha diversidad / para vivir aventuras / ideal para los amantes de… / para pasarlo muy bien / …

---

hablar
👥

2 Hablad en parejas y comparad vuestras ideas del ejercicio anterior.

§ 26

3 **Argentina es un país muy interesante, pero tiene también un montón de problemas.**

Forma frases relativas con **lo que**. Para hacerlo, une las frases correspondientes como en el ejemplo. A veces tienes que poner, además, una preposición delante de **lo que**.

Argentina tiene 2 780 400 km², lo que la hace el octavo país más grande del mundo.

a) Argentina tiene 2 780 400 km².
b) El país tiene grandes problemas económicos.
c) Un 8 % de los argentinos viven en zonas rurales.
d) En la Patagonia argentina caen solo unos 100–250 mm de lluvia al año.
e) En algunas regiones de Argentina hay mucha contaminación.
f) Muchos jóvenes han perdido sus puestos.

1. Eso es muy poco, menos que en la mayoría de los otros países del mundo.
2. Eso hace la vida difícil para mucha gente.
3. Eso la hace el octavo país más grande del mundo.
4. Por eso es una región muy seca.
5. Por eso se van al extranjero para buscar trabajo.
6. Eso amenaza a muchos animales.

En las calles de Buenos Aires

A 46 🔊

Buenos Aires es la capital de Argentina y está a orillas del Río de la Plata. En el Gran Buenos Aires viven unos catorce millones de habitantes, lo que hace de esta ciudad la segunda más grande de
5   Latinoamérica, después de São Paulo, en Brasil. Buenos Aires se conoce como el París de América porque muchos de sus edificios se parecen a los que se pueden ver en muchas ciudades de Europa. Este tipo de arquitectura muestra la riqueza de
10 Argentina en el pasado: a comienzos del siglo XX, el país era uno de los más ricos del mundo. Por eso, Buenos Aires fue una ciudad a la que llegaron desde finales del siglo XIX hasta los años 30 del siglo XX millones de inmigrantes desde Europa, principal-
15 mente de Italia (36 %), España (26 %) y Alemania (20 %). Todos soñaban con una vida mejor que la que tenían en sus países de origen. Con sus tradiciones y experiencias tan diferentes, crearon una ciudad con una cultura propia que se refleja,
20 por ejemplo, en el idioma. En las calles de Buenos Aires han vivido futbolistas como Diego Armando Maradona, con el que Argentina fue campeona del mundo en 1986. En Argentina hay una gran pasión por el fútbol y
25 la rivalidad entre los dos grandes equipos de la capital es enorme. Ver un partido en La Bombonera, el estadio de Boca Juniors, o El Monumental, el de River Plate, es una experiencia única para los amantes del fútbol.
30 Buenos Aires es también cultura: para los turistas es obligatorio visitar sus museos, festivales o teatros. Se dice que Buenos Aires es la ciudad con más teatros del mundo y la librería Ateneo, un antiguo teatro, se considera una de las librerías
35 más bonitas del mundo.

Otra cosa que los turistas no se pueden perder es el tango. Nació en los barrios pobres del puerto de la ciudad y al principio incluso estuvo prohibido bailarlo. Las historias de las que
40 hablan sus canciones son tristes y pesimistas y la música que las acompaña es melancólica. Uno de los más famosos cantantes de tangos fue Carlos Gardel, que todavía hoy es un mito en Argentina. Su canción más conocida lleva
45 el título *Mi Buenos Aires querido.*
Hay muchas cosas más que se pueden descubrir en la ciudad: sus restaurantes, sus puestos de café, sus casas de colores o sus barrios pintorescos. Un paseo por los barrios de
50 Palermo, San Telmo o La Boca, por ejemplo, permite ver dibujos en las paredes, donde algunos artistas nos dejan ver sus emociones y sus creaciones fantásticas o representan con su arte el pasado, el presente y el futuro de
55 la ciudad.
Buenos Aires es un paraíso para todos los que se dejan sorprender.

leer **4** El texto sobre Buenos Aires tiene una estructura clara, pero no es fácil verla. Para mostrarla más claramente, lee el texto y divídelo en partes. Después escribe para cada parte un título que resuma su contenido.

ESTRATEGIA **Leseverstehen**
Titel und (Zwischen-)Überschriften erfüllen eine wichtige Funktion: Sie helfen dabei, sich schneller im Text zu orientieren. Mit wenigen Blicken kannst du dir so einen Überblick über den Inhalt eines Textes verschaffen.
Mehr zum Leseverstehen auf Seite 176.

hablar **5** El texto contiene diferentes fotos. Explica por qué se han elegido esas fotos para ilustrarlo.

El autor del texto ha elegido la foto porque… / La foto… se ha elegido porque…
muestra / representa / en ella aparece(n) / en ella se refleja(n)…

leer **6** Di de qué hablan las siguientes frases. Indica también en qué línea
3 del texto está la información. → ○ S.156

a) Tiene su origen en los barrios pobres de Buenos Aires.
b) Tuvieron mucha influencia en el español de Argentina.
c) Lo tienen que ver todos a los que les gusta el fútbol.
d) Se parecen a los de algunas ciudades europeas.
e) A los argentinos les encanta este deporte.
f) Sus textos y su música no son alegres.
g) Llegaron a Buenos Aires para buscar un futuro mejor.
h) Todos los amantes del tango conocen todavía hoy el nombre de ese cantante.
i) Diego Armando Maradona es un mito de este deporte.
j) Antes era un teatro, pero hoy venden libros allí.
k) Los podemos ver en las paredes de algunos barrios de Buenos Aires.

Se dice que...

§ 27
V 10 ▷
Erklärvideo

4, 5 ▢

7 Escribe para cada foto una frase con **se + verbo**.

En Argentina • comer • 63 kilos de carne por persona

En las costas de Tierra del Fuego • ver • las focas y las ballenas desde un barco

El mate es una bebida que • tomar • mucho en Argentina

En la ciudad de Salta • poder ver • edificios coloniales

El tango • bailar • en muchas calles de Buenos Aires

El fútbol • vivir • con una gran pasión

Bienvenidos a Buenos Aires

escuchar
A 47 ◁))

8 **Yago y Vera, que están de vacaciones en Argentina, ahora están en Buenos Aires y se encuentran con Natalia y Lucas, que conocieron en Iguazú.**

Escucha el diálogo y contesta las siguientes preguntas.

a) ¿Por qué están cansados Vera y Yago?
b) ¿Por qué vinieron a Argentina la familia de Natalia y la familia de Yago?
c) ¿Por qué, sin embargo, vive la familia de Yago ahora en España?
d) ¿Qué quiere ver Vera y por qué?
e) ¿Qué más van a hacer los jóvenes?

escuchar
A 47 ◁))

9 En el diálogo, Natalia y Lucas usan el español de Argentina. Compara su pronunciación y entonación con el castellano que conoces.

10 También hay palabras que son diferentes. Apunta cómo se dicen las siguientes palabras en el español de España.

el colectivo   el subte   la remera

CULTURA   **El español de Argentina**

En Argentina se usa "vos" en vez de "tú" y la forma verbal es diferente:

tú hablas	vos hablás
tú comes	vos comés
tú dices	vos decís

Además, no se usa la segunda persona del plural (vosotros, -as) sino la tercera, con el pronombre ustedes.

La ciudad en la que vivimos

6, 7 **11** Relaciona las siguientes frases con las fotos de abajo.

a) En la Avenida 9 de Julio, que es una de las calles más anchas del mundo, está el Obelisco.
b) La Boca es un barrio en el que hay casitas de colores.
c) Los Bosques de Palermo son zonas verdes por las que puedes dar un paseo.
d) El barrio de San Telmo, al que van muchos turistas, tiene muchos edificios coloniales.
e) La calle Florida es una calle donde hay muchas tiendas y restaurantes.

§ 28 **12** Lee las frases de relativo de arriba y completa la regla.

> **GRAMÁTICA** **Relativsätze**
>
> Mit einem Relativsatz kann man Sätze miteinander verbinden, um ein Bezugswort genauer zu erklären. Dieser wird im Spanischen in der Regel mit *que* eingeleitet. Beginnt der Relativsatz mit einer ■, muss vor *que* zusätzlich der ■ des Bezugsworts stehen.
> Mit ■ kann man die Präposition ■ + *el/la/los/las que* ersetzen.

13 **El asado es una tradición argentina tanto de las ciudades como del campo.**

→ ● S.162

Completa las siguientes frases con **preposición + el/la/los/las que** o **donde**.

| a | con | en | sin | sobre |

a) Argentina es un país ■ se produce mucha carne.
b) Una forma de preparar la carne ■ no pueden vivir los argentinos es el asado.
c) La carne ■ se hace un asado suele ser de vaca.
d) El objeto ■ se prepara el asado se llama parrilla.
e) Un asado no solo es comida, también es una fiesta ■ se encuentran muchas personas.
f) Las mujeres, ■ tradicionalmente no se permite hacer un asado, se ocupan de las ensaladas que acompañan a la carne.

Una ciudad que me encanta

§ 26, 28
8, 9

14 **Algunos turistas han dejado sus comentarios sobre su visita a Buenos Aires en Internet.**

En ellos se repiten muchas palabras. Mejora el estilo de estos textos con ayuda de los pronombres relativos (**que, el/la/los/las que, lo que**). Piensa si necesitan, además, una preposición.

En el barrio de Palermo puedes ver deportes a caballo
por los que los argentinos sienten una gran pasión.

Mi visita a Buenos Aires

1 Ningún animal representa a Argentina mejor que el caballo. En el barrio de Palermo puedes ver deportes a caballo. Por los deportes a caballo sienten los argentinos una gran pasión. Yo fui a ver un partido de polo. Eso me encantó.

2 A mí me gusta la arquitectura moderna. Por eso, fui al barrio Puerto Madero. En Puerto Madero las calles llevan nombres de famosas mujeres latinoamericanas. Es un barrio muy moderno. Por el barrio se puede dar un paseo y ver edificios increíbles.

3 En el barrio de La Boca hay casas de colores. De las casas he hecho muchas fotos. Es un paseo maravilloso. Con este paseo siempre he soñado. Hemos hablado con la gente del barrio. La gente ha sido muy amable.

4 También visitamos San Telmo. San Telmo es uno de los barrios más antiguos de la ciudad. Vimos paredes de edificios. Sobre las paredes hay dibujos muy interesantes. Esto hace la visita inolvidable.

Seguridad en Buenos Aires

mediación
10 **15** Tus tíos quieren ir de viaje a Buenos Aires, pero algunos amigos les han hablado de lo peligroso que es viajar por Latinoamérica. Tú has buscado información sobre la seguridad en el país, sobre todo en Buenos Aires, y has encontrado esta página de un portal para viajeros.

Explícales a tus tíos lo que necesitan saber.

| Cómo llegar | Qué hacer | Seguridad en Buenos Aires |

En comparación con otras ciudades latinoamericanas, Buenos Aires es una ciudad relativamente segura. Pero, como en toda gran ciudad hay que tomar ciertas precauciones.

- No lleven joyas, relojes caros u otros objetos de valor en su viaje o, por lo menos, no salgan a la calle con ellos.
- No pierdan de vista sus mochilas, maletas o bolsos en lugares con mucha gente, por ejemplo, en el metro o en los autobuses.
- Pongan sus mochilas o bolsos por delante y siempre en contacto con el cuerpo, también en restaurantes o cafés.

- Es importante llevar solo el dinero necesario. Se recomienda, por ejemplo, pagar el taxi con cambio.
- Con la crisis, hay bastante gente en las calles que pide dinero. Es mejor ignorarla.
- No es bueno cambiar euros en la calle. Para hacerlo, pueden ir a un banco o a una casa de cambio.
- Caminar de noche por calles oscuras puede ser peligroso. Si tienen que salir por la noche, es mejor tomar un taxi.
- Tienen que llevar siempre algún documento de identificación porque la policía puede pedir que lo muestren.
- Si quieren preguntar algo en la calle, les recomendamos hacerlo a un policía o en una tienda, un kiosco o un puesto de periódicos o revistas.
- Si han sido víctimas de un robo u otro delito, pueden denunciarlo a la Comisaría del Turista o enviar un correo electrónico a serv.turista@gmail.com.

Si siguen estos consejos y se dejan guiar por el sentido común, no van a tener problemas. Buenos Aires es una ciudad preciosa.
¡Pueden disfrutar de ella y no tienen que tener miedo!

5 de valor – wertvoll; **16 el cambio** – *hier:* das Kleingeld; **36 el sentido común** – der gesunde Menschenverstand

§ 29 **16** En los tres primeros consejos se usa el **imperativo de ustedes**. Explica cómo se forma y a qué formas que ya conoces te recuerda.

§ 29 **17** Reescribe los otros consejos de arriba con el **imperativo de ustedes**.

§ 29
11, 12 **18** En la página del portal para viajeros solo se usa el plural. Con lo que sabes sobre las formas (ejercicio 16), explica cómo es el singular y escribe las tres primeras frases en singular.

MINITAREA **Paredes que hablan**

escribir **19** La ciudad de Buenos Aires es conocida por el arte en sus calles. Como te interesan los grafitis, quieres comentar para una revista esta foto que hiciste durante un viaje a esta ciudad.

Con ayuda de la ficha técnica, escribe un texto para explicar este dibujo y cómo el artista representa Buenos Aires.

Ficha técnica

Autor: Carlos Páez Vilaró
Título: Mi Buenos Aires querido
(fragmento)
Año: 1989
Lugar: Avenida Figueroa, Buenos Aires

ESTRATEGIA   Ein Bild analysieren
Bei einer Bildbeschreibung gehst du am besten folgendermaßen vor:
Schreibe zuerst eine kleine Einleitung, beschreibe dann das Bild und erkläre die verschiedenen Elemente und was sie bedeuten. Am Ende kannst du noch deine eigene Meinung zu dem Gemälde sagen. Mehr dazu auf Seite 175.

EXPRESIONES   So kann ich . . .

eine Einleitung formulieren.
El artista del dibujo es / se llama…
El dibujo lo hizo / lo creó… en el año…
Este dibujo se llama… / se conoce con el nombre de… / El título del dibujo es…
Esta foto es de… / está en… / la podemos ver en…

ein Bild beschreiben.
ver las expresiones de la página 16.

ein Bild interpretieren.
El dibujo / La imagen muestra… / representa… / se entiende como…
Con este dibujo, el/la artista nos quiere decir/explicar…
El/La artista ha elegido ese motivo para representar/mostrar/decir…
El/La artista usa símbolos para expresar…

B   La Patagonia

¿Pueblo o ciudad?

1 Imagínate que vas a vivir en un pueblo como el que muestra la foto.
¿Qué crees que no va a haber allí?
¿Qué vas a echar de menos (*vermissen*) y qué te va a gustar?

hablar
👥
13, 14 📱

2 Hablad en parejas o pequeños grupos sobre vuestras ideas del ejercicio anterior.

> **CULTURA   La Patagonia**
> La Patagonia está en el sur de Sudamérica y tiene unos 1 000 000 km². Una parte está en Chile, pero la parte más grande pertenece a Argentina. Es una zona muy poco poblada: en la parte argentina viven solo unos 1,5 habitantes por km². La Patagonia es bastante seca, pero en la región de los Andes y en el extremo sur puede haber bastante lluvia o nieve en invierno. Las temperaturas allí pueden bajar hasta los 20° bajo cero. En la Patagonia está el Parque Nacional Los Glaciares con el glaciar Perito Moreno.

3 **Mafalda es una chica argentina de unos 6 años y un conocido personaje de cómic.**

Mira los siguientes dibujos y explica cómo es el lugar donde viven Mafalda y su familia y cómo es el lugar donde van a pasar las vacaciones de verano.

hermosísimo,-a – wunderschön; **Dios** – Gott; **qué lástima** – wie schade; **la licitación** – *aquí:* el trabajo

4 Explica qué tipo de lugar le gusta más a Mafalda, donde va a pasar las vacaciones o donde vive. Justifica tu opinión.

👥 **5** En grupos o en clase, comparad la vida en un pequeño pueblo con la vida en una gran ciudad como Buenos Aires. Haced una lista con los argumentos a favor o en contra de la vida en los dos tipos de lugares.

[MK] > **ESTRATEGIA   Gemeinsam digital arbeiten**
> Um gemeinsam einen Text oder eine Liste zu erstellen, könnt ihr ein digitales Tool (Pad, Online-Pinnwand) verwenden, mit dem ihr gleichzeitig daran arbeiten und sofort die Ideen der anderen sehen könnt. Am Ende exportiert ihr eure fertige Arbeit und speichert das Ergebnis.

La nueva noticia

A 48, 49 🔊

> **ESTRATEGIA   Einen Originaltext verstehen**
> Der folgende Text ist nicht eigens für dieses Lehrwerk geschrieben, sondern ein Auszug aus einem spanischen Jugendbuch. Er enthält daher mehr unbekannte Vokabeln als sonst. Nicht alle davon sind so wichtig, dass du sie lernen musst. Damit du den Text trotzdem gut verstehst, sind alle nicht erschließbaren Wörter unter dem Text erklärt. Die Lernwörter findest du auf S. 208.

Mara es una chica de unos 15 años que vive en Buenos Aires. La situación de su familia no es buena: su padre, que es médico, no tiene trabajo y la familia vive con el poco dinero que gana la madre. Un día, el padre vuelve a casa con la noticia de que ha encontrado trabajo.

Yo grité y corrí a abrazarlo.
—¿De verdad?
—Sí, —sonrió—, un trabajo de médico.
Sentí que algo no estaba del todo bien. [...]
5 —Es un poco lejos —explicó—. Tenemos que mudarnos.
—¿Mudarnos? —la sonrisa de mi mamá también empezó a desvanecerse—. ¿Adónde?
—Al sur —dijo papá—. A la Patagonia. Es un
10 pueblo que se llama Las Flores. Me dijeron que el paisaje es maravilloso.
De a poco, fue diciendo los detalles. Dijo que en Las Flores no hay hospital. Apenas un puesto sanitario, con un médico y una enfermera.
15 El último se acababa de jubilar, a los setenta y ocho años [...]. De modo que ahora necesitan otro: le ofrecieron el cargo a papá por un año [...]. Es un pueblo chico, aclaró, muy chico.
—¿Cuánto? —quiso saber mamá.
20 —No más de quinientos habitantes.
Entonces empezamos a entender [...]. Las Flores queda a setenta kilómetros de una ciudad importante, San Marcos, pero solo los primeros veinte están asfaltados. Y el camino es malo. Peor:
25 es horrible. En invierno, cuando nieva mucho, el pueblo queda aislado. En primavera, cuando llueve mucho, también. No hay cines, ni teatros, ni discotecas. Por suerte, aclaró papá, hay escuelas. Dos.
30 A mi hermano la cara se le puso verde. [...]
—¿Hay videojuegos? —preguntó en pleno ataque de pánico.

—No me dijeron —respondió cauteloso papá—, pero francamente lo dudo.
El labio superior de Leo temblaba cuando dijo [...]:   35
—¿Y conexión a Internet?
Papá ni siquiera le contestó.

No hubo demasiado tiempo para pensarlo, porque en Las Flores querían una respuesta de inmediato.
[...] Estaba empezando diciembre y tenía que   40
viajar enseguida. Nosotros nos quedamos un mes más, hasta terminar las clases y entregar la casa.
Fue un mes en el que Leonardo se la pasó diciendo [...] que nos íbamos a vivir a un lugar
terrible.   45
—Sin hospitales, ni cines, ni teatros, ni discotecas, ni videojuegos, ni Internet, ni nada —repetía—. Es un lugar que no existe. [...]

1 **abrazar** – umarmen; 3 **sonreír** – lächeln; 8 **desvanecerse** – desaparecer; 11 **maravilloso,-a** – precioso,-a; 13 **apenas** – solo, no más de; 13 **un puesto sanitario** – ein Gesundheitszentrum, eine Krankenstation; 15 **jubilarse** – in Rente gehen; 17 **un cargo** – un trabajo; 18 **chico,-a** – pequeño,-a; 22 **quedar** – estar; 26 **aislado,-a** – isoliert; 27 **no . . . ni . . . ni** – weder … noch … und auch nicht …; 29 **una escuela** – eine Schule; 33 **cauteloso,-a** – behutsam; 34 **francamente** – offen gesagt; 35 **el labio superior** – die Oberlippe; 35 **temblar** – zittern; 37 **ni siquiera** – nicht einmal; 42 **entregar** – übergeben, aushändigen

50 Yo traté de no contagiarme de su desánimo, aunque no fue fácil despedirse de los amigos, ni dejar la casa [...]. Intenté convencerlo de que aquello podía ser el comienzo de una aventura apasionante. [...]

—¿Aventura en Las Flores? —dijo—. Más bien
55 va a ser un milagro si logramos no morir de aburrimiento. [...]

Salimos la mañana de un viernes. El viaje desde Buenos Aires hasta San Marcos llevó un día entero. Ya llegábamos a la ciudad cuando
60 el ómnibus tomó una curva y frente a nosotros apareció un increíble lago rodeado por montañas. Me acordé entonces de la frase de mi papá en una de sus cartas: "El paisaje es tan espectacular que te corta el aliento". Tal vez, le dije [a Leo],
65 después de todo no esté tan mal vivir aquí.

—¿Qué —me contestó bostezando—, pensás pasarte un año mirando el paisaje?

© Andrea Ferrari, El complot de Las Flores. Madrid: Ediciones SM, 2003, (fragmento simplificado)

49 tratar – intentar; **49 contagiarse** – sich anstecken; **49 el desánimo** – die Mutlosigkeit; **50 despedirse** – sich verabschieden; **53 apasionante** – faszinierend; **55 el milagro** – das Wunder; **55 morir** - sterben; **60 frente a** – delante de; **64 cortar el aliento** – den Atem verschlagen; **64 tal vez** – a lo mejor; **66 bostezar** – gähnen

leer **6** Resume en pocas frases de qué trata el texto.

leer **7** Anota lo que, después de leer el texto, sabes sobre Mara y su familia y sobre Las Flores.

leer **8 La autora no dice directamente cómo se sienten los personajes, pero nos lo hace saber en algunas frases.**

Explica los sentimientos de los personajes en estas situaciones y di por qué se sienten así. → ○ S.157

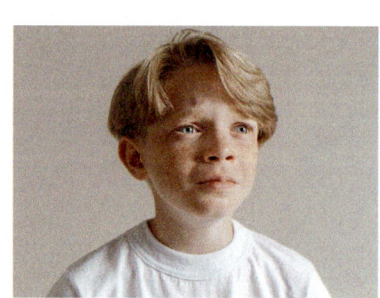

a) "Yo grité y corrí a abrazarlo". (Mara, l. 1)
b) "… la sonrisa de mi mamá también empezó a desvanecerse". (la madre, l. 7)
c) "El labio superior de Leo temblaba". (el hermano, l. 35)
d) "Papá ni siquiera le contestó". (el padre, l. 37)

hablar **9 En el texto puedes ver que Mara y su hermano Leo son diferentes.**

a) Di cómo reaccionan Mara y Leo cuando se dan cuenta de que se mudan a la Patagonia.
b) Explica qué quiere decir Leo cuando dice al final del texto: "¿Qué? ¿Pensás pasarte un año mirando el paisaje?"
c) Leo ha escrito un mensaje a un amigo en el que le cuenta que se muda y cómo se siente. Contesta a Leo desde el punto de vista del amigo con ayuda de las siguientes expresiones.

> **EXPRESIONES   So kann ich auf Aussagen reagieren.**
>
> Tienes razón. Va a ser…
> Yo también tengo miedo de que… (+ subj.)
> También estoy preocupado,-a porque…
>
> ¡Ánimo! / No seas tan pesimista. / No seas así.
> Es verdad que…, pero a lo mejor…
> Si lo piensas bien, vas a ver que…

10 Representad el texto hasta la línea 37. Para eso:
- – Formad grupos de cuatro personas y repartid los papeles.
- – Anotad qué están haciendo, diciendo o pensando los personajes. No escribáis frases enteras, sino solo las palabras clave (*Schlüsselwörter*).
- – Representad la escena. No olvidéis los gestos y una buena entonación para que se entienda bien qué están pensando o sintiendo los personajes.

> **ESTRATEGIA   Mitfühlen**
> Bei Rollenspielen musst du dich in deine eigene Rolle hinein-versetzen und genau auf die anderen eingehen. Wie dir das auch sonst beim Sprachenlernen hilft, erfährst du auf S. 169.

Dicen que no me preocupe

 § 30

15

11 **En la clase de Mara hay una chica que ha venido de España a Argentina con sus padres hace poco tiempo. Ella entiende bien cómo se siente Mara y les da algunos consejos a ella y a su hermano.**

Lee las siguientes frases y escribe sus consejos en imperativo.

Les dice que hablen con sus nuevos compañeros de clase, que descubran lo que hacen en su tiempo libre y que les pregunten si pueden participar. Propone que Leo, como le gusta el fútbol, mire si hay un equipo para jugar en él. Recomienda que Mara tampoco se quede en casa y que salga mucho ya que, aunque no hay cines ni teatros ni discotecas en Las Flores, va a haber lugares para los jóvenes del pueblo. Y le dice que le escriba o la llame si la necesita.

Hablad con vuestros…

> **GRAMÁTICA   Der Imperativ in der indirekten Rede**
> Wenn Ratschläge, Befehle, Vorschläge oder Bitten in der indirekten Rede wiedergegeben werden, wird dazu der **subjuntivo** verwendet.

§ 30 **12** **Acabas de leer un artículo donde un psicólogo da consejos para hacer amigos en un nuevo lugar.**

Como te parecen muy útiles, escribe una carta a Mara y resúmele los consejos. Utiliza el estilo indirecto. Cuidado: Si repites los consejos, tienes que usar el **subjuntivo**, si escribes las explicaciones, el **indicativo**.

decir que	recomendar que	proponer que	hablar de que	explicar que	escribir que

- Un comienzo siempre es difícil. No esperes que te reciban como un amigo. Haz algo tú mismo/misma.
- No tengas vergüenza por estar solo/sola. Te puede parecer horrible, pero al principio eso es normal.
- No seas tímido/tímida. Intenta conocer a gente. Empieza, por ejemplo, con tus vecinos.
- No pienses demasiado en lo que has dejado. Mira hacia el futuro y déjate sorprender: en cada lugar hay cosas interesantes.
- Busca alguna ONG con la que puedas colaborar u otra actividad con gente que tiene las mismas aficiones.
- Y sobre todo, no pierdas el ánimo si no todo sale bien rápidamente. Ten paciencia e inténtalo de nuevo.

Nuevas experiencias

escribir **13** Elige uno de estos ejercicios:

a) Imagina cómo continúa la historia. Describe las experiencias de Mara o Leo en Las Flores.
Di si crees que les va a gustar la vida en el pueblo y qué va a pasar al final del año,
cuando termine el contrato del padre.

b) Si te has mudado alguna vez, cuenta tus experiencias.

Un corto argentino: Lila

escuchar **14** **El argentino Carlos Lascano rodó este cortometraje (*Kurzfilm*)**
V 11 ⏵ **en 2014 en la ciudad de Mar del Plata.**

Mira el corto y resume en una frase de qué trata.

escuchar **15** Míralo otra vez y contesta las siguientes preguntas.
V 11 ⏵

a) Di qué personas aparecen en el corto.

b) Describe al personaje principal.

c) Describe la estructura del corto:
¿Cuántos escenarios (*Schauplätze*) hay?
¿En qué lugares se desarrolla la acción?

d) Resume qué pasa en estos lugares.

e) Explica el rol de la música en este corto.

16 Explica lo que quiere enseñar Carlos Lascano con este corto.

MK

> **ESTRATEGIA Einen Film besprechen**
> Wenn du über einen Film oder einen Filmausschnitt sprechen möchtest, ist es hilfreich, in einem Schema
> die wichtigsten Elemente (Ort, Zeit, handelnde Personen usw.) festzuhalten. Mehr dazu auf S. 171.

MINITAREA Un juego sobre Argentina

 17 En grupos, haced un juego sobre Argentina para vuestra clase.
16 ▯ Preparad por lo menos 6 preguntas y 4 posibles respuestas
para cada pregunta. Podéis también incluir fotos. Reunid las
preguntas de todos los grupos y jugad en clase.

MK **ESTRATEGIA**
Ein Quiz digital erstellen
Ihr könnt euer Quiz auch
digital erstellen. Dafür gibt
es im Internet viele Tools
und Programme. Nicht alle
aber sind an Schulen zuge-
lassen. Fragt deshalb eure
Lehrerin oder euren Lehrer,
welches Programm ihr
verwenden dürft.

¿Qué se ve en esta foto?

A. El Perito Moreno ◯ C. El Iguazú ◯
B. El Aconcagua ◯ D. La Pampa ◯

Llegamos a la meta

Du kannst jetzt schon:	Bilde Sätze:
1. über ein Land sprechen.	En Argentina hay… Está(n)… Es/Son…
2. sagen, was jemand von dir will.	Mis padres me dicen que… y me piden que…
3. das deutsche Wort „man" wiedergeben.	En Argentina se come(n)… y…
4. jemanden höflich um etwas bitten.	Por favor, explíquenme…, pero no me digan…
5. Orte, Gegenstände oder Personen näher beschreiben.	Es un lugar donde / en el que… Sueño con… con el/la/los/las que… Os cuento todo lo que sé.

TAREA FINAL   Un viaje a Argentina

hablar

18 **Vuestra clase quiere hacer un viaje de dos semanas a Argentina. Como Argentina es un país muy grande, es imposible verlo todo en ese tiempo.**

En grupos, presentad vuestras ideas sobre lo que se puede ver y hacer en tan poco tiempo.

1. Preparación
- Formad grupos. Cada grupo decide qué región o qué lugares va a presentar y también qué aspectos quiere mostrar: información general, lugares de interés, comida, música, actividades culturales, etc.
- Pensad también en los viajes: ¿Qué medio de transporte es el mejor para ir de un lugar a otro? ¿Cuánto tiempo dura el viaje? ¿Cuánto cuesta?
- Dividid el trabajo en el grupo. Cada persona prepara uno de los aspectos. Podéis buscar información en Internet.

MK

2. Elaboración
- Para presentar vuestras propuestas a la clase, preparad un póster con eslóganes y fotos, un plan de viaje o un folleto (*Prospekt*). Podéis también hacerlo de forma digital. Poned las fotos y la información en el orden de vuestra propuesta de viaje. Eso os ayuda a hacer la presentación y, además, es más fácil para la clase seguir vuestras explicaciones.
- Poned solo la información más importante, pero buscad más detalles para que podáis contestar las preguntas de vuestros compañeros y compañeras.
- Preparad un papel con las palabras clave de vuestra presentación.

3. Presentación
- Explicad en clase lo que proponéis hacer en el viaje a Argentina y por qué os parece interesante hacer estas actividades.
- Intentad convencer a la clase de que vuestro viaje es el mejor. Hablad solo con ayuda de las palabras clave que habéis preparado.

> **ESTRATEGIA   Eine Präsentation vorbereiten**
> Bei der Vorbereitung einer Präsentation ist es wichtig, sich Gedanken über deren Ziel zu machen. Außerdem müssen die Informationen, die du vermitteln möchtest, gut und verständlich strukturiert sein. Mehr dazu auf S. 166.

4. Evaluación
D 11
- Comparad las diferentes presentaciones con ayuda del documento D 11.
- Al final, la clase tiene que decir qué viaje le parece más atractivo.

Presentar un país

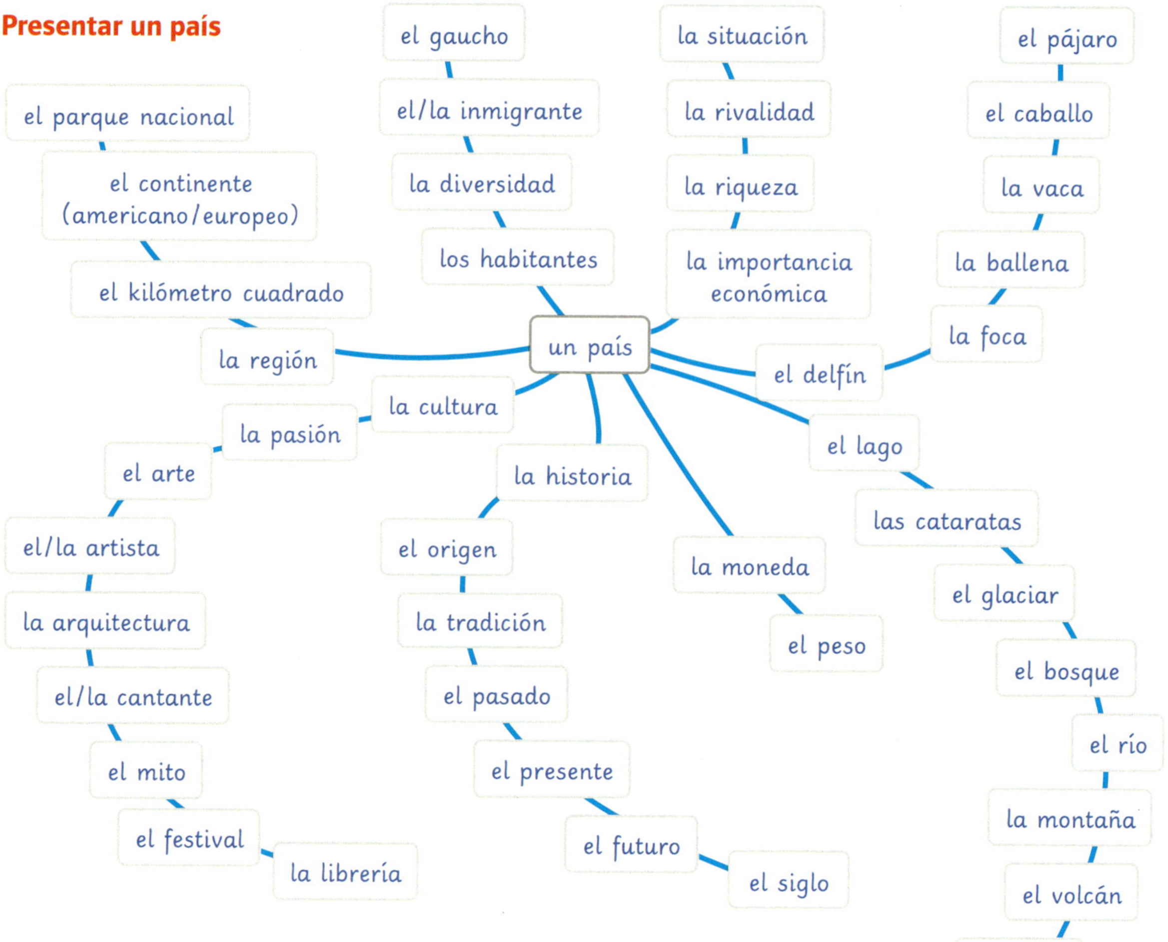

el gaucho — el/la inmigrante — la diversidad — los habitantes

la situación — la rivalidad — la riqueza — la importancia económica

el pájaro — el caballo — la vaca — la ballena — la foca

el parque nacional — el continente (americano/europeo) — el kilómetro cuadrado — la región

un país

la cultura — la historia

el delfín — el lago — las cataratas — el glaciar — el bosque — el río — la montaña — el volcán — el cañón

la pasión — el arte — el/la artista — la arquitectura — el/la cantante — el mito — el festival — la librería

el origen — la tradición — el pasado — el presente — el futuro — el siglo

la moneda — el peso

Wenn dir die Wörter aus der Lektion nicht ausreichen ☺ – hier sind noch mehr!

reservar	reservieren	**aterrizar**	landen
la agencia de viajes	das Reisebüro	**el retraso**	die Verspätung
el pasaporte	der Reisepass	**el equipaje**	das Gepäck
el vuelo	der Flug	**pagar en efectivo**	bar bezahlen
la salida	die Abfahrt, der Abflug	**pagar con tarjeta**	mit (Kredit-)Karte bezahlen
la llegada	die Ankunft	**reunir dinero para un viaje**	Geld für eine Reise sammeln
despegar	abfliegen, starten		

Tu grupo de amigas y amigos

hablar

Ya está decidido: vuestra clase va a hacer el viaje a Argentina. Aunque tenéis vuelos y albergues económicos, el viaje no va a ser barato. Tú sabes que el padre de tu mejor amiga en este momento no tiene trabajo y que la familia necesita el dinero para otras cosas. En vuestro instituto hay fondos (*Gelder*) para casos así y ya lo has propuesto a tu amiga, pero ella no quiere que la clase sepa de sus problemas.

En parejas, haced un juego de rol. Una persona hace de amiga y explica por qué no quiere ayuda y la otra intenta convencerla para que participe en el viaje. Buscad juntos una solución.
Grabad la discusión o explicad en un vídeo la solución que habéis encontrado.

Gramática

§26   **Las oraciones de relativo con lo que**

Lo que dices es muy importante.
En Buenos Aires no pude ver todo **lo que**
venía en la guía.

§27   **La pasiva con el pronombre se**

En este hotel **se habla** también alemán.
Se preparan comidas muy ricas.
Se puede comer entre la una y las tres.

Aquí **se comen** las mejores
tartas de Buenos Aires.

§28   **Las oraciones de relativo con preposición**

Voy a enseñaros…

… los bares **en los que** quedo con mis amigos.
… las bicis **con las que** vamos a visitar la ciudad.
… la casa **en la que / donde** vivió Carlos Gardel.

§29   **El imperativo de usted y ustedes**

	afirmativo	negativo
usted	No lo sé. **Pregunte** ahí. **Venga** por la mañana.	No **se levante** tan temprano. No **vaya** hoy.
ustedes	**Compren** las entradas allí. **Escriban** su nombre aquí.	No **coman** carne en ese restaurante. No **salgan** por la noche.

§30   **El imperativo indirecto**

—¡Haz los deberes rápido!
Mi madre me **dice que haga** los deberes rápido.

—¡Hijos, preparad la comida!
Mi padre nos **pide que preparemos** la comida.

§ 27

1 Completa el siguiente texto sobre una fiesta argentina, La noche más larga en Ushuaia, con la forma correcta de **se + verbo en la tercera persona**. Usa los verbos entre paréntesis.

La noche más larga en Ushuaia	Fiesta de la nieve	Fiesta Nacional del Inmigrante

Ushuaia ■ (**conocer**) como la ciudad más al sur del mundo. En esta ciudad, el 21 de junio ■ (**soler**) celebrar una fiesta muy grande. Esa noche no ■ (**poder**) dormir. ■ (**organizar**), por ejemplo, un partido de fútbol de 24 horas, shows musicales o fuegos artificiales.
5 Además, ■ (**elegir**) a dos vecinos que van a representar a la ciudad durante el próximo año. Una de las actividades más importantes de la fiesta es la Quema de los Obstáculos e Impedimentos. Para esta actividad, ■ (**hacer**) un gran fuego. Entonces ■ (**escribir**) en un papel los planes del año pasado que no ■ (**poder**) realizar. El papel ■ (**echar**) al fuego. ■ (**decir**) que así desaparecen
10 simbólicamente los problemas viejos y ■ (**conseguir**) energías para el nuevo año. Esta fiesta ■ (**celebrar**) porque es el solsticio de invierno, es decir, la noche más larga del año. Dura desde las cinco de la tarde hasta las 10 de la mañana del día siguiente. En la Antártida, la noche incluso es total.

4 los fuegos artificiales – das Feuerwerk; **7 la quema** – das Verbrennen; **7 el impedimento** – das Hindernis

§ 26, 28

2 Completa las siguientes frases sobre cosas y gente por las que se conoce a Argentina con una de las ideas de las casillas. Usa el pronombre relativo adecuado (**que, el/la/los/ las que / lo que / donde**) y una preposición, si es necesario.

se conoce a los *cowboys* argentinos	le gusta a mucha gente	se hace el mate	a	en
en invierno el sol apenas se levanta	sorprende a los turistas	van muchos turistas	con (2 x)	
el fútbol argentino se hizo famoso	se consume más carne de vaca		por	

El tango es un baile ■.

En Argentina se baila también en las calles y plazas ■.

Ellos son futbolistas ■.

En la frontera con Brasil están las cataratas ■.

Gaucho es el nombre ■.

Esta es la planta ■.

Argentina es uno de los países ■.

La Antártida es una región ■.

escuchar
A 50 ◁⟩

3 Escucha el programa de radio sobre turistas en Buenos Aires y di de qué países son las personas entrevistadas.

4 Escucha el audio otra vez y contesta las siguientes preguntas.

a) ¿Qué o quién es Caminito?
b) ¿Cuántos estadios de fútbol hay en Buenos Aires, según uno de los entrevistados?
c) ¿Qué no les gusta a las personas entrevistadas?
d) ¿Por qué son muy cortas dos de las entrevistas?
e) ¿Qué se dice sobre la cultura en Buenos Aires?

§ 29 **5** Escribe las siguientes ideas de lo que hay o no hay que hacer a la hora de visitar las cataratas del Iguazú en forma de consejos, como en el ejemplo. Utiliza el **imperativo de ustedes**.

Si quieren ir a las cataratas del Iguazú, reserven las entradas…

> **Consejos para visitar las cataratas del Iguazú**
>
> - Reservar las entradas en Internet antes de ir
> - Ir con un guía para disfrutar de más información
> - Llevar documentos de identidad
> - Ponerse ropa y calzado cómodos
> - No olvidar la crema solar
> - Usar una mochila para tener las manos libres, por ejemplo, para tomar fotos
>
> - Beber por lo menos 1,5 l de agua durante la excursión
> - Pensar en llevar su propia comida porque en los kioscos y puestos del camino la comida es bastante cara
> - No dar de comer a los animales del Parque Nacional
> - Evitar comer frente a los animales

§ 30 **6** **Alicia va a pasar un año de intercambio en Argentina. Su familia y sus amigos le dan muchos consejos. La noche antes de irse, Alicia escribe en su diario.**

Escribe lo que dicen las diferentes personas en **estilo indirecto**. Utiliza los verbos **decir**, **desear**, **pedir**, **querer** y **recomendar** para introducir las frases.

la madre

Diviértete, pero no salgas demasiado.

el padre

Que lo pases bien. Llámame si necesitas algo.

la profesora de español

Aprende bien español y ten muchas experiencias nuevas.

la mejor amiga

No me olvides y escríbeme muchos mensajes.

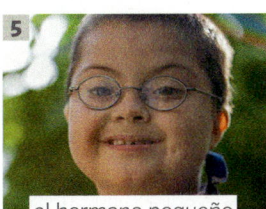
el hermano pequeño

Déjame tu habitación y tráeme muchos regalos.

la clase de español

Mándanos muchas fotos y dinos cómo es Argentina.

el novio

Haz muchos nuevos amigos, pero no te busques otro novio 🙂.

la abuela

No te aburras. Disfruta de cada momento y vuelve sana y salva.

D 12 📄
Lösungen

7

Los jóvenes en España

Primer paso

LERNZIEL

Am Ende der Lektion wirst du eine Fernsehreportage zum Thema „Jugendliche in Deutschland" für deine Austauschklasse erarbeiten. Dafür lernst du,
– über die Lebenssituation spanischer Jugendlicher zu sprechen.
– auszudrücken, was im Leben wichtig ist.
– Zukunftspläne zu formulieren.
Dazu brauchst du
– Verbkonstruktionen mit dem Infinitiv.
– Verbkonstruktionen mit *gerundio*.
– das *futuro simple*.

1 Tu clase de intercambio ha hecho una revista digital sobre los jóvenes en España. La revista comienza con estos memes de los jóvenes.

Míralos y explica qué imagen dan sobre los jóvenes.

"¡JÓVENES! VOSOTROS SOIS EL FUTURO".

25 630 JÓVENES VEN QUÉ HACEN UNOS GATOS:

LIVE 25 630

¿QUIÉNES SOMOS?

¡EL FUTURO!

¿QUÉ QUEREMOS EN EL FUTURO?

¡TENER UN CUERPO PERFECTO!

hablar
1 📻

2 Di si estás de acuerdo o no con la imagen de los jóvenes que dan los memes. Justifica tu respuesta.

MK
👥

3 Cread en parejas un meme sobre los jóvenes como los de arriba.

ESTRATEGIA   Kreative Inhalte erstellen
Kreative Inhalte zeichnen sich dadurch aus, dass sie originell und individuell sind. Das heißt nicht, dass alle ihre Bestandteile neu sein müssen. Du kannst dem Meme durch einen eigenen Text eine individuelle Note geben.

4 En la revista puedes ver también algunas fotos de jóvenes.

Describe las siguientes fotos con ayuda de las palabras de las casillas.

la manifestación (*die Demonstration*)   quejarse de   la política   el proyecto

la pancarta (*das Plakat*)   comunicarse   el empleo (el trabajo)   estar en paro (*arbeitslos sein*)

solidario,-a   hacer cola (*in der Schlange stehen*)   plantar (*pflanzen*)

hablar   **5** Di cuáles de estas fotos representan para ti a los jóvenes de hoy y por qué.

A ¿Qué quieren los jóvenes?

Empezamos a construir el futuro

En la revista lees opiniones de algunos jóvenes sobre si son o no el futuro.

A 51 🔊

A Es importante que dejemos de pensar que los jóvenes somos unos vagos que solo estamos enganchados a las redes sociales. Es verdad que en las redes sociales hay de todo, pero también hay muchos jóvenes que hacen una labor muy importante para cambiar la sociedad.
5
Mario, 16 años

C Yo sí creo que somos el futuro de nuestro país, pero primero necesitamos mejores oportunidades laborales. Solo así podemos empezar a construir un futuro mejor.
20
Sergio, 17 años

B Acabo de leer en Internet una frase: los jóvenes no somos solo el futuro, sino también el presente. Y es verdad, los jóvenes somos los que entendemos los problemas del planeta y buscamos la solución a esos problemas. Con nuestros cambios queremos que la sociedad evolucione y tener una vida mejor en el futuro.
10
15
Vera, 20 años

D Los jóvenes no somos el futuro del país porque los políticos no nos dejan participar en el presente. ¿Cómo vamos a crear nuestro futuro si no tenemos voz? El año pasado participé por primera vez en una manifestación para quejarnos de la situación laboral y este año vuelvo a participar en otra. Tenemos que luchar porque nosotros sí queremos ser el futuro.
25
30
Daniela, 18 años

leer **1** Lee las opiniones de los jóvenes y di con qué persona(s) estás de acuerdo y por qué.

§ 31 **2** En los textos aparecen algunas construcciones verbales con infinitivo. Léelas y di qué significan en alemán.

a) "Es importante que **dejemos de** pensar que los jóvenes somos unos vagos".
b) "Solo así podemos **empezar a** construir un futuro mejor".
c) "**Acabo de** leer en Internet una frase: …".
d) "… este año **vuelvo a** participar en otra (manifestación)".
e) "**Tenemos que** luchar porque nosotros sí queremos ser el futuro".

§ 31
2 ▢ **3 Otros jóvenes dan también su opinión.**

Completa las frases con las construcciones de las casillas. → ● S. 163

| acabar de | dejar de | empezar a | volver a | ir a | tener que |

a) Con la política actual, creo que los jóvenes ▨ tener un futuro muy negro.
b) La sociedad está cambiando y, poco a poco, muchos temas ▨ ser importantes.
c) Cuando eran jóvenes, nuestros padres ya intentaron cambiar la sociedad. Ahora nosotros ▨ hacer lo mismo.
d) La labor de los políticos es mejorar el país, por eso ▨ escuchar qué quiere la sociedad.
e) Es importante que los jóvenes ▨ pensar solo en si están guapos o no en una foto.
f) ▨ hablar con mis amigas sobre el tema y no todas están de acuerdo.

¿Cómo son los jóvenes?

Los jóvenes españoles

Los temas más importantes

la salud	**81,4 %**
la familia	**73,6 %**
la educación	**68,0 %**
la igualdad de género	**67,4 %**
la igualdad social	**58,9 %**
el medioambiente	**55,1 %**

Los temas menos importantes

la política	**16,5 %**
la religión	**10,6 %**

Actividades de tiempo libre favoritas

73 %
escuchar música

70 %
ver
películas
o series

70 %
navegar
por
Internet

64 %
ver la televisión

Los amigos

En 2017, el **62 %** de los jóvenes consideraba que los amigos eran muy importantes en su vida. En 2020, este porcentaje baja al **49 %**.

Internet y las redes sociales

ventajas
- comunicarse con amigos
- conocer a personas con los mismos intereses

desventajas
- no poder controlar la imagen que se da en las redes sociales
- los malentendidos
- el acoso

Diversidad en la sociedad

Más del **60 %** quiere vivir en una sociedad con personas de diferente origen, cultura y religión.

Sin embargo, los jóvenes creen que no tratan bien a los inmigrantes.

La vida en el futuro

El **46 %** de los jóvenes piensa que su vida en el futuro va a ser mejor que la de sus padres.

El **49 %** cree que va a ser muy difícil poder trabajar en lo que les gusta.

Más de la mitad (**52 %**) de los jóvenes cree que es bastante o muy probable que tengan que emigrar en el futuro para poder trabajar.

Número de libros leídos en el último año

ninguno	**16,2 %**
1 – 3	**26,3 %**
4 – 7	**18,4 %**
8 y más	**39,1 %**

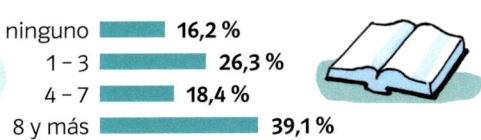

Fuente: Fundación SM (Jóvenes españoles 2021)

leer **4** Lee las siguientes frases y di si son correctas o no, o si la información no está en la infografía. Corrige las frases que no son correctas.

a) Casi la mitad de los jóvenes españoles piensa que el medio ambiente es importante.
b) Los jóvenes tienen mucho interés en la política y la religión.
c) Hay más jóvenes que consideran importantes los amigos que en años pasados.
d) La mayoría de los jóvenes desea diversidad en la sociedad.
e) Menos de la mitad de los jóvenes piensa que su futuro va a ser peor que el de sus padres.
f) El porcentaje de jóvenes que leen ocho o más libros es muy bajo.
g) Más de la mitad de los jóvenes cree que va a tener problemas para encontrar un trabajo en su país.

hablar **5** Explica qué te parece interesante de la infografía.

> **EXPRESIONES** **So kann ich angeben, was mir besonders aufgefallen ist.**
> Me parece interesante/increíble/raro/curioso… que (+ subjuntivo)
> No sabía que (+ indicativo)…
> (No) Me ha sorprendido (mucho/poco) que…

hablar **6** En parejas, comparad vuestros intereses con los de los jóvenes españoles. → ● S. 163

7 Uno de los temas de la encuesta era la diversidad en la sociedad.

Explica qué tipo de personas puede haber en una sociedad diversa y qué importancia tienen estas formas de vida en tu alrededor y en la sociedad en general. En las fotos encuentras algunas ideas.

Creo que en una sociedad diversa hay gente con y sin discapacidad.
También hay gente joven y…

8 La encuesta para la estadística se llevó a cabo durante una pandemia.

Analiza cómo la pandemia influyó en los resultados de la estadística.

Los jóvenes pasan el día navegando por Internet

§ 32 **9** Lee las frases y di cómo se traducen al alemán. → ○ S. 158
3

a) Casi la mitad de los jóvenes **sigue considerando** que sus amigos son muy importantes.
b) Los jóvenes no salen de casa. **Se quedan viendo** series y películas todo el día.
c) Los jóvenes **van entendiendo** poco a poco que la igualdad de género es muy importante.
d) Muchos jóvenes **llevan** años **trabajando** en otros países.

> **GRAMÁTICA** **Verbkonstruktionen mit *gerundio***
> Das *gerundio* mit *estar*, z. B. *estoy trabajando*, drückt aus, dass etwas gerade geschieht.
> Es kann aber auch mit folgenden Verben kombiniert werden: *seguir, llevar, ir, quedarse*
>
> Diese Konstruktion drückt die Zeitdauer bzw. den Zeitverlauf aus.
> *Llevo estudiando toda la tarde y todavía no he terminado. Ana pasó la tarde viendo la televisión.*

§ 32 **10** En las siguientes frases encontráis construcciones verbales con gerundio. Elegid de las dos posibilidades la que más se acerca al significado de las frases a), b), c) y d).

a) Ayer pasé toda la tarde viendo la televisión.
 1. Pasé solo unas horas delante del televisor.
 2. No hice otra cosa en toda la tarde.

b) El lunes no salí de casa. Me quedé estudiando todo el día.
 1. Vi dos horas la tele.
 2. No fui a ningún sitio porque tenía mucho que estudiar.

c) Pablo y Carlos llevan jugando al fútbol casi toda su vida.
 1. Pablo y Carlos han empezado a jugar al fútbol hace poco.
 2. Pablo y Carlos juegan al fútbol desde que eran niños.

d) No podemos ir al parque porque sigue lloviendo.
 1. No podemos ir al parque porque todavía está lloviendo.
 2. No podemos ir al parque porque acaba de empezar a llover.

§ 32 **11** **Tu amiga María terminó hace un año sus estudios. Está buscando**
4 🗐 **trabajo y te escribe un mensaje.**

Completa los mensajes con las construcciones de las casillas en el tiempo correcto.

| seguir + *gerundio* | ir + *gerundio* | quedarse + *gerundio* | llevar + *gerundio* |

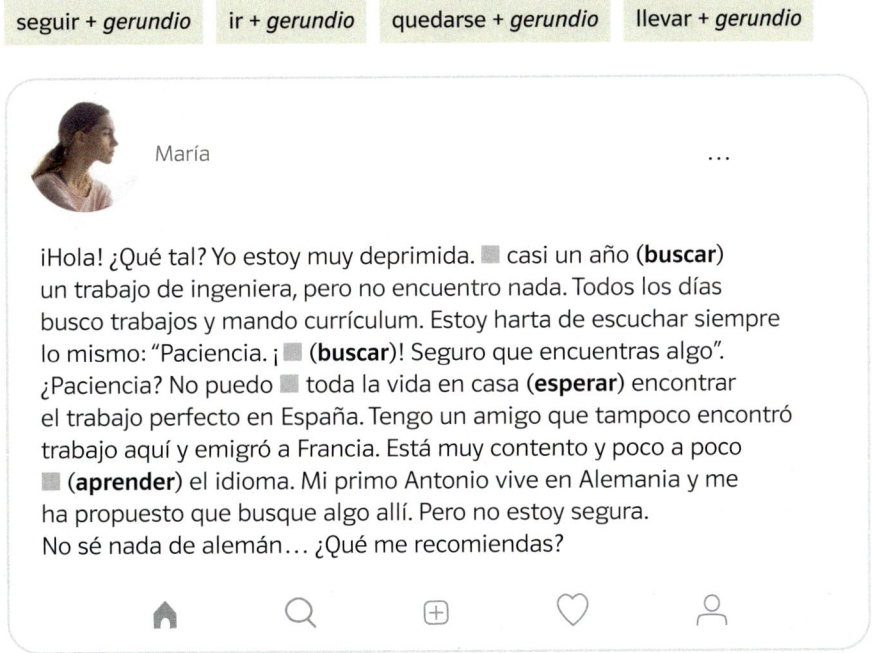

María   ...

¡Hola! ¿Qué tal? Yo estoy muy deprimida. ▦ casi un año (**buscar**)
un trabajo de ingeniera, pero no encuentro nada. Todos los días
busco trabajos y mando currículum. Estoy harta de escuchar siempre
lo mismo: "Paciencia. ¡▦ (**buscar**)! Seguro que encuentras algo".
¿Paciencia? No puedo ▦ toda la vida en casa (**esperar**) encontrar
el trabajo perfecto en España. Tengo un amigo que tampoco encontró
trabajo aquí y emigró a Francia. Está muy contento y poco a poco
▦ (**aprender**) el idioma. Mi primo Antonio vive en Alemania y me
ha propuesto que busque algo allí. Pero no estoy segura.
No sé nada de alemán… ¿Qué me recomiendas?

escribir **12** Escribe un mensaje a María. Dile qué piensas sobre su situación y dale algunos
consejos.

Hola, María:

Entiendo tu situación. Es difícil, pero…

¿Hay trabajos para los jóvenes?

mediación
5, 6

13 Un amigo ve esta caricatura, pero no la entiende.

Explícale qué se muestra en la caricatura y qué mensaje quiere expresar.

Yo también busco trabajo y una vida mejor

escuchar
V 12

14 Un amigo te recomienda un corto que se llama *Nana* (*Wiegenlied*).

Cierra los ojos y escucha la canción. Di dónde crees que se encuentra
la persona que canta y qué está haciendo.

escuchar
V 12

15 Mira el vídeo y contesta las preguntas.

a) ¿Qué se ve en el vídeo?
b) ¿Por qué crees que hace este viaje la mujer?
c) ¿Cómo crees que se siente la mujer en ese momento?

escribir

16 Escribe un monólogo interior sobre lo que piensa la mujer durante el viaje.

> **ESTRATEGIA** Einen inneren Monolog verfassen
> Ein innerer Monolog gibt die Gedanken und Gefühle einer Person wieder.
> Mehr dazu auf Seite 175.

 **MINITAREA** Nuestra clase

MK

hablar

17 Haced en vuestra clase una encuesta sobre los jóvenes como la de la página 127.
Para ello, escribid primero las preguntas. Después podéis usar una aplicación para hacer la encuesta.
Presentad los resultados en la clase y comparadlos con los de los jóvenes españoles.

⊢○⊣ **B   Proyectos y planes**

Nuestros sueños

A 52 ◁)))   **En la revista, algunos jóvenes también hablan sobre sus planes de futuro.**

Cuando se describe a los jóvenes, por un lado se dice que son rebeldes, vagos y poco responsables; por otro lado se dice que son inteligentes, solidarios, creativos, etc…

5   Los adultos suelen considerar "normales" a aquellos jóvenes que cumplen sus expectativas. Algunos jóvenes nos hablan sobre sus intereses y sus planes de futuro.

10   Lo más importante para mí es ayudar a gente que lo necesita. Sí, creo que estudiaré y seré médico. Crearé una ONG y viajaré por países de Sudamérica.

Nico

15   Yo soy una persona a la que le gusta arriesgar. En el futuro crearé una empresa, tendré mucho éxito y ganaré mucho dinero. Conduciré un

20   coche enorme e iré a hoteles de lujo. Todos querrán ser mis amigos.

Sara

Cuando pienso en el futuro, solo pienso en una cosa: disfrutar de la vida. Por eso,

25   saldré todas las noches de fiesta, dormiré durante el día y, por supuesto, nunca formaré una familia.

Félix

En el futuro seré actriz, tendré muchos fans y haré   30
muchas películas. Habrá mucha gente en los cines que irá a ver mis películas y trabajaré con los mejores
directores. Seré muy   35
famosa y tendré muchas entrevistas para promocionar mis películas.

Pilar

¿Cómo nos vemos en el futuro? Bueno, todavía   40
somos muy jóvenes, pero para nosotros lo más importante es la familia. Nos casaremos, tendremos hijos y viviremos en una
casa con jardín y piscina.   45
No le damos importancia al éxito profesional, por eso trabajaremos solo de lunes a jueves y así podremos
disfrutar más de la familia.   50

Mateo y Elisa

Yo, de mayor, quiero sobre todo ser independiente. Estoy harta de ir al instituto y de vivir con mis padres.
Seré mi propia jefa y nadie   55
me dirá lo que tengo que hacer. Trabajaré, quizás, como fotógrafa. Viajaré por todo el mundo y viviré nuevas experiencias y aventuras.

Laura

leer   **1** Lee los textos y completa la tabla. Alguna información no se da directamente, sino entre líneas.

Nombre	¿Qué es importante?	¿Qué quiere(n) para el futuro?
Sara	El éxito profesional, el dinero, el lujo	- crear su propia empresa - …

hablar   **2** Con la información de la tabla, describe cómo es el carácter de estos jóvenes. Utiliza como ayuda
7 ▯   el vocabulario de la casilla de la página 69.

Sara es una persona… porque quiere… Además, se puede decir que…

hablar   **3** **A veces, los jóvenes y los adultos no piensan de la misma forma.**

Explica con tus propias palabras o un ejemplo qué significa
la siguiente frase del texto:
"Los adultos suelen considerar normales a aquellos jóvenes
que cumplen sus expectativas". (l. 5 – 7)

leer   **4** Di qué jóvenes de la página anterior cumplen estas expectativas.

hablar   **5** Comentad en clase si vosotros tenéis las mismas expectativas que
vuestros padres o son diferentes.

Seré médico

§ 33   **6** En el texto hay un nuevo tiempo verbal,
el **futuro**. Busca las formas y completa
la tabla. Después explica cómo se forma.

hablar▉	comer▉	vivir▉
hablarás	comerás	vivirás
hablará	comer▉	vivir▉
hablar▉	comer▉	vivir▉
hablaréis	comeréis	viviréis
hablar▉	comerán	vivirán

V 13 ▷
Erklärvideo
§ 33
8 ▤

7 Completa esta lista de verbos irregulares
con los que hay en el texto y di qué te
llama la atención.

haber: habrá, …	querer: querré, …	salir: saldré, …
poder: podré, …	saber: sabré, …	venir: vendré, …

§ 33
9, 10 ▤

8 Jugad a los dados para saber cómo será vuestro futuro. Un dado os va a decir la persona
verbal y el otro dado, el verbo. Uno de vosotros juega con la lista A y el otro con la lista B.

A: 🎲 + 🎲 → Carlos y tú tendréis ocho hijos.

⚀ yo   ⚂ (nombre de una persona)   ⚄ (nombre de una o más personas y tú)

⚁ tú   ⚃ nosotros   ⚅ (nombre de más de una persona)

Lista A

⚀ saber seis idiomas

⚁ tener ocho hijos

⚂ participar en una serie de televisión

⚃ trabajar en una ONG

⚄ casarse cuatro veces

⚅ viajar al planeta Marte

Lista B

⚀ vivir cerca del mar

⚁ comprarse un coche deportivo

⚂ tener suerte en la vida

⚃ encontrar el trabajo ideal

⚄ hacer mucho deporte

⚅ ganar diez millones de euros al año

9 Hablad en parejas. **A** hace cinco suposiciones sobre el futuro de **B**. **B** tiene que decir si cree que pasarán o no. Después intercambiad los papeles.

§ 33

A: Vivirás en casa de tus padres. B: No, yo creo que viviré sola.

escribir **10** **Pilar dice que quiere ser actriz y famosa.**

§ 33

Mira las imágenes y escribe cómo será la vida de Pilar con ayuda de las expresiones de la casilla.

EXPRESIONES   **So kann ich eine Handlung strukturieren.**

En un futuro… / Dentro de 10/20/… años…
Un día… / Después… / Más tarde…
Un tiempo después… / Unos años después…

Como… por eso… y entonces…
… pero / sin embargo, …
Por último, … / Finalmente…

¿Sabes? Yo seré...

escuchar
A53 🔊

11 Pilar habla con sus padres sobre sus planes de futuro.

Escucha el diálogo y completa las siguientes frases. → ◯ S.158

a) Pilar tiene ▦ años y quiere ▦.
b) Pilar piensa que su tía María es ▦ y cree que ▦.
c) Según la madre de Pilar, para tener éxito en esta profesión hay que ▦.
d) Los padres son ▦. Sus estudios fueron difíciles, pero ahora tienen ▦.

mediación
11 📄

12 Un amigo español quiere saber qué cosas son importantes para los jóvenes alemanes.

Explica a tu amigo qué quieren los jóvenes alemanes. Si no conoces una palabra, puedes usar un diccionario. → ● S.163

 ESTRATEGIA Mit dem Wörterbuch arbeiten
Die meisten Wörterbücher sind auch im Internet verfügbar und können kostenlos zum Nachschlagen genutzt werden. Mehr auf S. 182.

85,2 %	Gute Freunde haben
80,5 %	Familie
75,2 %	Eine glückliche Partnerschaft
70,8 %	Unabhängigkeit, sein Leben selbst bestimmen können
64,2 %	Soziale Gerechtigkeit
62,9 %	Das Leben genießen
59,1 %	Kinder haben
54,0 %	Menschen helfen
51,8 %	Erfolg im Beruf
48,2 %	Immer Neues lernen
44,3 %	Neue Erfahrungen machen
43,3 %	Naturerfahrungen, viel in der Natur sein
42,0 %	Die Welt, andere Länder und Kulturen kennenlernen
37,3 %	Hohes Einkommen
35,3 %	Starke Erlebnisse haben, Abenteuer, Spannung
31,9 %	Viel leisten
25,2 %	Auseinandersetzung mit Sinnfragen des Lebens
24,8 %	Religion
11,0 %	Aktive Teilnahme am politischen Leben

MINITAREA **¿Qué harás tú en el futuro?**

hablar

13 Vuestra clase de intercambio quiere saber cómo te imaginas tu vida en el futuro.

Prepara un vídeo de un minuto en el que te presentas y hablas sobre tu futuro. Para ello escribe primero tus ideas y ensaya (übe) tu monólogo todas las veces que necesites antes de grabarlo. Puedes hacer el vídeo con un avatar si lo prefieres.

ESTRATEGIA Frei sprechen ohne Angst
Vielen Menschen fällt es nicht leicht, frei zu sprechen. Falls es dir so geht, findest du auf S. 168 einige Punkte, die dir helfen können.

⊢o⊣ C   Esto es lo que deseo

Cuéntame un cuento

hablar ⚇ **1** En parejas imaginad una historia donde aparecen las siguientes palabras.

el príncipe (*der Prinz*)	el rey (*der König*)	la princesa	la reina (*die Königin*)
enamorarse	infeliz	casarse con alguien (*jdn heiraten*)	la pistola
el amor de su vida	rechazar (*zurückweisen*)	la fortuna	matar (*töten*)

leer **2** Lee el siguiente texto y di si es como esperabas. Explica las diferencias más importantes con vuestras ideas del ejercicio 1.

Se busca una princesa

Se busca una princesa es una obra de teatro corta del escritor cubano Hebert Poll Gutiérrez (*1977).

Escena 1

La escena representa un castillo. Vemos un trono situado en el centro, las banderas que promocionan el nombre del reino: Reino Puntos Suspensivos. A la
5 *derecha del escenario se halla una figura de tamaño medio cubierta con una tela. Una música House o Disco estremece el espacio escénico.*

Locutor (*A fondo de Música*): Si no tienes novio y eres infeliz, no lo pienses más y cásate con
10 el príncipe azul. Para mayor información llamar al teléfono: 0000 o escribir a la siguiente dirección electrónica: mevoyacasarobligado@ peroteharémillonaria.dollar Y...

Escena 2

15 *Una conga santiaguera estremece el lugar. Otro personaje sale del televisor bailando, cantando.*

 Príncipe Azul (*Bailando y cantando*): ¡Se acabaron las princesas, qué felicidad!

Un relámpago estremece el lugar. Sale otro
20 *personaje del televisor. [...] El Rey Verde se sienta en el trono. [...]*

Príncipe Azul (*Bailando y cantando*): ¡Se acabaron las princesas, qué felicidad!
Rey Verde (*Grita*): ¡Yaaa! Silencio.

Rey Verde: ¡Hasta cuándo! ¡Tú tienes que casarte! 25
Príncipe Azul: Pero...
Rey Verde: Pero nada.
Príncipe Azul: ¡Eso mismo padre! Nada. Divertirme, pasear por el mundo, es lo que deseo.
Rey Verde: ¡Vamos! Gasté una fortuna buscando 30 la princesa de nuestros sueños.
Príncipe Azul: ¡No! Gastaste una fortuna buscando la princesa de tus sueños.
Rey Verde: Mis sueños son los tuyos.

2 el castillo – das Schloss; **4 el reino** – das Königreich; **5 hallarse** – sich befinden; **7 estremecer** – erschüttern; **10 el príncipe azul** – der Märchenprinz (*wörtlich*: der blaue Prinz); **15 la conga santiaguera** – *kubanische Tanzmusik*; **16 el personaje** – die Person, die Figur; **18 acabarse** – terminar; no haber más; **19 el relámpago** – der Blitz; **20 sentarse (-ie-)** – sich setzen; **30 gastar** – ausgeben

Príncipe Azul: Entonces no los quiero, no quiero ser como tú.

Rey Verde: ¡No trates de confundirme! ¡Tú me entendiste! (*Pausa breve*) Esta semana el reino ha sido visitado por las mejores princesas de todos los tiempos, de todos los cuentos y tú... (*Imita al príncipe*) ¡Quiero divertirme, pasear por el mundo! (*Pausa y transición*) ¡Dime! ¿Por qué rechazaste a Blancanieves?

Príncipe Azul: Quien se casa con Blancanieves también se casa con los siete enanos. (*Pausa*)

Cenicienta es [...] una adicta a la limpieza. [...] Caperucita Roja está enamorada del Lobo Feroz. La Bella Durmiente conjuga demasiado el verbo dormir. [...]

Rey Verde: ¿Fiona? 50

Príncipe Azul: ¿Casarme con una ogra? ¡No seas extremista! Además padre, ya yo tengo mi princesa.

Rey Verde: ¿Quién es? ¿De qué familia? [...] Quiero conocerla! 55

Príncipe Azul toma el micrófono Real.

Príncipe Azul: Mi amor, ya escuchaste. Mi padre quiere conocerte.

SILENCIO

60 **Príncipe Azul**: Mi amor, ya escuchaste. Mi padre quiere conocerte.

Iluminación de la figura situada a la derecha del escenario. El Príncipe Azul se acerca hacia ella, la destapa y observamos un maniquí masculino con 65 *ropa interior femenina. Silencio. El rey permanece en silencio [...].*

Personaje 1: Por eso rechazó a mi hija.
Personaje 2: Yo siempre lo supe.
Personaje 3: ¡Córtenles las cabezas!
70 **Personaje 4:** ¡Ignorantes! Los hombres también pueden jugar al amor.

El rey saca una pistola.

Rey Verde (*Enojado*): ¡Tú no eres mi hijo, no eres mi hijooo!

[...] El rey se acerca, [...] va a disparar, va a disparar y... escuchamos trompetas. 75

Heraldo en Off: Señoras y Señores. Ladies and Gentleman. Con ustedes, aquí, ahora, el verdadero jefe de esta comarca.

Escena 3 80

Aparece la Reina Amarilla. Todos hacen una reverencia. La recién llegada camina lentamente hacia el Rey, lo besa en las mejillas y le quita la pistola no sin antes decirle, con su voz de miel:

Reina Amarilla: ¡Cálmate! ¿No ves que nuestro hijo es feliz? 85

Príncipe Azul y su novio se ponen en pie y se besan. Mientras se besan escuchamos fragmentos de una canción de José José que dice: Soy así, así nací y así me moriré.(Se repite varias veces) 90

© Hebert Poll Gutiérrez, 2016

37 confundir – verwirren; **46 la limpieza** – die Sauberkeit; **62 la iluminación** – die Beleuchtung; **64 destapar** – aufdecken; **64 el maniquí** – das Mannequin, das Model; **65 la ropa interior** – die Unterwäsche; **65 permanecer** – quedarse; **69 cortar** – (ab-)schneiden; **69 la cabeza** – der Kopf; **72 sacar** – herausholen; **73 enojado,-a** – enfadado,-a; **75 disparar** – schießen; **79 la comarca** – la región; **83 la mejilla** – die Wange; **85 la miel** – der Honig

leer **3** **Los personajes de la obra de teatro tienen diferentes sueños.**

Escribe en la siguiente tabla lo que quieren.

el príncipe	el rey	la reina
▪	▪	▪

4 Con ayuda de las ilustraciones di qué significan las siguientes palabras.

> el trono (l. 2) – la bandera (l. 3) – los puntos suspensivos (l. 4) – cubrir/cubierto, -a (l. 6) –
> la tela (l. 6) – Blancanieves (l. 43) – el enano (l. 45) – Cenicienta (l. 46) – Caperucita Roja (l. 47) –
> el Lobo Feroz (l. 47) – la Bella Durmiente (l. 48) – el ogro / la ogra (l. 51)

5 Además de las ilustraciones, hay otras estrategias para entender palabras que todavía
no has aprendido. Piensa cuáles son y busca en el texto las palabras que puedes entender
con ayuda de estas estrategias.

*Entiendo la palabra "escena" porque es parecida al alemán/inglés y porque sé
que las diferentes partes de una obra de teatro se llaman escenas.*

leer **6** Explica con tus propias palabras qué significan las siguientes frases y expresiones.

a) Se acabaron las princesas. (l. 18)
b) ya yo tengo mi princesa. (l. 52)
c) ¡Ignorantes! Los hombres también pueden jugar al amor. (l. 70)
d) ¡Tú no eres mi hijo! (l. 73)
e) el verdadero jefe de esta comarca (l. 78)
f) con su voz de miel (l. 84)

Soy así

hablar **7** **El texto refleja algunas reacciones despectivas (*abfällig*) sobre las personas
que llevan una vida diferente.**

Buscad estas reacciones y discutid en clase cuál es la opinión del autor
sobre el tema. Justificad vuestra respuesta.

8 Busca en Internet información sobre la situación de personas de la
comunidad LGBTI+ en España o los países de Latinoamérica.

escribir **9** **La reina ha convencido al rey de no matar al príncipe. Sin embargo, este no acepta a la "princesa" de su hijo.**

Elije uno de los siguientes ejercicios: → ● S. 163

a) El príncipe le escribe una carta a su padre donde le habla de sus sentimientos y le explica lo que va a hacer si su padre no acepta a su novio.

b) El príncipe ha escrito en sus redes sociales cómo se siente. Escríbele un mensaje y dale consejos.

La entonación

10 Busca las siguientes frases en el texto y relaciónalas con el emoticono correspondiente.

A ¡Tú no eres mi hijo, no eres mi hijooo!	**B** ¡Dime! ¿Por qué rechazaste a Blancanieves?	**C** Además padre, ya yo tengo mi princesa.

D ¿Quién es? ¿De qué familia?	**E** Entonces no los quiero, no quiero ser como tú.	**F** ¡Se acabaron las princesas!

1  **2**  **3**  **4**  **5**  **6**

11 **En el teatro es muy importante la entonación de las frases, ya que con ella se pueden expresar sentimientos.**

Jugad en parejas. Una persona elige una frase y un emoticono. La otra persona tiene que leer la frase con el sentimiento que muestra el emoticono.

a) ¡Cásate conmigo!
b) No soy tu príncipe azul.
c) ¡Silencio! Tengo que contaros algo.
d) Esto cuesta una fortuna.
e) No me entiendes.
f) Estoy enamorado,-a de ti.
g) ¿Cuál es tu cuento favorito?
h) Me dio un beso y se fue.

1  **2**  **3**

4  **5**  **6**

MINITAREA **Un vídeo teatral**

 12 Formad grupos en clase. Cada grupo elige una de las escenas del texo "Se buscan princesas". Haced un vídeo corto (máximo 3 minutos) para las redes sociales donde representáis la escena. Pensad en los gestos, la mímica y la entonación. Presentad vuestros vídeos en clase y elegid el que más os guste.

Llegamos a la meta

Du kannst jetzt schon:	Bilde Sätze:
1. sagen, wie lange du etwas machst oder gemacht hast.	Llevo toda la mañana…
	Me he quedado…
2. sagen, dass du etwas wieder machst.	He vuelto a…
3. sagen, dass du etwas nicht mehr machst.	He dejado de…
4. sagen, was du werden möchtest.	Seré… y trabajaré en…

TAREA FINAL Nuestra revista

13 **Para vuestra clase de intercambio vais a hacer una revista digital sobre los jóvenes en Alemania.**

1. Preparación
Formad grupos de tres o cuatro personas. Pensad qué aspectos queréis mostrar sobre los jóvenes: las actividades de tiempo libre, las redes sociales, el trabajo, la emigración, el futuro…

2. Elaboración
− Buscad la información y el material necesario (infografías, vídeos, fotos, memes, entrevistas, audios…). Hay información en la unidad que podéis utilizar. También podéis elaborar vosotros el material o hacer dibujos.
− Repartid el trabajo entre las personas del grupo. Cada persona se encarga de trabajar una parte de la revista.
− Una vez terminada la revista, pensad cómo la podéis presentar.
− Recordad que tenéis que presentarla de forma interesante.

3. Presentación
− Preparad un lugar para presentar las revistas.
− Dejad tiempo suficiente para que vuestras compañeras y vuestros compañeros vean todas las páginas de vuestras revistas.
D 13
− Preparad un papel donde vuestras compañeras y vuestros compañeros puedan escribir preguntas o comentarios sobre vuestra revista durante la presentación. Podéis usar también el documento D 13.

4. Evaluación
− Hablad en clase sobre los comentarios.
− Al final, la clase tiene que decir qué revista le parece más interesante.

> **ESTRATEGIA Ein digitales Buch gestalten**
> Eure Zeitschrift könnt ihr mithilfe einer App als ein kleines digitales Buch erstellen und gestalten. Bei manchen Apps kann man verschiedene separat erstellte Materialien zusammenfügen, sodass jede Person zuerst ihren Teil vorbereiten kann.

Planes y sueños

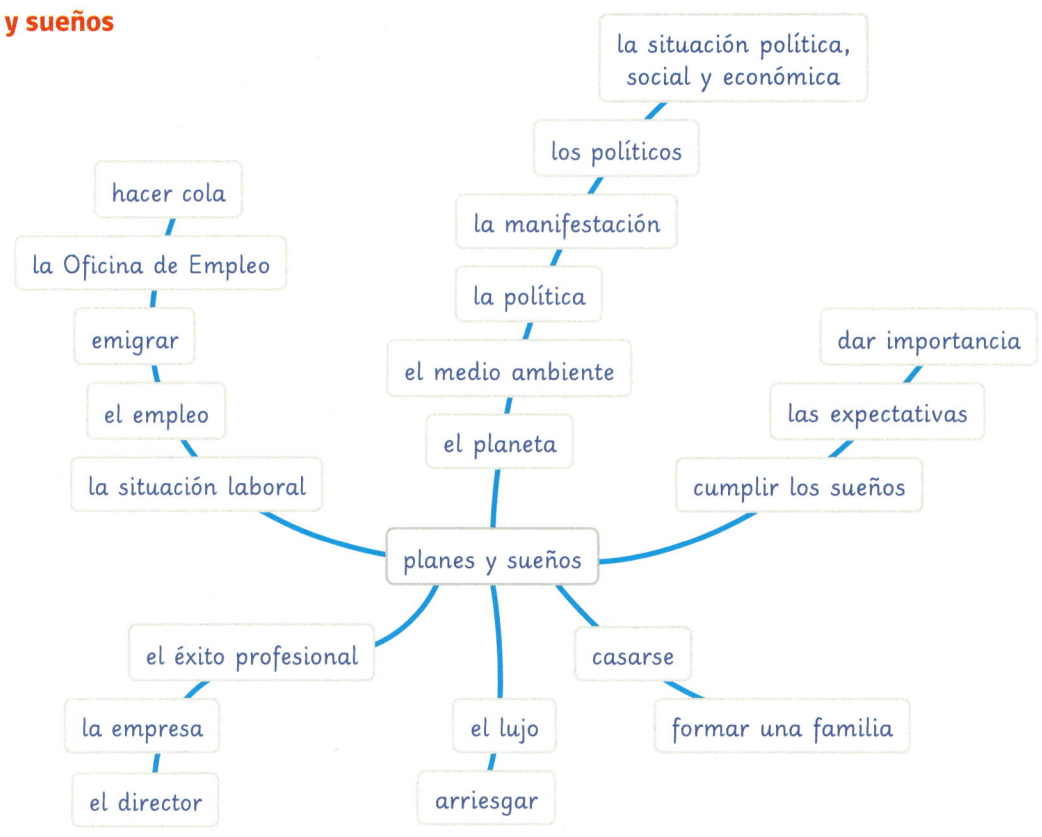

Wenn dir die Wörter aus der Lektion nicht ausreichen ☺ – hier sind noch mehr!

el derecho	das Recht	**el/la emigrante**	der Auswanderer / die Auswanderin
el apoyo	die Unterstützung	**gastar**	ausgeben
el capital	das Kapital	**el beneficio**	der Ertrag, der Gewinn
el crédito	der Kredit	**ahorrar**	sparen
el impuesto	die Steuer	**los ahorros**	die Ersparnisse
las deudas	die Schulden	**la expectación**	die Erwartung
la frustración	der Frust	**el conflicto**	der Konflikt
la desilusión	die Enttäuschung	**la polémica**	die Auseinandersetzung, der Streit

`eP` **Tu grupo de amigas y amigos**

escribir **Un amigo no quiere estudiar español.**

Con ayuda de todo lo que has aprendido en este libro, escribe un correo a tu amigo para motivarlo a aprender español. Explícale por qué es importante aprender otros idiomas, en este caso el español.

§31 Construcciones con infinitivo

He **dejado de** ir a clases de guitarra hace
un mes y **he vuelto a** jugar al fútbol.
Acabo de leer un mensaje de mi novio.
Tengo que hacer muchos deberes para mañana.

¡Otra vez los vecinos
vuelven a hacer una fiesta!

§32 Construcciones con gerundio

Carmen no quiso volver a España.
Sigue viviendo en Alemania.
He pasado todo el día **viendo** la televisión.
Llevo cinco años **viviendo** en Madrid.
Me quedé viviendo en México porque encontré un trabajo.
Voy conociendo poco a poco la cultura del país.

¡Uy! ¿Qué te pasa?
¡Pareces cansada!

Es que **llevo** una semana
durmiendo solamente
cuatro horas.

§33 El futuro simple – las formas regulares

trabajar	conocer	abrir
trabajar**é**	conocer**é**	abrir**é**
trabajar**ás**	conocer**ás**	abrir**ás**
trabajar**á**	conocer**á**	abrir**á**
trabajar**emos**	conocer**emos**	abrir**emos**
trabajar**éis**	conocer**éis**	abrir**éis**
trabajar**án**	conocer**án**	abrir**án**

las formas irregulares

decir	→	di**r**é, di**r**ás…
hacer	→	ha**r**é, ha**r**ás…
poder	→	po**d**ré, po**d**rás…
poner	→	pon**d**ré, pon**d**rás…
querer	→	quer**r**é, quer**r**ás…
saber	→	sa**b**ré, sa**b**rás…
salir	→	sal**d**ré, sal**d**rás…
tener	→	ten**d**ré, ten**d**rás…
venir	→	ven**d**ré, ven**d**rás…
haber (hay)	→	ha**b**rá…

Algo me dice que este fin
de semana **será** fantástico,
que **saldremos** y nos
divertiremos un montón.

El lunes **haremos**
el examen de
Matemáticas.

Pues a mí algo me dice
que nos **quedaremos** en
casa y que **tendremos**
que estudiar.

1 **Lucía emigró de España a Alemania. Una revista le hace una entrevista.**

Completa la entrevista con las palabras de las casillas.

| malentendido | probable | origen | laboral | emigrar | hijos | comunicarse | cultura | el paro |

Entrevistadora: Lucía, ¿desde cuándo vives en Alemania?
Lucía: Llegué hace cinco años.
Entrevistadora: Y ¿por qué decidiste ■ a Alemania?
Lucía: Pues vine por el trabajo. No tenía muchas ganas de dejar mi país de ■, pero en aquella época, había mucho ■ en España y sobre todo los jóvenes no teníamos trabajo.
Entrevistadora: Y ¿no fue difícil empezar desde cero en otro país?
Lucía: Al principio sí. Trabajaba todo el día en la oficina y por la tarde iba a clase de alemán.
Entrevistadora: ¡Qué estrés!
Lucía: Claro, pero si quieres vivir en otro país, hay que aprender el idioma y conocer su ■.
Entrevistadora: Y ¿no es muy difícil ■ en alemán todo el día?
Lucía: Bueno, ahora es más fácil, pero al principio tuve muchos ■.
Entrevistadora: Y ¿te vas a quedar en Alemania para siempre?
Lucía: Sí, es muy ■. Al principio quería volver a España, pero ahora estoy contenta. Mi situación ■ es muy buena. Además, mi pareja y yo queremos comprar un piso.
Entrevistadora: Y ¿queréis tener ■?
Lucía: Sí, pero en un futuro.
Entrevistadora: ¡Qué bien! Muchas gracias, Lucía.

§ 31, 32   **2** **Toni es un joven que vive y trabaja en Madrid.**

Completa la historia de Toni con los verbos de las casillas en **infinitivo** o **gerundio**.

| trabajar 2x | vivir | hacer | estudiar | dejar | aprender | viajar |

Toni vivía en Segovia pero, cuando tenía 20 años, se mudó a Madrid y empezó a ■ en una empresa muy grande.

Cuando tenía 26 años, seguía ■ en Madrid y ■ en la misma empresa, pero solía tener mucho tiempo libre.

Por eso decidió estudiar francés. Cuando estaba ■ el curso de francés, conoció a Birgit, una chica alemana muy guapa.

Entonces, Toni dejó de ■ francés y empezó a ■ alemán para poder hablar con ella e invitarla a salir.

Actualmente, acaba de ■ su trabajo y próximamente va a ■ a Alemania para conocer a la familia de Birgit.

escuchar
A 54 ◁)) **3** **El programa de radio Modahoy ha hecho una entrevista a Matías, un joven emprendedor.**

Escucha la entrevista y después contesta las preguntas.

a) ¿Qué piensa Matías del mundo de la moda?
b) ¿Por qué decidió Matías dejar los estudios?
c) ¿En qué trabaja Matías?
d) ¿Ha dejado Matías de estudiar para siempre?
e) ¿Por qué le gusta tanto su trabajo?
f) ¿Qué planes tiene Matías para el futuro?

§ 33 **4** Une las preguntas con su respuesta correspondiente.

a) ¿Cuándo vendrás a verme?
b) ¿Me compraréis el reloj?
c) ¿Vendrá Luisa a la manifestación?
d) ¿Qué escribirán Luisa y Dani en las pancartas?
e) ¿Tendré éxito en el futuro?
f) ¿Sobre qué tema escribirás el artículo?
g) ¿Nos darán los políticos una ayuda?
h) ¿Sabes ya qué serás de mayor?

1. Sí, pero llegará un poco más tarde.
2. Escribirán una frase en inglés.
3. Sí, seré *influencer*.
4. Explicaré la situación de los jóvenes.
5. Intentaré visitarte en abril.
6. Sí, recibiremos trescientos euros.
7. Sí, te lo regalaremos para tu cumpleaños.
8. ¡Claro! Pero tendrás que trabajar mucho.

§ 33 **5** **Dos jóvenes explican cuáles son sus expectativas de futuro.**

Escribe cómo será la vida de los dos jóvenes.

Carlos
– tener casa grande con jardín
– ser padre de muchos hijos
– mujer de Carlos ser jefa en una empresa de ingenieros
– mujer de Carlos ganar mucho dinero
– Carlos preferir quedarse en casa
– Carlos cuidar a sus hijos

Luna
– estudiar en EE. UU.
– hacer un viaje de trabajo cada semana
– saber hablar muchos idiomas
– sus padres ir cada tres meses a visitarla
– querer ir a España a visitar a su familia y amigos en verano
– ir a fiestas todos los fines de semana

D 14 🗎
Lösungen

Caja de sorpresas 2

1 ¿Qué vas a ser?

rascarse el ombligo – sich am Nabel kratzen; **la orientación vocacional** – die berufliche Orientierung

2 Una experiencia inolvidable

Mi segunda familia

Izar hace un voluntariado (*sozialer Freiwilligendienst*) en un proyecto en la ciudad donde vive.

Empecé el 14 de diciembre de 2016 en este proyecto, IKASKIDE de Fundación Itaka-Escolapios de Pamplona / Iruña. Acudía solo un día a la semana. Los días pasaban, las semanas pasaban y cada vez me gustaba más este proyecto. Hasta que decidí ir el tope de días que se puede ir. De lunes a viernes.

Tengo grandes compañeros y compañeras que me han enseñado todo lo que sé a día de hoy de este proyecto y, además, me llena de orgullo decir que ahora estoy en el equipo de responsables donde preparamos las actividades, juegos... que hacemos cada semana.

Me encanta ayudar a los niños y niñas de 1.º a 6.º de primaria que necesitan apoyo escolar. Me gusta ver que disfrutan con las actividades que preparamos y, sobre todo, que vienen cada día con muchas ganas de participar y de aprender.

Para mí es mi segunda gran familia.

Izar Langa Cornago: "Mi gran familia". www.hacesfalta.org, un proyecto de la fundación Hazloposible

3 acudir – *aquí:* ir (para ayudar); **6 el tope** – das Maximum; **10 llenar de orgullo** – stolz machen

Soy una privilegiada

La chica que escribió este texto trabajó algunos meses en Pukará, en la provincia de Azuay en el sur de Ecuador.

Mujer indígena que da clases a niños. La educación es un factor importante en la lucha contra la pobreza y para la igualdad de género.

Entre julio y diciembre de 2018 viví una experiencia de voluntariado en terreno gracias al programa de Cooperación de la Comunidad de Madrid, la Universidad de Alcalá de Henares y la Universidad Carlos III,
5 en el que participa Ayuda en Acción. Durante los seis meses que duró mi voluntariado, trabajé mano a mano con un equipo local de seis personas y con las familias con y para las que trabaja Ayuda en Acción.
10 Pukará está formada por 54 comunidades rurales de la sierra. Hay diferentes proyectos en los que Ayuda en Acción trabaja en la zona con distintos objetivos: luchar contra la desnutrición infantil, desarrollar
15 economías locales o lograr avances en cuanto a la igualdad de género. Durante el tiempo que compartí con toda esta gente, pude conocer de cerca el trabajo
20 que se realiza en la zona. Los técnicos de Ayuda en Acción dedican al menos tres horas diarias a conducir por caminos para llegar a comunidades a las que solo unos pocos llegan. En cada lugar, las familias les reciben
25 con efusividad, porque en los talleres e intervenciones ven una salida a su rutina,

y una oportunidad para seguir mejorando sus condiciones de vida. Me contaron que algunas personas al principio les miraban con recelo, pero poco a poco van 30 interesándose por las propuestas del equipo: van sintiéndose cada vez más capaces de introducir mejoras en su comunidad que beneficien a todos.
En mi caso, mi trabajo durante estos meses 35 ha consistido en realizar un diagnóstico productivo y comercial de cuatro cadenas de productos locales que antes habían sido identificadas por la población y el equipo local. Por fin después de cuatro años de 40 teoría en la facultad de Economía, podía ponerme manos a la obra y conocer de primera mano el impacto de la cooperación en el día a día de las personas.
Todo lo que hice se quedó corto comparado 45 con lo que recibí. Es el cliché del cooperante, pero a veces los clichés tienen algo de verdad. Cuando ahora miro a mi alrededor, pienso en lo que he vivido y no puedo dejar de comparar cómo yo disfruto de mis derechos, 50 pese a sus limitaciones, y cómo lo hacen las personas a las que conocí en Ecuador. Sí, soy una privilegiada.

Mujer indígena que vende sus productos en el mercado de Cuenca, la capital de la provincia de Azuay.

"Voluntariado en Ecuador: Todo lo que hice se quedó corto comparado con lo que recibí". © Ayuda en acción 2019.

2 en terreno – *hier:* vor Ort; **15 la desnutrición infantil** – die kindliche Unterernährung; **15 desarrollar** – entwickeln; **16 lograr** – erreichen; **17 la igualdad de género** – die Gleichberechtigung der Geschlechter; **18 compartir** – teilen; **22 conducir** – (Auto) fahren; **25 la efusividad** – die Herzlichkeit; **25 el taller** – der Workshop; **30 el recelo** – das Misstrauen; **32 capaz** – fähig; **34 beneficiar** – nützen; **37 la cadena de productos** – die Produktlinie; **42 ponerse manos a la obra** – sich an die Arbeit machen; **43 el impacto** – die Wirkung; **49 dejar de** – aufhören; **50 el derecho** – das Recht; **51 pese a** – trotz

3 Chove en Santiago

Chove en Santiago
meu doce amor.
Camelia branca do ar
brila entebrecida ó sol.
5 Chove en Santiago
na noite escrura.
Herbas de prata e de soño
cobren a valeira lúa.
Olla a choiva pola rúa,
10 laio de pedra e cristal.
Olla o vento esvaído
soma e cinza do teu mar.
Soma e cinza do teu mar,
Santiago, lonxe do sol;
15 ágoa da mañán anterga;
trema no meu corazón.

Llueve en Santiago
mi dulce amor.
Camelia blanca del aire
brilla entre la niebla al sol.
Llueve en Santiago
en la noche oscura.
Hierbas de plata y de sueño
cubren la luna vacía.
Mira la lluvia en la calle,
queja de piedra y cristal.
Mira el viento sin fuerza
sombra y ceniza de tu mar.
Sombra y ceniza de tu mar,
Santiago, lejos del sol,
agua de la mañana antigua;
tiembla en mi corazón.

Federico García Lorca
(1898–1936)

Fue un poeta y autor de teatro. Es uno de los poetas más conocidos de la literatura española. Lorca nació en Andalucía. Su obra está escrito en castellano, pero escribió seis pequeños poemas en gallego después de visitar Galicia donde quedó impresionado con su paisaje y su cultura.

4 brillar – strahlen; **7 la hierba** – das Gras; **8 cubrir** – bedecken; **8 la luna** – der Mond; **8 vacío,-a** – leer; **10 la piedra** – der Stein; **10 el cristal** – das Glas; **12 la sombra** – der Schatten; **12 la ceniza** – die Asche; **16 temblar** – zittern; **16 el corazón** – das Herz

Federico García Lorca (1898–1936), Madrigal á cidade de Santiago (1932)

4 Un país en fiestas

V 14

5 ¿De dónde vienen los peregrinos?

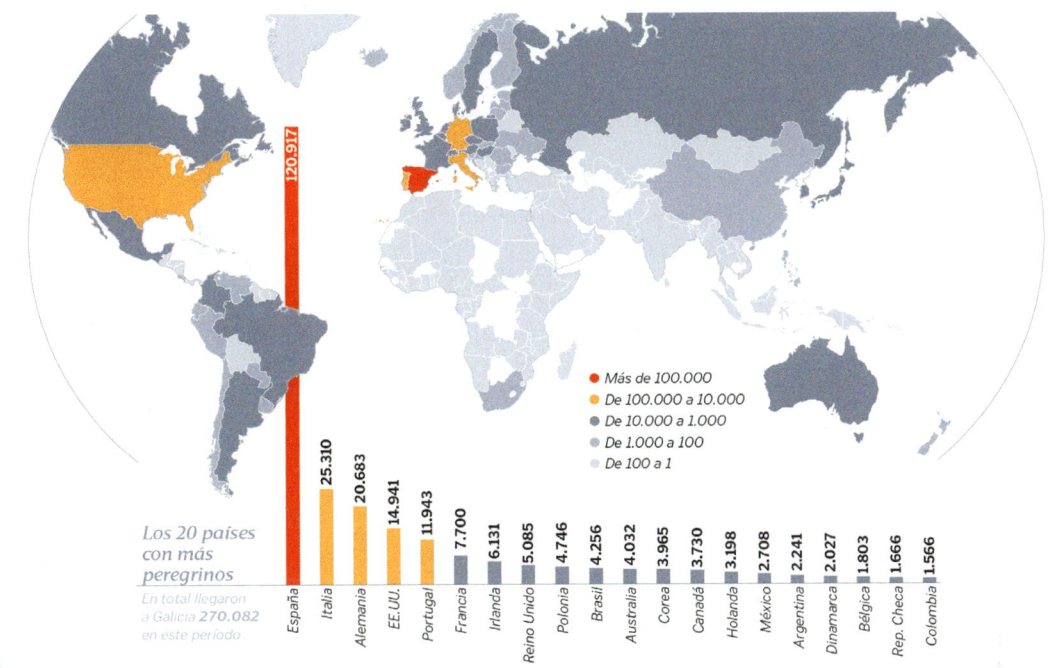

Los 20 países con más peregrinos

En total llegaron a Galicia **270.082** en este periodo

- ● Más de 100.000
- ● De 100.000 a 10.000
- ● De 10.000 a 1.000
- ● De 1.000 a 100
- ● De 100 a 1

España 120.917 · Italia 25.310 · Alemania 20.683 · EE.UU. 14.941 · Portugal 11.943 · Francia 7.700 · Irlanda 6.131 · Reino Unido 5.085 · Polonia 4.746 · Brasil 4.256 · Australia 4.032 · Corea 3.965 · Canadá 3.730 · Holanda 3.198 · México 2.708 · Argentina 2.241 · Dinamarca 2.027 · Bélgica 1.803 · Rep. Checa 1.666 · Colombia 1.566

Fuente: La voz de Galicia

6 La leyenda de las cataratas del Iguazú

Cuenta una leyenda guaraní que, hace muchos años, en el río Iguazú vivía una serpiente gigante muy mala que se llamaba Boi. Los indígenas de la zona estaban hartos de la serpiente porque los
5 amenazaba con sus maldiciones. Así que, un día, Boi les propuso algo para dejarlos tranquilos: cada año los indígenas tenían que arrojar al río a una chica joven y bonita. Para hacerlo, se organizaba una gran ceremonia, a la que
10 se invitaba a todas las tribus guaraníes. Un año, una de las tribus tenía un nuevo jefe, un joven cacique que se llamaba Tarobá. Cuando este conoció a Naipí, la chica que los responsables habían elegido para el sacrifico,
15 se enamoró de ella. Intentó convencer a los otros caciques de que no sacrificaran a Naipí, pero no lo logró. Entonces Tarobá decidió salvar a la chica de otra manera. La noche antes del sacrificio la llevó a

su canoa y se fue con ella por el río Iguazú. 20 Pero la serpiente Boi se dió cuenta de lo que intentaban hacer. Furiosa, golpeó el río con su enorme cuerpo con tanta fuerza que lo partió en dos. Así nacieron las cataratas donde quedaron atrapados los dos jóvenes. 25 Además, Boi decidió separar a los enamorados para siempre. Por eso, convirtió a Tarobá en un grupo de árboles encima de las cataratas y a Naipí en una de las rocas de las cataratas. Después se escondió para observar a los 30 amantes y evitar su reunión. Sin embargo, los enamorados consiguen unirse gracias al arcoíris que aparece allí 35 los días con mucho sol.

1 **guaraní** (*pl.* **guaraníes**) – indígenas que viven en regiones que hoy son parte de Argentina, Bolivia, Paraguay, Uruguay y Brasil;
5 **la maldición** – die Verwünschung; 7 **arrojar** – echar; 11 **la tribu** – der Stamm; 12 **el/la cacique** – el jefe / la jefa (de una tribu);
22 **golpear** – schlagen; 25 **quedar atrapado,-a** – sich verfangen; 27 **convertir** – verwandeln; 30 **esconderse** – sich verstecken;
33 **el arcoíris** – der Regenbogen

7 Un dulce típico de Argentina: los alfajores

Ingredientes para la masa

250 gramos de margarina
(a temperatura ambiente[1])
150 gramos de azúcar
3 yemas de huevo[2]
200 gramos de harina[3]
300 gramos de maicena[4]
½ bolsita de levadura en polvo[5]
la piel rallada de una naranja[6]

Ingredientes para el relleno

4–5 cucharadas[7]
de coco rallado[8]
dulce de leche[9],
mermelada
o crema de
chocolate

Mezcla[10] bien la margarina con el azúcar.

Añade[11] las yemas de huevo y la piel de naranja rallada. Mezcla otra vez muy bien.

Pon la harina, la maicena y la levadura en polvo y amasa todo con las manos.

Extiende la masa y corta círculos de unos 4 cm.

Cubre una bandeja de horno con papel de horno[12] y pon los círculos encima.

Hornea los alfajores a 180° hasta que estén ligeramente dorados[13]. (Unos 8–10 minutos).

Cuando estén fríos, pon un poco de crema en uno de los círculos y otro círculo encima.

Cubre los bordes de los alfajores con el coco rallado.

Puedes echar, además, un poco de azúcar en polvo[14] encima.Ya está todo listo. ¡A disfrutar!

1 **a temperatura ambiente** – mit Zimmertemperatur; 2 **la yema de huevo** – das Eigelb; 3 **la harina** – das Mehl; 4 **la maicena** – das Maismehl, die Speisestärke; 5 **la levadura en polvo** – das Backpulver; 6 **la piel rallada de una naranja** – abgeriebene Schale einer Orange; 7 **una cucharada** – ein Esslöffel voll; 8 **el coco rallado** – die Kokosraspel; 9 **el dulce de leche** – die Karamellcreme; 10 **mezclar** – mischen; 11 **añadir** – zufügen; 12 **el papel de horno** – das Backpapier; 13 **ligeramente dorado** – leicht gebräunt; 14 **el azúcar en polvo** – der Puderzucker

8 Un sueño imposible

Lorenzo Gómez Aldrich, al que todos sus amigos llaman Lonny, lee en el periódico un anuncio. No puede creer lo que pone allí.

PARADISE CAMPUS ROCK

¿Eres músico? ¿Quieres serlo? ¿Eres bueno pero te falta el aliento de los grandes? ¿Te gustaría tocar con alguno de tus ídolos? Paradise Campus Rock te ofrece la posibilidad. Este verano, en Sussex, Inglaterra, abriremos de nuevo nuestras puertas para que alcances tu sueño.

Del 21 al 27 de julio, podrás conocer a artistas de la talla de Bill Wyman (The Rolling Stones), Slash (Guns N'Roses), Chris Slade (AC/DC), Roger Daltrey (The Who), Glenn Hughes (Deep Purple), Lita Ford (The Runaways) o Angus B. Warhouse, que te enseñarán sus trucos y técnicas, y con quienes convivirás hasta la jam session final, en la que actuarás junto a estas legendarias figuras.

¡Se convertirá en el primer gran concierto de tu vida!

¿A qué esperas? Las plazas son limitadas.
¡Sé el roquero que siempre has soñado!
Y por tan solo siete mil euros (todo incluido).
Más información en www.paradisecampusrock.com.

[...] ¿Angus B. Warhouse daba clases de guitarra en un campus en Inglaterra?
¿Él?
¿ÉL?
[...] Lonny [...] se metió en internet y tecleó la dirección de la web. [...] Pasó diez minutos escudriñando la web. No solo eran siete mil euros. Había que contar el viaje desde Barcelona. Eso lo convertía en casi un imposible. De comienzos de mayo a mediados de julio quedaba un suspiro.
Y encima había que pagar por adelantado, en el momento de la inscripción. [...]
Mierda... ¿Por qué sus padres no se habían hecho ricos, o famosos? [...]
¿Qué hacía para conseguir siete mil euros más un billete de avión en tan poco tiempo? ¿Vender su alma al diablo? ¿Vender un riñón? ¿Robar un banco? ¿Pedir dinero a todos sus colegas, que estaban igual o peor que él?

Pero era su oportunidad...
Su única oportunidad.
Tal vez Angus B. Warhouse nunca más diese señales de vida, como buena leyenda roquera. [...]
Lonny apagó el ordenador y salió de su habitación.
Martín Gómez, su padre, leía un libro en el salón. Stephanie Aldrich, su madre, escribía sus memorias. Llevaba casi un año con ellas. [...]
Se quedó en la puerta.
Su cabeza empezó a dar vueltas.
Muchas vueltas.
Iba a ir al Campus Rock.
No sabía cómo, pero iba a ir.
De pronto era lo único, lo más importante de su vida.
¿Tan complicado era robar un banco?

Paradise Rock @ Jordi Sierra i Fabra 2017, @ Ediciones SM 2017, Madrid, S. 7–10

3 faltar – fehlen; **3 el aliento** – *hier:* der Mut; **8 alcanzar** – conseguir; **19 convertirse en** – werden (zu); **31 escudriñar** – durchsuchen; **32 contar** – zählen, einrechnen; **35 un suspiro** – *aquí:* muy poco tiempo; **42 vender el alma al diablo** – dem Teufel die Seele verkaufen; **42 el riñón** – die Niere; **48 diese señales de vida** – würde ein Lebenszeichen geben; **57 la cabeza** – der Kopf; **57 dar vueltas** – sich drehen

Mis pasos adelante

Nun bist du schon am Ende des zweiten Bandes deines Spanischbuches angekommen.
Herzlichen Glückwunsch! Denn du hast auch diesmal wieder viel gelernt.

Das alles kannst du nämlich jetzt schon mehr oder besser als früher:

über dich und andere sprechen
- persönliche Daten angeben
- Eigenschaften benennen und den Charakter beschreiben
- Gefühle und Stimmungen wiedergeben
- über deine Interessen und Stärken sprechen
- deine Kenntnisse und Fähigkeiten darstellen
- Vergleiche zwischen früher und heute ziehen
- ausdrücken, was im Leben wichtig ist

Meinungen, Wünsche und Urteile äußern
- einer Meinung zustimmen oder sie ablehnen
- etwas entgegnen oder anzweifeln
- erzählen, was du denkst oder vermutest
- ausdrücken, was dir gefällt und was dich stört
- etwas bewerten oder beurteilen
- Vor- und Nachteile gegeneinander abwägen
- Ratschläge erteilen

über Berufswege und -wünsche sprechen
- die schulische Laufbahn schildern
- berufliche Tätigkeiten ausführen und Zukunftspläne formulieren
- über die Lebenssituation und die Zukunftsperspektiven Jugendlicher in Spanien und anderen Ländern Auskunft geben
- dich für einen Ferienjob oder ein Praktikum bewerben
- einen Lebenslauf und ein Bewerbungsschreiben verfassen

um etwas bitten
- Wünsche und Erwartungen äußern
- Informationen erfragen
- Anregungen und Anstöße geben
- wiedergeben, was jemand von dir will
- Anweisungen geben und Befehle erteilen

Länder, Regionen oder Städte beschreiben
- ihre geografische Lage und ihre landschaftlichen Besonderheiten erklären
- Sehenswürdigkeiten und Spezialitäten vorstellen
- Eindrücke von Land oder Region schildern
- über die Bevölkerung und ihre Gewohnheiten und Bräuche sprechen
- von wichtigen Ereignissen aus Geschichte und Gegenwart berichten
- über grundlegende gesellschaftliche und wirtschaftliche Gegebenheiten und Probleme informieren

etwas erzählen
- Wünsche und Erwartungen äußern
- Informationen erfragen
- Anregungen und Anstöße geben
- wiedergeben, was jemand von dir will
- Anweisungen geben und Befehle erteilen

über Medien sprechen
- Fotos, Bilder und Plakate beschreiben
- Videos und Filme besprechen und analysieren
- über die Nutzung digitaler Medien und ihren sicheren Gebrauch sprechen
- Probleme im Zusammenhang mit digitalen Medien darlegen
- Statistiken und Infografiken versprachlichen

Darüber hinaus hast du Texte, Audios, Dialoge und vieles mehr erstellt und in deinem ePortfolio gesammelt. Auch dabei hast du mit Sicherheit Fortschritte gegenüber dem vergangenen Jahr gemacht. Wie viele das sind, kannst du mit folgender Übung feststellen:

D 15

1 Wähle eine Tonaufnahme aus diesem und dem letzten Schuljahr aus. Vergleiche die beiden Produkte mithilfe des Dokuments D 15. Achte z. B. auf
- die Länge des Textes.
- den Satzbau (Länge der Sätze, Nebensatzkonstruktionen, Verbindungswörter usw.).
- den Wortschatz, den du verwendet hast.
- deine Aussprache, Satzmelodie und Sprechgeschwindigkeit.

Statt einer Aufnahme kannst du auch einen etwas längeren schriftlichen Text hernehmen. Verfahre damit, wie oben für die Tonaufnahme beschrieben.

2 Bitte dann eine Mitschülerin oder einen Mitschüler, deine Aufnahmen anzuhören (oder deine Texte zu lesen). Sprecht über die Fortschritte, die du in deinem neuen Produkt siehst. Teilt sie / er deine Einschätzung? Findet sie / er weitere Verbesserungen oder aber auch Themen, an denen du noch arbeiten solltest?

3 Notiere die positiven und auch die negativen Aspekte. Markiere zwei Punkte, an denen du weiterarbeiten willst, um sie zu verbessern. Speichere anschließend das Dokument in deinem ePortfolio.

4 Gib deiner Partnerin oder deinem Partner ebenfalls ein Feedback. Denke daran, dass Kritik konstruktiv und respektvoll sein sollte und nie verletzend sein darf.

5 Sieh dir nun noch die Liste an, die du am Ende des vergangenen Schuljahres in deinem ePortfolio gespeichert hast. Was davon hast du schon erreicht? Was bleibt noch zu tun? Welche anderen Ziele hast du für das kommende Schuljahr?
Überarbeite deine Liste und speichere sie neu ab.

Mehr zum Lernen mit dem ePortfolio erfährst du auf S. 186.

○ Con ayuda

→ **Unidad 1, Seite 15**

leer **2** Pon las siguientes frases en el orden correcto para hacer el resumen.

A Luego, Maite y su padre quieren ir a ver el Museo Marítimo y, más tarde, el estadio de fútbol de San Mamés.

D Al final, por la tarde, quieren ir a Plencia.

B A Maite le encanta el barrio.

E Primero, el padre de Maite enseña su barrio a Maite.

C Después del paseo, Maite y su padre van a comer unos pinchos.

F Delante del Museo Guggenheim ven a mucha gente que hace fotos del Puppy.

→ **Unidad 1, Seite 19**

escuchar **15** Escucha el diálogo y contesta las preguntas.
A 4 ◁»

1. ¿Qué quería enseñar Andrés a Maite?
   a) un barco
   b) una foto
   c) el edificio

2. ¿Cómo era antes el padre de Maite?
   a) No era más delgado, pero era más rubio. Llevaba gafas y el pelo largo.
   b) Era más delgado, más rubio. Llevaba gafas y el pelo corto.
   c) Era más delgado, más rubio. Llevaba gafas y el pelo largo.

3. ¿Qué deporte hacía?
   a) Jugaba al fútbol.
   b) Practicaba remo.
   c) Buceaba.

4. ¿Dónde pasaba los fines de semana?
   a) en Bilbao
   b) en San Sebastián
   c) en Plencia

5. ¿Qué hacía cuando llovía?
   a) Iba a la playa con una chaqueta.
   b) Iba a cenar a casa de un amigo.
   c) Iba al puerto a ver los barcos o a un bar.

6. ¿Por qué se enfadaba la abuela?
   a) Porque no llegaba temprano a cenar.
   b) Porque no llevaba chaqueta.
   c) Porque comía en el cine.

7. ¿Qué hacían en las fiestas?
   a) Bailar, comer y beber algo.
   b) Bailar, ver películas y chatear.
   c) Comer bocadillos, bailar y nadar en la playa.

→ **Unidad 1, Seite 22**

escuchar **9** Escucha a las cuatro personas, di de dónde son y apunta, por lo menos, una palabra clave / idea por persona. Estos lugares e ideas pueden ayudarte.
A 7 ◁»

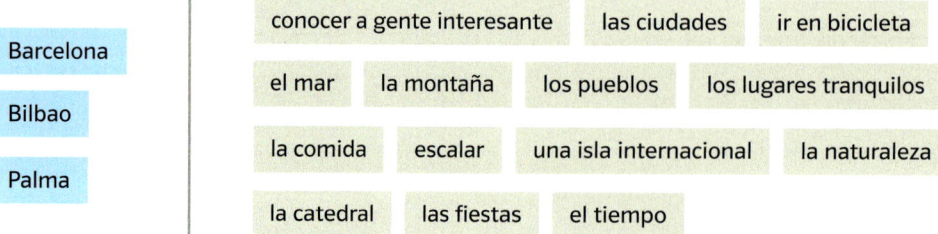

Barcelona

Bilbao

Palma

| conocer a gente interesante | las ciudades | ir en bicicleta |

| el mar | la montaña | los pueblos | los lugares tranquilos |

| la comida | escalar | una isla internacional | la naturaleza |

| la catedral | las fiestas | el tiempo |

→ **Unidad 2, Seite 34**

§ 7–9 **11** El **subjuntivo** se usa para expresar, por ejemplo, lo que nos gusta que hagan otras personas. Forma frases.

Me gusta que…	tú		
Me encanta que…	mi amigo,-a	contar	de mí.
Me alegro de que…	mi novio,-a	poder	venir a la fiesta conmigo.
No me gusta que…	mi madre	ver	quedarse en casa y no salir.
Odio que…	tú y yo	reírse	series juntos,-as.
No soporto que…	vosotros,-as	ir	mentiras.
Me molesta que…	mis amigos	preferir	al cine sin mí.
Estoy harto,-a de que…	…		

→ **Unidad 2, Seite 35**

§ 9 **13** Completa las frases con el **presente de subjuntivo** de los verbos entre paréntesis.

a) Cuando estoy triste, me gusta que mis amigos me (**llamar**) para hacer algo juntos.
b) Cuando quedamos, me encanta que mis amigos me (**contar**) historias divertidas.
c) Me gusta que mis amigos me (**ayudar**) si lo necesito.
d) No soporto que mis amigos me (**decir**) mentiras.
e) Odio que mis amigos me (**dar**) consejos sobre la ropa que me pongo.
f) Estoy harto de que mis amigos (**decidir**) cosas sin preguntarme primero.

→ **Unidad 2, Seite 40**

escuchar **8** **La especialista Lara Fuentes da consejos a algunos jóvenes.**
A 17–20 ◁)))

Escucha el audio y di qué consejo les da. A veces puede haber varias opciones correctas.

1. Eva se siente muy sola porque sus amigos no la llaman.
   La especialista le propone que…

   a) … no los deje colgados otra vez.
   b) … los ayude en todo y hable con ellos.
   c) … confíe en ellos.

2. A Alejandro le gusta mucho un chico de su clase.
   La especialista le recomienda que…

   a) … le cuente algo divertido.
   b) … lo invite a una fiesta.
   c) … le pregunte algo sobre el instituto.

3. Sara no puede dormir. Está nerviosa por los exámenes.
   La especialista le propone que…

   a) … estudie durante el día.
   b) … no vaya al cine con sus amigos por la noche.
   c) … salga con sus amigos y haga deporte.

○ **Con ayuda**

→ **Unidad 3, Seite 50**

hablar
ÅÅ
§ 13

4 Escribe cinco preguntas sobre ti para una persona de la clase.
Usa las ideas de abajo. Pueden ser verdad o no.
Prepara también las respuestas. Después hazle las preguntas
y la persona dice si cree que es verdad o no.

A: ¿Crees que uso las redes sociales?
B: No, tú no usas nunca las redes sociales.
A: Sí, es verdad. No uso nunca las redes sociales. /
   No, no es verdad, (a veces / siempre…) uso las redes sociales.

- ir todos los días a nadar
- ducharse por la mañana con agua fría
- chatear cuatro horas al día con el móvil
- desayunar patatas fritas todos los fines de semana
- jugar a videojuegos toda la noche

- comprar todo en Internet
- hacer los deberes con tus padres
- conocer a mucha gente de Italia
- quitarse los zapatos en clase
- buscar billetes de avión en Internet

→ **Unidad 3, Seite 51**

§ 14

6 Completa las frases con el verbo en **presente de indicativo** o **de subjuntivo**.

a) Creo que ▮ (**ser**) una buena idea, pero no creo que ▮ (**ser**) útil.
b) El director piensa que muchos de los alumnos ▮ (**ser**) adictos al móvil, pero yo no creo que esto ▮ (**ser**) verdad.
c) El director no está seguro de que muchos alumnos ▮ (**aguantar**) el experimento, pero yo estoy seguro de que lo ▮ (**ir**) a hacer bien.
d) El director está seguro de que los alumnos ▮ (**ir**) a hacer trampas, pero no es verdad: nosotros no ▮ (**hacer**) trampas.
e) El director piensa que los alumnos ▮ (**poder**) buscar excusas para utilizar el móvil, pero yo no pienso que las ▮ (**ir**) a buscar.
f) No es verdad que los alumnos ▮ (**quejarse**) todo el día y no ▮ (**poder**) vivir sin una pantalla.

→ **Unidad 3, Seite 54**

14 Alba utiliza en su carta al director diferentes conectores (*Verbindungswörter*) y expresiones
para estructurar sus ideas.

Completa la tabla con los conectores de las casillas. Después traduce las expresiones al alemán.

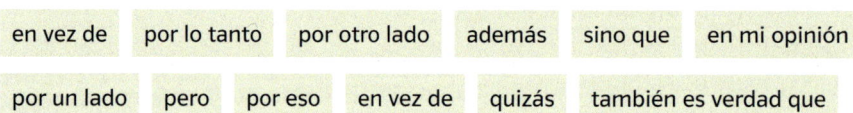

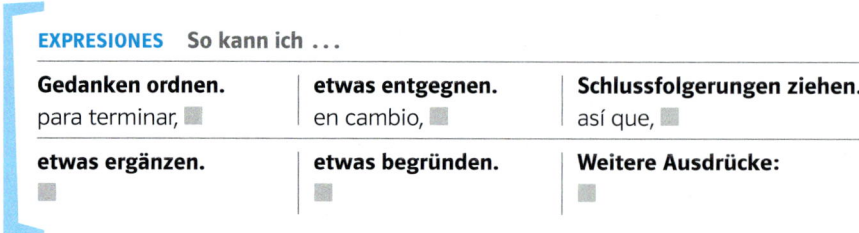

EXPRESIONES So kann ich …		
Gedanken ordnen.	**etwas entgegnen.**	**Schlussfolgerungen ziehen.**
para terminar, ▮	en cambio, ▮	así que, ▮
etwas ergänzen.	**etwas begründen.**	**Weitere Ausdrücke:**
▮	▮	▮

→ Unidad 4, Seite 71

leer **1** Lee los textos y busca los intereses y los puntos fuertes de los cinco jóvenes. Apúntalos en una tabla. Después, compara el resultado con un compañero o una compañera.

- conocer el mundo
- tener paciencia
- trabajar en actividades con niños
- el teatro
- ser sociable y creativa
- ser responsable
- ser abierto
- trabajar en equipo
- los idiomas
- estudiar Informática
- ser ingeniero
- ser abierta y comunicativa
- abrir una tienda
- viajar
- ser su propia jefa
- ser profesor
- trabajar con personas
- trabajar en Alemania
- la música
- ser bilingüe
- trabajar con el ordenador
- ser tranquilo y organizado
- estar con gente
- arreglar todos los aparatos
- hacer una formación profesional
- ir al extranjero

→ Unidad 4, Seite 71

3 Relaciona estas expresiones o palabras con su explicación.

a) Decimos "bilingüe" cuando una persona…
b) Con la expresión "hoy por ti, mañana por mí" queremos decir que…
c) "Tener sueños" significa que…
d) La expresión "estar de mal humor" significa que una persona…
e) Con el verbo "aburrirse" queremos decir que una persona…
f) Decimos "arreglar" cuando…

1. está enfadada y no quiere hablar con nadie.
2. un aparato se rompe y la persona que lo mira sabe por qué ya no funciona y qué tiene que hacer para que funcione otra vez.
3. tienes muchos planes e ideas para el futuro.
4. un día tú ayudas a una persona y, otro día, esta persona (u otra persona) te va a ayudar a ti.
5. habla dos idiomas muy bien.
6. no tiene nada interesante que hacer.

→ Unidad 4, Seite 81

escuchar **10** **Tres jóvenes hablan sobre sus primeras experiencias laborales.**
A 36–38 ◁))
§ 21 Escucha lo que cuentan y, con ayuda de las siguientes ideas e indicaciones temporales (*Zeitangaben*), explica qué les pasó.

Esta semana Miguel ha… El martes tuvo que…
La semana pasada la profesora de Matemáticas de Delia… Esta tarde Delia…
La semana pasada Alfredo… Ayer… Hoy…

dar clases particulares de Matemáticas | comer los bocadillos para el cumpleaños del vecino | llevar el periódico a las casas del barrio por las mañanas

el chico más guapo del instituto | perder el trabajo | ver la tele | llamar al periódico por un trabajo

cuidar al perro de los vecinos | levantarse tarde | no poder hablar

○ **Con ayuda**

→ **Unidad 5, Seite 93**

§ 23 **14** **Hace algunos días escribiste a Yago un correo con algunas preguntas sobre Galicia. Aquí está su respuesta.**

Decide en cada frase cuál de las dos opciones **en negrita** es la correcta.

> Hola:
>
> Te contesto a todas las preguntas que me hiciste en tu correo.
> Lo primero de todo: no tengas miedo. Vas a pasar unos meses **simpáticos/geniales** aquí.
> Mira, en los pueblos pequeños la gente habla **normalmente/genial** gallego, pero en las
> ciudades todos hablan muy **bien/especial** castellano. Así que **rápidamente/seguramente**
> no vas a tener problemas con el idioma.
> ¿Quieres saber qué hago? Pues mira, en verano, voy todos los días a la playa. La playa de
> Bastiagueiro es **especialmente/tranquilamente segura/bonita**.
> En invierno no hay mucha gente en la playa. Cuando no hace **bonito/mal** tiempo, algunas
> personas pasean **tranquilamente/especialmente** por la orilla, pero mis amigos y yo
> hacemos surf. Siempre hago **seguramente/rápidamente** los deberes y me voy a la calle
> con mi amigo Pedro. Es muy **simpático/genial** y siempre nos divertimos mucho porque
> tiene ideas muy **locas/normales**.
> Mi región te va a encantar porque es muy **malo/bonita** y la gente es muy **maja/grande**.
>
> Hasta pronto,
> Yago

→ **Unidad 5, Seite 95**

leer **1** Lee el texto y elige el título correcto para cada una de las entradas del blog.

a) Un regalo muy especial

b) Cosas que hay que saber antes de hacer
el Camino de Santiago

c) Ideas para planes de verano

d) Una gran experiencia, pero no te olvides
de cosas importantes

e) Consejos para el Camino

f) ¡No olvides un calzado cómodo!

g) Un viaje sin problemas

h) Preguntas antes de hacer el Camino
de Santiago

→ **Unidad 6, Seite 108**

leer **6** Di de qué hablan las siguientes frases. Algunos temas pueden tener más de una frase.
Indica también en qué línea del texto está la información.

a) Tiene su origen en los barrios pobres de Buenos Aires.

b) Tuvieron mucha influencia en el español de Argentina.

c) Lo tienen que ver todos a los que les gusta el fútbol.

d) Se parecen a los de algunas ciudades europeas.

e) A los argentinos les encanta este deporte.

f) Sus textos y su música no son alegres.

g) Llegaron a Buenos Aires para buscar un futuro mejor.

h) Todos los amantes del tango conocen todavía hoy
el nombre de ese cantante.

i) Diego Armando Maradona es un mito de este deporte.

j) Antes era un teatro, pero hoy venden libros allí.

k) Los podemos ver en las paredes de algunos barrios de
Buenos Aires.

| un partido de fútbol entre el Boca Juniors y el River Plate |
| el tango | el fútbol |
| muchos edificios y calles de Buenos Aires |
| la librería Ateneo | dibujos |
| los inmigrantes europeos | Carlos Gardel |

→ **Unidad 6, Seite 116**

leer **8** **La autora no dice directamente cómo se sienten los personajes, pero nos lo hace saber en algunas frases.**

Explica los sentimientos de los personajes en estas situaciones y di por qué se sienten así.

a) "Yo grité y corrí a abrazarlo". (Mara, línea 1)

1. Mara está nerviosa porque está sola en casa cuando llega su padre. Ella no sabe quién es y tiene miedo. Cuando lo ve, deja de tener miedo.
2. Mara está muy contenta porque la situación de su familia es muy difícil y ahora su padre le ha dicho que ha encontrado un trabajo.
3. Mara está enfadada porque su padre ha encontrado trabajo, pero en otro lugar y ella no quiere dejar a sus amigos.

b) "… la sonrisa de mi mamá también empezó a desvanecerse". (la madre, línea 7)

1. La madre está preocupada. Primero estaba contenta con la noticia del trabajo, pero no le gusta tener que mudarse a otro lugar y piensa que no va a ser fácil para la familia.
2. La madre de Mara está deprimida porque el padre de Mara ha encontrado trabajo y se va. Ahora ella y los niños se van a quedar solos en Buenos Aires y por eso está triste.
3. La madre de Mara está enfadada. Ella no quiere que el padre de Mara trabaje de médico en la Patagonia. Sabe que la situación de la familia es difícil, pero prefiere la situación de ahora y quedarse en Buenos Aires.

c) "El labio superior de Leo temblaba". (el hermano, línea 26)

1. El hermano de Mara está decepcionado porque seguramente no va a tener Internet en su nueva casa y no va a poder jugar.
2. El hermano de Mara tiene miedo de hacer la siguiente pregunta porque la respuesta de la primera pregunta no le ha gustado nada.
3. El hermano de Mara está muy enfadado. Él piensa que vivir en la Patagonia va a ser muy aburrido, pero los demás están contentos y ni siquiera escuchan lo que él piensa.

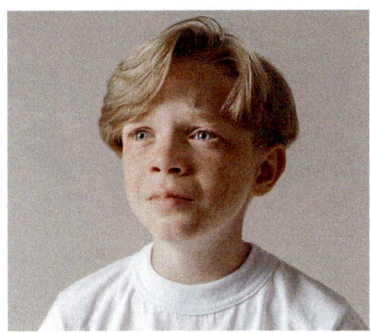

d) "Papá ni siquiera le contestó". (el padre, línea 28)

1. El padre de Mara está enfadado. Él ha llegado a casa con una buena noticia, pero nadie está contento, por eso se calla cuando le hacen preguntas.
2. El padre de Mara está nervioso. Sabe que se tiene que ir a la Patagonia. Su familia le hace muchas preguntas, pero él ahora solo puede pensar en el viaje.
3. El padre de Mara está preocupado. Leo le ha hecho una pregunta, pero él sabe que la respuesta no le va a gustar, por eso prefiere no contestar a la pregunta.

○ Con ayuda

→ **Unidad 7, Seite 128**

§ 32 **9** Lee las frases y di cómo se traducen al alemán.

a) Casi la mitad de los jóvenes **sigue considerando** que sus amigos son muy importantes.
b) Los jóvenes no salen de casa. **Se quedan viendo** series y películas todo el día.
c) Los jóvenes **van entendiendo poco a poco** que la igualdad de género es muy importante.
d) Muchos jóvenes **llevan** años **trabajando** en otros países.

> **GRAMÁTICA**   **Verbkonstruktionen mit** *gerundio*
>
> **seguir + gerundio**   →   *weiterhin etwas tun*
> **llevar + gerundio**   →   *seit einer bestimmten Zeit etwas tun*
> **quedarse + gerundio**   →   *irgendwo bleiben und etwas tun*
> **ir + gerundio**   →   *langsam/allmählich etwas tun*

→ **Unidad 7, Seite 134**

escuchar   **11 Pilar habla con sus padres sobre sus planes de futuro.**
A 53 ◁⟩)

Escucha el diálogo y elige la opción correcta. A veces hay más de una.

a) Pilar tiene ▦ años y quiere ▦.

  1. a) trece   2. a) viajar mucho
     b) catorce   b) acabar el instituto
     c) quince   c) ser actriz

b) Pilar piensa que su tía María es ▦ y cree que ▦.

  1. a) una mujer mala   2. a) tiene una vida interesante
     b) una persona fantástica   b) le gusta a sus profesores
     c) una estrella de cine   c) su vida es muy difícil

c) Según la madre de Pilar, para tener éxito en esta profesión hay que ▦.

  1. a) tener suerte
     b) tener contactos
     c) ser emprendedora

d) Los padres son ▦. Sus estudios fueron difíciles, pero ahora tienen ▦.

  1. a) médicos   2. a) muchos lujos
     b) profesores   b) una vida buena y una familia fantástica
     c) ingenieros   c) muchísimo dinero

→ **Unidad 1, Seite 19**

hablar
14 Hablad en parejas. Imaginad qué hacía la gente en estas situaciones antes sin Internet.

a) quedar con amigos
b) matar el tiempo (*die Zeit totschlagen*) si tenían que esperar a alguien o el autobús
c) buscar información sobre un lugar
d) encontrar un lugar en una ciudad desconocida
e) saber qué película ponían en la televisión o en el cine y cuándo
f) saber qué significa una palabra

→ **Unidad 1, Seite 22**

escuchar
V3 ▷
9 Mira el vídeo "España y sus regiones" en la página 64 y completa una tabla como la siguiente. Después, elige una de las ciudades y busca en Internet más información sobre ella.

Regiones	Datos sobre las regiones	Ciudades importantes
El norte de España: Galicia, ▣	Paisaje verde con montañas, bosques y ríos. ▣	▣

→ **Unidad 1, Seite 25**

escribir
17 Continúa la historia. Escribe qué le cuenta Carlos a su amiga Estel.

→ **Unidad 2, Seite 31**

escribir
4 Dos jóvenes chatean con el móvil.

En parejas, escribid la conversación y usad por lo menos cuatro de los emoticonos de la página 31. Los emoticonos tienen que tener sentido en la conversación.

→ **Unidad 2, Seite 38**

escuchar
5 Busca la canción "Volar" de la página 64 en Internet. Primero escúchala sin mirar el texto. Habla con una compañera o un compañero y describe tus impresiones sobre la canción, la voz, el ritmo, la melodía.

EXPRESIONES   So kann ich über ein Lied sprechen.

La canción me pone triste/contento,-a.	*Das Lied macht mich traurig/fröhlich.*
La voz es aguda/grave/ronca/sonora.	*Die Stimme ist schrill/tief/heiser/klangvoll.*
El ritmo es rápido/lento/animado.	*Der Rhythmus ist schnell/langsam/lebhaft.*
La melodía es simple/pegadiza/suave.	*Die Melodie ist einfach/ein Ohrwurm/zart.*

→ **Unidad 2, Seite 38**

leer
5 Lee el texto de la canción "Volar" en la página 64 de la Caja de sorpresas 1. Explica a tu compañera o compañero qué mensaje nos quiere trasmitir Álvaro Soler. Piensa en qué situación de la vida puede ser una ayuda esta canción.

→ **Unidad 2, Seite 39**

7 **Gaturro está muy preocupado porque él y su amiga Ágatha son muy diferentes.**

Mira el cómic y explica qué quiere cada uno con ayuda de los verbos de las casillas. Después, haz uno de los siguientes ejercicios.

a) Ayuda a Gaturro a escribir una pequeña carta para decir a Ágatha qué le molesta de ella. Puedes usar un diccionario.
b) Haz un cómic para ilustrar cómo tiene que ser un buen amigo.

comprar	invitar a…	ir con ella a…
mandar	hacer	preparar	traer
regalar	dar		

→ **Unidad 3, Seite 49**

6 **Aunque no lo vemos, Internet también es una fuente importante de emisiones.**

Mira la tabla *(die Tabelle)* de la página 65 y calcula cuánto dióxido de carbono (CO_2) produces con actividades digitales cada día. Piensa si esto te parece mucho o poco.

6 Explica en alemán a una compañera o un compañero que no ha leído esta tabla qué has aprendido con él.

6 Lee los consejos de la infografía de la página 65 y explica por qué estas ideas pueden ayudar a ahorrar *(sparen)* energía y CO_2. Después, elige uno de los consejos e intenta seguirlo durante algunos días. Cuenta en clase tus experiencias.

→ **Unidad 3, Seite 53**

9 Mira el cómic y piensa cuál puede ser la respuesta del joven. Si necesitas alguna palabra que no conoces, puedes usar el diccionario. Después, mira el cómic "En la biblioteca" de la página 67 y comprueba tus suposiciones.

→ Unidad 3, Seite 55

leer
D 16

18 Lee el texto "Mi nueva vida en Internet" de la página 66 y haz los ejercicios del documento D 16.

→ Unidad 3, Seite 58

escribir

6 Mira el cómic "Eso no tiene gracia" de la página 67. El cómic está dividido en tres viñetas. Describe qué ves en cada una de las viñetas y di qué tienen en común las tres.

→ Unidad 4, Seite 75

escribir
§ 16–18

18 En parejas, escribid un diálogo al teléfono. Preguntaos qué habéis hecho este fin de semana y quedad esta semana para hacer una actividad juntos. Después presentad el diálogo en clase.

→ Unidad 4, Seite 81

leer
D 17

11 Lee los textos "Mi segunda familia" y "Soy una privilegiada" de las páginas 144 y 145 y explica qué tipo de trabajo han hecho las chicas y qué les pareció. Después haz los ejercicios del documento D 17.

→ Unidad 4, Seite 82

leer
D 18

15 Mira el cómic "¿Qué vas a ser?" de la página 144 y haz los ejercicios del documento D 18.

→ Unidad 5, Seite 88

leer

2 Lee el poema "Chove en Santiago" de Federico García Lorca en la página 146 y escribe un pequeño comentario sobre el poema con ayuda de las siguientes expresiones.

EXPRESIONES **So kann ich ein Gedicht kommentieren.**

El contenido (*Inhalt*)
El poema habla de… / describe… /
cuenta cómo…
El tema del poema es…

La forma
El poema tiene… estrofas/versos.
(No) Tiene rimas (*Reime*).
Los versos son largos/cortos.

La lengua
La lengua me parece…
la lengua de todos los días/elegante/
culta (*gewählt, gelehrt*).
El autor usa…
muchos adjetivos/sustantivos…
metáforas/personificaciones/símbolos
compara… con…

La impresión/interpretación
Las ideas son / me parecen…
interesantes/originales/lógicas/graciosas/divertidas/
fantásticas/aburridas/difíciles…

El "yo lírico" parece…

El poema expresa…
tristeza/alegría (*Freude*)/felicidad (*Glück*)/sorpresa/
preocupación…

Cuando leo el poema, me siento…
Mi primera impresión era…, pero después vi/entendí…

Creo que el poeta se dirige a… / quiere expresar… /
llamar la atención de… (*aufmerksam machen auf*)
porque habla de… / en la línea… dice que…

Para mí, el poema no solo es sobre… sino que significa… /
se refiere a…

→ Unidad 5, Seite 92

escuchar
V 14
D 19

6 Mira el vídeo "Un país en fiestas" de la página 146 y haz los ejercicios del documento D 19.

→ **Unidad 5, Seite 96**

hablar **6** Mira la infografía "¿De dónde vienen los peregrinos?" de la página 147. Interpreta la estadística con ayuda de las siguientes preguntas. Después, presenta los resultados a la clase.

a) ¿De qué país viene la mayoría de los peregrinos que hacen el Camino de Santiago?
b) ¿Cuántos peregrinos vienen de Alemania?
c) ¿De qué continentes vienen los peregrinos?
d) ¿Por qué piensas que la mayoría de los peregrinos vienen de estos continentes?

→ **Unidad 6, Seite 105**

leer **6** Lee la leyenda de las cataratas del Iguazú en la página 147 y ordena los siguientes dibujos cronológicamente. Después, explica a la clase por qué, según la leyenda, existen las cataratas del Iguazú.

→ **Unidad 6, Seite 105**

escribir **6** En todo el mundo existen leyendas para explicar el origen de un lugar, un ritual, una fiesta o una institución. Cuenta una leyenda de tu ciudad, pueblo o región a una amiga argentina.

→ **Unidad 6, Seite 110**

leer **13** Lee la receta de los alfajores, un dulce típico argentino, en la página 148 y haz los ejercicios
D 20 📄 del documento D 20.

→ **Unidad 7, Seite 126**

hablar **3** Mira el cómic de Mafalda y descríbelo.
Después, explica por qué crees que
ella ve el futuro de color negro.
Di a qué problemas sociales y políticos
se puede referir (el mundo del trabajo,
el medioambiente…).

Yo creo que Mafalda
está pensando en…

> **CULTURA   Mafalda**
> Mafalda es el personaje principal de los cómics del
> famoso dibujante argentino Quino.
> Es una chica de seis años de clase social media que se
> preocupa mucho por los problemas sociales y políticos
> de nuestro planeta y sueña con un mundo mejor.

→ **Unidad 7, Seite 128**

D 21 **6** **Casi la mitad de los jóvenes españoles considera que sus amigos son muy importantes.**

Haz el test que encuentras en el documento D 21 para saber si eres un buen amigo.

→ **Unidad 7, Seite 134**

leer **12** Lee el texto "Un sueño imposible" de la página 149 y resúmelo en pocas palabras.

→ **Unidad 7, Seite 134**

escribir **12** Después de leer el texto "Un sueño imposible" de la página 149, haz uno de estos ejercicios:

a) Imagina el diálogo entre Lonny y sus padres.
b) Escribe cómo crees que sigue la historia y cuál es el final.

→ **Unidad 7, Seite 138**

escribir **9** **El autor muestra en su texto elementos de cuentos tradicionales y menciona personajes**
de varios cuentos.

Elige un cuento y escribe una versión moderna.

🯁🯂 **Cara a cara**

→ **Unidad 2, Seite 41**

🯁🯂 **12** **Lucía habla con su novio Pablo.**

§ 12

Completa el diálogo con las formas correctas del **subjuntivo** o el **infinitivo**. Tú haces el papel de Pablo.
Tu compañera o compañero hace el papel de Lucía y trabaja con la página 41.

Lucía: Pablo, odio que te escribas con Sofía.
No puedes hacer eso.
Pablo: Pero, ¿qué dices? No me gusta que (**pensar, tú**) así.
Yo solo quería (**ayudar**).
Lucía: ¿Ayudar? Pues me molesta mucho que os mandéis mensajes
y no soporto que la veas cuando yo no estoy.
Pablo: Es una pena que (**creer, tú**) eso porque no es verdad.
Lucía: ¡Ah! ¿No? No soporto que la gente diga mentiras.
Pablo: Tú sabes muy bien que a mí no me gusta (**decir**) mentiras.
Lucía: Tienes razón. Lo siento, pero no soporto que estés hablando
en los recreos con Sofía.
Pablo: No va a pasar más. Es necesario que (**confiar, tú**) otra vez en mí.
Solo quería (**buscar**) una solución a tu problema. Y como Sofía te conoce muy bien…
Lucía: Está bien, pero entonces es importante para mí que no hagáis más cosas juntos
sin mí.

→ **Unidad 4, Seite 76**

🯁🯂 **22** **Luis quiere ir a estudiar a EE.UU. Su amigo Juan tiene algunas dudas.**

§ 20

En parejas, completad el diálogo con las formas adecuadas de **algún/alguno,-a**,
ningún/ninguno,-a. La persona que hace el papel de Juan trabaja con la página 76.

Juan: ¿Has hablado ya con **algún** profesor o has mandado un correo a **alguna** universidad?
Luis: No, todavía no he mandado 🮐, pero ya he leído 🮐 información en Internet.
🮐 universidades piden que se haga un curso de idiomas antes de ir.
Juan: ¿Un curso de idiomas? ¡Pero tú nunca has hecho **ninguno**! Yo no entiendo por qué
quieres ir a estudiar a EE.UU. si no sabes nada de inglés.
Luis: Pues por eso quiero estudiar allí. En 🮐 lugar aprendes un idioma mejor que en
el país mismo.
Juan: Sí, claro, pero ¿no es mejor que aprendas primero el idioma antes de estudiar
en la Universidad? **Algunas** ONG tienen programas para ayudar y aprender el idioma
al mismo tiempo.
Luis: Sí, yo también lo he pensado ya y he escrito a 🮐, pero hasta ahora no he recibido
🮐 respuesta.

→ **Unidad 5, Seite 97**

ÅÅ **10** Trabajad en parejas. Preguntad a una persona de la clase a quién tenéis que dar las siguientes cosas.
§ 25   Tu compañera o compañero trabaja con la parte **B** de la página 97. Utiliza los verbos de las casillas.

A: Tengo unas gafas. ¿A quién se las doy?
B: Dáselas a Marcos.

dar	dejar	llevar	ofrecer	regalar

Julia   Marcos   Pedro   Daniel

Carlos   Mónica   Sara   Mateo

Luis   Cristina   Blanca   Laura

Estrategias

HABLAR (Sprechen)

Aussprache

Fehler bei der Aussprache können die Verständigung schwierig oder sogar unmöglich machen. Versuche deshalb, deine Aussprache immer weiter zu verbessern, z. B. indem du beim Abspielen der Lektionstexte, Hörtexte und Videos oder bei der Vokabelabfrage auch auf die Aussprache achtest oder indem du spanische Podcasts, Videos oder Lieder im Internet ansiehst und -hörst.

– Versuche, die Aussprache der spanischen Sprecherinnen und Sprecher möglichst genau zu imitieren und das Gehörte auch auf andere Wörter und Texte anzuwenden, von denen keine Aufnahme zur Verfügung steht.

– Achte besonders auf die Buchstaben und Laute, die es im Deutschen nicht gibt oder die im Spanischen anders ausgesprochen werden als im Deutschen, z. B. *ñ, ll, rr, v, eu, ie.*

– Besonders gut ist es natürlich, wenn du mit Menschen aus Spanien und Lateinamerika sprechen kannst. Bitte sie auch, deine Aussprache zu korrigieren, wenn ihnen Fehler auffallen.

MK Übe die Aussprache auch aktiv, z. B. indem du Wörter oder kleine Texte aufnimmst und deine Aussprache mit der von muttersprachlichen Sprecherinnen und Sprechern vergleichst. Dabei kann man auch gut zu zweit arbeiten, denn das, was jemand anderes gemacht hat, kann man meist besser beurteilen als die eigene Arbeit.

Kurzvorträge und Präsentationen halten

Mit der richtigen Vorbereitung und etwas Übung wird es dir immer leichter fallen, im Unterricht kleine Vorträge zu halten, die Ergebnisse einer Gruppenarbeit zu präsentieren o. Ä.

Vorbereitung

– Mache dir klar, was das **Ziel** deines Vortrags oder deiner Präsentation ist: Was soll dein Publikum dabei erfahren?

– Suche dann nach **Informationen**, wenn du ein neues Thema präsentieren sollst, oder gehe in Gedanken eure Gruppenarbeit noch einmal durch.

- Welche Aspekte sind wichtig?
- In welcher Reihenfolge präsentierst du sie am besten?
- Welche Einzelheiten eignen sich zur Veranschaulichung, welche lässt du besser weg?

Denke bei der Auswahl auch daran, dass dir nur eine begrenzte Zeit zur Verfügung steht. Besonders wichtig ist dies bei einer *Charla de un minuto*, bei der du das Wichtige in besonders kurzer Zeit darstellen musst.

– Ordne die Informationen und erstelle eine **Gliederung**.

– Überlege dir auch eine **Einleitung**, in der du dein Publikum begrüßt und ankündigst, worum es in deinem Vortrag geht. Versuche, etwas zu finden, was dir die Aufmerksamkeit sichert, z. B. ein spannendes Foto oder eine provozierende These. Ende mit einem **Schlusssatz**, der das Gesagte zusammenfasst oder in dem du ein persönliches Statement abgibst.

```
Tema: ...

Estructura

Introducción
...

Parte principal
1. ...
   ...
2. ...
   ...
3. ...
   ...

Final
...
```

Anfertigen der Präsentation

- Bereite einen Stichwortzettel vor oder schreibe wichtige **Stichpunkte** auf Karteikarten – am besten für jeden Punkt eine Karte. Nummeriere die Karten in der Reihenfolge, in der du die Inhalte präsentieren wirst.
- Formuliere den **ersten Satz** vollständig aus. Das gibt Sicherheit. Wenn du sehr unsicher bist, kannst du deinen Vortrag zunächst auch schriftlich ausarbeiten. Reduziere ihn dann aber auf wichtige Stichwörter und übe damit. Lies den Vortrag auf keinen Fall ab und lerne ihn auch nicht auswendig.
- Verwende eine **einfache Sprache** und möglichst nur Wörter, die ihr schon gelernt habt. Übernimm auf keinen Fall wörtliche Formulierungen aus deinen Quellen.
- Falls du für dein Thema **neue Vokabeln** brauchst, solltest du sie deinen Mitschülerinnen und Mitschülern in geeigneter Weise erklären, z. B. durch Erklärungen, ein Beispiel oder eine Abbildung.
- Setze zur Veranschaulichung **Medien** ein, die du zur Verfügung hast, z. B. Tafel, Smartboard, Flipchart oder Computer und Beamer. Damit kannst du etwa Bilder und Grafiken zeigen. Beschränke dich aber auf die Nutzung von einem oder höchstens zwei Medien, denn wenn du dauernd hin- und herspringst, wirkt dein Vortrag unruhig und zerfahren.
- Übe deinen Vortrag mithilfe des Stichwortzettels bzw. der Karteikarten, z. B. vor dem Spiegel, oder halte ihn für eine Freundin, deinen Bruder, deine Eltern … Sprich dabei möglichst frei. Stoppe außerdem, wie lange du sprichst, und passe ggf. den Inhalt deines Vortrags an. Dies ist besonders bei Vorträgen mit Zeitvorgabe wie einer *Charla de un minuto* wichtig.

- Du kannst dich beim Üben deines Vortrags auch mit dem Smartphone aufnehmen. So siehst du dich genauso wie später dein Publikum. Achte auf die o. g. Punkte und überprüfe auch, ob du sicher und überzeugend wirkst. Wenn du mit dem Ergebnis nicht zufrieden bist, überlege, wie du deine schwächeren Punkte verbessern kannst. Nimm danach evtl. deinen Vortrag noch einmal auf und schau, was nun besser ist. Nimm dir aber auch nicht zu viel auf einmal vor, sondern verbessere dich bei jedem Vortrag ein bisschen mehr.

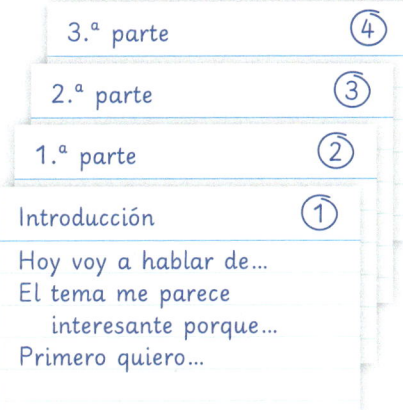

Die Präsentation im Unterricht

- Nimm deine Karteikarten oder einen Stift in die Hand und stelle dich mit beiden Beinen fest auf den Boden. Das beruhigt und gibt **Sicherheit**.
- **Beginne** erst, wenn dein Publikum ruhig ist und zuhört.
- Denke daran, dass es für deine Zuhörerinnen und Zuhörer nicht leicht ist, deinem Vortrag zu folgen. Sprich deshalb **laut und deutlich** und v. a. nicht zu schnell. Achte auf sinnvolle Pausen und unterstütze das Gesagte durch **Mimik und Gestik**.

- Stelle **Blickkontakt** zur Klasse her: Suche dir entweder einzelne Personen aus, die du anschaust (z. B. diejenigen, die dir sympathisch sind oder die interessiert und wohlwollend schauen), oder blicke alle in der Klasse für wenige Sekunden an. So fühlen sich die Zuhörerinnen und Zuhörer angesprochen und bleiben aufmerksam.
- Achte darauf, dass du die benutzten Medien beim Sprechen **nicht verdeckt**.

Estrategias

Frei sprechen ohne Angst

Angst und Stress können zu Denk- und Sprechblockaden führen. Vielen Menschen fällt es daher nicht leicht, vor einer größeren Gruppe zu sprechen. Die folgenden Punkte können dir helfen, deine Angst vor dem Sprechen in den Griff zu kriegen und sie vielleicht sogar ganz zu besiegen.

– Im Gegensatz zur Angst ist Lampenfieber durchaus sinnvoll, denn ähnlich wie beim Sport vor dem Start kann beim Sprechen eine leichte Nervosität helfen und sogar leistungsfördernd sein.

– Gehe bewusst mit deiner Angst um! Über die Angst Bescheid zu wissen und darüber zu sprechen, hilft oft dabei, sie zu verringern. Stelle dir z. B. vor, was schlimmstenfalls passieren kann. Ist das wirklich so ein großes Problem, dass man deswegen Angst haben muss?

– Bereite dich rechtzeitig auf deine Präsentation bzw. deinen Dialog vor, damit du nicht in Panik gerätst.

– Stelle dich schrittweise der Situation, die bei dir Angst auslöst, indem du z. B. zuerst alleine vor dem Spiegel, dann vor der Familie, vor Freunden und vor einer kleinen Gruppe und erst danach vor der Klasse sprichst. Du wirst merken, dass du immer routinierter wirst und sich deine Angst verringert.

– Entspannungsübungen und Bewegung können helfen, Stress zu mindern. Dies gilt sowohl allgemein als auch direkt vor einer Präsentation.

– Beim freien Sprechen bleiben Fehler nicht aus. Das ist jedoch nicht schlimm, denn wir lernen auch aus Fehlern. (Siehe dazu S. 180.)

> **Tipps zur Entspannung**
> – Stehe aufrecht und mache dich groß. Das wirkt sich positiv auf dein Selbstbewusstsein aus und du wirkst souverän.
> – Nutze Atemtechniken zur Entspannung, z. B.: Atme normal ein, dann ganz bewusst langsam aus. Halte dann für einige Sekunden die Luft an. Wiederhole dies mehrfach.

Eine Geschichte oder Anekdote erzählen

Das Erzählen einer Geschichte ist auch eine Art von Kurzvortrag. Alles, was oben über die Gliederung, die Art des Sprechens, Mimik und Gestik, den Kontakt zum Publikum oder das Üben gesagt wurde, gilt daher auch hier. Darüber hinaus sollte eine Geschichte aber vor allem spannend sein. Gehe folgendermaßen vor, wenn du im Spanischunterricht eine Geschichte erzählen sollst:

– Sieh dir genau an, was von dir verlangt wird: Soll eine Geschichte zu einem Foto oder einem Erlebnis erzählt werden? Soll sie wahr sein oder darfst du sie erfinden?

– Sammle zuerst alles, was dir zum Thema einfällt. Wähle dann aus, was wichtig ist und notiere diese Ideen sowie dazu passende Wörter oder Ausdrücke. Dafür kannst du dich an den W-Fragen (siehe S. 177) orientieren. Lege danach die Reihenfolge der Ereignisse fest. Denke daran, dass eine gute Geschichte auf einen Höhepunkt zuläuft oder am Ende eine überraschende Wendung nimmt.

– Überlege dir einen passenden Titel und einen spannenden oder lustigen Einleitungssatz, der deine Zuhörerinnen und Zuhörer neugierig macht.

– Überprüfe noch einmal, ob alles Wichtige gesagt wird, damit man der Geschichte gut folgen kann. Halte dich dann genau an dein Konzept, auch wenn dir beim Erzählen noch weitere Einzelheiten einfallen. Sonst ist die Gefahr groß, dass du abschweifst und sich dein Publikum langweilt.

Ein Gespräch führen

Im Spanischunterricht bekommt ihr immer wieder die Aufgabe, euch über ein bestimmtes Thema zu zweit oder in der Gruppe auszutauschen. Um ein Gespräch lebendig zu halten und keine unnötig langen Pausen entstehen zu lassen, solltest du Folgendes beachten:

– Nutze die Vorbereitungszeit, um dir zu überlegen, was
  dir an dem Thema wichtig ist oder interessant erscheint.
  Notiere entsprechende Ideen und Vokabeln.
– Halte Blickkontakt zum Gesprächspartner / zur
  Gesprächspartnerin. So zeigst du, dass du Interesse an
  dem Gespräch hast.
– Sprich langsam und deutlich.
– Höre aufmerksam zu und frage nach, wenn du etwas
  nicht verstanden hast oder mehr zu einem Punkt
  erfahren möchtest. Beantworte auch Fragen, die an dich
  gerichtet werden.
– Bei einem Gespräch weiß man nicht immer sofort, wie man reagieren
  möchte. Das kann man mit Floskeln überbrücken. Auch Nachfragen oder ein
  Zusammenfassen des Gesagten helfen, das Gespräch wieder in Gang zu bringen.

EXPRESIONES	Füllwörter
Bueno…	A ver…
Pues…	Un momento, no sé
Entonces…	cómo explicarlo
Es que…	
Mira…	…

Eine Rolle darstellen

Eine besondere Form des Gesprächs ist das Rollenspiel, in dem du nicht als du
selbst handelst, sondern eine Rolle übernimmst. Um diese Rolle glaubhaft
darstellen zu können, musst du dir über den Charakter der Figur klar werden.
– Lies nach oder lege fest, wer die Person genau ist. Stelle dir vor, wie sie aussieht
  und sich bewegt, was sie denkt und wie sie spricht, in welcher Stimmung sie ist
  und wie sie sich in der vorgegebenen Situation verhalten würde.
– Eine Rolle spielen ist mehr, als einen Text aufsagen. Überlege daher auch, welche
  Art des Sprechens (laut, leise, ruhig, hektisch, ernst, heiter, wütend …) zu dieser
  Person und ihrem Verhalten passt und ob diese in der ganzen Szene gleich ist
  oder sich entsprechend dem Geschehen verändern muss. Setze auch Gesten und
  Mimik ein, um das Verhalten zu unterstreichen.
– Um die Rolle mit Leben zu füllen, darfst du ruhig
  übertreiben! Denn das Publikum bemerkt nie alles,
  was du sagst und tust. Wenn du meinst, zu stark
  aufzutragen, ist es gerade richtig.
– Sich einer Rolle entsprechend zu kleiden macht Spaß
  und hilft, sich in die Situation einzufühlen. Suche dir
  dafür als Vorbereitung die Kleidung, die zur jeweiligen
  Rolle passt, und verwende evtl. auch passende
  Gegenstände. So braucht z. B. die Personalchefin bei
  einem Vorstellungsgespräch Unterlagen wie Lebenslauf
  und Anschreiben sowie einen Notizblock oder Laptop
  und für beide Rollen solltet ihr formell gekleidet sein
  (z. B. mit Bluse und Blazer oder Hemd und Sakko).

MK Auf Rollenspiele kannst du dich auch mit dem Smartphone vorbereiten. Nimm dazu
die andere Rolle auf und bereite für deine Rolle einen Stichwortzettel vor. Spiele
dann die Aufnahme ab. Halte sie an, wenn du an der Reihe bist und versuche,
deinen Part zunächst mithilfe der Stichwörter und dann ganz frei zu sprechen.
Ähnlich wie bei einem Kurzvortrag (siehe S. 166) kannst du natürlich auch dich
selbst aufnehmen und anhand der Aufnahme überlegen, was du an deiner Rolle
noch verbessern solltest.

Mitfühlen

Die Fähigkeit, sich in die Gefühle einer anderen Person hineinzuversetzen und mit ihr mitzufühlen, bezeichnet man als Empathie. Sie ist der Grund dafür, dass man bei Beerdigungen mitweint, auch wenn man den Toten vielleicht gar nicht so gut kannte, oder dass man sich fremdschämt, wenn einer anderen Person etwas Peinliches passiert.

Empathie hilft beim Verstehen. Denn unser Gehirn reagiert auf Gesehenes und Gehörtes (z. B. bei einem Gespräch oder im Unterricht) sehr schnell und ist sogar dazu in der Lage,

Aussagen vorauszuahnen, bevor es sie zu Ende gehört hat. Beim konzentrierten Zuhören wird z. B. auch bereits vorhandenes sprachliches Wortschatzwissen intuitiv aktiviert und geübt. Höre deshalb im Unterricht oder bei Dialogen oder Rollenspielen genau zu und achte auf Gestik, Mimik und Körperhaltung deines Gegenübers (Lehrer, Gesprächspartnerin). So kannst du die Aussagen und Gefühle besser verstehen, angemessener darauf reagieren und motivierter lernen.

> **EXPRESIONES So kann ich Wörter umschreiben**
> La palabra / La expresión… significa…
> Decimos… cuando una cosa/persona…
> Con la expresión/palabra… queremos decir que algo / que una persona…
> Es lo que hacemos cuando…
> Es una cosa / Un aparato… que usamos para…
> Es como… / Es un tipo de…
> Es el lugar donde…
> Es lo contrario de…

Wörter umschreiben

Wenn dir bei einer Unterhaltung oder einem Vortrag ein spanisches Wort nicht einfällt oder dein Gesprächspartner / deine Gesprächspartnerin ein Wort nicht versteht, musst du es umschreiben, also erklären, was du damit meinst. Die nebenstehenden Redemittel sind beim Umschreiben hilfreich.

ESCUCHAR (Hörverstehen)

Je nach Situation oder Aufgabenstellung unterscheidet man verschiedene Arten des Hörverstehens:

Selektives Hören

Bei dieser Art von Aufgabe musst du nur bestimmte Informationen finden, z. B. eine Telefonnummer, eine Uhrzeit oder einen Namen. Überlege vor dem Hören, anhand welcher Schlüsselwörter du erkennen kannst, wann es um die gesuchte Information geht. Alles andere kannst du ausblenden.

Globales Hören

Dabei kommt es darauf an, die wichtigsten Inhalte zu verstehen: Was passiert? Worum geht es? Wer spricht? Wo? Warum? Die Einzelheiten sind hier nicht wichtig.

Detailliertes Hören

Hier geht es darum, die Hauptinformation sowie möglichst viele Details zu erfassen (z. B. bei einer Nachricht auf dem Anrufbeantworter). Dabei kann man fast nichts ausblenden.

Mache dir beim Hören oder direkt danach Notizen. Dabei gilt:
- Notiere nur Stichpunkte, keine ganzen Sätze.
- Nutze ggf. Abkürzungen und Symbole.
- Lass zwischen den Stichwörtern Platz, damit du beim nächsten Hören Ergänzungen machen kannst.
- Arbeite ggf. mit Tabellen und Rastern.

Eine gute Vorbereitung hilft dir, Höraufgaben leichter zu bewältigen:
– Lies dir immer zuerst die Aufgabenstellung genau durch, um zu wissen, was von
  dir verlangt wird. So kannst du dich genau darauf konzentrieren.
– Sieh dir die Abbildungen an. Sie enthalten oft Hinweise auf den Inhalt des
  Hörtextes.
– Überlege dir anhand dieser Informationen, worum es in dem Text vermutlich
  geht und was du über dieses Thema schon weißt. Notiere deine Vermutungen
  sowie Wörter und Ausdrücke, die dabei vorkommen können.
– Höre auf die Art, wie die Personen sprechen: Sind es männliche oder weibliche
  Stimmen, klingen sie eher jung oder alt? Stellen sie Fragen, machen sie
  Aussagen, äußern sie Warnungen usw.? Um welche Art von Text wird es sich
  daher handeln: Nachrichten, ein Gespräch, ein Streit, ein Telefonat?
– Achte auch auf Nebengeräusche, die dir verraten, wo die Handlung spielt.

Auch wenn v. a. beim detaillierten Hörverstehen fast alles wichtig ist, macht es
nichts, wenn du nicht jedes Wort kennst. Denn zum einen kannst du Wörter oft
auch verstehen, wenn du sie noch nicht gelernt hast (siehe S. 177), zum anderen
versucht unser Gehirn – ähnlich wie z. B. bei einer schlechten Telefon- oder
Internetverbindung – beim Hören eines fremdsprachlichen Textes die
verstandenen Wörter zu sinnvollen Informationen zusammenzusetzen. Lass dich
deshalb nicht entmutigen, wenn du nicht alles gleich verstehst, sondern überlege
nach dem Abspielen, was das Gehörte bedeuten kann. Und wenn möglich, höre dir
den Text noch ein oder zwei Mal an.

 ## ESCUCHAR Y MIRAR (einen Filmausschnitt besprechen)

Das meiste, was oben zum Hörverstehen und seiner Vorbereitung gesagt wurde,
gilt auch für Videoclips, Kurzfilme oder Filmausschnitte. Dazu kommen aber
spezielle filmische Elemente. Lege dir dafür ein Raster oder eine Tabelle an, in der
du die wichtigsten Aspekte festhalten kannst.

personajes	acción	lugar y tiempo	sonido, música, luz, cámara	

Sieh dir das Video konzentriert an. Mache
beim ersten Mal keine Notizen, denn während
du schreibst, verpasst du womöglich
Wichtiges. Fülle die Tabelle direkt danach aus
oder wenn du den Film ein zweites Mal siehst
(falls das möglich ist). Im Anschluss gibst du
wieder, was in der Sequenz passiert, welche
filmischen Mittel eingesetzt werden und wie
sie auf die Zuschauerinnen und Zuschauer
wirken. Wichtige Stilmittel eines Films sind
z. B. Erzähleinheiten, Kameraeinstellungen
oder die Leistung der Schauspielerinnen und
Schauspieler.
Denke bei einer schriftlichen Filmanalyse
auch an eine Einleitung und einen Schluss.
(Siehe dazu S. 175.)

EXPRESIONES   Einen Film analysieren

la toma: die Einstellung (= kleinste filmische Einheit)
la escena: die Szene (= mehrere zusammengehörende Einstellungen)
la secuencia: die Sequenz (= mehrere zusammenhängende Szenen)
el plano cinematográfico: die Kameraeinstellung
el plano general: die Totale
el primer plano: die Nahaufnahme
el plano detalle: die Detailaufnahme
el primerísimo primer plano: die Großaufnahme
el corte: der Schnitt
la transición: der Übergang
el fundido en negro: die Ausblendung

ESCRIBIR (Schreiben)

Planung und Entwurf

Wenn du einen Text verfassen musst, solltest du nicht einfach anfangen zu schreiben, sondern gezielt vorgehen:

- Lies die Aufgabenstellung genau durch, um zu wissen, worüber du schreiben musst, an wen sich dein Text richten soll und welche Textsorte dafür nötig ist.
- Sammle deine Ideen zum Thema auf einem Blatt Papier, auf Karteikarten, in einer Tabelle oder als Mindmap. Karteikarten eignen sich besonders gut, weil du sie leicht neu sortieren kannst.
- Es ist sinnvoll, hier auch schon Wörter und Ausdrücke zu notieren, die dir zum Thema einfallen.
- Bringe deine Gedanken dann in eine sinnvolle Reihenfolge (z.B. logisch oder zeitlich) und erstelle eine Gliederung (Einleitung, Hauptteil, Schluss). So bekommt dein Text eine Struktur. Benutze dazu Konjunktionen oder Adverbien (vgl. die nebenstehenden Beispiele).
- Beginne jeden gedanklichen Abschnitt mit einem neuen Absatz, damit der Text für die Leserinnen und Leser leichter verständlich wird.

EXPRESIONES

Einen Text strukturieren

primero	por eso
después	porque
luego	cuando
entonces	
al final	por un lado…,
además	por otro lado…

Textkorrektur

Mache nach dem Schreiben immer eine Pause und lies den fertigen Text noch einmal in Ruhe durch. Achte dabei sowohl auf den Inhalt als auch auf die Sprache.

- Inhalt: Ist der Text verständlich und gut gegliedert? Sind alle wichtigen Aspekte vorhanden?
  Ist der Text zu lang oder zu kurz? Ist er interessant?
- Sprache: Überprüfe auch die sprachliche Richtigkeit und verbessere deinen Text. Achte dabei auf Fehler, die du besonders häufig machst. Arbeite dafür z.B. mit einem Fehlerprotokoll (siehe S. 181).

Besonders häufige Fehlerquellen sind:

Angleichung von **Subjekt** und **Verb**	**Ana** viv**e** en Madrid.
Angleichung von **Adjektiv** und **Nomen**	much**os** coch**es** blanc**os**
Angleichung von **Possessivbegleitern/Possessivpronomen** und **Nomen**	**tu** casa, nuestr**os** amig**os**, **una** amig**a mía**, **tus** ide**as** y **las suyas**
Formen der **unregelmäßigen Verben** und der Verben mit **Diphthongierung** oder **Vokaländerung**	soy, eres, es…; voy, vas…; estoy, estás…; hago, traigo, digo, sé quiero – queremos; puedes – podéis; pido – pedimos; duermes – dormís
Verschmelzung von **Präposition** und **Artikel**	juego **al** fútbol, la casa **del** profesor
Gebrauch der Präposition **a** bei **Objekten der Person**	Ayer visité un museo. El domingo voy a visitar **a** mi tía.
Zeichensetzung	¿Cómo estás? ¡Qué sorpresa!
Akzentsetzung/Rechtschreibung	can**ci**ón, progra**m**a, t**u**rista
Die Verwendung von **ser, estar** und **hay**	**Soy** Diego. **Estamos** en Madrid. En mi barrio **hay** dos cines.

Gebrauch der richtigen **Zeitform**	<u>Mañana</u> **vamos a ir** al cine. <u>Ayer</u> **hice** los deberes. <u>Esta semana</u> todavía no **he visto** a mi novia. Antes, <u>siempre</u> **jugábamos** al fútbol en la calle.
Gebrauch des **subjuntivo**	El profesor <u>quiere que</u> **hagamos** los deberes. No <u>me gusta que</u> te **vayas**. <u>No creo que</u> **tengamos** que hacer esto. <u>Es importante que</u> me **escuchéis**. Hazlo <u>antes de que</u> **sea** tarde.

MK Tausche, wenn es möglich ist, deine Arbeit mit einem Partner / einer Partnerin, denn fremde Fehler sieht man besser als eigene. Wenn du den Text am Computer geschrieben hast, kann er/sie Korrekturen, Vorschläge und Anmerkungen mit der „Überarbeiten"-Funktion des Textverarbeitungsprogramms direkt in deinem Text notieren. Alles, was du sinnvoll findest, kannst du dann durch Anklicken von „Annehmen" im Menüpunkt „Überprüfen" ganz einfach in deinen Text übernehmen.

MK Wenn du einen Text elektronisch erfasst hast, kannst du digitale Korrekturhilfen nutzen. Korrekturhilfen für Spanisch muss man bei den meisten Textverarbeitungsprogrammen allerdings zukaufen. Es gibt im Internet aber auch kostenlose Programme für die spanische Rechtschreibprüfung, in die du deinen Text hineinschreiben oder -kopieren kannst. Bei der Prüfung werden auch Vorschläge für die Korrektur angezeigt. Aber

▶ **Insertar texto**   ✍ **Revisar documento**

En este texto hay varios errores.
<u>Aqui</u> falta el acento.
En <u>este frase</u> no se respeta la concordancia.
Además, <u>ay</u> dos <u>erores</u> de ortografía.
Pero el programa no identifican la forma falsa del verbo porque la forma "identifican" también existe.

Aquí
esta frase
hay dos errores

Vorsicht: Verlasse dich nicht nur auf diese elektronische Prüfung, denn Wörter, die es zwar gibt, die aber im Kontext des Satzes nicht passen (z. B. falsche Verbformen), erkennen diese Programme meistens nicht.

Textsorten
Private E-Mails und Briefe
Bei einer E-Mail oder einem Brief musst du dich stilistisch nach dem jeweiligen Anlass und dem Adressaten richten, z. B. durch Verwendung von *tú* oder *usted*, dem Gebrauch von umgangssprachlichen Ausdrücken oder einer neutralen oder sogar formellen Sprache.
Auch eine private Nachricht enthält immer eine Begrüßung und eine Verabschiedung; es folgen sowohl Informationen über dich selbst (z. B. Erlebnisse, Wünsche, Sorgen, Pläne) als auch Fragen an den Adressaten oder die Adressatin (z. B. nach dem Befinden, seiner/ihrer Meinung usw.).
Denke daran, dass im Spanischen nach der Anrede ein Doppelpunkt steht und danach groß weitergeschrieben wird.

EXPRESIONES
Private Briefe oder E-Mails …

kannst du so beginnen:
Hola, Maite:
Querido,-a…:
¿Qué tal? ¿Cómo estás?

und so beenden:
Un saludo
Un abrazo (*Umarmung*)
Un beso

Förmliche Briefe

Bei förmlichen Briefen (z. B. Bewer-bungsschreiben) ist die Form viel stärker festgelegt als bei privaten Nachrichten.

Im Briefkopf müssen immer die eigene Adresse, Ort und Datum des Schreibens sowie Name und Adresse des Adressaten oder der Adressatin angegeben werden.

Nenne in der Betreffzeile Thema oder Funktion des Briefes, damit die Person, an die du dich richtest, schnell weiß, worum es geht. Wenn nötig, kannst du im Brief selbst noch ausführlicher darauf eingehen.

Denke daran, in förmlichen Briefen *usted* zu verwenden und auf umgangssprachliche Ausdrücke zu verzichten. Dies gilt insbesondere auch für die Anrede und die Schlussformel. Weise am Ende der Seite außerdem darauf hin, wenn dein Brief einen Anhang enthält.

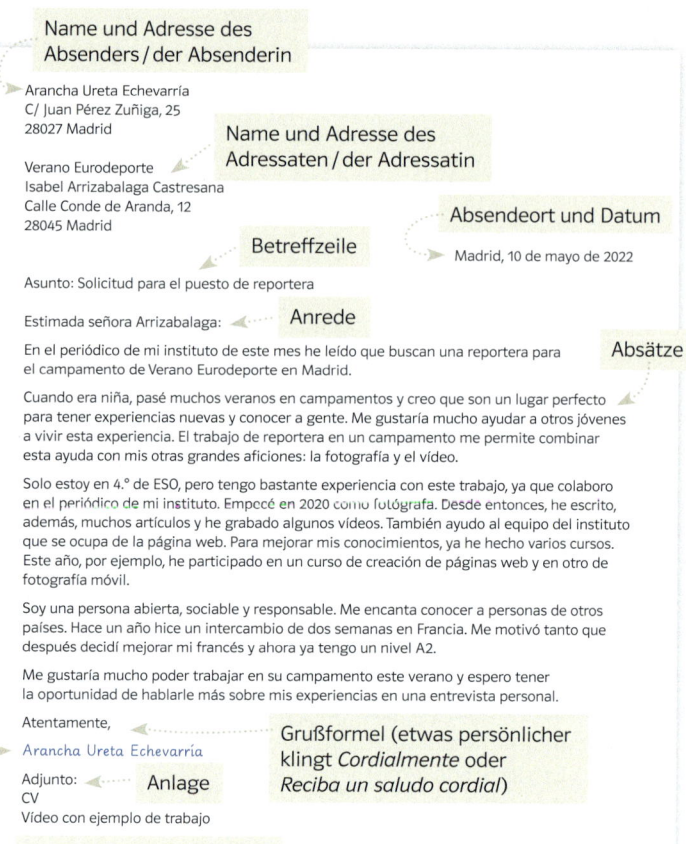

Name und Adresse des Absenders / der Absenderin

Arancha Ureta Echevarría
C/ Juan Pérez Zuñiga, 25
28027 Madrid

Name und Adresse des Adressaten / der Adressatin

Verano Eurodeporte
Isabel Arrizabalaga Castresana
Calle Conde de Aranda, 12
28045 Madrid

Absendeort und Datum

Madrid, 10 de mayo de 2022

Betreffzeile

Asunto: Solicitud para el puesto de reportera

Estimada señora Arrizabalaga: — Anrede

En el periódico de mi instituto de este mes he leído que buscan una reportera para el campamento de Verano Eurodeporte en Madrid.

Cuando era niña, pasé muchos veranos en campamentos y creo que son un lugar perfecto para tener experiencias nuevas y conocer a gente. Me gustaría mucho ayudar a otros jóvenes a vivir esta experiencia. El trabajo de reportera en un campamento me permite combinar esta ayuda con mis otras grandes aficiones: la fotografía y el vídeo.

Solo estoy en 4.° de ESO, pero tengo bastante experiencia con este trabajo, ya que colaboro en el periódico de mi instituto. Empecé en 2020 como fotógrafa. Desde entonces, he escrito, además, muchos artículos y he grabado algunos vídeos. También ayudo al equipo del instituto que se ocupa de la página web. Para mejorar mis conocimientos, ya he hecho varios cursos. Este año, por ejemplo, he participado en un curso de creación de páginas web y en otro de fotografía móvil.

Soy una persona abierta, sociable y responsable. Me encanta conocer a personas de otros países. Hace un año hice un intercambio de dos semanas en Francia. Me motivó tanto que después decidí mejorar mi francés y ahora ya tengo un nivel A2.

Me gustaría mucho poder trabajar en su campamento este verano y espero tener la oportunidad de hablarle más sobre mis experiencias en una entrevista personal.

Atentamente,

Arancha Ureta Echevarría

Grußformel (etwas persönlicher klingt *Cordialmente* oder *Reciba un saludo cordial*)

Adjunto: — Anlage
CV
Vídeo con ejemplo de trabajo

Unterschrift und Name des Verfassers / der Verfasserin

Absätze

Resumen (Zusammenfassung)

– Eine Zusammenfassung sollte nicht mehr als ein Drittel des ursprünglichen Textes umfassen.
– Schreibe die Zusammenfassung grundsätzlich im Präsens.
– Nenne im Einleitungssatz Titel und Thema des Textes. Wenn du weißt, wer den Text geschrieben hat und wo er veröffentlicht wurde, gib auch dies an.
– Stelle die Hauptaussagen des Textes vor. Die W-Fragen (siehe S. 177) helfen dir dabei.
– Vermeide Details und verwende keine direkte Rede oder Zitate aus dem Text.
– Verzichte auf eigene Bewertungen oder Interpretationen.

[MK]
Blogeintrag

Ein Blog ist so etwas wie ein öffentliches Tagebuch. Anders als bei einem echten Tagebuch, das vielleicht nie jemand zu sehen bekommt, musst du dir daher gut überlegen, wie viele persönliche Informationen du preisgeben willst.

Damit dein Blogeintrag auch gelesen wird, solltest du Folgendes beachten:

– Formuliere einen Titel, der das Thema nennt und der v. a. Interesse weckt.
– Lege genauer fest, worum es in dem Eintrag gehen soll. Schlage ggf. Fakten und Einzelheiten nach. Achte dabei auf seriöse Quellen. (Siehe S. 185/186.)

- Beachte bei der Erstellung, was auf S. 172 zum Schreiben von Texten allgemein gesagt wurde. Auch wenn ein Blog eine sehr vielfältige Textsorte ist, sollte dein Beitrag klar strukturiert, inhaltlich interessant, fehlerfrei und nicht zu lang sein, sonst will ihn vermutlich niemand lesen.
- Veranschauliche den Inhalt, wenn möglich mit Fotos oder Grafiken. Hebe wichtige Begriffe hervor, z. B. mit Fettdruck.
- Schließe deinen Beitrag sinnvoll ab. Wende dich dabei z. B. an deine Leserinnen und Leser und frage sie nach ihrer Meinung zum Thema.
- Ganz wichtig: Wenn du auch über andere Personen schreibst oder Fotos von ihnen zeigst, musst du unbedingt ihr Einverständnis einholen.

Innerer Monolog

Ein innerer Monolog ist eine Art stummes Selbstgespräch. Es gibt die Gedanken und Gefühle einer Person aus ihrer Sicht wieder. Man sieht ihr dabei gewissermaßen beim Denken zu.

- Um einen inneren Monolog zu schreiben, musst du daher versuchen, dich in die Figur einzufühlen. Stelle dir z. B. folgende Fragen: Was denkt sie? Wie erlebt sie die Situation? Was fühlt sie dabei? Mach dir klar, was du über die Person, ihre Lage und ihren Charakter weißt, denn das beeinflusst ihre Gedanken und Gefühle. Berücksichtige auch, was in der Aufgabe als Rahmen oder Hinweise vorgegeben ist.
- Schreibe in der Ich-Form und verwende das Präsens (außer natürlich wenn die Figur sich an etwas Vergangenes erinnert).
- Charakteristisch für innere Monologe sind Ausrufe, Fragen, Gedankensprünge und kurze, oft unvollständige Sätze mit Pausen oder Wiederholungen. Aber Vorsicht: Das ist kein Vorwand dafür, schludrig und fehlerhaft zu schreiben!
- Ein innerer Monolog steht ohne Anführungszeichen.
- Ein innerer Monolog hat keine festgelegte Struktur. Trotzdem sollte er nicht einfach aufhören, sondern ein sinnvolles Ende haben. Das kann z. B. ein Vorsatz, ein Entschluss, eine Hoffnung sein, die sich aus den vorherigen Gedanken ergeben.

Ein Bild beschreiben und analysieren

Wie viele andere Texte besteht eine Bildbeschreibung aus einer Einleitung, einem Hauptteil und einem Schluss.

In der **Einleitung** erklärst du, worum es im Folgenden geht. Nenne also den Titel und das Thema sowie den Künstler bzw. die Künstlerin, die das Gemälde, Foto, Graffiti … geschaffen haben. Wenn du weitere Informationen kennst (z. B. die Entstehungszeit, interessante Details über die Entstehungsgeschichte, den Ort, an dem sich das Werk heute befindet …) kannst du dies ebenfalls erwähnen.

Im **Hauptteil** gehst du genauer auf die Darstellung ein. Beschreibe dabei zuerst das Wichtigste, was auf dem Bild zu sehen ist. Das sind in der Regel die Personen oder Gegenstände, die sich im Vordergrund bzw. im Mittelpunkt befinden. Gehe danach auf das ein, was um diese herum zu sehen ist, und beschreibe am Ende den Hintergrund. Berücksichtige auch die Farben sowie die Perspektive und welche Wirkung sie erzeugen. Erkläre auch, was das Werk insgesamt und wichtige Einzelheiten bedeuten, und welche Absicht der Künstler / die Künstlerin damit verfolgt.

Am **Schluss** fasst du das Gesagte noch einmal kurz zusammen. Dabei kannst du auch auf deine Meinung zu dem Bild eingehen und z. B. ausführen, wie es auf dich wirkt und wie es dir gefällt.

Eine Infografik erstellen

Eine Infografik ist eine Abbildung, in der Informationen und komplizierte Zusammenhänge anschaulich dargestellt werden. Sie bestehen in der Regel aus viel Grafik und wenig Text.

Die folgenden Punkte solltest du beachten, wenn du eine Infografik erstellen musst:

– Informiere dich über das Thema und überlege, welche Informationen wichtig sind.
– Suche nach passenden interessanten Fotos, Zeichnungen, Diagrammen oder Karten.
– Mache dir klar, wie die einzelnen Aspekte zusammenhängen und wie sie angeordnet werden müssen, damit dies in der Grafik zum Ausdruck kommt. Verwende z.B. Pfeile und Symbole, um Verbindungen aufzuzeigen.
– Mache dir Gedanken über die Gestaltung.
  Was soll wie groß abgebildet werden? Welche Farben eignen sich? Welche Schriften?
  Verwende aber nicht zu viele verschiedene Schriften und Gestaltungselemente, denn das wirkt oft unruhig und verwirrend.
– Schreibe die – möglichst kurzen – erklärenden Texte und füge sie mit den Abbildungen zusammen.
– Denke auch an einen sprechenden, interessanten Titel und informative Zwischenüberschriften.

LEER (Leseverstehen)

Ähnlich wie beim Hörverstehen (siehe S. 170) hängt es auch beim Leseverstehen hauptsächlich von der Aufgabenstellung ab, wie viel von einem Text du verstehen musst:

Selektives Lesen

Diese Art des Lesens wendest du an, wenn du ganz bestimmte Informationen brauchst, z.B. was in einem bestimmten Jahr geschehen ist, wer etwas getan hat oder wo im Text du Informationen zu einem bestimmten Thema findest. Alles andere muss dich nicht interessieren. Das selektive Lesen kannst du also auch bei Texten anwenden, von denen du kaum etwas verstehst.

– Überlege dir zunächst Schlüsselwörter, die mit der gewünschten Information in Verbindung stehen könnten. Überfliege dann den Text und suche gezielt nach diesen Stichwörtern.
– Lies nur diejenigen Abschnitte durch, in denen du auf diese Wörter stößt.

Globales Lesen

Beim globalen Lesen (oft auch orientierendes oder kursorisches Lesen genannt) geht es darum, die Grundzüge eines Textes zu verstehen. Auch dafür musst du nicht jedes Wort kennen.

– Versuche noch vor dem Lesen, möglichst viele Informationen zu bekommen. Überlege z.B., um welche Textsorte (E-Mail, Comic, Zeitschriftenartikel, Romanauszug …) es sich handelt. Schau dir außerdem die Überschriften und

Illustrationen an. All das gibt oft Hinweise darauf, worum es in dem Text geht. Deine Vermutungen kannst du in Stichpunkten festhalten. Besonders hilfreich sind Zwischenüberschriften, denn sie fassen normalerweise das Folgende in wenigen Worten zusammen und bieten so einen schnellen Überblick über den Inhalt.

– Überfliege dann den Text. Halte dich nicht bei Wörtern auf, die du nicht verstehst, sondern lies trotzdem weiter. Versuche nun, die W-Fragen zu beantworten und so in wenigen Sätzen die Hauptaussage des Textes zu formulieren.

– Wenn du nicht sicher bist oder nicht alle Fragen beantworten kannst, lies den Text ein zweites Mal und versuche, deine Hypothese zu überprüfen oder Lücken zu füllen. Es kann aber durchaus auch sein, dass es in einem Text nicht auf alle W-Fragen eine Antwort gibt.

Diese Art des Lesens setzt du z. B. ein, wenn jemand von dir wissen will, worum es in einem Text geht. Auch Zeitungsartikel oder Texte im Internet liest man häufig zunächst global, um herauszufinden, ob einen das Thema interessiert und man den Text danach im Detail lesen möchte.

> **WER?**
> **WAS?**
> **WANN?**
> **WO?**
> **WIE?**
> **WARUM?**

Detailliertes Lesen

Beim detaillierten Lesen musst du alle wichtigen Aussagen eines Textes erfassen. Dies ist z. B. bei einem Rezept oder einer Bastelanleitung der Fall. Auch viele Sachtexte oder die Texte hier im Buch musst du meistens genau lesen.

– Bereite dich vor wie oben beim globalen Lesen beschrieben, indem du möglichst viele Informationen zum Text sammelst und deine Vermutungen über den Inhalt notierst. Überlege dir auch, was du über dieses Thema schon weißt oder was dich daran interessieren würde.

– Lies dir den Text mehrfach durch und mache dir Notizen oder markiere wichtige Stellen (wenn du mit deinem eigenen Buch oder mit einer Kopie arbeitest).

– Konzentriere dich zunächst auf die Abschnitte, die du verstehst. Überlege, wie diese zusammenpassen und worum es folglich in den Absätzen gehen könnte, die du nicht so gut verstanden hast. Dabei hilft dir oft, was du in der Vorbereitung zum Thema notiert hast. Versuche, auf dieser Grundlage nach und nach weitere Inhalte zu erfassen. Nutze dabei auch die Möglichkeit, Wörter zu erschließen (siehe unten).

– Wenn nötig, arbeite mit einem Wörterbuch. Schlage aber keinesfalls alle unbekannten Wörter nach. (Siehe dazu auch S. 181.)

Luis G. C

En el instituto Reina Isabel de Madrid empieza la próxima semana un experimento: los alumnos van a pasar siete días y siete noches sin móvil, es decir, no van a poder utilizarlo durante este tiempo. "Es verdad que no todos nuestros alumnos son adictos al móvil, pero muchos sí lo son. Por eso nos gustaría saber, en primer lugar, cuánto tiempo al día se conectan a Internet. Y, en segundo lugar, queremos también que los alumnos disfruten de la comunicación entre ellos sin utilizar medios digitales", nos dice el director del instituto, Alfonso Muñoz. "Sé que el experimento no va a gustar a nadie, pero pienso que va a ser una experiencia muy útil para todos. No creo que todos los alumnos aguanten toda la semana. Estoy seguro de que la mayoría va a hacer trampas y que va a buscar excusas para poder utilizarlo. Otros van a quejarse todo el día, ya que son, desde hace mucho tiempo, adictos al móvil y no pueden vivir sin una pantalla".

Wörter erschließen

Manchmal kannst du spanische Wörter verstehen, die du noch nicht gelernt hast, z. B.

– weil du bereits ein Wort kennst, das „verwandt" aussieht.

– weil sie ähnlich sind wie Wörter in deiner Muttersprache, im Englischen oder in einer anderen Sprache, die du sprichst.

– weil aus dem Kontext, d. h. dem Zusammenhang, in dem das Wort steht, hervorgeht, was es bedeutet.

Spanisch	verwandtes und bereits bekanntes Wort	Deutsch	weitere Sprachen	Kontext
pregunta	preguntar			
el parque		der Park		
el animal			Englisch / Französisch / Latein: animal Italienisch: animale	
la sorpresa			Englisch / Französisch: surprise Italienisch: sorpresa Türkisch: sürpriz	
la tostada / la mermelada		der Toast / die Marmelade	Englisch: Toast Türkisch: tost	Siempre desayuno una tostada con mermelada.

– Lies aber immer den ganzen Satz und am besten auch den vorausgehenden bzw. den nächsten genau durch und prüfe, ob die Bedeutung stimmen kann. Es gibt nämlich auch Unterschiede und „falsche Freunde".

el regalo (das Geschenk) – **nicht:** das Regal
el mundo (die Welt) – **nicht:** der Mund

MEDIACIÓN (Sprachmittlung)

Bei einer Mediation hilfst du jemandem, der eine Sprache nicht so gut beherrscht wie du. Dabei kann es darum gehen, den wesentlichen Inhalt eines Textes oder das, was eine dritte Person sagt, wiederzugeben.
– Lies dir die Fragestellung genau durch und überlege dir, welche Informationen für den Adressaten /
die Adressatin wirklich wichtig sind. In der Regel bedeutet das, dass du nicht jedes Detail des Textes wiedergeben musst.
– Achte auf den Rahmen der geschilderten Situation und richte deine Formulierungen auch danach. Frage dich, ob dieser eher formell ist (z. B. an der Rezeption eines Hotels oder bei der Bestellung in einem Restaurant) oder ob du unter Gleichaltrigen für eine Freundin oder einen Freund mittelst.
– Ergänze (landeskundliches) Hintergrundwissen, wenn dies für das Verständnis hilfreich ist, auch wenn es im Ausgangstext nicht vorkommt.

Clara: *Mi plato favorito es la tortilla.*
→ Clara sagt, dass ihr Lieblingsgericht Tortilla ist.
Das ist eine Art Omelett aus Kartoffeln und Eiern.

– Denke daran, dass eine Sprachmittlung keine Übersetzung ist. Du kannst daher auch Texte ins Spanische „mitteln", die Wörter und Strukturen enthalten, die du auf Spanisch noch nicht kennst. Gib immer den Inhalt mit deinen eigenen Worten wieder. Wenn dir das schwerfällt, kannst du auch zuerst den deutschen Text vereinfachen und zusammenfassen.

Originaltext	vereinfachte Version
ein Riesenproblem	ein sehr großes Problem
Ein Festival keltischer Musik in einem Dorf mit 2000 Einwohnern in Galicien, der Ecke Spaniens, in der es dauernd regnet – das klang nicht nach einem Super-Event. Aber genau das ist es!	Ein Festival keltischer Musik in einem kleinen Dorf in Galicien scheint nicht sehr interessant zu sein, aber es ist toll!

Vokabeln und Strukturen lernen

Techniken des Vokabellernens

– Neue Wörter und Redewendungen solltest du in einem Zusammenhang lernen, denn so prägen sie sich besser ein als isolierte Wörter. Solche Zusammenhänge können z. B. sein:
  - Wortfamilien: *pregunta / preguntar; calor / caliente / calentar*
  - Gegensatzpaare: *grande / pequeño; mucho / poco*
  - feste Wendungen: *jugar al fútbol; ver la tele*
  - Wortfelder: Damit kannst du Wörter gruppieren, die zum gleichen Sachgebiet oder Thema gehören, z. B. nach Unterthemen oder Wortarten) und damit ein Mindmap anlegen. Hebe deine Vokabelnetze gut auf, damit du dort passende Wörter ergänzen kannst, die du neu lernst.

  - Für die Erstellung eines Mindmaps gibt es auch Apps, die die einzelnen Äste nach Ergänzungen wieder übersichtlich anordnen, ohne dass man alles noch einmal neu schreiben muss.

Du kannst auch
– eigene Merksätze, Eselsbrücken, Reime und Assoziationen zu klanglich ähnlichen Wörtern im Deutschen oder in anderen Sprachen bilden.
– Vokabeln für Gegenstände (z. B. für Möbel oder Nahrungsmittel) auf kleine Zettel schreiben und dein Umfeld damit beschriften oder die Zettel an gut zugänglichen Stellen ablegen, sie immer wieder mal ansehen und dabei die Vokabeln wiederholen.
– kleine Zeichnungen anfertigen, die das Wort illustrieren. (Siehe S. 183.)
– dich abfragen lassen oder mit dem Vokabeltrainer zum Buch arbeiten. Den Zugang zur Vokabelabfrage findest du im Vokabelteil, den Zugang zum Vokabeltrainer im Arbeitsheft. Überlege dir auch, welche Methode für dich am besten geeignet ist, um die Vokabeln zu lernen: nur anhören; anhören und mitlesen; mitlesen und mitsprechen oder nachsprechen. Der beste Zeitpunkt zur Wiederholung von Vokabeln und Beispielsätzen ist übrigens vor dem Schlafengehen (siehe S. 180).
– Für das Vokabellernen gibt es auch elektronische Werkzeuge oder Apps. Damit kannst du Abfragen oder Übungen nutzen, die andere erstellt haben, oder selbst ein Quiz oder eine Übung erstellen.

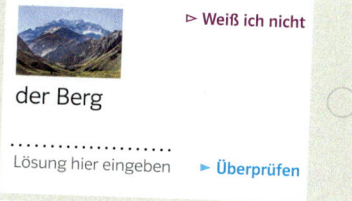

Probiere unterschiedliche Methoden aus und finde heraus, wie du dir die Vokabeln am besten merken kannst.

Vokabeln lernen mit Bewegung

Unser Gehirn speichert und verarbeitet neue Informationen sehr viel leichter und auch nachhaltiger, wenn wir diese mit Bewegungen verknüpfen. Deshalb bietet es sich an, neuen Wortschatz zusammen mit einer bestimmten Körperbewegung zu lernen. Gehe dabei folgendermaßen vor:

– Denke dir zu einer neuen Spanischvokabel eine passende Bewegung aus. Es kann auch eine Geste oder eine bestimmte Mimik sein. Diese Bewegung sollte logisch mit der Bedeutung des Wortes zusammen-hängen. Sprich das Wort laut auf Spanisch aus und führe dabei die Bewegung aus.
Damit die Vokabel langfristig im Gehirn gespeichert wird, ist es wichtig, die Bewegung aktiv auszuführen, sie sich also nicht nur vorzustellen oder anderen bei der Ausführung zuzusehen.

el puente – die Brücke

– Wiederhole dies so lange, bis die Verknüpfung von spanischer Vokabel und Bewegung automatisiert ist. Meist ist das Wort schon nach ein paar Wiederholungen fest im Gedächtnis verankert. Danach kann dir die Ausführung der Bewegung – oder auch nur die Erinnerung daran – den spanischen Begriff ins Gedächtnis zurückrufen.

curioso,-a – neugierig

Du kannst so alleine oder auch in der Gruppe/Klasse üben. Für das Üben in einer Gruppe müsst ihr euch natürlich vorher absprechen, welche Bewegung ihr mit welchem Wort verknüpfen wollt.

Lernen im Schlaf

Die Gehirnforschung zeigt, dass der Schlaf für das Lernen eine große Rolle spielt.

– Je ausgeschlafener und wacher du bist, desto besser wirst du das Gelernte behalten.
– Wenn du relativ zeitnah nach wiederholtem Üben und Anwenden schläfst (auch ein kurzes Schläfchen hat diesen positiven Effekt), kann das Gehirn das Gelernte ohne Störungen verarbeiten und dafür sorgen, dass es vom Kurzzeitgedächtnis ins Langzeitgedächtnis übergehen kann.
– Vermeide beim Lernen Störungen und ablenkende Reize. So kannst du gezielt die für das Lernen günstigen Gedächtnisprozesse nutzen.

Aus Fehlern lernen

Fehler machen ist nicht gleichbedeutend damit, dass unser Gehirn nicht richtig oder unkonzentriert arbeitet. Für das Lernen sind Fehler sogar wichtig!
Unser Gehirn bildet nämlich, ausgehend von dem, was wir hören, lesen, sagen oder schreiben, ständig Hypothesen, z.B. wie die Fremdsprache funktioniert. Erkennen wir Fehler oder werden wir auf sie aufmerksam gemacht, kann unser Gehirn darauf reagieren und die Vermutung verbessern – wir lernen dazu.
Für das Sprachenlernen bedeutet das:

– Trau dich beim Sprechen oder Schreiben in der Fremdsprache, auch Dinge zu sagen, von denen du nicht sicher bist, ob sie richtig sind – wenn auch besser nicht in einer Klassenarbeit oder Prüfung. Denn nur wenn wir bei der Verwendung von Sprache etwas ausprobieren, „erfährt" unser Gehirn, ob die

Hypothese richtig ist und weiter eingesetzt werden kann, oder ob sie modifiziert werden muss.

– Nimm Korrekturen ernst. Wenn Fehler nicht verbessert werden, verstärkt sich nämlich die falsche Hypothese in unserem Gehirn, und es wird immer schwieriger, sie zu korrigieren. Überarbeite deshalb z.B. schriftliche Texte mithilfe der Verbesserungen, die deine Lehrerin /
dein Lehrer oder auch deine Mitschülerinnen und Mitschüler vorgeschlagen haben.

– Eine einmalige Verbesserung reicht in der Regel nicht aus. Notiere daher, welche Art von Fehlern du immer wieder machst (siehe dazu z.B. unten den Vorschlag zum Anlegen eines Fehlerprotokolls), und übe gezielt diese Pensen, damit dein Gehirn die falsche Hypothese löscht und durch eine bessere ersetzt.

Ein Fehlerprotokoll anlegen

Zwar gibt es einige typische Fehler, die viele Spanischlernende machen (siehe S. 172). Die meisten Lernenden haben aber nicht alle diese oder nicht genau diese Probleme. Damit du weißt, woran du gezielt arbeiten solltest, musst du erkennen, welches deine häufigsten Fehler sind. Sieh dir daher jede Klassenarbeit, jeden Test oder jede korrigierte Hausaufgabe genau an. Achte dabei nicht nur auf die einzelnen Fehler, sondern versuche herauszufinden,
um welche Art von Fehler es sich jeweils handelt. Trage die Art der Fehler in eine Tabelle ein.
So könnte ein solches Fehlerprotokoll aussehen:

Art des Fehlers	richtig	Regel	Häufigkeit des Fehlers in der Arbeit
Angleichung der Adjektive	_dos casas bonitas_ _un parque bonito_	Adjektive haben den gleichen Numerus (Singular / Plural) und das gleiche Genus (maskulin / feminin) wie das Substantiv, zu dem sie gehören.	⊬⊬ ‖
Verbformen	_Pasamos las vacaciones en casa._ _Mis hermanos comen un bocadillo._	**Verben auf -ar:** _-o, -as, -a, -amos, -áis, -an_ **Verben auf -er (-ir):** _-o, -es, -e, -emos (-imos), -éis (-ís), -en_	⊬⊬ ‖
Stellung des Personalpronomens	_La veo._ Ich sehe sie.	Personalpronomen stehen **vor** dem konjugierten Verb.	‖
Rechtschreibung	_chatear_	keine Doppelkonsonanten außer _cc, ll, rr_	‖
falscher Freund	_el tiempo_	Zeit, Wetter (nicht Tempo)	‖
…			

– Schlage für das Ausfüllen des Fehlerprotokolls die entsprechende Regel in der Grammatik nach. Überlege dir, wie du Regeln, die du nur schwer behältst, für dich „merk-würdig" darstellen kannst, z.B. durch ein Bild oder ein Schema.

– Überprüfe Texte, die du geschrieben hast, im Hinblick auf deine häufigen Fehler. Auch wenn es zeitaufwendig und eventuell etwas nervig ist, ist es sinnvoll, dass du dich pro Lesedurchgang auf nur eine Fehlerquelle konzentrierst und deinen geschriebenen Text nur darauf überprüfst, weil du dann weniger übersiehst.

– Lerne korrekte Beispielsätze für deine Problemfelder auswendig. Mit ihrer Hilfe wird es dir zunehmend leichter fallen, dich im Spanischen korrekt auszudrücken.

– Wiederhole auch immer mal wieder Übungen im Schulbuch oder Arbeitsheft zu den Themen, mit denen du Schwierigkeiten hast.

Mit dem Wörterbuch arbeiten

Ein Wörterbuch wird meist benutzt, um unbekannte oder vergessene Vokabeln nachzuschlagen. Darin finden sich aber noch viele weitere Informationen, die z.B. beim Schreiben eines Textes in der Fremdsprache hilfreich sind.

Nachschlagen im gedruckten Wörterbuch
- Nimm nie einfach die erste angegebene Bedeutung eines Wortes, sondern suche diejenige, die zu deinem Kontext passt. Beim Finden der richtigen Übersetzung helfen dir die Erklärungen zu den einzelnen Bedeutungen.
- Sieh dir die weiteren Angaben bei der gefundenen Bedeutung an. Sie zeigen dir z.B. die Aussprache, welches Genus das Wort hat, ob es mit bestimmten Präpositionen verwendet wird, ob es ein direktes oder indirektes Objekt nach sich zieht oder welche besonderen Formen (Plural, Verbformen) es hat. Mache dich dafür mit den verwendeten Abkürzungen vertraut oder markiere die Seite, auf der diese im Wörterbuch erklärt werden, z.B. mit einem Klebezettel, damit du sie jederzeit schnell findest.
- Lies dir auch die Wortverbindungen und Beispielsätze durch. Sie zeigen typische Verwendungsmöglichkeiten auf. An den Sätzen erkennt man oft ebenfalls grammatische Besonderheiten.

(PONS Schülerwörterbuch Klausurausgabe Spanisch)

Nachschlagen im Internet-Wörterbuch

Die meisten Wörterbücher sind auch im Internet verfügbar und können von Computer, Tablet oder Smartphone aus kostenlos zum Nachschlagen genutzt werden. Die Einträge enthalten in der Regel die gleichen Informationen wie das gedruckte Wörterbuch. Manches ist hier sogar praktischer.

So kann man sich häufig die Aussprache der Wörter anhören oder alle Formen von Verben anzeigen lassen. Auch das Nachschlagen selbst geht meist schneller, weil man das Wort nur eintippen und nicht in der alphabetischen Sortierung finden muss. Einige Wörterbücher verfügen zudem über einen Sprachtrainer, in dem man die gesuchten Wörter speichern und sich dann abfragen lassen kann.

Online-Wörterbücher haben aber auch Nachteile. So sind nicht in allen die Erklärungen der Abkürzungen gut zu finden; Beispielsätze muss man teilweise erst zuschalten, oder sie fehlen ganz.

Probiere deshalb Verschiedenes aus und finde heraus, womit du selbst am besten arbeiten kannst.

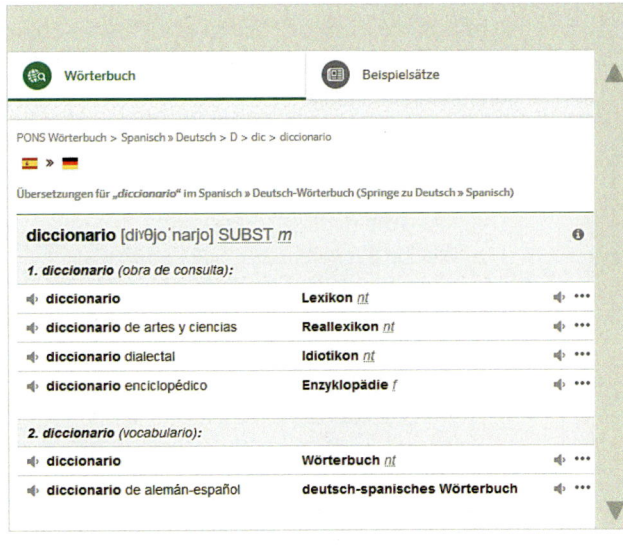

Visualisieren

Visualisierungen sind z. B. Symbole, Zeichnungen, Diagramme oder Abbildungen. Mit ihrer Hilfe kannst du etwas darstellen, um es dir besser einzuprägen. Denn unser Gehirn nimmt Bilder schneller auf und behält sie auch besser als Texte. Visualisierungen kann man vielfältig einsetzen, vom Vokabellernen bis zur vereinfachten Darstellung komplexer Sachverhalte für eine Präsentation. Sie ist oft auch hilfreich, um sich bei einer Hörübung oder einem Lesetext Notizen zu machen.

Um Inhalte zu visualisieren, ist es nicht nötig, dass du gut zeichnen kannst. Einfache Formen und simple Strichzeichnungen reichen in der Regel aus.

Du musst Visualisierungen auch nicht unbedingt selber machen. Sieh dir z. B. immer auch die Illustrationen im Schulbuch und im Grammatischen Beiheft an: Sie passen zum Stoff und erleichtern das Lernen und Behalten.

Ein Video drehen

– Ähnlich wie beim Schreiben eines Textes solltest du dir beim Drehen eines Videos vorher überlegen, um was es genau gehen soll. Notiere dafür zuerst alles, was dir einfällt, und wähle dann aus. Stelle dir dabei z. B. folgende Fragen:

- Was ist interessant, was nicht?
- Wie viel Material brauchst du, damit das Video die richtige Länge hat?
- Welche Szenen lassen sich einfach drehen, welche sind vielleicht zu kompliziert?
- Welche Vorbereitungen sind nötig?
- Welche Personen sind beteiligt? Wann sind diese verfügbar?
- Werden bestimmte Requisiten benötigt?

Überlege dir auch, für welches Publikum du dein Video drehst und welche Auswirkungen das auf den Inhalt hat.

– Lege dann die einzelnen Szenen genau fest. Schreibe dafür ein Drehbuch, in dem du für jede Szene alle wichtigen Informationen festhältst, z. B. den Drehort, die nötigen Gegenstände, die beteiligten Personen usw. Das Drehbuch kannst du auch als Storyboard anlegen. Dafür fertigst du Skizzen für jede Szene an und notierst dazu die weiteren Informationen.

– Schreibe die Texte, die im Video zu hören sein werden, egal ob es sich um Äußerungen der gezeigten Personen handelt oder um Text, der aus dem Off gesprochen wird (also ohne dass die sprechende Person zu sehen ist). Überprüfe diese Texte, z. B. mithilfe der Liste häufiger Fehler oder deines Fehlerprotokolls (siehe S. 172 und S. 181), und füge sie dann in Drehbuch oder Storyboard ein.

– Wenn Personen im Video zu sehen sind, musst du diese um Erlaubnis fragen. Das ist vor allem wichtig, wenn das Video später im Schulnetz oder sogar im Internet gezeigt werden soll. Lass dir die Erlaubnis schriftlich geben, und zwar bevor du mit dem Drehen beginnst. Viele Schulen haben dafür Formulare; frage deinen Lehrer / deine Lehrerin danach.

– Die Aufnahmen kannst du in der Regel einfach mit deinem Handy oder einem Tablet machen. Achte dabei vor allem auf folgende Punkte:

- Halte die Kamera ruhig oder verwende ein Stativ„ damit die Aufnahmen nicht verwackelt sind.
- Kontrolliere, ob die Personen laut und deutlich genug sprechen.
- Prüfe, ob genügend Licht vorhanden ist. Filme aber nicht im Gegenlicht.
- Mache keine zu schnellen Schwenks und Bewegungen mit der Kamera.
- Nimm die Szenen am besten in der Reihenfolge auf, in der sie im Video zu sehen sein sollen, dann musst du die Aufnahme später nicht schneiden.

– Sieh dir dein fertiges Video an: Ist alles in Ordnung? Oder müssen Stellen nachbearbeitet, zusammengefügt oder sogar neu gedreht werden? Manche dieser Arbeiten kann man mit einem Programm erledigen, das im Computer verfügbar ist. Für komplexere

Arbeiten benötigt man evtl. ein zusätzliches Programm. Zahlreiche solche Programme sind kostenlos im Internet erhältlich.

– Wenn du möchtest, kannst du dein Video auch mit Musik oder anderen Geräuschen unterlegen. Verwende dafür nur sogenannte „rechtefreie Musik", die du unter diesem Stichwort im Internet finden kannst. Beachte unbedingt die dort genannten Lizenzbedingungen. Die Verwendung anderer Musik (z.B. des neuesten Popsongs) kann sehr teuer werden, wenn das jemand herausfindet!

– Das Gleiche gilt übrigens auch, falls du fremde Fotos oder Videoausschnitte in dein Video integrierst.

Internetrecherche

Das Internet ist eine praktische Quelle für Informationen, weil sie leicht verfügbar sind und man zu jedem Thema etwas findet. Doch die Auswahl aus den unzähligen angezeigten Seiten ist oft nicht einfach.

– Wenn man sehr viele Treffer hat, kann man die Suche durch ein weiteres Stichwort einschränken, um besser passende Ergebnisse zu bekommen.

– Hinter den bekannten Suchmaschinen stehen ausgeklügelte Algorithmen, die die Wichtigkeit und Qualität von Internetseiten analysieren. Meist werden dir daher als Erstes auch die wirklich relevanten Seiten angezeigt. Das gilt aber natürlich nur, wenn die eingegebenen Stichwörter den Zweck deiner Recherche sinnvoll umschreiben. Überlege deshalb nach dem ersten Versuch, ob die Suche so ausreicht, oder ob du anders vorgehen musst.

– Zu jedem Suchergebnis werden verschiedene Angaben und kurze Textauszüge angezeigt. Lies immer mehrere davon und versuche, anhand dieser Informationen herauszufinden, welche Seiten für dich interessant sind. Gehe dabei unterschiedlich vor, je nachdem, was du suchst. Wenn du z.B. nur eine Jahreszahl oder den Namen der Hauptstadt eines Landes brauchst, ist es relativ egal, welche Seite du anklickst. Bei komplexeren Themen kann es aber sehr wohl einen Unterschied machen.

– Bedenke auch, dass nicht jede Veröffentlichung im Internet korrekt ist. Um verlässliche Seiten zu finden, kann man sich an folgenden Merkmalen orientieren:
  • Ist angegeben, wer den Text verfasst hat? Findet man genauere Informationen über diese Person? Kann man die Zeitung, Zeitschrift, Institution …, für die sie arbeitet, kontaktieren?
  • Werden Quellen zitiert, die man überprüfen kann? Funktionieren die Links?
  • Wie alt ist der Text? Wann wurde die Seite zuletzt überarbeitet?
  • Sind Grammatik und Rechtschreibung korrekt? Enthält ein Text viele Fehler, deutet das meist darauf hin, dass es sich um eine unseriöse Quelle oder sogar einen maschinell erstellten Text (einen sogenannten Bot) handelt, der gezielt Falschinformationen streuen soll.
  • Frage dich auch, welche Interessen der Text verfolgt. Wird ein Thema umfassend dargestellt oder werden bestimmte Aspekte ausgespart? So wird z.B. ein Tourismusministerium wohl kaum die Umweltverschmutzung

im Land erwähnen. Das heißt jedoch nicht, dass die anderen Informationen der Seite falsch sind. Aber du musst evtl. noch weitere Seiten aufrufen, um auch Informationen über diesen Aspekt zu bekommen.

- Versuche bei komplexeren Themen, die gefundenen Informationen zu überprüfen. Achte dabei darauf, möglichst unterschiedliche Quellen zu verwenden, damit du nicht auf falsche Informationen hereinfällst, die die Verfasser voneinander abgeschrieben haben.

– Seriöse Quellen sind in der Regel z.B. Internetlexika, Zeitungen und Zeitschriften, bekannte Institutionen oder Nichtregierungsorganisationen, für Informationen zu Städten oder Ländern oft auch die jeweiligen Webseiten der Orte oder der Touristeninformation.

– Wenn man noch nicht so gut Spanisch spricht, kann man sich auf deutschsprachigen Seiten natürlich sehr viel schneller informieren als auf spanischen. Es lohnt sich aber, auch mal auf die eine oder andere spanische Seite zu schauen, weil man dort relevanten Wortschatz oder hilfreiche Formulierungen findet, die man z. B für ein Referat nutzen kann.

– Schreibe aber nie ganze Abschnitte ab oder kopiere gar komplette Texte. Das ist nicht nur verboten und unfair, weil du dich damit des geistigen Eigentums anderer bedienst, sondern dein Lehrer oder deine Lehrerin wird sofort erkennen, dass du diesen Text unmöglich so geschrieben haben kannst.

– Damit nur Seiten in spanischer Sprache angezeigt werden, kann man in der Suchmaschine unter „Einstellungen" als Sprache Spanisch wählen, die Suche auf ein bestimmtes Land beschränken oder als Stichwort einen spanischen Begriff angeben. Letzteres funktioniert allerdings nur, wenn der Begriff nicht auch auf den deutschsprachigen Seiten vorkommt, z.B. in einem Namen.

MK
ePortfolio

Ein Portfolio ist eine Sammelmappe, die aus der Kunstwelt stammt und heute auch in vielen anderen Bereichen verwendet wird, z.B. im Fremdsprachenunterricht. Legt man eine digitale Sammlung an, spricht man von einem ePortfolio (auch elektronisches Portfolio oder digitales Portfolio genannt).

In einem Fremdsprachenportfolio sammelst du Texte und andere Produkte, die du für besonders gelungen hältst. Dafür legst du am besten einen elektronischen Ordner im Computer, auf dem Tablet oder in der Cloud an. Es gibt auch spezielle Tools oder Software, die das Anlegen und Ordnen erleichtern. Damit kann man das ePortfolio ähnlich wie eine Webseite gestalten, Materialien miteinander verlinken und – wenn man dies möchte – auch mit anderen teilen. Wenn du mit einem ePortfolio arbeitest, kannst du Tonaufnahmen oder Videos direkt hochladen. Schriftliche Texte, die du nicht am Computer geschrieben hast, kannst du abfotografieren oder einscannen und dann im ePortfolio speichern.

Um das ePortfolio zu füllen, überlegst du am besten in regelmäßigen Abständen (z. B. am Ende einer Lektion), welche Produkte du darin aufheben möchtest. Aufgaben, die dafür besonders geeignet sind, sind hier im Schulbuch oder im Arbeitsheft am Rand mit dem Symbol eP gekennzeichnet. Das ist z. B. die Rubrik „Tu grupo de amigas y amigos", aber auch viele Ergebnisse der *Minitareas* und *Tareas finales*.

Überlege dir auch eine Gliederung für dein ePortfolio oder verwende die Gliederung weiter, die du in Band 1 angelegt hast, und erweitere sie um die neuen Themen (z. B. die auf S. 150/151 genannten).

Wenn du deine Arbeiten über einen längeren Zeitraum sammelst, kannst du sehen, was du in dieser Zeit alles gelernt hast. Du kannst das ePortfolio – oder Auszüge daraus – aber auch anderen zeigen, z. B. deinen Eltern, jüngeren Geschwistern oder Freunden, die überlegen, ob sie auch Spanisch wählen sollen.

Expresiones útiles

Para hacer los ejercicios del libro

In der folgenden Aufstellung findet ihr die wichtigsten Arbeitsanweisungen. In der Regel werden Wörter, die nicht erschließbar sind, in den Arbeitsanweisungen übersetzt, wenn sie zum ersten Mal auftauchen.

Añade…
Füge … hinzu.

Apunta…
Notiere …

Ayuda a tu **compañera** / a tu **compañero**.
Hilf deiner **Mitschülerin** / deinem **Mitschüler**.

Busca en el texto las **palabras** / las **formas** / las **expresiones** / las **frases** que entiendes por el contexto.
Suche im Text die **Wörter** / die **Formen** / die **Ausdrücke** / die **Sätze**, die du aufgrund des Kontextes verstehst.

Busca las palabras que faltan.
Suche die fehlenden Wörter.

Cambiad los papeles.
Tauscht die Rollen.

Canta.
Singe.

Cierra el libro.
Schließe das Buch.

… **como en el ejemplo**.
… **wie im Beispiel**.

Compara tus **resultados** con…
Vergleiche deine **Ergebnisse** mit …

Completa las frases / la **regla** / la **tabla**.
Vervollständige die Sätze / die **Regel** / die **Tabelle**.

Completa el **texto** / el **diálogo** con la **forma correcta** del verbo.
Vervollständige den **Text** / den **Dialog** mit der **richtigen** Verb**form**.

Comprueba la pronunciación / si tus **respuestas** son correctas.
Überprüfe die Aussprache / Überprüfe, ob deine **Antworten** richtig sind.

Cuenta…
Erzähle …

Contesta las **preguntas**.
Beantworte die **Fragen**.

Continúa el mensaje.
Schreibe eine Fortsetzung der Nachricht.

Corrige las frases falsas **con ayuda** del texto.
Korrigiere die falschen Sätze **mithilfe** des Textes.

Crea…
Erschaffe …

Di si la **información** es correcta o no / qué **función** tiene…
Sag, ob die **Information** korrekt ist oder nicht / welche **Funktion** … hat.

Di cómo se **traduce**…
Sag, wie man … **übersetzt**.

Di de qué puede **tratar** el texto.
Sag, worum es in dem Text **gehen** könnte.

Decide…
Entscheide …

Describe las **fotos** / las **viñetas**.
Beschreibe die **Fotos** / die **Bilder** (des Comics).

Dibuja…
Zeichne …

Elige la respuesta correcta.
Wähle die richtige Antwort **aus**.

Encuentra las diferencias.
Finde die Unterschiede.

Escribe un **e-mail** / un diálogo / un texto / un **mensaje** / una **solución**.
Schreibe eine **E-Mail** / einen Dialog / einen Text / eine **Nachricht** / eine **Lösung**.

Escribe un **título** para cada foto.
Formuliere zu jedem Foto eine (Bild)**Unterschrift**.

Escribe como **mínimo** cuatro frases.
Schreibe mindestens vier Sätze.

Escucha el diálogo / el texto / la canción / las palabras / la **conversación** / el **audio**.
Höre dir den Dialog / den Text / das Lied / die Wörter / das **Gespräch** / den **Hörtext an**.

Explica qué significa… / cómo se forma… / las palabras que entiendes…
Erkläre, was … bedeutet / wie man … bildet / die Wörter, die du verstehst.

Explica por qué… / qué pasa.
Erkläre, warum … / was geschieht.

Fíjate en…
Achte auf …

Formad grupos de cuatro.
Bildet Vierergruppen.

Formula órdenes.
Formuliere Befehle.

Formula una descripción / una regla.
Formuliere eine Beschreibung / eine Regel.

Habla con tu compañera / tu compañero sobre…
Haz el **cuestionario**.
Haz frases / un **mapa mental** / una **red de vocabulario**.
Haced grupos de cuatro: A empieza con…
B sigue con…
Haced un **juego de rol**.
Haz preguntas / **suposiciones**.
Haz un **resumen**.
Imagínate que…
Inventa…
Juega con los dados.
Justifica tu **opinión**.
Lee el texto / el diálogo / **el cómic** / el **poema** / el **trabalenguas** / una parte del texto.
Leed el texto **en cadena** / **otra vez**.
Mira las **fotos** / el **dibujo**.
Muestra las fotos.
Nombra…
Observa…
Ordena los dibujos.
Ordena las letras.
Pregunta a tu compañera / tu compañero.
Prepara el **papel**.
Presenta los resultados a la clase.
Propón…
Relaciona las palabras con las fotos / los dibujos.
Repite las palabras.
Representa la escena en clase.
Responde las preguntas.
Resume…
Sigue…
Sustituye la palabra **en negrita por**…
Tira el dado / **los dados**.
Toma notas.
Trabaja con la página…
Trabajad en parejas / en grupo.
Traduce las frases.
Usa…
Utiliza las tarjetas / las frases de la **casilla**.

Sprich mit deiner Mitschülerin / deinem Mitschüler über …
Fülle den **Fragebogen aus**.
Bilde Sätze / Erstelle eine **Mindmap** / ein **Wörternetz**.
Bildet Vierer-Gruppen: A beginnt mit … B macht weiter mit …
Macht ein **Rollenspiel**.
Stelle Fragen. / **Stelle Vermutungen** an.
Schreibe eine **Zusammenfassung**.
Stelle dir vor, dass …
Erfinde …
Würfle.
Begründe deine **Meinung**.
Lies den Text / den Dialog / den **Comic** / das **Gedicht** / den **Zungenbrecher** / einen Teil des Textes.
Lest den Text **nacheinander** / **noch einmal**.
Schaue dir die **Fotos** / die **Zeichnung** an.
Zeige die Fotos.
Nenne …
Beobachte …
Ordne die Zeichnungen.
Bringe die Buchstaben **in die richtige Reihenfolge**.
Frag deine Mitschülerin / deinen Mitschüler.
Bereite die **Rolle vor**.
Präsentiere die Ergebnisse in der Klasse.
Schlage vor …
Ordne die Wörter den Fotos / den Zeichnungen **zu**.
Wiederhole die Wörter.
Spiele die Szene im Unterricht **nach**.
Beantworte die Fragen.
Fasse … **zusammen**.
Fahre fort …
Ersetze das **fett gedruckte** Wort **durch** …
Würfelt.
Mache dir Notizen.
Arbeite mit der Seite …
Arbeitet zu zweit / in Gruppen.
Übersetze die Sätze.
Benutze …
Verwende die Karten / die Sätze aus dem **Kästchen**.

Otras expresiones útiles en clase

**Lo que os dice vuestra profesora /
vuestro profesor**
… si tenéis que hacer un ejercicio.
Abrid los libros por la página…
Empezamos con la unidad… / el texto… /
el ejercicio…
¿Quién quiere empezar a leer?
¿Quién quiere continuar?
¿A quién le toca?
Cerrad los libros y escuchad el audio.
¿Entendéis todo?
Contestad las preguntas de la página…
¿Quién quiere salir a la pizarra?

**Was euch euere Lehrerin /
euer Lehrer sagt**
… wenn ihr eine Übung machen sollt.
Schlagt die Bücher auf Seite … auf.
Wir beginnen mit der Lektion … / dem Text … /
der Übung …
Wer möchte anfangen zu lesen?
Wer möchte weiter machen?
Wer ist dran?
Schließt die Bücher und hört euch den Hörtext an.
Versteht ihr alles?
Beantwortet die Fragen auf der Seite …
Wer will an die Tafel kommen?

… si algo (no) está bien.
Eso es. Muy bien. Excelente.
Habla más alto. No se te entiende.
Has cometido un error gramatical /
de vocabulario / de pronunciación.
Esto no es correcto. / Esto no está bien.
Repite la palabra / la frase.

… wenn etwas (nicht) gut ist.
Genau. Sehr gut. Ausgezeichnet.
Sprich lauter. Man versteht dich nicht.
Du hast einen Grammatik- /
Wortschatz- / Aussprachefehler gemacht.
Das ist nicht richtig.
Wiederhole das Wort / den Satz.

… para poner los deberes.
Los deberes para la próxima clase son
los ejercicios…
En casa hacéis el ejercicio… /
leéis el texto…

… um Hausaufgaben aufzugeben.
Die Hausaufgaben für nächstes Mal sind
die Übungen …
Zu Hause macht ihr die Übung … /
lest ihr den Text …

**Lo que vosotros podéis decir a
vuestra profesora / a vuestro profesor**
… si no sabéis qué hay que hacer
¿En qué página estamos?
¿Qué ejercicio estamos haciendo?
¿Qué deberes tenemos?

**Was ihr zu eurer Lehrerin / eurem Lehrer
sagen könnt,**
… wenn ihr nicht wisst, was ihr tun müsst.
Auf welcher Seite sind wir?
Welche Übung machen wir gerade?
Welche Hausaufgaben haben wir auf?

… si no sabéis algo.
Tengo una pregunta.
¿Se puede decir también…?
¿Cómo se pronuncia esta palabra?
¿Cómo se escribe…?
¿Es correcto? / ¿Está bien?
¿Podemos escuchar el audio otra vez?

… wenn ihr etwas nicht wisst.
Ich habe eine Frage.
Kann man auch … sagen?
Wie wird dieses Wort ausgesprochen?
Wie schreibt man …?
Ist das richtig?
Können wir den Hörtext noch einmal hören?

Hinweise

Das *Vocabulario* hat zwei Spalten: Die linke Spalte zeigt die neuen Vokabeln in der Reihenfolge des Vorkommens. In der rechten Spalte steht jeweils die deutsche Übersetzung der spanischen Vokabel bzw. des spanischen Ausdrucks. Die Wörter aus den Lektionstexten sind jeweils weiß unterlegt.

Die Angaben unter den Einträgen helfen dir beim Lernen der Vokabeln. Sie zeigen in Beispielsätzen typische Verwendungen des neuen Wortes oder weisen auf die Ähnlichkeit zum Englischen, Französischen und Lateinischen oder auf Synonyme, Antonyme und Wörter aus der gleichen Wortfamilie hin. So werden die neuen Wörter in deinem Gehirn mit Bekanntem vernetzt, sodass du sie besser behalten kannst.

Das *Diccionario* besteht aus zwei Teilen: Der spanisch-deutsche Teil (ab der Seite 213) führt alle spanischen Wörter aus *¡Vamos! ¡Adelante! Curso intensivo* 1 und 2 in alphabetischer Reihenfolge auf. Er enthält die deutsche Übersetzung sowie die Angabe des erstmaligen Vorkommens im Buch. Die deutsch-spanische Wortliste (ab der Seite 227) verzeichnet die deutschen Übersetzungen in alphabetischer Reihenfolge. Sie kann z.B. beim Verfassen spanischer Texte hilfreich sein. Auch in dieser Liste ist angegeben, wo das Wort zum ersten Mal vorkommt. Neuer Wortschatz der *Caja de sorpresas* steht nicht im Vokabular. Er wird auf den Seiten direkt erklärt und muss nicht gelernt werden.

Du kannst dich die Vokabeln auch abfragen lassen. Die Audionummer findest du bei jedem Lektionsteil im *Vocabulario*.

Symbole und Abkürzungen

adj.	adjetivo
adv.	adverbio
col.	coloquial (umgangssprachlich)
etw.	etwas
f.	femenino (weiblich)
jd	jemand
jdm	jemandem
jdn	jemanden
lat. am.	latinoamericano
m.	masculino (männlich)
pl.	plural (Mehrzahl)
pron. de rel.	pronombre de relativo (Relativpronomen)
sg.	singular (Einzahl)
ugs.	umgangssprachlich
E	Englisch
F	Französisch
L	Latein
=	Synonym (ein anderes Wort mit einer ähnlichen Bedeutung, z.B. hell = klar)
↔	Antonym (ein Gegensatz, z.B. sauber ↔ schmutzig)
⊙⊙	Wortfamilie

Kennzeichnung der Verben

c-qu	c wird zu qu (z.B. explicar)
c-z	c wird zu z (z.B. convencer)
g-j	g wird zu j (z.B. elegir)
g-gu	g wird zu gu (z.B. llegar)
gu-g	gu wird zu g (z.B. seguir)
-i-	e wird zu i (z.B. pedir)
-í-	i wird zu í (z.B. confiar)
-ie-	e-ie-Wechsel im Präsens (z.B. pensar)
-ie-/-i-	wie -ie-, zusätzlich wird e im pretérito indefinido und gerundio zu i (z.B. preferir)
ind.	indicativo
inf.	infinitivo
irr.	irregular (unregelmäßig)
subj.	subjuntivo
-ue-	o bzw. u wird zu ue (z.B. mover, jugar)
-ue-/-u-	wie -ue-, zusätzlich wird o im pretérito indefinido und gerundio zu u (z.B. dormir)
-y-	i wird zu y (z.B. construir)
z-c	z wird zu c (z.B. organizar)
-zco	c wird zu zco (z.B. conocer)

Stellenangaben im *Diccionario*

PP	Primer paso
A	Bloque A
B	Bloque B

Z.B.:	IU3A	= Band I, Unidad 3, Bloque A
	⟨IIU7C⟩	= Vokabeln der fakultativen Lektion 7C

Unidad 1

Primer paso   A 55 ◁))

la comunidad autónoma	die autonome Region (*entspricht etwa einem Bundesland*)
la provincia	die Provinz
F la province	
L provincia	
la situación	die Lage; die Situation
E situation	
F la situation	
en el norte	im Norden
Nunca vamos al sur porque tenemos una casa en el norte.	Wir fahren nie in den Süden, weil wir im Norden ein Haus haben.
limitar con...	grenzen an …
España limita con Portugal y Francia.	Spanien grenzt an Portugal und Frankreich.
la isla	die Insel
Mallorca es una isla.	Mallorca ist eine Insel.
E island	
F l'île	
L insula	
el pincho	das Häppchen
Comimos un pincho con pimiento en un bar.	In einer Bar aßen wir ein Häppchen mit Paprika.
el País Vasco	das Baskenland
el beso	der Kuss (*un beso = schriftliche Schlussformel*)
◯◯ el besito	◯◯ das Küsschen
la señal	das (Verkehrs)Schild
No vimos la señal. Por eso no encontramos el camino.	Wir haben das Schild nicht gesehen. Deshalb haben wir den Weg nicht gefunden.
el euskera	Baskisch; die baskische Sprache (*im Baskischen*)
practicar (*c-qu*) **deporte**	Sport treiben
el remo	das Rudern (*Sportart*)
la ría	*Meeresarm, der weit in das Land hineinreicht*
◯◯ el río	◯◯ der Fluss
el puente	die Brücke
La ciudad tiene un puente sobre el río.	In der Stadt gibt es eine Brücke über den Fluss.
F le pont	
L pons	
la torre	der Turm
E tower	
F la tour	
la cala	die Bucht
la ensaimada	die Ensaimada

el dulce	die Süßspeise; das Gebäckstück
Pedimos un dulce de postre.	Wir haben zum Nachtisch eine Süßspeise bestellt.
◯◯ dulce	◯◯ süß
la sierra	die Gebirgskette
el barco	das Schiff; das Boot
Podemos ir de Barcelona a Palma en barco.	Wir können mit dem Schiff von Barcelona nach Palma fahren.
el puerto	der Hafen
F le port	
L portus	
el catalán	Katalanisch; die katalanische Sprache

Bloque A   A 56 ◁))

el colegio	die Schule
Mi colegio tiene un patio muy grande.	Meine Schule hat einen großen Schulhof.
F le collège	
el casco viejo	die Altstadt
todo el... / toda la...	der/die/das ganze …
Tengo todo el dinero en la mochila.	Ich habe das ganze Geld im Rucksack.
la parte	der Teil
En mi ciudad hay una parte moderna y una antigua.	In meiner Stadt gibt es einen modernen und einen alten Teil.
E part	
L pars	
probar (*-ue-*) **algo**	etw. probieren
No conozco muchos platos, pero voy a probarlos todos.	Viele Gerichte kenne ich nicht, aber ich werde sie alle probieren.
dar (*irr.*) **un paseo**	spazierengehen
◯◯ el paseo	◯◯ der Spaziergang
el tráfico	der Verkehr
E traffic	
la zona peatonal	die Fußgängerzone
En una zona peatonal no hay coches.	In einer Fußgängerzone gibt es keine Autos.
F la zone piétonne	
gritar	schreien
Gritó como un loco cuando vio el tiburón.	Er hat wie ein Verrückter geschrien, als er den Hai gesehen hat.
◯◯ el grito	◯◯ der Schrei
el vasco	Baskisch; die baskische Sprache (*im Spanischen*)
En Bilbao la gente habla vasco y español.	In Bilbao sprechen die Leute Baskisch und Spanisch.
antes	damals; vorher
◯◯ antes de	◯◯ bevor; vor

la zona industrial — das Industriegebiet
La zona industrial está lejos de la ciudad. — Das Industriegebiet ist weit von der Stadt entfernt.
F la zone industrielle

la fábrica — die Fabrik

la contaminación — die Umweltverschmutzung
En la zona hay mucha contaminación porque hay muchas fábricas. — In der Gegend gibt es viel Umweltverschmutzung, weil es viele Fabriken gibt.

bastante — ziemlich
Tus notas son bastante malas. — Deine Noten sind ziemlich schlecht.

en cambio — dagegen
Yo quiero ir a Madrid, en cambio, Juan quiere ir a Bilbao. — Ich möchte gerne nach Madrid, Juan dagegen nach Bilbao.

hoy en día — heutzutage

la mascota — das Maskottchen
La mascota de mi equipo de fútbol es un perro. — Das Maskottchen meiner Fußballmannschaft ist ein Hund.
⊙ la mascota — ⊙ das Haustier

bailar — tanzen

en aquel tiempo — damals; zu der Zeit

todavía (no) — noch (nicht)
Todavía no sé a qué hora es el examen. — Ich weiß immer noch nicht, um wie viel Uhr wir die Klassenarbeit schreiben.

existir — existieren; bestehen
F exister

¿Qué pone ahí? — Was steht denn da?
⊙ poner — ⊙ setzen, stellen, legen

difícil — schwierig; schwer
Aprender alemán es muy difícil. — Es ist sehr schwer, Deutsch zu lernen.
E difficult
F difficile
L difficilis, -e

actualmente — im Augenblick; zurzeit
Actualmente vivo en Valencia. — Zurzeit wohne ich in Valencia.

sin embargo — dagegen; trotzdem
Juan estaba castigado sin salir y, sin embargo, fue a la fiesta. — Juan hatte Hausarrest und ist trotzdem zur Party gegangen.

estar prohibido, -a — verboten sein

tener razón — Recht haben

entonces — damals; zu der Zeit
No sé qué pasó porque entonces todavía no vivía en la ciudad. — Ich weiß nicht, was passiert ist, weil ich damals noch nicht in der Stadt gewohnt habe.
= en aquel tiempo — = damals; zu der Zeit

curioso, -a — neugierig
—¿Cuántos años tienes? — – Wie alt bist du?
—¡Qué curioso eres! — – Bist du aber neugierig!
E curious
F curieux, -se

en primer plano — im Vordergrund

en el centro — in der Mitte
F au centre

al fondo — hinten; im Hintergrund
Al fondo, en esta foto, puedes ver a mi perro, Lucky. — Auf diesem Foto kannst du im Hintergrund meinen Hund Lucky sehen.
F au fond

la verdad — die Wahrheit
Eso no es la verdad y tú lo sabes. — Das ist nicht die Wahrheit und das weißt du.
L veritas
F la vérité

Es verdad. — Das ist wahr.

Bloque B   A 57 ◁))

increíble — unglaublich
Mis vacaciones en Chile fueron increíbles. — Mein Urlaub in Chile war unglaublich (schön).
⊙ creer — ⊙ glauben, meinen
E incredible
F incroyable
L incredibilis, -e

el aeropuerto — der Flughafen
E airport
F l'aéroport

la vista — die (Aus)Sicht
Desde la torre tuvimos las mejores vistas al mar. — Vom Turm aus hatten wir den schönsten Blick auf das Meer.
⊙ ver — ⊙ anschauen; sehen

la ventana — das Fenster

curioso, -a — seltsam; merkwürdig

la llave — der Schlüssel
No encuentro la llave de casa. — Ich finde den Hausschlüssel nicht.

la forma — die Form

super- — super
El viaje a Madrid es supercaro. — Die Reise nach Madrid ist extrem teuer.

chulo, -a (col.) — toll (ugs.)
Estoy leyendo un libro muy chulo. — Ich lese gerade ein tolles Buch.
= fantástico, -a; guay; estupendo, -a — = fantastisch; toll; klasse; prima

el paisaje — die Landschaft
En el norte de España, el paisaje es muy verde. — In Nordspanien ist die Landschaft sehr grün.
⊙ el país — ⊙ das Land
F le paysage

bañar(se) — baden
⊙ el baño — ⊙ das Bad; das Badezimmer
F se baigner

el mar
Fuimos a la playa y vimos el mar.
F la mer
L mare

das Meer
Wir sind zum Strand gegangen und haben das Meer betrachtet.

el tío (col.)
⊚ el tío

der Typ (ugs.)
⊚ der Onkel

exagerado,-a
—Juan dice que tiene 1000 amigos.
—Pero sabes que es un tío exagerado.

übertrieben
– Juan sagt, dass er 1000 Freunde hat.
– Aber du weißt doch, dass er immer maßlos übertreibt.

olvidar algo
Olvidé las gafas en casa.

etw. vergessen
Ich habe meine Brille zu Hause vergessen.

las gafas de bucear (pl.)

die Taucherbrille

mientras (conj.)
Mientras tú preparas la comida, yo compro las bebidas.

während (Konj.)
Während du das Essen zubereitest, kaufe ich die Getränke.

quitarse algo

Entré en casa y me quité los zapatos.
↔ ponerse algo

(sich) etw. abnehmen; (sich) etw. ausziehen
Ich ging ins Haus und zog mir die Schuhe aus.
↔ etw. anziehen

guapo,-a
Juan es muy guapo, ¿no te parece?
↔ feo,-a

hübsch; schön
Juan ist sehr hübsch, findest du nicht?
↔ hässlich

reírse (irr.) **de algo/alguien**
¿De qué os estáis riendo?
F rire
L ridere

über etw./jdn lachen
Worüber lacht ihr?

¡Qué vergüenza!
¡Ir a la fiesta con mis padres! ¡Qué vergüenza!

Wie peinlich!
Mit meinen Eltern zur Party gehen! Wie peinlich!

contestar algo a alguien
Te escribí un mensaje, pero no me contestaste.

↔ preguntar

jdm etw. antworten
Ich hab dir eine Nachricht geschrieben, aber du hast mir nicht geantwortet.
↔ fragen

la estrella
Me gusta salir por la noche y mirar las estrellas.
F l'étoile
L stella

der Stern
Am Abend gehe ich gerne hinaus und schaue die Sterne an.

majo,-a (col.)
Mi amiga es muy maja.

nett
Meine Freundin ist sehr nett.

empezar (z-c, -ie-) **a hacer algo**
Mañana empiezo a estudiar francés. ¡Guay!

anfangen etw. zu tun; beginnen, etw. zu tun
Morgen fange ich an, Französisch zu lernen. Toll!

la orilla

das Ufer

de pronto
Estábamos en la playa y, de pronto, empezó a llover.

= de repente

plötzlich
Wir waren am Strand und plötzlich hat es angefangen zu regnen.
= plötzlich

siguiente
Tenemos el siguiente problema: nadie quiere ayudarnos.

folgend,-e,-r,-s
Wir haben folgendes Problem: Niemand will uns helfen.

al día siguiente

am nächsten Tag

el delfín

der Delfin

durar
El viaje fue muy largo. Duró cinco horas.
F durer

dauern
Die Reise war sehr lang. Sie dauerte fünf Stunden.

mogollón (col.)
Esa película me gusta mogollón.

sehr
Dieser Film gefällt mir sehr.

el amanecer

der Sonnenaufgang; der Tagesanbruch

el puesto
En la fiesta hay muchos puestos de comida.

der (Verkaufs)Stand
Auf dem Fest gibt es viele Essensstände.

la mujer
L mulier

die Frau

darse (irr.) **cuenta de algo**

Solo al final de la excursión nos dimos cuenta de que Ana no estaba allí.

sich einer Sache bewusst werden; etw. bemerken
Erst am Ende des Ausflugs merkten wir, dass Ana nicht da war.

mandar algo
Ella manda pocos mensajes.

etw. schicken
Sie schickt wenige Nachrichten.

el correo electrónico
Mi correo electrónico es jvillar85@gmail.com.

die E-Mail
Meine E-Mail-Adresse lautet jvillar85@gmail.com.

Unidad 2

Primer paso   A 58 🔊

sentirse (-ie-/-i-)
¿No te sientes bien?
¿Quieres un poco de agua?

sich fühlen
Fühlst du dich nicht wohl?
Möchtest du etwas Wasser?

dejar hacer algo a alguien
Mi madre no me deja dormir en casa de Ana.

jdn etw. tun lassen
Meine Mutter lässt mich nicht bei Ana übernachten.

entender (-ie-) **algo / a alguien**
No entiendo por qué siempre llegas tarde.

etw./jdn verstehen

Ich verstehe nicht, warum du immer zu spät kommst.

el/la joven
Muchos jóvenes no quieren ser como sus padres.
F le jeune

der/die Jugendliche
Viele Jugendliche möchten nicht so sein wie ihre Eltern.

otra vez
¡Luis llega otra vez tarde!

noch einmal; (schon) wieder
Luis kommt schon wieder zu spät!

⊕ la vez

⊕ das Mal

el proyecto
E project
F le projet

der Plan; das Projekt

estar sorprendido,-a
Mi padre está sorprendido con las noticias.
⊕ la sorpresa
E surprised
F surpris,-e

überrascht sein
Mein Vater ist von den Nachrichten überrascht.
⊕ die Überraschung

estar deprimido,-a
Lucía está deprimida porque no puede ir a la fiesta.
E depressed
F déprimé,-e

deprimiert sein; bedrückt sein
Lucía ist bedrückt, weil sie nicht auf die Party gehen kann.

estar cansado,-a
Ayer dormí muy poco y hoy estoy cansado.

müde sein
Gestern hab ich sehr wenig geschlafen und heute bin ich müde.

estar decepcionado,-a

enttäuscht sein

estar triste
F triste
L tristis,-e

traurig sein

estar nervioso,-a
Estoy muy nervioso porque mañana tengo un examen.
E nervous
F nerveux,-euse

nervös sein
Ich bin sehr nervös, weil ich morgen eine Klassenarbeit habe.

estar aburrido,-a
Estoy aburrido porque todos mis amigos están de vacaciones.

gelangweilt sein
Mir ist langweilig, weil alle meine Freunde in Urlaub sind.

estar enamorado,-a (de algo/alguien)
Estoy enamorada de Luis.
⊕ el amor

(in etw./jdn) verliebt sein

Ich bin in Luis verliebt.
⊕ die Liebe

estar preocupado,-a
Estoy preocupada por el examen de mañana.

besorgt sein
Ich mache mir Sorgen wegen der Klassenarbeit morgen.

Bloque A   A 59 🔊

en realidad
estar hecho,-a polvo (col.)

Ayer corrí 10 kilómetros y hoy estoy hecho polvo.

eigentlich; in Wirklichkeit
total kaputt sein (ugs.); völlig fertig sein

Gestern bin ich 10 Kilometer gelaufen und heute bin ich völlig fertig.

la solución
Yo no veo la solución al problema.
⊕ solucionar
E solution
F la solution

die Lösung
Ich sehe keine Lösung für das Problem.
⊕ lösen

el diccionario
Mira en el diccionario qué significa la palabra "pez".
E dictionary
F le dictionnaire

das Wörterbuch
Schau im Wörterbuch nach, was das Wort „pez" bedeutet.

el mapa
No encuentro en el mapa dónde está Cáceres.
E map

die (Land)Karte
Auf der Karte finde ich nicht, wo Cáceres liegt.

desde entonces
El mes pasado conoció a María y, desde entonces, es muy feliz.

seitdem
Im letzten Monat hat er María kennengelernt und seitdem ist er sehr glücklich.

odiar algo / a alguien
Odio no tener tiempo para mí.

etw./jdn hassen
Ich hasse es, keine Zeit für mich zu haben.

responsable
Olga es muy responsable. Si dice que te va a ayudar, lo va a hacer.

verantwortungsbewusst
Olga ist sehr verantwortungsbewusst. Wenn sie sagt, dass sie dir hilft, wird sie es tun.

estar hasta las narices de algo / de alguien (col.)
Estoy hasta las narices de tus preguntas.

die Nase von etw./jdm voll haben
Ich habe die Nase voll von deinen Fragen.

la vida
F la vie
L vita

das Leben

imposible
¡Qué ruido! Es imposible dormir en esta casa.
E F impossible

unmöglich
Was für ein Lärm! Es ist unmöglich, in diesem Haus zu schlafen.

hacer la vida imposible a alguien

jdm das Leben schwer machen; jdm das Leben zur Hölle machen

Mi madre me hace la vida imposible. No me deja hacer nada.

Meine Mutter macht mir das Leben schwer. Sie lässt mich nichts machen.

estar harto,-a de algo / de alguien
Estoy harta de que me digas siempre lo que tengo que hacer.

etw./jdn satt haben

Ich habe es satt, dass du mir ständig sagst, was ich tun soll.

ser aburrido,-a
La película no me gustó porque era muy aburrida.

langweilig sein
Der Film hat mir nicht gefallen, weil er sehr langweilig war.

↔ interesante

↔ interessant

el compañero / la compañera

der Mitschüler / die Mitschülerin

dejar colgado,-a a alguien (*col.*)	jdn hängen lassen
la mentira	die Lüge
¿Tú vas mañana a Madrid? Eso es una mentira.	Du fährst morgen nach Madrid? Das ist doch eine Lüge.
↔ la verdad	↔ die Wahrheit
decir (*irr.*) **una mentira**	lügen
Acabas de decir una mentira: tú no conoces a Antonio Banderas.	Du hast gerade gelogen: Du kennst Antonio Banderas nicht.
F mentir	
L mentiri	
alegre	fröhlich
Paula normalmente es una persona alegre. Pero actualmente le pasa algo: siempre parece triste.	Paula ist normalerweise ein fröhlicher Mensch. Aber zur Zeit ist etwas los mit ihr: sie scheint immer traurig zu sein.
↔ triste	↔ traurig
romper (*irr.*) **con alguien**	sich von jdm trennen; mit jdm Schluss machen
Juan rompió ayer con su novia.	Juan hat sich gestern von seiner Freundin getrennt.
alegrarse de algo	sich über etw. freuen
◯◯ alegre	◯◯ fröhlich
soportar algo / a alguien	etw./jdn ertragen
No soporto a la familia de mi padre.	Die Familie meines Vaters ertrage ich nicht.
F supporter	
comerse el coco (*col.*)	sich den Kopf zerbrechen (*ugs.*)
Luisa se está comiendo el coco con sus problemas.	Luisa zerbricht sich wegen ihrer Probleme den Kopf.
molestar a alguien	jdn stören; jdn belästigen; jdn ärgern
Me molesta que nunca me ayudes.	Es ärgert mich, dass du mir nie hilfst.
tener miedo de algo / de alguien	vor etw./jdm Angst haben
Yo tengo miedo de estar solo en casa.	Ich habe Angst davor, alleine zu Hause zu sein.

Bloque B A 60 🔊

lógico,-a	logisch
E logical	
F logique	
sobre todo	vor allem
Me gusta mucho España, sobre todo Andalucía.	Ich mag Spanien sehr, vor allem Andalusien.
explicar (*c-qu*) **algo a alguien**	jdm etw. erklären
¿Me puedes explicar los deberes, por favor?	Kannst du mir bitte die Hausaufgaben erklären?
E to explain	
F expliquer	

confiar (*-i-*) **en algo/alguien**	etw./jdm vertrauen; in etw./jdn Vertrauen haben
Confía en mí. No te voy a dejar colgada.	Vertrau mir. Ich werde dich nicht hängen lassen.
¡Ánimo!	Kopf hoch!
L animus	
discutir con alguien sobre algo	mit jdm über etw. diskutieren; mit jdm über etw. streiten
F discuter	
en serio	im Ernst
controlar algo / a alguien	etw./jdn kontrollieren
E to control	
F contrôler	
la relación	die Beziehung
F la relation	
pedir (*-i-*) **algo a alguien**	jdn um etw. bitten
Te pido que me ayudes con el proyecto.	Ich bitte dich, dass du mir bei dem Projekt hilfst.
pedir (*-i-*) **perdón a alguien**	sich bei jdm entschuldigen
Lo siento. Llego tarde. Te pido perdón.	Es tut mir leid, dass ich zu spät komme. Bitte entschuldige.
planear algo	etw. planen
◯◯ el plan	◯◯ der Plan
Mejor solo,-a que mal acompañado,-a.	Lieber allein als in schlechter Gesellschaft.
esperar algo	etw. (er)hoffen; etw. erwarten
◯◯ esperar	◯◯ warten
proponer (*irr.*) **algo a alguien**	jdm etw. vorschlagen
F proposer	
L proponere	
la excepción	die Ausnahme
E F exception	
L exceptio	
prometer algo a alguien	jdm etw. versprechen
E to promise	
F promettre	
L promittere	
sacar (*c-qu*) **buenas/malas notas**	gute/schlechte Noten bekommen
Mi hermano siempre saca buenas notas.	Mein Bruder bekommt immer gute Noten.
posible	möglich
↔ imposible	↔ unmöglich
E F possible	
L possibilis, -e	
por cierto	übrigens
En enero, por cierto, empiezo un curso de alemán.	Ab Januar fange ich übrigens einen Deutschkurs an.
actual	aktuell; jetzig
◯◯ actualmente	◯◯ im Augenblick; zur Zeit

horrible — schrecklich
⊙ el horror — ⊙ der Horror
⊙ ¡Qué horror! — ⊙ Wie entsetzlich!
E F horrible
L horribilis, -e

Es una pena. — Es ist schade.
Es una pena, pero no podemos ir a la excursión. — Es ist schade, aber wir können nicht mit auf den Ausflug kommen.

cambiar (de) algo — etw. (aus)tauschen; etw. ändern

dejar a alguien — jdn verlassen; jdn sitzen lassen

hace poco — vor Kurzem
—¿Desde cuándo conoces a Pilar? — – Seit wann kennst du Pilar?
—Desde hace poco: una o dos semanas. — – Seit Kurzem, seit einer oder zwei Wochen.

permitir (hacer) algo a alguien — jdm etw. erlauben; jdm erlauben, etw. zu tun; zulassen, dass jd etw. tut
El profesor no permite los móviles en clase. — Der Lehrer erlaubt keine Handys im Unterricht.

ser un rollo (col.) — langweilig sein
Hacer el mismo trabajo todo el día es un rollo. — Den ganzen Tag die gleiche Arbeit zu machen ist langweilig.
= ser aburrido, -a — = langweilig sein

el comentario — der Kommentar
E comment
F commentaire

fácil — einfach; leicht
↔ difícil — ↔ schwierig
F facile
L facilis, -e

la tontería — die Dummheit
¿Cómo puedes decir esa tontería? — Wie kannst du so etwas Dummes sagen?
⊙ tonto, -a — ⊙ dumm

Unidad 3

Primer paso   A 61 ◁))

los medios — die Medien
E media
F les médias

digital — digital
E F digital

usar algo — etw. verwenden; etw. benutzen
E to use

conectarse a algo — sich mit etw. verbinden
⊙ la conexión — ⊙ der Anschluss

el videojuego — das Videospiel; das Computerspiel
¿Quieres jugar con mi videojuego? Es nuevo. — Möchtest du mit meinem Computerspiel spielen? Es ist neu.

acceder a algo — Zugang zu etw. haben; auf etw. zugreifen
E to access
F accéder
L accedere

la red social — das soziale Netzwerk
la red — das Netz; das Internet
F le réseau

la tableta — das Tablet
E tablet
F la tablette

la radio — das Radio
Mi madre escucha siempre las noticias en la radio. — Meine Mutter hört sich immer die Nachrichten im Radio an.

la cámara de fotos — der Fotoapparat
el periódico — die Zeitung
la aplicación — die Anwendung; die App
el televisor — der Fernseher
Mis padres no me permiten tener televisor en la habitación. — Meine Eltern erlauben mir nicht, einen Fernseher im Zimmer zu haben.

muchas veces — oft
⊙ la vez — ⊙ das Mal

pocas veces — selten
el vídeo — das Video
Maite hizo un vídeo muy chulo de Bilbao. — Maite hat ein tolles Video über Bilbao gemacht.

subir algo — etw. hochladen
vender algo — etw. verkaufen
Voy a vender mi bicicleta porque necesito dinero. — Ich werde mein Fahrrad verkaufen, weil ich Geld brauche.
↔ comprar — ↔ kaufen
F vendre

el trabajo — die Arbeit
Ana no va al cine. Tiene mucho trabajo. — Ana geht nicht ins Kino. Sie hat viel Arbeit.
⊙ trabajar — ⊙ arbeiten
F le travail

seguir (gu-g; -i-) **algo / a alguien** — etw./jdm folgen
L sequi

el blog — der Blog
la página web — die Webseite
la coma — das Komma
... por ciento — ... Prozent
El noventa por ciento de los alumnos tiene un móvil. — Neunzig Prozent der Schüler haben ein Handy.

el tercio — das Drittel
F le tiers

la mitad — die Hälfte

la mayoría — die Mehrheit; die meisten
La mayoría de mis amigos viven en mi ciudad. — Die meisten meiner Freunde wohnen in meiner Stadt.
E majority
F la majorité

Bloque A   A 62 🔊

el experimento — das Experiment
E experiment

es decir — das heißt; das bedeutet
Hoy no puedes salir, es decir, estás castigada. — Heute gehst du nicht raus, das bedeutet, du hast Hausarrest.

utilizar *(z-c)* **algo** — etw. benutzen
= usar — = verwenden, benutzen
F utiliser

adicto,-a — süchtig
¿Diez horas delante del ordenador? — Zehn Stunden vor dem Computer? Du bist süchtig!
¡Tú eres un adicto! —
E addicted

en primer lugar — zuerst; zunächst einmal
⊗ el lugar — ⊗ der Ort

disfrutar (de) algo — etw. genießen
Tienes que disfrutar del viaje y descansar. — Du musst die Reise genießen und dich ausruhen.

la comunicación — die Kommunikation
E communication
F la communication

el director/la directora — der Direktor / die Direktorin
F le directeur / la directrice

la experiencia — die Erfahrung
E experience
F l'expérience

útil — nützlich; hilfreich
Es muy útil hablar diferentes idiomas. — Es ist sehr nützlich, verschiedene Sprachen zu sprechen.
F utile
L utilis,-e

aguantar algo — etw. durchhalten
¡Seis meses sin vacaciones! No aguanto un día más. — Sechs Monate ohne Ferien! Ich halte keinen Tag länger durch.

estar seguro,-a de que — sicher sein, dass
Estoy seguro de que Pedro acaba de decirme una mentira. — Ich bin sicher, dass Pedro mich gerade angelogen hat.

hacer trampas — mogeln; schummeln
Vamos a jugar, pero nadie puede hacer trampas, ¿vale? — Lasst uns spielen, aber keiner darf mogeln, o. k.?

la excusa — die Ausrede; die Entschuldigung
E F excuse

quejarse — sich beklagen
Raúl se queja porque tiene muchos deberes para mañana. — Raúl beklagt sich, weil er für morgen viele Hausaufgaben hat.

la pantalla — der Bildschirm

por un lado…, por otro lado… — einerseits …, andererseits …

el despertador — der Wecker
Pon el despertador para las siete. — Stelle den Wecker auf 7 Uhr.

práctico,-a — praktisch
Una maleta tan grande no es muy práctica. — So ein großer Koffer ist nicht sehr praktisch.
E practical
F pratique

la silla de ruedas — der Rollstuhl
⊗ la silla — ⊗ der Stuhl

por lo tanto — daher; darum
= por eso — = deswegen, deshalb

mejorar algo — etw. verbessern
Tú tienes que mejorar tus notas o vas a tener que estudiar en verano. — Du musst deine Noten verbessern oder im Sommer lernen.
⊗ mejor — ⊗ besser

así que — sodass; das bedeutet, dass; deshalb
Estoy enfermo así que no puedo ir al colegio. — Ich bin krank, sodass ich nicht zur Schule gehen kann.
= por eso; por lo tanto — = deswegen; deshalb, daher; darum

desconectar algo — etw. trennen; etw. abschalten
↔ conectarse a algo — ↔ sich mit etw. verbinden

sino — sondern
No vamos en coche sino en bicicleta. — Wir fahren nicht mit dem Auto, sondern mit dem Rad.

sino que — sondern (dass)
No tomamos el coche sino que vamos en bicicleta. — Wir nehmen nicht das Auto, sondern fahren mit dem Rad.

la manera — die Art; die Weise
F la manière

el adulto / la adulta — der/die Erwachsene
↔ el niño / la niña — ↔ das Kind
E adult
F l'adulte

estar enganchado,-a a algo / a alguien — von etw./jdm abhängig sein; nach etw./jdm süchtig sein
Mi hermano está enganchado a los videojuegos. — Mein Bruder ist süchtig nach Computerspielen.
= adicto,-a — = süchtig

la ventaja — der Vorteil
E advantage
F l'avantage

la desventaja	der Nachteil
no obstante	dennoch; trotzdem
Llueve mucho. No obstante, voy a ir a correr.	Es regnet, aber ich werde trotzdem laufen gehen.
= sin embargo	= dagegen, trotzdem
quizá(s)	vielleicht
Quizás venga mañana, pero no lo sé.	Vielleicht komme ich morgen, aber ich weiß noch nicht.
= a lo mejor	= vielleicht
estar en contra de algo / alguien	gegen etw./jdn sein
Mi padre está en contra de trabajar los domingos.	Mein Vater ist gegen Sonntagsarbeit.
participar en algo	an etw. teilnehmen
Quiero participar en el nuevo grupo de teatro del instituto.	Ich möchte bei der neuen Theatergruppe der Schule mitmachen.
F participer	

Bloque B   A 63 ◁)))

respetar algo / a alguien	etw./jdn achten;
E to respect	etw./jdn respektieren
F respecter	
denunciar algo / a alguien	etw./jdn anzeigen
F dénoncer	
L denuntiare	
el ciberacoso	das Cybermobbing
Muchos jóvenes no denuncian el ciberacoso porque tienen miedo.	Viele Jugendliche zeigen Cybermobbing nicht an, weil sie Angst haben.
la duda	der Zweifel
Si tenéis dudas sobre el proyecto, podéis llamarme.	Wenn ihr Fragen zum Projekt habt, könnt ihr mich anrufen.
el cartel	das Plakat
la campaña	die Kampagne
E campaign	
F la campagne	
a favor de algo/alguien	für etw./jdn
Estoy a favor de una ciudad sin coches.	Ich bin für eine autofreie Stadt.
↔ en contra de algo	↔ gegen etw.
la imagen (*pl.* **imágenes**)	das Bild; das Aussehen
el acoso	das Mobbing
amenazar (*z-c*) **a alguien**	jdn bedrohen
El chico me amenazó y yo me fui a la policía.	Der Junge hat mich bedroht und ich bin zur Polizei gegangen.
F menacer	
el acosador / la acosadora	der Verfolger / die Verfolgerin; der Belästiger / die Belästigerin
∞ el acoso	∞ das Mobbing
fuerte	stark; kräftig
F fort, -e	
L fortis, -e	

la víctima	das Opfer
E victim	
F la victime	
L victima	
difundir algo	etw. verbreiten
L diffundere	
el rumor	das Gerücht
Era solo un rumor, pero Pablo pensó que era verdad.	Es war nur ein Gerücht, aber Pablo dachte, es sei wahr.
E rumour	
F la rumeur	
L rumor	
el insulto	die Beleidigung
E insult	
F l'insulte	
sufrir (algo)	leiden; etw. erleiden
Yo sufría mucho porque nadie me hablaba.	Ich hab viel gelitten, weil keiner mit mir geredet hat.
E to suffer	
F souffrir	
para que (*+ subj.*)	damit
Tú estudias mucho para que tu padre te deje salir esta noche.	Du lernst viel, damit dein Vater dich heute Abend ausgehen lässt.
∞ para	∞ für; um … zu
acosar a alguien	jdn bedrängen; jdn mobben
∞ el acoso	∞ das Mobbing
tímido, -a	schüchtern
Juan es muy tímido y no puede hablar con las chicas.	Juan ist sehr schüchtern und spricht nicht mit Mädchen.
F timide	
L timidus, -a, -um	
dar vergüenza a alguien	jdm peinlich sein
Me da vergüenza hablar delante de toda la clase.	Mir ist es peinlich, vor der ganzen Klasse zu sprechen.
∞ ¡Qué vergüenza!	∞ Wie peinlich!
al principio	am Anfang
ignorar algo / a alguien	etw./jdn ignorieren
apoyar algo / a alguien	etw./jdn unterstützen
Beatriz es una buena amiga y siempre me apoya en todo.	Beatriz ist eine gute Freundin und unterstützt mich immer in allem.
= ayudar	= helfen
F appuyer	
por supuesto	natürlich; selbstverständlich
Por supuesto que voy a celebrar mi cumple.	Natürlich werde ich meinen Geburtstag feiern.
peligroso, -a	gefährlich
Ir de noche a pie por ese barrio es muy peligroso.	Es ist sehr gefährlich, nachts durch dieses Viertel zu gehen.
L periculosus, -a, -um	
responsable	verantwortlich; verantwortungsvoll
E responsible	
F responsable	

instalar algo	etw. einrichten;
E to install	etw. installieren
F installer	
el programa antivirus	das Antivirenprogramm
desaparecer *(-zco)*	verschwinden
Juan desapareció de repente	Juan ist plötzlich von der
de la fiesta.	Party verschwunden.
E to disappear	
F disparaître	
evitar algo	etw. vermeiden;
F éviter	etw. verhindern
el desconocido /	der/die Unbekannte
la desconocida	
¡No puedes contar esas cosas	Du kannst Unbekannten so
a desconocidos!	etwas nicht erzählen!
⊙ conocer	⊙ kennen, kennenlernen
los datos personales	die Personalien; die An-
	gaben zur Person
ofrecer *(-zco)* **algo a alguien**	jdm etw. anbieten
E to offer	
F offrir	
L offerre	
guardar algo	etw. aufbewahren; etw. be-
	halten; etw. speichern
la prueba	der Beweis
E proof	
F la preuve	
antes de que *(+ subj.)*	bevor
⊙ antes	⊙ vorher
luchar por/contra algo/	für/gegen etw./jdn kämpfen
alguien	

Unidad 4

Primer paso   A 64 ◁))

el ingeniero / la ingeniera	der Ingenieur /
F l'ingénieur	die Ingenieurin
el enfermero / la enfermera	der Krankenpfleger /
	die Krankenpflegerin
⊙ enfermo, -a	⊙ krank
el monitor / la monitora	der Fitnesstrainer /
F le moniteur, la monitrice	die Fitnesstrainerin
el reportero / la reportera	der Reporter / die Reporterin
E reporter	
F le/la reporter	
el secretario / la secretaria	der Sekretär / die Sekretärin
La secretaria está ya en la	Die Sekretärin ist schon im
secretaría del colegio.	Schulsekretariat.
E secretary	
F le/la secrétaire	
el diseñador / la diseñadora	der Webdesigner /
de páginas web	die Webdesignerin

el hospital	das Krankenhaus
E hospital	
F l'hôpital	
servir *(-i-)* **algo a alguien**	jdm etw. servieren
E to serve	
F servir	
la oficina	das Büro
E office	
diseñar algo	etw. zeichnen;
	etw. entwerfen
motivar a alguien	jdn motivieren
E to motivate	
F motiver	
el/la participante	der Teilnehmer /
	die Teilnehmerin
Hay muchos participantes en	Mein Gitarrenkurs hat viele
mi clase de guitarra.	Teilnehmer.
⊙ participar en algo	⊙ an etw. teilnehmen
F le participant /	
la participante	
crear algo	etw. (er)schaffen;
E to create	etw. erstellen
F créer	
L creare	
el artículo	der Artikel
En el periódico de hoy	In der Zeitung von heute
hay un artículo sobre	ist ein Artikel über unsere
nuestro colegio.	Schule.
E F article	
el aparato	das Gerät; der Apparat
la empresa	die Firma; das Unternehmen
Mi hermana trabaja en	Meine Schwester arbeitet in
una empresa de coches.	einer Autofirma.
la profesión	der Beruf
F la profession	
creativo, -a	kreativ
⊙ crear algo	⊙ etw. (er)schaffen
E creative	
F créatif, -ive	
emprendedor, -ora	unternehmungslustig, aktiv
Hugo es un chico muy	Hugo ist ein sehr unter-
emprendedor: tiene	nehmungslustiger Junge:
un montón de ideas y	Er hat eine Menge Ideen und
hace muchísimas cosas.	macht viele Sachen.
⊙ la empresa	⊙ das Unternehmen
flexible	flexibel
E F flexible	
comunicativo, -a	kontaktfreudig; offen
⊙ la comunicación	⊙ die Kommunikation
F communicativ, -ive	
amable	liebenswürdig; freundlich
F aimable	
L amabilis, -e	

ser abierto,-a	offen sein; aufgeschlossen sein
seguro,-a de sí mismo,-a	selbstsicher; selbstbewusst
Pilar es muy tranquila y segura de sí misma.	Pilar ist sehr ruhig und selbstsicher.
⃝ seguro,-a	⃝ sicher
serio,-a	ernst; ernsthaft
Javier es muy serio. No se ríe mucho.	Javier ist sehr ernst. Er lacht nicht viel.
⃝ en serio	⃝ im Ernst
E serious	
F sérieux,-euse	
estar en forma	in Form sein; fit sein
Actualmente no hago deporte, por eso no estoy en forma.	Ich mache zur Zeit keinen Sport, deswegen bin ich nicht in Form.
el equipo	das Team
F l'équipe	
el turno (de trabajo)	die (Arbeits)Schicht
Pablo trabaja por turnos y siempre está cansado.	Pablo arbeitet Schicht und ist immer müde.
viajar	reisen
⃝ el viaje	⃝ die Reise
la paciencia	die Geduld
Yo soy un desastre, pero mi madre tiene mucha paciencia conmigo.	Ich bin ein Chaot, aber meine Mutter hat viel Geduld mit mir.
E F patience	
ganar algo	etw. verdienen
El mes pasado gané mucho dinero porque trabajé mucho.	Vergangenen Monat habe ich viel Geld verdient, weil ich viel gearbeitet habe.
F gagner	
regular	regelmäßig
E regular	
F regulier,-ière	
la afición	das Hobby
la oportunidad	die Gelegenheit; die Chance
E opportunity	
L opportunitas	
el medioambiente	die Umwelt
Tenemos que luchar por el medioambiente.	Wir müssen für die Umwelt kämpfen.

Bloque A   A 65 ⊲))

el interés	das Interesse
⃝ interesar a alguien	⃝ jdn interessieren
E interest	
F l'intérêt	
el punto fuerte	die Stärke
Hablar delante de mucha gente no es mi punto fuerte.	Vor vielen Menschen zu sprechen ist nicht meine Stärke.
⃝ fuerte	⃝ stark; kräftig

el futuro	die Zukunft
Todavía no sé qué quiero hacer en el futuro.	Ich weiß noch nicht, was ich in Zukunft machen möchte.
E future	
F le future	
L futurum	
bilingüe	zweisprachig
Ana es bilingüe: habla inglés y francés.	Ana ist zweisprachig: Sie spricht Englisch und Französisch.
E bilingual	
F bilingue	
pobre	arm
Vivimos en un país rico, pero hay gente que es muy pobre.	Wir leben in einem reichen Land, aber es gibt Leute, die sehr arm sind.
↔ rico,-a	↔ reich
E poor	
F pauvre	
L pauper	
ser (*irr.*)	werden
Olga va a ser médica, como su madre.	Olga wird Ärztin werden, wie ihre Mutter.
elegir (*g-j, -i-*) **algo / a alguien**	etw./jdn (aus)wählen
¿Cómo voy a elegir solo unos zapatos? ¡Son todos tan bonitos!	Wie soll ich mir nur allein Schuhe aussuchen? Sie sind alle schön.
L eligere	
el Bachillerato	*span. Schulwesen: entspricht in etwa der Oberstufe*
las Humanidades	die Geisteswissenschaften
las Ciencias Sociales	die Gesellschafts- wissenschaften
la universidad	die Universität
E university	
F l'université	
el sueño	der Traum
Yo tengo un sueño: vivir en Mallorca.	Ich habe einen Traum: auf Mallorca zu leben.
interesarle a alguien	jdn interessieren
Me interesa ver esa película. ¿Y a ti?	Ich habe Interesse daran, diesen Film zu sehen. Und du?
⃝ interesante	⃝ interessant
E to interest	
F intéresser	
las Ciencias Económicas	die Wirtschaftswissen- schaften
las prácticas	das Praktikum
Me gustaría hacer unas prácticas en una empresa en España.	Ich würde gerne ein Praktikum in einer Firma in Spanien machen.
la ONG (organización no gubernamental)	die NGO (*non-governmental organisation*; Nichtregierungs- organisation)
Los martes trabajo en una ONG: ayudamos allí a mucha gente.	Dienstags arbeite ich in einer NGO: Dort helfen wir vielen Menschen.

sociable	kontaktfreudig, offen
algunos, -as	einige
Algunos alumnos quieren hacer una excursión a la costa.	Einige Schüler wollen einen Ausflug an die Küste machen.
ningún/ninguno, -a	kein, -e, -r, -s
—¿No has comprado ningún libro?	– Hast du kein Buch gekauft?
—No, no he comprado ninguno.	– Nein, ich habe keines gekauft.
gran *(vor Nomen)*	groß; großartig
Ir al extranjero puede ser una gran experiencia.	Ins Ausland zu gehen kann eine großartige Erfahrung sein.
los estudios	das Studium
En octubre voy a empezar mis estudios de Informática.	Im Oktober werden ich mein Informatikstudium beginnen.
⬙ estudiar	⬙ lernen; studieren
E studies	
F les études	
L studium	
desde que	seitdem
Desde que aprendo español, paso los veranos en España.	Seitdem ich Spanisch lerne, verbringe ich die Sommer in Spanien.
la decisión	die Entscheidung
E decision	
F la décision	
simple	einfach
Esta aplicación es muy simple, pero muy útil.	Diese App ist sehr einfach, aber sehr nützlich.
E F simple	
L simplex	
antiguo, -a *(vor Nomen)*	vorherige, -r, -s
Yo veo todavía a algunos de mis antiguos compañeros de clase.	Ich sehe einige meiner ehemaligen Schulkameraden noch.
estar de buen/mal humor	gut/schlecht gelaunt sein
E to be in a good/bad humour	
F être de bonne/mauvaise humeur	
la creación	das Erstellen; das Schaffen
⬙ crear algo	⬙ etw. (er)schaffen
⬙ creativo, -a	⬙ kreativ
la fotografía	das Fotografieren; die Fotografie
⬙ la foto	⬙ das Foto
el concurso	der Wettbewerb
Nos dieron un regalo en el concurso.	Sie haben uns für den Wettbewerb ein Geschenk gegeben.
F le concours	
aburrirse	sich langweilen
Me aburro. ¿Por qué no vamos al cine?	Mir ist langweilig. Warum gehen wir nicht ins Kino?
= estar aburrido, -a	= gelangweilt sein

el tipo	die Art
No me gusta ese tipo de preguntas.	Ich mag diese Art Fragen nicht.
arreglar algo	etw. reparieren
¿Es verdad que sabes arreglar televisores?	Ist es wahr, dass du Fernseher reparieren kannst?
romperse *(irr.)*	kaputt gehen
¡Uy! ¿Se ha roto otra vez tu móvil?	Was, dein Handy ist schon wieder kaputt gegangen?
simple *(vor Nomen)*	nur ein, -e, -r, -s
Era una simple pregunta. No quería molestarte.	Es war nur eine Frage. Ich wollte dich nicht ärgern.
la mirada	der Blick
⬙ mirar algo / a alguien	⬙ etw./jdn anschauen
funcionar	funktionieren
Internet no funciona otra vez. ¡Estoy harto!	Das Internet funktioniert schon wieder nicht. Ich habe es satt!
la formación (profesional)	die (Berufs)Ausbildung
F la formation professionnelle	
abrir *(irr.)* **algo**	etw. öffnen; etw. eröffnen
Han abierto una biblioteca muy moderna en mi barrio.	In meinem Viertel wurde eine sehr moderne Bibliothek eröffnet.
⬙ ser abierto, -a	⬙ offen sein; aufgeschlossen sein
propio, -a	eigene, -r, -s
Esta tarta es mi propia creación. Tienes que probarla.	Diese Torte ist meine eigene Kreation. Du musst sie probieren.
F propre	
el jefe/la jefa	der Chef/die Chefin
la respuesta	die Antwort
No tengo una respuesta para esa pregunta. Lo siento.	Ich habe auf diese Frage keine Antwort. Tut mir leid.
↔ la pregunta	↔ die Frage
F la réponse	
el texto	der Text
la etapa	die Etappe; der Abschnitt
Necesitamos tres horas para hacer la última etapa.	Wir brauchen drei Stunden für die letzte Etappe.
F l'étape	
obligatorio, -a	obligatorisch; verpflichtend
—¿Tenemos que hacer ese curso?	– Müssen wir diesen Kurs machen?
—Sí, es obligatorio.	– Ja, der ist verpflichtend.
F obligatoire	
la Educación Primaria	die Grundschule
la Educación Secundaria	*span. Schulwesen: vier Schuljahre, die der Mittelstufe entsprechen*

Bloque B   A 66 ◁))

la cualidad
¿Mis cualidades? Soy creativa
y flexible.
E quality

el animador / la animadora

Lo mejor del hotel fue el
animador. Era superdivertido.
F l'animateur / l'animatrice

deportista
Ana es muy deportista:
juega al fútbol, al baloncesto,
nada…
⬭ el deporte

el campamento de verano
la lengua materna
F la langue maternelle

los conocimientos
¿Tienes conocimientos de
francés?
⬭ conocer

deportivo, -a
En mi colegio ofrecen varias
actividades deportivas por
las tardes.
⬭ el deporte

el puesto

¡Me han dado el puesto de
reportera en el periódico!
F le poste

la solicitud
completo, -a
El nombre completo de
Juanes es Juan Esteban
Aristizábal Vásquez.
E complete
F complet, -ète

el currículum (vítae)
E F curriculum vitae

la carta de presentación
la fecha de nacimiento
el lugar de nacimiento
profesional
⬭ la profesión
E professional
F profesionnel, -le
L professionalis, -e

la clase particular

die Eigenschaft
Meine Eigenschaften? Ich bin
kreativ und flexibel.

der Animateur /
die Animateurin

Das beste am Hotel war
der Animateur. Der war
superlustig.

sportlich
Ana ist sehr sportlich:
Sie spielt Fußball, Basketball,
schwimmt …
⬭ der Sport

das Ferienlager
die Muttersprache

die Kenntnisse
Hast du Französisch-
kenntnisse?
⬭ kennen, kennenlernen

Sport-; sportlich
In meiner Schule bieten
sie nachmittags mehrere
sportliche Aktivitäten an.
⬭ der Sport

der Arbeitsplatz;
die Arbeitsstelle
Sie haben mir die Stelle als
Zeitungsreporterin gegeben!

die Bewerbung
komplett; vollständig
Der vollständige Name von
Juanes ist Juan Esteban
Aristizábal Vásquez.

der Lebenslauf

das Bewerbungsschreiben
das Geburtsdatum
der Geburtsort
beruflich
⬭ der Beruf

die Nachhilfestunde

el intercambio escolar
Mi colegio hace este año
un intercambio con
un colegio de Valencia.
la competencia
personal
⬭ la persona
E personal
F personnel, -le

el diseño
⬭ diseñar
el asunto

estimado, -a
Estimada señora Sánchez:
combinar algo con algo

ya que
Hugo no va a esperar ya que
tiene muy poca paciencia.
**colaborar en algo /
con alguien**

Colaboro en este proyecto
con muchas personas.
grabar algo / a alguien

ocuparse de algo / alguien
¿Te puedes ocupar hoy de
los niños?
F s'occuper
el nivel
la entrevista (de trabajo)
E interview
Atentamente
adjunto

der Schüleraustausch
Meine Schule macht dieses
Jahr einen Schüleraustausch
mit einer Schule in Valencia.
die Fähigkeit; die Kompetenz
persönlich
⬭ die Person

das Design
⬭ zeichnen, entwerfen
der Betreff; die Angelegenheit

sehr geehrte, -r
Sehr geehrte Frau Sánchez,
etw. mit etw. kombinieren;
etw. mit etw. verbinden

da; weil
Hugo wird nicht warten, da
er sehr wenig Geduld hat.
bei etw. mitarbeiten;
bei etw. / mit jdm
zusammenarbeiten

Ich arbeite in diesem Projekt
mit vielen Leuten zusammen.
etw. / jdn filmen; etw. / jdn
aufnehmen

sich um etw. / jdn kümmern
Kannst du dich heute um
die Kinder kümmern?

das Niveau
das Vorstellungsgespräch;
das Interview
Mit freundlichen Grüßen
anbei

Unidad 5

Primer paso   A 67 ◁))

Galicia
descubrir (irr.) algo
E to discover
F découvrir

único, -a
La vista desde esta montaña
es única.
E F unique
L unicus, -a, -um

Galicien
etw. entdecken

einzig; einzigartig
Die Aussicht von diesem Berg
ist einzigartig.

el clima	das Klima
E climate	
F le climat	

atlántico,-a — atlantisch

unos,-as — ungefähr
El viaje dura unas dos horas. — Die Reise dauert ungefähr zwei Stunden.

el símbolo — das Symbol
E symbol
F le symbole

rural — ländlich
E F rural

seco,-a — trocken
El jardín está seco porque no ha llovido. — Der Garten ist trocken, weil es nicht geregnet hat.
F sec, sèche
L siccus,-a,-um

el pulpo — der Krake
Comimos pulpo con patatas en un restaurante de Vigo. — In einem Restaurant in Vigo haben wir Krake mit Kartoffeln gegessen.

el campo — das Feld
En Galicia hay muchos campos de maíz. — In Galicien gibt es viele Maisfelder.
F le champ
L campus

el hórreo — *traditioneller Getreidespeicher in Nordspanien*

la lengua oficial — die Amtssprache
La lengua oficial de Alemania es el alemán. — In Deutschland ist Deutsch die Amtssprache.

el gallego — Galicisch; die galicische Sprache

el instrumento — das (Musik)Instrument
¿Qué instrumento tocas? — Welches Musikinstrument spielst du?
E F instrument
L instrumentum

la gaita — der Dudelsack
La gaita es un instrumento de música típico de Galicia. — Der Dudelsack ist ein typisches galicisches Musikinstrument.

el peregrino / la peregrina — der Pilger/die Pilgerin
Muchos peregrinos van a Santiago a pie. — Viele Pilger gehen zu Fuß nach Santiago.

al año / a la semana / al día — pro Jahr/Woche/Tag

el albergue — die Herberge
Dormimos en un albergue que tenía más de doscientas camas. — Wir schliefen in einer Herberge mit mehr als zweihundert Betten.
F l'auberge

Bloque A A 68 🔊

inolvidable — unvergesslich; außergewöhnlich
El viaje fue fantástico e inolvidable. — Die Reise war fantastisch und unvergesslich.
⊚ olvidar — ⊚ vergessen

la ruta de peregrinación — der Pilgerweg

cada — jede,-r,-s
Cada día hicimos treinta kilómetros en bicicleta. — Jeden Tag haben wir 30 Kilometer per Fahrrad zurückgelegt.

la tumba — das Grab
En Andalucía descubrieron tumbas que tienen más de 2500 años. — In Andalusien haben sie Gräber entdeckt, die mehr als 2500 Jahre alt sind.
F le tombeau

el apóstol — der Apostel
E apostle
F apôtre

incluso — sogar
En Galicia llueve incluso en julio y en agosto. — In Galicien regnet es sogar im Juli und August.

subir a algo — auf etw. hinaufgehen
Subí a la montaña para ver mejor la ciudad. — Ich ging auf den Berg, um eine bessere Sicht auf die Stadt zu haben.
⊚ subir algo — ⊚ etw. hochladen

el tejado — das Dach
Desde la torre vi los tejados de las casas. — Von dem Turm aus sah ich die Hausdächer.

la iglesia — die Kirche
Mi abuela va a la iglesia todos los domingos. — Meine Großmutter geht jeden Sonntag in die Kirche.
F l'église

la emoción — die Emotion; die Aufregung
E emotion
F l'émotion

el rafting — das Rafting (*Bootfahren auf einem Wildwasser*)

la escalada — das Klettern
⊚ escalar — ⊚ klettern
F l'escalade

tirarse por tirolina — *sich an Seilbahnen durch Baumwipfel ziehen (Abenteuersport)*

pasarlo muy bien — einen Riesenspaß haben
La fiesta fue genial. Lo pasamos muy bien. — Das Fest war toll. Wir hatten einen Riesenspaß.

el/la amante — der Liebhaber / die Liebhaberin
⊚ el amor — ⊚ die Liebe

ideal — ideal
E ideal
F idéal, -e

reservar algo — etw. reservieren
F réserver

el paraíso — das Paradies
Las playas de Galicia son un paraíso. ¡Me encantan! — Die Strände in Galicien sind paradiesisch schön. Sie gefallen mir sehr!
E paradise
F le paradis

transparente — durchsichtig; glasklar

la canoa — das Kanu
E canoe
F le canoé

el faro — der Leuchtturm
F le phare

agradable — angenehm
F agréable

el festival — das Festival
E F festival

el concierto — das Konzert
E F concert

popular — beliebt; populär
E popular
F populaire
L popularis, -e

internacional — international
E international
F international, -e

perderse (-ie-) algo — etw. verpassen
¡Qué vergüenza! Me perdí el cumple de Ana. — Wie peinlich! Ich habe Anas Geburtstag verpasst.
∞ perder (-ie-) algo — ∞ etw. verlieren

en plena naturaleza — mitten in der Natur
Vivo en plena naturaleza. No tengo vecinos. — Ich wohne mitten im Grünen. Ich habe keine Nachbarn.

el camping — das Campen; der Campingplatz

caminar — zu Fuß gehen; laufen
¿Por qué no vamos en bicicleta? No me gusta caminar. — Warum fahren wir nicht mit dem Rad? Ich gehe ungern zu Fuß.
∞ el camino — ∞ der Weg

fresco, -a — frisch
La noche era fresca, pero no hacía frío. — Die Nacht war frisch, aber es war nicht kalt.
E fresh
F fraîs, fraîche

la sopa — die Suppe
E soup
F la soupe

el marisco — die Meeresfrüchte

Bloque B A 69

hacer ejercicio — Sport treiben
Quedo con mi amiga para hacer ejercicio. — Ich treffe mich mit meiner Freundin, um Sport zu treiben.
= practicar deporte — = Sport treiben

todo el mundo — alle; jeder
Todo el mundo quería ver la película porque era muy buena. — Alle wollten den Film sehen, weil er sehr gut war.
F tout le monde

el motivo — der Grund; das Motiv
No tienes ningún motivo para estar enfadada. — Du hast keinen Grund, sauer zu sein.

el tamaño — die Größe

la bota — der Stiefel
E boot
F la botte

seguro que — sicher; sicherlich
Seguro que Alicia no viene a la excursión. No le gusta caminar. — Sicher kommt Alicia nicht mit auf dem Ausflug. Sie läuft ja nicht gerne.

dejar algo a alguien — jdm etw. überlassen

el lío — das Durcheinander

regalar algo a alguien — jdm etw. schenken
Voy a regalar un libro a Julio por su cumple. — Ich werde Julio ein Buch zum Geburtstag schenken.
∞ el regalo — ∞ das Geschenk

el cuerpo — der (menschliche) Körper
F le corps
L corpus

aunque — obwohl; auch wenn
Nosotros vamos ahora a la playa aunque está lloviendo. — Wir gehen jetzt an den Strand, auch wenn es gerade regnet.

la Compostela — *Beleg, dass man den Jakobsweg geschafft hat*

como mínimo — mindestens
Lleva como mínimo dos chaquetas al viaje. — Nimm mindestens zwei Jacken mit auf die Reise.

el calzado — die Schuhe; das Schuhwerk
Para esta excursión no necesitas un calzado especial. — Für diesen Ausflug brauchst du keine besonderen Schuhe.

cómodo, -a — bequem
Este pantalón es bastante ancho y muy cómodo. — Diese Hose ist ziemlich weit und sehr bequem.
L commodus, -a, -um

deber hacer algo — etw. tun müssen
Debo estudiar más. — Ich muss mehr lernen.
= tener que hacer algo — = etw. tun müssen

no deber hacer algo — etw. nicht tun dürfen
No debes usar el móvil en clase. — Du darfst das Handy im Unterricht nicht benutzen.

pesar — wiegen
F peser

más o menos — mehr oder weniger
Mi mochila pesa más o menos diez kilos porque llevo muchos libros. — Mein Rucksack wiegt ungefähr 10 Kilo, weil ich viele Bücher dabei habe.

el peso — das Gewicht
Solo llevo ocho kilos de peso en la maleta. — Mein Koffer hat nur ein Gewicht von acht Kilo.
⊙ pesar — ⊙ wiegen

el chubasquero — der Regenmantel

soler *(-ue-)* **hacer algo** — etw. normalerweise tun
En verano suelo ir a España. — Im Sommer fahre ich normalerweise nach Spanien.

ser una pasada *(col.)* — toll sein
¡El campamento de verano ha sido una pasada! — Das Ferienlager war vielleicht toll!

complicado,-a — kompliziert
Ese problema es muy complicado. — Dieses Problem ist sehr kompliziert.
= difícil — = schwierig
↔ sencillo,-a — ↔ einfach
E complicated
F compliqué,-e

lleno,-a — voll
La calle está llena de gente. — Die Straße ist voller Menschen.
F plein,-e
L plenus,-a,-um

doler *(-ue-)* — wehtun
Me duelen los pies porque he caminado treinta kilómetros hoy. — Mir tun die Füße weh, weil ich heute 30 Kilometer gelaufen bin.
⊙ el dolor — ⊙ der Schmerz
L dolere

la espalda — der Rücken

por correo (postal) — per Post
Ana me ha mandado unos libros desde Alemania por correo. — Ana hat mir einige Bücher von Deutschland aus per Post geschickt.

conseguir *(gu-g, -i-)* **algo** — etw. bekommen; etw. schaffen; etw. erreichen
¡He conseguido un nueve en Matemáticas! — Ich habe in Mathematik eine 9 bekommen!

religioso,-a — religiös
E religious
F réligieux,-euse

el reto — die Herausforderung

charlar — sich unterhalten; reden

el tapón para los oídos — der Ohrstöpsel

repetir *(-i-)* **algo** — etw. wiederholen
Perdón, ¿puede repetirlo? — Entschuldigung, können Sie das wiederholen?
E to repeat
F répéter
L repetere

acordarse *(-ue-)* **de algo/ alguien** — sich an etw./jdn erinnern; an etw./jdn denken
Me acuerdo de todo lo que pasó ese día. — Ich erinnere mich an alles, was an dem Tag geschah.

el documento — das Dokument; die (Ausweis)Papiere
Él no puede trabajar en Alemania porque no tiene los documentos necesarios. — Er kann in Deutschland nicht arbeiten, weil er die erforderlichen Dokumente nicht hat.
E F document

¡Qué risas! — Das war vielleicht zum Lachen!
⊙ reírse — ⊙ lachen

Unidad 6

Primer paso A 70 ◁»

Argentina — Argentinien

aparecer *(-zco)* — auftauchen; erscheinen
↔ desaparecer *(-zco)* — ↔ verschwinden
E to appear
F apparaître

reflejar(se) en algo — (sich) in etw. widerspiegeln
La riqueza de esta ciudad se refleja en sus impresionantes edificios. — Der Reichtum dieser Stadt spiegelt sich in ihren beeindruckenden Gebäuden wider.

mostrar *(-ue-)* **algo a alguien** — jdm etw. zeigen
¿Me puedes mostrar el camino? — Kannst du mir den Weg zeigen?
F montrer
L monstrare

representar algo — etw. darstellen; etw. abbilden; etw. zeigen
Este vídeo representa los diferentes paisajes del país. — Dieses Video zeigt die verschiedenen Landschaften des Landes.
E to represent
F représenter

parecerse *(-zco)* **a algo/ alguien** — etw./jdm ähneln; etw./jdm ähnlich sehen
Yo me parezco a mi padre. — Ich sehe meinem Vater ähnlich.

lograr algo — etw. erreichen
= conseguir — = schaffen; erreichen

el parque nacional — der Nationalpark
Lo que más me gustó fue el parque nacional Iguazú. — Am besten hat mir der Iguazú-Nationalpark gefallen.
E national park
F parc national

la catarata — der Wasserfall

el fuego — das Feuer
F le feu

la foca F le phoque	die Robbe
la ballena F la baleine	der Wal
argentino,-a	argentinisch
el glaciar E F glacier	der Gletscher
crecer *(-zco)* Yo he crecido con dos idiomas: alemán y español. L crescere	(auf)wachsen Ich bin mit zwei Sprachen aufgewachsen: Deutsch und Spanisch.
el continente E F continent	der Kontinent
americano,-a E american F américain,-e	amerikanisch
enorme Buenos Aires es una ciudad enorme. E enormous F énorme	enorm; riesig Buenos Aires ist eine riesige Stadt.
la región = la zona E region F la région	die Region = die Zone; das Gebiet
el kilómetro cuadrado	der Quadratkilometer
la importancia ⊕ importante E F importance	die Wichtigkeit; die Bedeutung ⊕ wichtig
económico,-a ⊕ las Ciencias Económicas	wirtschaftlich ⊕ die Wirtschaftswissenschaften
el lago En Berlín no hay playa, pero hay muchos lagos. E lake F le lac L lacus	der See In Berlin gibt es keinen Strand, aber viele Seen.
(estar) rodeado,-a de La monitora estaba rodeada de los participantes del curso.	umgeben (sein) von Die Fitnesstrainerin wurde von den Kursteilnehmern umringt.
el gaucho	der Gaucho *(berittener Viehhirte in der Pampa)*
la vaca F la vache L vacca	die Kuh
el caballo	das Pferd
el europeo/la europea E European F l'Européen,-ne	der Europäer / die Europäerin

la moneda ¿Cuál es la moneda de Argentina? F la monnaie	die Währung Welche Währung hat Argentinien?
el peso ¿Cuántos euros son cien pesos?	der Peso *(Währung)* Wie viele Euro sind hundert Pesos?

Bloque A A71 🔊

lo que... No entiendo lo que has escrito aquí.	was; das, was Ich verstehe nicht, was du hier geschrieben hast.
la diversidad En ese país vive una gran diversidad de pájaros.	die Vielfalt In diesem Land lebt eine große Vielfalt von Vögeln.
la arquitectura E F architecture	die Architektur
la riqueza ⊕ rico,-a F la richesse	der Reichtum ⊕ reich
el pasado E past F le passé	die Vergangenheit
el comienzo	der Anfang
a comienzos de Mis padres compraron nuestra casa a comienzos de los años 20.	zu Beginn (von) Meine Eltern haben unser Haus zu Beginn der zwanziger Jahre gekauft.
el siglo Los españoles llegaron a America en el siglo XV.	das Jahrhundert Die Spanier kamen im 15. Jahrhundert nach Amerika.
desde finales ⊕ al final	seit dem Ende ⊕ am Ende
el/la inmigrante E immigrant F l'immigré,-e	der Einwanderer / die Einwanderin
principalmente Trabajo principalmente con niños.	hauptsächlich Ich arbeite hauptsächlich mit Kindern.
soñar *(-ue-)* **con algo/ alguien** Hoy he soñado contigo. ⊕ el sueño	von etw./jdm träumen Heute habe ich von dir geträumt. ⊕ der Traum
el origen E origin F l'origine L origo	der Ursprung
la tradición E F tradition	die Tradition

la cultura — die Kultur
La cultura maya tiene todavía muchos secretos. — Die Mayakultur hat immer noch viele Geheimnisse.
E F culture

el/la futbolista — der Fußballspieler / die Fußballspielerin
⊙⊙ el fútbol — ⊙⊙ der Fußball

el campeón / la campeona — der Sieger/die Siegerin; der Meister / die Meisterin
Mi equipo es el campeón del instituto. — Meine Mannschaft ist Schulmeister.
E champion
F le champion / la championne

la pasión — die Leidenschaft
Una de mis grandes pasiones es montar en bicicleta. — Radfahren ist eine meiner großen Leidenschaften.
E passion

la rivalidad — die Rivalität
F la rivalité

la librería — die Buchhandlung
⊙⊙ el libro — ⊙⊙ das Buch
F la librairie

considerar algo / a alguien como — etw./jdn betrachten als
Te considero mi amiga. — Ich betrachte dich als meine Freundin.
E to consider
F considérer
L considerare

el tango — der Tango (Tanz aus Argentinien)

nacer (-zco) — geboren werden
Yo nací en Bilbao. ¿Y tú? — Ich wurde in Bilbao geboren. Und du?
F naître
L nasci

pesimista — pessimistisch
E pessimistic
F pessimiste

melancólico, -a — melancholisch; betrübt
Cuando me fui a vivir a Berlín, estuve unos días muy melancólico. — Als ich nach Berlin zog, war ich einige Tage traurig.
= triste — = traurig
E melancholy
F mélancholique

el/la cantante — der Sänger / die Sängerin
⊙⊙ la canción — ⊙⊙ das Lied

el mito — der Mythos
E myth
F le mythe

conocido, -a — bekannt
Dime nombres de cantantes españoles conocidos. — Nenne mir Namen von bekannten spanischen Sängern.
= famoso, -a — = berühmt, bekannt

el título — der Titel
E title
F le titre
L titulus

querido, -a — geliebt
⊙⊙ querer — ⊙⊙ wollen, mögen

el café — der Kaffee
E coffee
F le café

de colores — bunt
En la ciudad de Puebla hay muchas casas de colores. — In der Stadt Puebla gibt es viele bunte Häuser.
⊙⊙ el color — ⊙⊙ die Farbe

pintoresco, -a — pittoresk; malerisch
Visitamos unos pueblos pintorescos en el norte. — Wir haben einige malerische Dörfer im Norden besucht.

la pared — die Wand
En la pared tengo un póster de mis animales favoritos. — An der Wand habe ich ein Poster mit meinen Lieblingstieren.
L paries

donde (pronombre de relativo) — wo (Relativpronomen)

el/la artista — der Künstler / die Künstlerin
E artist
F l'artiste

el arte — die Kunst
⊙⊙ el/la artista — ⊙⊙ der Künstler / die Künstlerin
E F art
L ars

el presente — die Gegenwart
E present
F le présent

sorprender a alguien — jdn überraschen
⊙⊙ la sorpresa — ⊙⊙ die Überraschung
E to surprise
F surprendre

al autor / la autora — der Autor / die Autorin, der Verfasser / die Verfasserin

expresar algo — etw. ausdrücken

Bloque B A72 ◁))

abrazar (z-c) **a alguien** — jdn umarmen
Cuando la vi, la abracé. — Als ich sie sah, habe ich sie umarmt.

sonreír (irr.) — lächeln
Su padre es un hombre muy serio. Nunca sonríe. — Sein Vater ist ein sehr ernster Mann. Er lächelt nie.
⊙⊙ reír(se) — ⊙⊙ lachen
F sourire

mudarse — umziehen
Mi mejor amiga se ha mudado a otra ciudad. — Meine beste Freundin ist in eine andere Stadt gezogen.
⊙⊙ la mudanza — ⊙⊙ der Umzug

la sonrisa — das Lächeln
No es guapa, pero tiene una sonrisa preciosa. — Sie ist nicht hübsch, hat aber ein wunderschönes Lächeln.
⬭ sonreír — ⬭ lächeln

maravilloso,-a — wunderbar; wunderschön
Me parece maravilloso que me puedas ayudar. — Ich finde es toll, dass du mir helfen kannst.
E marvellous
F merveilleux, -euse

el detalle — das Detail

apenas — kaum
Ella no habla apenas alemán. — Sie spricht kaum Deutsch.
F à peine

aislado,-a — isoliert
Mi familia viene de un pueblo aislado, rodeado solo de montañas y bosques. — Meine Familie stammt aus einem abgelegenen Dort, das nur von Bergen und Wäldern umgeben ist.

no... ni / ni... ni — weder … noch
No como ni carne ni pescado. — Ich esse weder Fleisch noch Fisch.

por suerte — zum Glück
Tuvimos un accidente con el coche, pero por suerte no nos pasó nada. — Wir hatten einen Autounfall, aber zum Glück ist uns nichts passiert.
⬭ la suerte — ⬭ das Glück

la escuela — die Schule
Mi madre es profesora en una escuela. — Meine Mutter ist Lehrerin an einer Schule.
E school
F l'école
L schola

responder algo a alguien — jdm etw. antworten
⬭ la respuesta — ⬭ die Antwort

dudar algo — etw. bezweifeln
⬭ la duda — ⬭ der Zweifel
E to doubt
F douter
L dubitare

ni siquiera — nicht einmal

terrible — furchtbar
= horrible — = schrecklich
E F terrible
L terribilis, -e

tratar algo — etw. versuchen
= intentar — = versuchen

el desánimo — die Mutlosigkeit
⬭ ¡Ánimo! — ⬭ Kopf hoch!

despedirse (-i-) de alguien — sich von jdm verabschieden
Nos despedimos de Juan en la puerta de su casa. — Wir haben uns von Juan an seiner Haustür verabschiedet.

convencer (c-z) a alguien de algo — jdn von etw. überzeugen
No creo que la convenzas con lo que dices. — Ich glaube nicht, dass du sie mit dem, was du sagst, überzeugst.
E to convince
F convaincre

apasionante — spannend
⬭ la pasión — ⬭ die Leidenschaft

más bien — eher; vielmehr
Mi hermano es más bien bajo. — Mein Bruder ist eher klein.

el milagro — das Wunder
Es un milagro que no te haya pasado nada malo. — Es ist ein Wunder, dass dir nichts Schlimmes passiert ist.

morir(se) (irr.) — sterben
¿De qué se ha muerto el perro? — Woran ist der Hund gestorben?
F mourir
L mori

frente a — gegenüber von
la frase — der Satz
F la phrase

espectacular — spektakulär; sensationell
tal vez — vielleicht
Tal vez pueda ir hoy a tu casa, pero no es seguro. — Vielleicht kann ich heute zu dir kommen, aber das ist nicht sicher.
= a lo mejor; quizá(s) — = vielleicht

después de todo — letztendlich
El trabajo fue difícil, pero, después de todo, hemos tenido un resultado fantástico. — Die Arbeit war schwer, aber letztendlich haben wir ein fantastisches Ergebnis erzielt.

Unidad 7

Primer paso   A73 ◁))

la manifestación — die Demonstration
F la manifestation

la política — die Politik
E politics
F la politique

la pancarta — das Plakat; das Spruchband
Mis amigos salieron a la calle con pancartas contra la contaminación. — Meine Freunde gingen mit Plakaten gegen die Umweltverschmutzung auf die Straße.
F la pancarte

comunicarse (c-qu) con alguien — sich mit jdm verständigen; mit jdm kommunizieren
⬭ la comunicación — ⬭ die Kommunikation
⬭ comunicativo,-a — ⬭ kontaktfreudig; offen

el empleo	die Arbeit; der Arbeitsplatz
= el trabajo	die Arbeit
F l'emploi	
el paro	die Arbeitslosigkeit
estar en paro	arbeitslos sein
solidario, -a	solidarisch
F solidaire	
la cola	die (Menschen)Schlange
hacer cola	Schlange stehen
Mucha gente hace cola delante del cine.	Vor dem Kino stehen viele Leute Schlange.
el paro	die Arbeitslosigkeit
Mi madre está en paro desde hace un año.	Meine Mutter ist seit einem Jahr arbeitslos.
↔ el empleo	die Arbeit, der Arbeitsplatz
la Oficina de Empleo	das Arbeitsamt
plantar algo	etw. pflanzen;
E to plant	etw. einsetzen
F plantar	

Bloque A   A 74 ◁))

dejar de hacer algo	aufhören, etw. zu tun
Deja de jugar y ayúdame.	Hör auf zu spielen und hilf mir.
la labor	die Arbeit; die Anstrengung
L labor	
cambiar algo	etwas ändern; etw. verändern
Aquí no ha cambiado nada. Todo está como siempre.	Hier hat sich nichts geändert. Alles ist wie immer.
⊘ cambiar (de) algo	⊘ etw. ändern, etw. austauschen
la sociedad	die Gesellschaft
En una sociedad moderna hay mucha diversidad.	Eine moderne Gesellschaft ist sehr vielfältig.
E society	
F la société	
L societas	
el planeta	der Planet
E planet	
F la planète	
el cambio	die Veränderung; der Wandel
⊘ cambiar	⊘ (ver)ändern, austauschen
evolucionar	sich (weiter-)entwickeln
laboral	Arbeits-
⊘ la labor	⊘ die Arbeit; die Anstrengung
construir (-y-) algo	etw. (auf)bauen
F construire	
L construere	
el político / la política	der Politiker / die Politikerin
⊘ la política	⊘ die Politik

la voz	die Stimme
E voice	
F la voix	
L vox	
volver (irr.) a hacer algo	wieder etw. tun
Juan ha vuelto a romper con su novia.	Juan hat sich schon wieder von seiner Freundin getrennt.
navegar (g-gu)	(im Internet) surfen
tratar algo / a alguien	etw./jdn behandeln
E to treat	
F traiter	
L tractare	
el tema	das Thema
la salud	die Gesundheit
la igualdad de género	die Gleichstellung der Geschlechter
E equality	
F l'égalité	
la igualdad	die Gleichheit, die Gleichberechtigung
social	sozial; gesellschaftlich
E social	
F social, -e	
L socialis, -e	
la religión	die Religion
En el colegio hay personas de diferentes religiones.	In der Schule gibt es Leute mit verschiedenen Religionen.
⊘ religioso, -a	⊘ religiös
E F religion	
L religio	
el porcentaje	der Prozentsatz
⊘ por ciento	⊘ Prozent
F percentage	
F le pourcentage	
bajar	abnehmen; zurückgehen
El año pasado el paro bajó un 5 %.	Letztes Jahr ist die Arbeitslosigkeit um 5 % gesunken.
⊘ bajo, -a	⊘ klein
el malentendido	das Missverständnis
⊘ entender	⊘ verstehen
F le malentendu	
probable	wahrscheinlich
Si no estudias, es muy probable que no mejores tus notas.	Wenn du nicht lernst, ist es sehr wahrscheinlich, dass du deine Noten nicht verbesserst.
E F probable	
L probabilis, -e	
emigrar	auswandern
Mi tío emigró porque no tenía trabajo.	Mein Onkel ist ausgewandert, weil er keine Arbeit hatte.
⊘ el/la inmigrante	⊘ der Einwanderer / die Einwanderin
F émigrer	
L emigrare	

la discapacidad (física)	die (körperliche) Behinderung
seguir *(+ gerundio)*	weiterhin etw. tun
Seguía hablando aunque nadie escuchaba.	Er/Sie redete weiter, obwohl niemand zuhörte.
⊕ seguir	⊕ folgen
ir *(+ gerundio)*	allmählich etw. tun
Id yendo, no me esperéis.	Geht schon mal vor, wartet nicht auf mich.
⊕ ir	⊕ gehen
quedarse *(+ gerundio)*	bleiben, um etw. zu machen
llevar *(+ gerundio + Zeit-raum)*	etw. schon seit *(Zeitraum)* tun
Llevamos varios meses hablando sobre el problema sin encontrar una solución.	Wir sprechen schon mehrere Monate über das Problem, ohne eine Lösung zu finden.
⊕ llevar	⊕ tragen; hinbringen

Bloque B   A 75 ◁))

describir *(irr.)* **algo / a alguien**	etw./jdn beschreiben
E to describe	
F décrire	
L describere	
rebelde	rebellisch
inteligente	intelligent
Juan saca siempre muy buenas notas. Es muy inteligente.	Juan hat immer gute Noten. Er ist sehr intelligent.
E intelligent	
F intelligent, -e	
cumplir algo	etw. erfüllen; etw. (ein)halten
Él me promete cosas que no puede cumplir.	Er verspricht mir Dinge, die er nicht halten kann.
L complere	
la expectativa	die Erwartung
No puedes tener unas expectativas tan grandes.	Du darfst keine so hohen Erwartungen haben.
E expectations	
arriesgar *(g-gu)* **algo**	etw. wagen
el éxito	der Erfolg
Si no se trabaja, no hay éxito.	Wenn man nicht arbeitet, hat man keinen Erfolg.
conducir *(irr.)*	(ein Fahrzeug) fahren
Si bebes, no conduzcas.	Wenn du trinkst, solltest du nicht Auto fahren.
el lujo	der Luxus
Es un lujo tener tiempo libre por las tardes.	Es ist ein Luxus, am Abend Zeit zu haben.
formar algo	etw. bilden
⊕ la forma	⊕ die Form
E to form	
F former	

el/la fan	der Fan
Yo soy fan de Shakira. Conozco todas sus canciones.	Ich bin Fan von Shakira. Ich kenne alle ihre Lieder.
el director de cine / la directora de cine	der Filmregisseur / die Filmregisseurin
Quiero ser director de cine y hacer buenas películas.	Ich möchte Regisseur werden und gute Filme machen.
E director	
promocionar algo	für etw. werben
La empresa quiere promocionar sus productos en Perú.	Die Firma will ihre Produkte in Peru bewerben.
E to promote	
casarse con alguien	jdn heiraten
¿Sabes ya que Ana se casó con Luis?	Weißt du schon, dass Ana Luis geheiratet hat?
dar importancia a algo	etw. als wichtig betrachten; auf etw. Wert legen
Lucía le da mucha importancia al éxito profesional.	Lucía ist der berufliche Erfolg sehr wichtig.
de mayor	wenn ich groß bin
De mayor quiero ser artista.	Wenn ich groß bin, möchte ich Künstler werden.
dentro de	in; innerhalb
Dentro de cuatro días empiezan las vacaciones.	In vier Tagen beginnen die Ferien.
un día	eines Tages
Un día estábamos dando un paseo cuando vimos algo increíble.	Eines Tages gingen wir spazieren, als wir etwas Unglaubliches sahen.
⊕ el día	⊕ der Tag
un tiempo después	einige Zeit später
⊕ el tiempo	⊕ die Zeit
por último	letztens; schließlich
⊕ último, -a	⊕ letzte, -r, -s
finalmente	schließlich; schließlich
⊕ al final	⊕ zum Schluss; am Ende

Bloque C   A 76 ◁))

el cuento	die Erzählung; das Märchen
El padre cuenta un cuento a sus hijos.	Der Vater erzählt seinen Kindern eine Geschichte.
⊕ contar algo a alguien	⊕ jdm etw. erzählen
el príncipe/la princesa	der Prinz/die Prinzessin
el rey/la reina	der König/die Königin
Doña Letizia es la reina de España.	Doña Letizia ist die Königin von Spanien.
F le roi/la reine	
enamorarse	sich verlieben
⊕ el amor	⊕ die Liebe
⊕ estar enamorado, -a	⊕ verliebt sein

casarse con alguien	jdn heiraten
¿Sabes ya que Ana se casó con Luis?	Weißt du schon, dass Ana Luis geheiratet hat?
rechazar algo/a alguien	etw./jdn zurückweisen
la fortuna	das Vermögen
E F fortune	
matar a alguien	jdn töten
cantar	singen
Mi hermana sabe cantar muy bien.	Meine Schwester kann sehr gut singen.
⚭ la canción	⚭ das Lied
⚭ el/la cantante	⚭ der Sänger/die Sängerin
F chanter	

la felicidad	das Glück; die Glückseligkeit
Yo ya he encontrado la felicidad en esta vida: tú.	Ich habe schon das Glück meines Lebens gefunden, nämlich dich.
⚭ feliz	⚭ glücklich
L felicitas	
acabarse	enden
sentarse (*-ie-*)	sich setzen
divertirse (*-ie-/-i-*)	sich amüsieren
= pasarlo muy bien	Spaß haben
⚭ divertido, -a	⚭ lustig
gastar algo	etw. ausgeben

Español – Alemán

A

a IU3B nach; (hin) zu

al año/**al** día/**a** la semana IIU5PP
pro Jahr/Woche/Tag
a las…/**a** la… IU4B um …
de… **a** IU4B von … bis

a lo mejor IU3A vielleicht

a veces IU3A manchmal

ser **abierto, -a** IIU4PP offen sein;
aufgeschlossen sein

abrazar (z-c) a alguien IIU6B jdn umarmen

el **abrigo** IU8PP der Mantel

abril IU6PP April

abrir (irr.) algo IIU4A etw. öffnen;
etw. eröffnen

el **abuelo**/la **abuela** IU2PP
der Großvater/die Großmutter
de **abuela** IU8A omamäßig

los **abuelos** (pl.) IU2PP die Großeltern

ser **aburrido, -a** IIU2A langweilig sein

estar **aburrido, -a** IIU2PP gelangweilt
sein

aburrirse IIU4A sich langweilen

acabar de hacer algo IU5B gerade etw.
getan haben
acabarse ⟨IIU7C⟩ enden

acceder a algo IIU3PP Zugang haben;
auf etw. zugreifen

el **aceite** IU6B das Öl

la **aceituna** IU6C die Olive

el **acento** IU2A der Akzent

Mejor solo, -a que mal **acompañado, -a**.
IIU2B Lieber allein als in schlechter
Gesellschaft.

acompañar a alguien IU7B mit jdm
mitkommen; jdn begleiten

acordarse (-ue-) de algo/alguien IIU5B
sich an etw./jdn erinnern; an etw./jdn
denken

el **acosador**/la **acosadora** IIU3B
der Verfolger/die Verfolgerin;
der Belästiger/die Belästigerin

acosar a alguien IIU3B jdn bedrängen;
jdn mobben

el **acoso** IIU3B das Mobbing

la **actividad** IU4A die Aktivität;
die Beschäftigung

el **actor**/la **actriz** IU2A der Schauspieler/
die Schauspielerin

actual IIU2B aktuell; jetzig
actualmente IIU1A im Augenblick;
zurzeit

estar de **acuerdo** IU5B einverstanden
sein

además IU3A außerdem

adicto, -a IIU3A süchtig

¡**Adiós**! IU1 Auf Wiedersehen!; Tschüs!

adjunto IIU4B anbei

¿**Adónde**? IU3B Wohin?

el **adulto**/la **adulta** IIU3A
der/die Erwachsene

el **aeropuerto** IIU1B der Flughafen

la **afición** IIU4PP das Hobby

agosto IU6PP August

agradable IIU5A angenehm

el **agua** (f.) IU5B das Wasser

aguantar algo IIU3A etw. durchhalten

ahí IU7A da

ahora IU1 jetzt
ahora mismo IU3A sofort; im Augenblick

aislado, -a IIU6B isoliert

el **ajo** IU6B der Knoblauch

el **albergue** IIU5PP die Herberge

alegrarse de algo IIU2A sich über etw.
freuen

alegre IIU2A fröhlich

el **alemán** IU2A Deutsch; die deutsche
Sprache

Alemania IU1 Deutschland

algo IU4A etwas
es **algo** que… IU8A das ist etwas,
was …

algunos, -as IIU4A einige

allí IU2B dort

los **Alpes** IU2B die Alpen

alquilar algo IU7B etw. mieten

a mi **alrededor** IU8B um mich herum

alto, -a IU7PP hoch; groß

el **alumno**/la **alumna** IU5A der Schüler/
die Schülerin

amable IIU4PP liebenswürdig;
freundlich

el **amanecer** IIU1B der Sonnenaufgang;
der Tagesanbruch

el/la **amante** IIU5A der Liebhaber/
die Liebhaberin

amarillo, -a IU8A gelb

amenazar (z-c) a alguien IIU3B
jdn bedrohen

americano, -a IIU6PP amerikanisch

el **amigo**/la **amiga** IU1 der Freund/
die Freundin

el **amor** IU5A die Liebe

ancho, -a IU8A breit; weit

Andalucía IU1 Andalusien

el **animador**/la **animadora** IIU4B
der Animateur/die Animateurin

el **animal** IU1 das Tier

¡**Ánimo**! IIU2B Kopf hoch!

antes IIU1A damals; vorher

antes de que (+ subj.) IIU3B bevor
antes de (+ inf.) IU5B bevor; vor

antiguo, -a IU3A alt; altertümlich IIU4A
vorherige, -r, -s

al **año**/a la semana/al día IIU5PP
pro Jahr/Woche/Tag
¿Cuántos **años** tienes? IU1 Wie alt
bist du?
Tengo… **años**. IU1 Ich bin … Jahre alt.

el **año** IU1 das Jahr

el **aparato** IIU4PP das Gerät;
der Apparat

aparecer (-zco) IIU6PP auftauchen;
erscheinen

apasionante IIU6B spannend

el **apellido** IU2A der Nachname

apenas IIU6B kaum

la **aplicación** IIU3PP die Anwendung;
die App

el **apóstol** IIU5A der Apostel

apoyar algo/a alguien IIU3B
etw./jdn unterstützen

aprender algo/a hacer algo IU7A
etw. lernen; lernen etw. zu tun

aquel, aquella, aquellos, aquellas IU8A
jener, jene, jenes
en **aquel** tiempo IIU1A damals;
zu der Zeit

aquí IU3B hier

el **árbol** IU3PP der Baum

Argentina IIU6PP Argentinien

argentino, -a IIU6PP argentinisch

el **armario** IU3A der Schrank

la **arquitectura** IIU6A die Architektur

arreglar algo IIU4A etw. reparieren

arriesgar (g-gu) algo IIU7B etw. wagen

el **arte** IIU6A die Kunst

el **artículo** IIU4PP der Artikel

el/la **artista** IIU6A der Künstler/
die Künstlerin

así IU1 so; auf diese Weise
así así IU1 so lala; Es geht.; einigermaßen
así que IIU3A sodass; das bedeutet,
dass; deshalb

la **asignatura** IU5A das Unterrichtsfach

el **asunto** IIU4B der Betreff;
die Angelegenheit

asustar a alguien IU8B jdn erschrecken

Atentamente IIU4B Mit freundlichen
Grüßen

atlántico, -a IIU5PP atlantisch

el parque de **atracciones** IU4B
der Freizeitpark; der Vergnügungspark

el **aula** *(f.)* **IU5PP** der Klassenraum
  el **aula** *(f.)* de Informática **IU5PP**
  der Computerraum
aunque **IIU5B** obwohl; auch wenn
el **autobús** **IU1** der Bus
la comunidad **autónoma** **IIU1PP**
  die autonome Region
el **autor**/la **autora** **IIU6A** der Autor/
  die Autorin
la **aventura** **IU7B** das Abenteuer
el **avión** **IU7A** das Flugzeug
ayer **IU7B** gestern
la **ayuda** **IU4A** die Hilfe
ayudar a alguien con algo **IU6B**
  jdm bei etw. helfen
el **azúcar** **IU6B** der Zucker
azul **IU8A** blau

B

el **Bachillerato** **IIU4A** *span. Schulwesen:*
  entspricht in etwa der Oberstufe
bailar **IIU1A** tanzen
bajar **IIU7A** hinunterlaufen; zurückgehen
bajo, -a **IU8B** klein *(Körpergröße)*
bajo cero **IU7A** (… Grad) minus,
  unter Null
el **balcón** **IU3A** der Balkon
la **ballena** **IIU6PP** der Wal
el **baloncesto** **IU4B** der Basketball
  jugar *(g-gu; -ue-)* al **baloncesto** **IU4B**
  Basketball spielen
el **bañador** **IU7B** der Badeanzug;
  die Badehose
bañar(se) **IIU1B** baden
el **baño** **IU3A** das Bad; das Badezimmer; die Toilette
el **bar** **IU1** die Kneipe
barato, -a **IU7A** billig
la **barba** **IU8B** der Bart
el **barco** **IIU1PP** das Schiff; das Boot
la **barriga** **IU7B** der Bauch
el **barrio** **IU3PP** das (Stadt)Viertel
bastante **IIU1A** ziemlich
beber algo **IU6C** etw. trinken
la **bebida** **IU6A** das Getränk
el **besito** **IU4B** das Küsschen
el **beso** **IIU1PP** der Kuss *(un beso =*
  schriftliche Schlussformel)
la **biblioteca** **IU3PP** die Bibliothek
la **bicicleta** **IU2B** das Fahrrad
  en **bicicleta** **IU2B** mit dem Fahrrad
  montar en **bicicleta** **IU4PP** Rad fahren
bien *(adv.)* **IU1** gut *(Adv.)*
  más **bien** **IIU6B** eher; vielmehr

bienvenido, -a **IU5B** willkommen
el **bikini** **IU8PP** der Bikini
bilingüe **IIU4A** zweisprachig
el **billete** **IU7A** die Fahrkarte;
  das (Flug)Ticket
blanco, -a **IU8A** weiß
el **blog** **IIU3PP** der Blog
la **blusa** **IU8PP** die Bluse
el **bocadillo** **IU2B** das belegte Brötchen
el **bolígrafo** **IU5PP** der Kugelschreiber
la **bolsa** **IU6B** die Tüte
bonito, -a **IU3A** schön
el **bosque** **IU7PP** der Wald
la **bota** **IIU5B** der Stiefel
la **botella** **IU6B** die Flasche
las gafas de **bucear** *(pl.)* **IIU1B**
  die Taucherbrille
bucear **IU7A** tauchen; schnorcheln
bueno, -a **IU5B** gut
  ¡**Buenas** noches! **IU1** Guten
  Abend!; Gute Nacht!
  ¡**Buenas** tardes! **IU1** Guten Tag!;
  Guten Abend!
  ¡**Buenos** días! **IU1** Guten Morgen!;
  Guten Tag!
  buen *(vor männlichem Nomen)* **IU8A**
  gut
Bueno,… **IU6C** Nun (gut), …
la **bufanda** **IU8PP** der Schal
el **burro** **IU7B** der Esel
buscar *(c-qu)* algo/a alguien **IU5A**
  etw./jdn suchen

C

el **caballo** **IIU6PP** das Pferd
  montar a **caballo** **IU7B** reiten
cada **IIU5A** jede, -r, -s
caerse *(irr.)* **IU8B** fallen
el **café** **IIU6A** der Kaffee
la **cafetería** **IU3PP** das Café;
  die Cafeteria
la **cala** **IIU1PP** die Bucht
el **calamar** **IU3B** der Tintenfisch
la **calculadora** **IU5PP** der Taschenrechner
caliente **IU6C** warm; heiß
la **calle** **IU1** die Straße
Hace **calor.** **IU7A** Es ist warm.
calvo, -a **IU8B** kahlköpfig
el **calzado** **IIU5B** die Schuhe;
  das Schuhwerk
la **cama** **IU3A** das Bett
la **cámara de fotos** **IIU3PP**
  der Fotoapparat
el **camarero**/la **camarera** **IU6C**
  der Kellner/die Kellnerin

cambiar algo **IIU7A** etw. ändern;
  etw. verändern
  cambiar (de) algo **IIU2B**
  etw. (aus)tauschen; etw. ändern
el **cambio** **IIU7A** die Veränderung;
  der Wandel
  en **cambio** **IIU1A** dagegen
caminar **IIU5A** zu Fuß gehen; laufen
el **camino** **IU7B** der Weg
la **camisa** **IU8PP** das Hemd
la **camiseta** **IU8PP** das T-Shirt
el **campamento** de verano **IIU4B**
  das Ferienlager
la **campaña** **IIU3B** die Kampagne
el **campeón**/la **campeona** **IIU6A**
  der Sieger/die Siegerin;
  der Meister/die Meisterin
el **camping** **IIU5A** das Campen;
  der Campingplatz
el **campo** **IIU5PP** das Feld
la **canción** **IU6A** das Lied
la **canoa** **IIU5A** das Kanu
estar **cansado, -a** **IIU2PP** müde sein
el/la **cantante** **IIU6A** der Sänger/
  die Sängerin
cantar ⟨**IIU7C**⟩ singen
el **cañón** **IU7A** der Canyon
la **capital** **IU7PP** die Hauptstadt
la **cara** **IU5A** das Gesicht
  tener mala **cara** **IU5A** schlecht
  aussehen
la **carne** **IU6B** das Fleisch
caro, -a **IU7A** teuer
la **carpeta** **IU5PP** der Ordner;
  die (Schreib)Mappe
la **carta** **IU5A** der Brief
  la **carta** de presentación **IIU4B**
  das Bewerbungsschreiben
el **cartel** **IIU3B** das Plakat
la **casa** **IU1** das Haus; die Wohnung
  en **casa** **IU2A** zu Hause
casarse con alguien **IIU7B** ⟨**IIU7C**⟩
  jdn heiraten
el **casco** viejo **IIU1A** die Altstadt
casi **IU4A** fast
castaño, -a **IU8B** brünett; braunhaarig;
  (kastanien)braun
el **castellano** **IU5A** die spanische Sprache
  la Lengua **Castellana** y Literatura **IU5A**
  Spanisch *(als Schulfach, wie das Fach*
  Deutsch in Deutschland)
estar **castigado, -a** sin salir **IU4B**
  Hausarrest haben
el **catalán** **IIU1PP** Katalanisch;
  die katalanische Sprache
la **catarata** **IIU6PP** der Wasserfall

la **catedral** IU1 der Dom; die Kathedrale

la **cebolla** IU6B die Zwiebel

celebrar algo IU6A etw. feiern

cenar IU5B zu Abend essen

el **céntimo** IU6B der Cent

el **centro** IU1 das (Stadt)Zentrum
  el **centro** comercial IU3PP
  das Einkaufszentrum
  el **centro** histórico IU3B die Altstadt
  en el **centro** IIU1A in der Mitte

cerca de IU3A in der Nähe von

bajo **cero** IU7A (… Grad) minus,
  unter Null

el **champiñón** IU6C der Champignon

la **chaqueta** IU8PP die Jacke

charlar IIU5B sich unterhalten; reden

chatear IU4PP chatten

el **chico**/la **chica** IU1 der Junge/das
  Mädchen

el **chile** IU6C das Chilipulver; der Chili

chocar(se) (c-qu) con algo/con alguien
  IU8B mit etw./jdm zusammenstoßen

el **chocolate** IU3B die (Trink)Schokolade

el **chubasquero** IIU5B der Regenmantel

chulo, -a (col.) IIU1B toll (ugs.)

el **ciberacoso** IIU3B das Cybermobbing

la **ciencia** IU5A die Wissenschaft
  las **Ciencias** de la Naturaleza IU5A
  die Naturkunde (Schulfach)
  las **Ciencias** Económicas IIU4A
  die Wirtschaftswissenschaften
  las **Ciencias** Sociales IIU4A
  die Gesellschaftswissenschaften

… por **ciento** IIU3PP … Prozent

por **cierto** IIU2B übrigens

el **cine** IU3PP das Kino

la **ciudad** IU2PP die Stadt

Ciudad de México IU2A Mexiko-Stadt

claro, -a IU8B hell; klar

¡**Claro!** IU5A Natürlich!; Klar!

la **clase** IU4A der Unterricht;
  die Klasse; der Klassenraum;
  die Unterrichtsstunde
  la **clase** particular IIU4B
  die Nachhilfestunde

el **clima** IIU5PP das Klima

el **coche** IU7A das Auto

la **cocina** IU3A die Küche

comerse el **coco** (col.) IIU2A sich den
  Kopf zerbrechen (ugs.)

la **cola** IIU7PP die (Menschen)Schlange
  hacer **cola** IIU7PP Schlange stehen

colaborar en algo/con alguien IIU4B
  bei etw. mitarbeiten; bei etw./mit jdm
  zusammenarbeiten

el **colegio** IIU1A die Schule

dejar **colgado, -a** a alguien IIU2A
  jdn hängen lassen

el **color** IU8A die Farbe
  de **colores** IU6A bunt

la **coma** IIU3PP das Komma

combinar algo con algo IIU4B
  etw. mit etw. kombinieren;
  etw. mit etw. verbinden

el **comentario** IIU2B der Kommentar

comer algo IU4A etw. essen

comerse el coco (col.) IIU2A sich den
  Kopf zerbrechen (ugs.)

el centro **comercial** IU3PP das Einkaufszentrum

el **cómic** IU4A der Comic

la **comida** IU3B das Essen

el **comienzo** IIU6A der Anfang

a **comienzos** de IIU6A zu Beginn (von)

como IU2B wie
  como mínimo IIU5B mindestens
  tan (… **como**) IU7A so (… wie)
  tanto, -os, -a, -as (**como**) IU7A (genau)
  so viel, -e (wie)

¿**Cómo**…? IU1 Wie …?
  ¿**Cómo** estás? IU1 Wie geht es dir?
  ¿**Cómo** se escribe…? IU2A
  Wie schreibt man …?

cómodo, -a IIU5B bequem

el **compañero**/la **compañera** IIU2A
  der Mitschüler/die Mitschülerin

la **competencia** IIU4B die Fähigkeit;
  die Kompetenz

completo, -a IIU4B komplett; vollständig

complicado, -a IIU5B kompliziert

la **Compostela** IIU5B Beleg, dass man
  den Jakobsweg geschafft hat

la lista de la **compra** IU6B die Einkaufsliste
  ir de **compras** IU4PP shoppen gehen;
  einkaufen gehen

comprar algo IU4B etw. kaufen

la **comunicación** IIU3A
  die Kommunikation

comunicarse (c-qu) con alguien IIU7PP
  sich mit jdm verständigen; mit jdm
  kommunizieren

comunicativo, -a IIU4PP kontaktfreudig; offen

la **comunidad** autónoma IIU1PP
  die autonome Region

con IU2A mit

el **concierto** IIU5A das Konzert

el **concurso** IIU4A der Wettbewerb

conducir (irr.) IIU7B (ein Fahrzeug)
  fahren

conectarse a algo IIU3PP sich mit
  etw. verbinden

la **conexión** IU8PP der Anschluss

confiar (-í-) en algo/alguien IIU2B
  etw./jdm vertrauen;
  in etw./jdn Vertrauen haben

conmigo IU7A mit mir

conocer (-zco) algo/a alguien IU8A
  etw./jdn kennen; jdn kennenlernen

conocido, -a IIU6A bekannt

los **conocimientos** IIU4B die Kenntnisse

conseguir algo (-i-) IIU5B etw. bekommen; etw. schaffen; etw. erreichen

el **consejo** IIU3B der Rat; der Tipp

considerar algo como IIU6A etw.
  betrachten als

construir (-y-) algo IIU7A etw. (auf)bauen

la **contaminación** IIU1A die Umweltverschmutzung

contar (-ue-) algo a alguien IU6C
  jdm etw. erzählen

estar **contento, -a** IU5B froh sein;
  zufrieden sein

contestar algo a alguien IIU1B
  jdm etw. antworten

contigo IU7A mit dir

el **continente** IIU6PP der Kontinent

estar en **contra** de algo/alguien IIU3A
  gegen etw./jdn sein

controlar algo/a alguien IIU2B
  etw./jdn kontrollieren

convencer (c-z) a alguien de algo IIU6B
  jdn von etw. überzeugen

copiar algo IU5A etw. abschreiben;
  etw. kopieren

el **correo electrónico** IIU1B die E-Mail

por **correo** (postal) IIU5B per Post

correr IU4A rennen; laufen

corto, -a IU8A kurz

la **cosa** IU1 die Sache; das Ding

la **costa** IU1 die Küste

costar (-ue-) IU6B kosten

la **creación** IIU4A das Erstellen;
  das Schaffen

crear algo IIU4PP etw. (er)schaffen;
  etw. erstellen

creativo, -a IIU4PP kreativ

crecer (-zco) IIU6PP (auf)wachsen

creer algo IU5A etw. glauben;
  etw. meinen

cruzar (z-c) algo IU3B etw. überqueren

el **cuaderno** IU5PP das Heft

el kilómetro **cuadrado** IIU6PP
  der Quadratkilometer

¿**Cuál**… ? IIU4A Welche, -r, -s …?
  ¿**Cuál** es tu número de teléfono? IU1
  Wie lautet deine Telefonnummer?

la **cualidad** IIU4B die Eigenschaft

D Diccionario

¿**Cuándo**…? **IU4A** Wann …?

cuando **IU7B** als **IU8A** wenn

¿**Cuántos, -as**…? **IU5PP** Wie viele …?

¿**Cuánto** es? **IU6C** Wie viel kostet das?

¿**Cuántos** años tienes? **IU1** Wie alt bist du?

un **cuarto** **IU4B** ein Viertel

la **cuenta** **IU6C** die Rechnung

darse **cuenta** de algo **IIU1B** sich einer Sache bewusst werden; etw. bemerken

el **cuento** ⟨**IIU7C**⟩ die Erzählung; das Märchen

el **cuerpo** **IIU5B** der (menschliche) Körper

cuidar algo/a alguien **IU4B** sich um etw./jdn kümmern

la **cultura** **IIU6A** die Kultur

el **cumpleaños** **IU4B** der Geburtstag

cumplir algo **IIU7B** etw. erfüllen; etw. (ein)halten

curioso, -a **IIU1A** neugierig **IIU1B** seltsam; merkwürdig

el **currículum (vítae)** **IIU4B** der Lebenslauf

el **curso** **IU6PP** der Kurs; das Schuljahr

D

dar (irr.) algo a alguien **IU8A** jdm etw. geben

dar (irr.) un paseo **IIU1A** spazierengehen

dar importancia a algo **IIU7B** etw. als wichtig betrachten; auf etw. Wert legen

dar vergüenza a alguien **IIU3B** jdm peinlich sein

darse cuenta de algo **IIU1B** sich einer Sache bewusst werden; etw. bemerken

los **datos** **IU8PP** die Daten

los **datos** personales **IIU3B** die Personalien; die Angaben zur Person

de **IU1** von; aus

de… a **IU4B** von … bis

debajo de **IU3A** unter

deber hacer algo **IIU5B** etw. tun müssen

no **deber** hacer algo **IIU5B** etw. nicht tun dürfen

los **deberes** (pl.) **IU4A** die Hausaufgaben

estar **decepcionado, -a** **IIU2PP** enttäuscht sein

decidir algo **IU8B** etw. entscheiden; etw. beschließen

decir (irr.) algo a alguien **IU8A** jdm etw. sagen

decir (irr.) una mentira **IIU2A** lügen

es **decir** **IIU3A** das heißt; das bedeutet

la **decisión** **IIU4A** die Entscheidung

decorar algo **IU6A** etw. dekorieren; etw. schmücken

dejar a alguien **IIU2B** jdn verlassen; jdn sitzen lassen

dejar algo a alguien **IIU5B** jdm etw. überlassen

dejar colgado, -a a alguien (col.) **IIU2A** jdn hängen lassen

dejar de hacer algo **IIU7A** aufhören, etw. zu tun

dejar hacer algo a alguien **IIU2PP** jdn etw. tun lassen

delante de **IU3A** vor

el **delfín** **IIU1B** der Delfin

delgado, -a **IU8B** schlank; dünn

demasiado **IU6C** zu (+ adj.); zu viel

dentro **IU8A** drinnen

dentro de **IIU7B** in; innerhalb

denunciar algo/a alguien **IIU3B** etw./jdn anzeigen

el **deporte** **IU4PP** der Sport

las zapatillas de **deporte** (pl.) **IU8PP** die Sportschuhe

practicar (c-qu) **deporte** **IIU1PP** Sport treiben

deportista **IIU4B** sportlich

deportivo, -a **IIU4B** sportlich; Sport-

estar **deprimido, -a** **IIU2PP** deprimiert sein; bedrückt sein

a la **derecha** (de) **IU3A** rechts (von)

el **desánimo** **IIU6B** die Mutlosigkeit

desaparecer (-zco) **IIU3B** verschwinden

el **desastre** **IU3A** die Katastrophe

desayunar algo **IU5B** etw. frühstücken

descansar **IU4PP** sich ausruhen

desconectar algo **IIU3A** etw. trennen; etw. abschalten

el **desconocido**/la **desconocida** **IIU3B** der/die Unbekannte

describir (irr.) algo/a alguien **IIU7B** etw./jdn beschreiben

descubrir algo **IIU5PP** etw. entdecken

desde **IU3B** von; aus **IU5A** seit

desde entonces **IIU2A** seitdem

desde finales **IIU6A** seit dem Ende

desde hace **IU8A** seit

desde que **IIU4A** seitdem

desear algo (a alguien)/hacer algo **IU6C** jdm etw. wünschen; wünschen etw. zu tun

desmayarse **IU8B** in Ohnmacht fallen

despedirse (-i-) de alguien **IIU6B** sich von jdm verabschieden

el **despertador** **IIU3A** der Wecker

despertarse (-ie-) **IU8B** aufwachen

después **IU4B** dann; danach

después de **IU2B** nach

después de (+ inf.) **IU5B** nachdem

después de todo **IIU6B** letztendlich

un tiempo **después** **IIU7B** einige Zeit später

el **destino** **IU7B** das Ziel; das Reiseziel

la **desventaja** **IIU3A** der Nachteil

el **detalle** **IIU6B** das Detail

detrás de **IU3A** hinter

el **día** **IU1** der Tag

¡Buenos **días**! **IU1** Guten Morgen!; Guten Tag!

al año/a la semana/al **día** **IIU5PP** pro Jahr/Woche/Tag

al **día** siguiente **IIU1B** am nächsten Tag

hoy en **día** **IIU1A** heutzutage

todo el **día** **IU7B** den ganzen Tag

todos los **días** **IU2A** jeden Tag

un **día** **IIU7B** eines Tages

el **día** a **día** **IU5PP** der Alltag

el **dibujo** **IU2A** die Zeichnung

el **diccionario** **IIU2A** das Wörterbuch

diciembre **IU6PP** Dezember

el **diente** **IU5B** der Zahn

lavarse los **dientes** **IU5B** sich die Zähne putzen

la **diferencia** **IU7PP** der Unterschied; die Ungleichheit

diferente **IU6C** anders; verschieden

difícil **IIU1A** schwierig; schwer

difundir algo **IIU3B** etw. verbreiten

Diga./**Dígame.** **IU6C** Hallo. (Ausdruck zu Beginn eines Telefongespräches)

digital **IIU3PP** digital

el **dinero** **IU6A** das Geld

la **dirección** **IU6C** die Adresse

el **director**/la **directora** **IIU3A** der Direktor/die Direktorin

el **director** de cine/la **directora** de cine **IIU7B** der Filmregisseur/die Filmregisseurin

la **discapacidad** (física) **IIU7A** die (körperliche) Behinderung

discutir **IIU2B** diskutieren; mit jdm über etw. streiten

el **diseñador**/la **diseñadora** de páginas web **IIU4PP** der Webdesigner/die Webdesignerin

diseñar algo **IIU4PP** etw. zeichnen; etw. entwerfen

el **diseño** **IIU4B** das Design

disfrutar (de) algo **IIU3A** etw. genießen

la **diversidad** **IIU6A** die Vielfalt

divertido, -a **IU6A** lustig

divertirse *(-ie-/-i-)* ⟨IIU7C⟩ sich amüsieren
el **documento** IIU5B das Dokument;
die (Ausweis)Papiere
doler *(-ue-)* IU5B wehtun
el **dolor** IU7B der Schmerz
el **domingo** IU4PP der Sonntag
¿Dónde…? IU1 Wo …?
¿De **dónde** eres? IU1 Woher kommst
du?
donde *(pronombre de relativo)* IIU6A
wo *(Relativpronomen)*
dormir *(-ue-/-u-)* IU5B schlafen
el **dormitorio** IU3A das Schlafzimmer
ducharse IU5B (sich) duschen
la **duda** IIU3B der Zweifel
dudar algo IIU6B etw. bezweifeln
dulce IU6C süß
el **dulce** IIU1PP die Süßspeise;
das Gebäckstück
durante *(+ sust.)* IU7B während
(+ Subst.)
durar IIU1B dauern

E

e IU4B und *(vor i und hi)*
echar IU6C hinzugeben; werfen
económico, -a IIU6PP wirtschaftlich
el **edificio** IU7PP das Gebäude;
das Wohnhaus
la **educación** IU5A die Erziehung;
die Bildung
la **Educación** Física IU5A Sport *(Schul-fach)*
la **Educación** Primaria IIU4A
die Grundschule
la **Educación** Secundaria IIU4A
*span. Schulwesen: vier Schuljahre,
die der Mittelstufe entsprechen*
por **ejemplo** IU6A zum Beispiel
hacer **ejercicio** IIU5B Sport treiben
el/la IU1 der/die/das
él IU2A er
el correo **electrónico** IIU1B die E-Mail
elegir *(g-j,-i-)* algo/a alguien IIU4A
etw./jdn (aus)wählen
ella IU2A sie
ellas IU2A sie *(f.)*
ellos IU2A sie *(m.)*
el **e-mail** IU5A die E-Mail
sin **embargo** IIU1A dagegen; trotzdem
emigrar IIU7A auswandern
la **emoción** IIU5A die Emotion
¡Qué **emoción**! IU3A Wie aufregend!

empezar *(z-c; -ie-)* IU6PP anfangen;
beginnen
empezar *(z-c, -ie-)* a hacer algo IIU1B
anfangen etw. zu tun; beginnen,
etw. zu tun
el **empleo** IIU7PP die Arbeit;
der Arbeitsplatz
la Oficina de **Empleo** IIU7PP
das Arbeitsamt
emprendedor, -ora IIU4PP unternehmungslustig; aktiv
la **empresa** IIU4PP die Firma;
das Unternehmen
en IU1 in; auf; an
… **en** punto IU4B Punkt …
en bicicleta IU2B mit dem Fahrrad
en realidad IIU2A eigentlich;
in Wirklichkeit
en vez de IU6C (an)statt
estar **enamorado, -a** (de algo/alguien)
IIU2PP (in etw./jdn) verliebt sein
enamorarse de alguien ⟨IIU7C⟩ sich in
jdn verlieben
encantar IU8A sehr gefallen;
sehr mögen
encima de IU3A auf
encontrar *(-ue-)* algo/a alguien IU5A
etw./jdn finden
la **encuesta** IU4A die Umfrage
el **enemigo**/la **enemiga** IU2B der Feind/
die Feindin
enero IU6PP Januar
estar **enfadado, -a** IU6C verärgert sein
enfadarse IU7B sich aufregen
el **enfermero**/la **enfermera** IIU4PP der
Krankenpfleger/die Krankenpflegerin
estar **enfermo,-a** IU8A krank sein
estar **enganchado, -a** a algo/a alguien
IIU3A von etw./jdm abhängig
sein; nach etw./jdm süchtig sein
enorme IIU6PP enorm; riesig
la **ensaimada** IIU1PP die Ensaimada
(typisches Gebäck aus Mallorca)
la **ensalada** IU6A der Salat
enseñar algo a alguien IU8A jdm etw.
zeigen
entender *(-ie-)* algo/a alguien IIU2PP
etw./jdn verstehen
entonces IU5A dann IIU1A damals;
zu der Zeit
desde **entonces** IIU2A seitdem
la **entrada** IU4B die Eintrittskarte
entrar IU8B (hinein)gehen; eintreten
entre (… y…) IU3A zwischen …
(und) …

la **entrevista** IIU4B das Vorstellungsgespräch; das Interview
el **equipo** IIU4PP das Team
la **escalada** IIU5A das Klettern
escalar IU4PP klettern
escribir *(irr.)* algo a alguien IU4A
jdm etw. schreiben
¿Cómo se **escribe**…? IU2A
Wie schreibt man …?
Se **escribe**… IU2A Man schreibt …
escuchar algo/a alguien IU3A
etw./jdn hören
la **escuela** IIU6B die Schule
ese, -a, -os, -as IU8A dieser, diese,
dieses (da)
la **espalda** IIU5B der Rücken
España IU1 Spanien
el **español** IU2A Spanisch; die spanische
Sprache
especial IU6C besonders
espectacular IIU6B spektakulär;
sensationell
esperar IU6C warten; hoffen
esperar algo IIU2B etw. (er)hoffen;
etw. erwarten
la **estación** IU1 der Bahnhof
la **estación del año** IU8PP die Jahreszeit
el **estadio** IU1 das Stadion
(los) **Estados** Unidos *(pl.)* IU2A
die Vereinigten Staaten
estar *(irr.)* IU3A sich befinden; da
sein; sein; sich fühlen
este, -a, -os, -as IU8A dieser, diese,
dieses (hier)
esta tarde IU3A heute Nachmittag
el **este** IU7A der Osten
el **estilo** IU7B der Stil
estimado, -a IIU4B sehr geehrte, -r
estrecho, -a IU8A eng
la **estrella** IIU1B der Stern
el **estuche** IU5PP das (Feder)Mäppchen
estudiar IU2A lernen; studieren
los **estudios** IIU4A das Studium
estupendo, -a IU5B toll; prima
la **etapa** IIU4A die Etappe; der Abschnitt
el **euro** IU6B der Euro
el **europeo**/la **europea** IIU6PP
der Europäer/die Europäerin
el **euskera** IIU1PP Baskisch;
die baskische Sprache *(im Baskischen)*
evitar algo IIU3B etw. vermeiden;
etw. verhindern
evolucionar IIU7A
sich (weiter)entwickeln
exagerado, -a IIU1B übertrieben

el **examen** IU5B die Klassenarbeit
la **excepción** IIU2B die Ausnahme
la **excursión** IU2B der Ausflug
la **excusa** IIU3A die Ausrede;
die Entschuldigung
existir IIU1A existieren; bestehen
el **éxito** IU7B der Erfolg
la **expectativa** IIU7B die Erwartung
la **experiencia** IIU3A die Erfahrung
el **experimento** IIU3A das Experiment
explicar (c-qu) algo a alguien IIU2B
jdm etw. erklären
expresar algo IIU6A etw. ausdrücken
la **expresión** IU8A der Ausdruck
la **Expresión** Plástica IU5A
Kunst (Schulfach)
el **extra** IU6C das Extra
el **extranjero** IU5B das Ausland

F

la **fábrica** IIU1A die Fabrik
fácil IIU2B einfach; leicht
la **falda** IU8PP der Rock
la **familia** IU2A die Familie
famoso, -a IU3A berühmt; bekannt
el/la **fan** IIU7B der Fan
fantástico, -a IU5B fantastisch; toll
la **farmacia** IU3PP die Apotheke
el **faro** IIU5A der Leuchtturm
fatal IU3A sehr schlecht
Por **favor.** IU6C Bitte.
a **favor** de algo/alguien IIU3B
für etw./jdn
favorito, -a IU4A Lieblings-
febrero IU6PP Februar
la **fecha** IU6PP das Datum
la **fecha** de nacimiento IIU4B
das Geburtsdatum
la **felicidad** ⟨IIU7C⟩ das Glück;
die Glückseligkeit
feliz IU6C glücklich
feo, -a IU3A hässlich
el **festival** IIU5A das Festival
la **fiesta** IU1 die Party; das Fest
el **fin** IU2B das Ende
el **fin** de semana IU2B das Wochenende; am Wochenende
al **final** IU3B zum Schluss; am Ende
desde **finales** IIU6A seit dem Ende
finalmente IIU7B schließlich
la Educación **Física** IU5A Sport (Schulfach)
la discapacidad (**física**) IIU7A die
(körperliche) Behinderung
flexible IIU4PP flexibel

la **foca** IIU6PP die Robbe
al **fondo** IIU1A hinten; im Hintergrund
la **forma** IIU1B die Form
estar en **forma** IIU4PP in Form sein;
fit sein
la **formación** (profesional) IIU4A
die (Berufs)Ausbildung
formar algo IIU7B etw. bilden
la **fortuna** ⟨IIU7C⟩ das Vermögen
la **foto** IU2B das Foto
la cámara de **fotos** IIU3PP
der Fotoapparat
la **fotografía** IIU4A das Fotografieren;
die Fotografie
el **fotógrafo**/la **fotógrafa** IU7B
der Fotograf/die Fotografin
el **Francés** IU5A Französisch (Schulfach)
la **frase** IIU6B der Satz
frente a IIU6B gegenüber
fresco, -a IIU5A frisch
el **frigorífico** IU6C der Kühlschrank
frío, -a IU5B kalt
Hace **frío.** IU7A Es ist kalt.
la **frontera** IU7PP die Grenze
la **fruta** IU5B das Obst
el **fuego** IIU6PP das Feuer
fuerte IIU3B stark; kräftig
¡Qué **fuerte**! (col.) IU2B Krass! (ugs.)
el punto **fuerte** IIU4A die Stärke
funcionar IIU4A funktionieren
el **fútbol** IU4A der Fußball
el partido de **fútbol** IU4A das Fußballspiel
el/la **futbolista** IIU6A der Fußballspieler/
die Fußballspielerin
el **futuro** IIU4A die Zukunft

G

las **gafas** (pl.) IU8PP die Brille
las **gafas** de sol (pl.) IU8PP
die Sonnenbrille
las **gafas** de bucear (pl.) IIU1B
die Taucherbrille
la **gaita** IIU5PP der Dudelsack
Galicia IIU5PP Galicien
el **gallego** ÎU5PP galicisch;
die galicische Sprache
la **galleta** IU5B der Keks
ganar algo IIU4PP etw. verdienen
tener **ganas** de algo/de hacer algo
IU4B auf etw. Lust haben; Lust haben,
etw. zu tun
la **gasolina** IU7B das Benzin; der Sprit
la **gasolinera** IU7B die Tankstelle
gastar algo ⟨IIU7C⟩ etw. ausgeben

el **gato** IU2PP die Katze
el **gaucho** IIU6PP der Gaucho (berittener
Viehhirte in der Pampa)
la igualdad de **género** IIU7A die Gleichstellung der Geschlechter
genial IU2A genial
la **gente** IU7A die Leute; die Menschen
la **Geografía e Historia** IU5A Geschichte
und Erdkunde (Schulfach)
el **gimnasio** IU5PP die Turnhalle
girar IU3B abbiegen
el **glaciar** IIU6PP der Gletscher
el **globo** IU7A der Heißluftballon;
der (Luft)Ballon
la **goma** IU5PP der Radiergummi
gordo, -a IU8B dick
la **gorra** IU8PP die Kappe
el **gorro** IU8PP die Mütze
grabar algo/a alguien IIU4B
etw./jdn filmen; etw./jdn aufnehmen
tener **gracia** IU2B lustig sein
Gracias. IU4A Danke.
gracioso, -a IU3A witzig
¡Qué **gracioso**! IU3A Wie witzig!
el **grado** IU7A der Grad
Hace… **grados.** IU7A Es sind … Grad.
grande IU3A groß; großartig
gran (vor Nomen) IU8B groß;
großartig
gris IU8A grau
gritar IIU1A schreien
el **grito** IU8B der Schrei
el **grupo** IU7A die Gruppe
el **guante** IU8PP der Handschuh
guapo, -a IIU1B hübsch; schön
guardar algo IIU3B etw. aufbewahren;
etw. behalten; etw. speichern
guay IU5B toll; klasse
el/la **guía** IU3B der Reiseführer/
die Reiseführerin
la **guitarra** IIU4A die Gitarre
gustar IU4PP gefallen; mögen
Me **gustaría**… IU7A Ich würde
gerne …; Ich möchte …

H

la **habitación** IU3A das Zimmer
el/la **habitante** IU7PP der Einwohner/
die Einwohnerin
hablar IU2A sprechen; reden
hablar de (algo/alguien) IU2B über
(etw./jdn) sprechen
hablar por teléfono IU2A telefonieren
hablar solo, -a IU3A ein Selbstgespräch führen

hace *(+ Zeitraum)* **IU7B** vor *(+ Zeitraum)*
  hace poco **IIU2B** vor Kurzem
hacer *(irr.)* algo **IU4PP** etw. machen
  Hace frío. **IU7A** Es ist kalt.
  Hace sol. **IU7A** Die Sonne scheint.
  Hace viento. **IU7A** Es ist windig.
  hacer cola **IIU7PP** Schlange stehen
  hacer ejercicio **IIU5B** Sport treiben
  hacer la vida imposible a alguien **IIU2A**
  jdm das Leben schwer machen;
  jdm das Leben zur Hölle machen
  hacer senderismo **IU7B** wandern
  hacer surf **IU7B** surfen
  hacer trampas **IIU3A** mogeln;
  schummeln
  Hace… grados. **IU7A** Es sind … Grad.
hacia **IU8B** nach; zu
tener **hambre** **IU2B** Hunger haben
estar **harto, -a** de algo/de alguien **IIU2A**
  etw./jdn satt haben
hasta **IU1** bis
  ¡**Hasta** luego! **IU1** Bis später!
hay **IU3PP** es gibt; da ist/sind
  Hay muchas cosas que ver. **IU7A**
  Es gibt viel zu sehen.
  Hay niebla. **IU7A** Es ist neblig.
  hay que… **IU6PP** man muss …
el **helado** **IU2B** das (Speise)Eis
el **helicóptero** **IU7A** der Hubschrauber
el **hermano**/la **hermana** **IU2PP** der
  Bruder/die Schwester
los **hermanos** **IU2PP** die Geschwister
el **hijo**/la **hija** **IU2A** der Sohn/die Tochter
el centro **histórico** **IU3B** die Altstadt
¡**Hola!** **IU1** Hallo!
el **hombre** **IU8B** der Mann
la **hora** **IU2B** die Stunde; die Uhrzeit
  ¿A qué **hora**… ? **IU4B** Um wie viel
  Uhr …?
  ¿Qué **hora** es? **IU4B** Wie spät ist es?
el **horario** **IU5A** der Stundenplan
el **hórreo** **IIU5PP** *traditioneller Getreidespeicher in Nordspanien*
horrible **IIU2B** schrecklich
el **horror** **IU2B** der Horror
  ¡Qué **horror!** **IU2B** Wie entsetzlich!
el **hospital** **IIU4PP** das Krankenhaus
el **hotel** **IU1** das Hotel
hoy **IU3A** heute
  hoy en día **IIU1A** heutzutage
el **huevo** **IU6B** das Ei
las **Humanidades** **IIU4A** die Geisteswissenschaften
estar de buen/mal **humor** **IIU4A**
  gut/schlecht gelaunt sein

I

la **idea** **IU5B** die Idee
ideal **IIU5A** ideal
el **idioma** **IU2A** die Sprache
la **iglesia** **IIU5A** die Kirche
ignorar algo/a alguien **IIU3B**
  etw./jdn ignorieren
la **igualdad** **IIU7A** die Gleichheit;
  die Gleichberechtigung
la **igualdad** de género **IIU7A** die Gleichstellung der Geschlechter
la **imagen** *(pl.* **imágenes)** **IIU3B**
  das Bild; das Aussehen
la **importancia** **IIU6PP** die Wichtigkeit;
  die Bedeutung
  dar **importancia** a algo **IIU7B** etw. als
  wichtig betrachten; auf etw. Wert legen
importante **IU3B** wichtig
imposible **IIU2A** unmöglich
  hacer la vida **imposible** a alguien **IIU2A**
  jdm das Leben schwer machen;
  jdm das Leben zur Hölle machen
impresionante **IU7PP** beeindruckend
incluso **IIU5A** sogar
increíble **IIU1B** unglaublich
independiente **IU7PP** unabhängig
la zona **industrial** **IIU1A** das Industriegebiet
la **información** **IU6A** die Information
la **Informática** **IU5PP** die Informatik
  el aula de **Informática** **IU5PP**
  der Computerraum
el **ingeniero**/la **ingeniera** **IIU4PP**
  der Ingenieur/die Ingenieurin
el **inglés** **IU2A** Englisch; die englische
  Sprache
  el **Inglés** **IU5A** Englisch *(Schulfach)*
el **ingrediente** **IU6B** die Zutat
el/la **inmigrante** **IIU6A** der Einwanderer/
  die Einwanderin
inolvidable **IIU5A** unvergesslich;
  außergewöhnlich
instalar algo **IIU3B** etw. einrichten;
  etw. installieren
el **instituto** **IU2A** das Gymnasium
el **instrumento** **IIU5PP** das (Musik)
  Instrument
el **insulto** **IIU3B** die Beleidigung
inteligente **IIU7B** intelligent
intentar algo **IU8B** etw. versuchen
el **intercambio escolar** **IIU4B**
  der Schüleraustausch
el **interés** **IIU4A** das Interesse
interesante **IU3B** interessant
interesarle a alguien **IIU4A**
  jdn interessieren

internacional **IIU5A** international
(el/la) **Internet** **IU6A** das Internet
el **invierno** **IU8PP** der Winter
la **invitación** **IU6A** die Einladung
el **invitado**/la **invitada** **IU6PP** der Gast
invitar a alguien **IU6A** jdn einladen
ir *(irr.)* **IU3B** gehen; fahren
  ir *(+ gerundio)* **IIU7A** allmählich etw.
  tun
  ir de compras **IU4PP** shoppen gehen;
  einkaufen gehen
  ir de viaje **IU5B** verreisen
irse **IU5B** gehen; weggehen
la **isla** **IIU1PP** die Insel
a la **izquierda** (de) **IU3A** links (von)

J

el **jamón** **IU6C** der Schinken
el **jardín** **IU3A** der Garten
el **jefe**/la **jefa** **IIU4A** der Chef/die Chefin
el **jersey** **IU8PP** der Pullover
el/la **joven** **IIU2PP** der/die Jugendliche
la **joya** **IU8B** der Schmuck
el **juego** **IU6A** das Spiel
el **jueves** **IU4PP** der Donnerstag
jugar *(g-gu; -ue-)* a algo con alguien **IU4B**
  mit jdm etw. spielen
  jugar *(g-gu; -ue-)* al baloncesto **IU4B**
  Basketball spielen
julio **IU6PP** Juli
junio **IU6PP** Juni
juntos, -as **IU5B** zusammen
  (todos, -as) **juntos, -as** **IU5B** (alle)
  zusammen

K

el **kilo** **IU1** das Kilo
el **kilómetro** **IU3B** der Kilometer

L

la **labor** **IIU7A** die Arbeit;
  die Anstrengung
laboral **IIU7A** Arbeits-
al **lado** de **IU3A** neben
por un **lado**…, por otro lado… **IIU3A**
  einerseits …, andererseits …
el **lago** **IIU6PP** der See
la **lana** **IU7A** die Wolle;
  das Geld *(lat. am.)*
el **lápiz** **IU5PP** der Bleistift; der Buntstift
largo, -a **IU8A** lang
las **IU1** die
la **lata** **IU6B** die Dose

lavarse **IU5B** sich waschen
  lavarse los dientes **IU5B** sich die
  Zähne putzen
la **leche** **IU5B** die Milch
la **lechuga** **IU6B** der Kopfsalat
leer algo **IU4PP** etw. lesen
lejos (de) **IU3A** weit entfernt (von)
la **lengua** **IU5A** die Sprache
  la **Lengua** Castellana y Literatura **IU5A**
  Spanisch (*als Schulfach, wie das Fach*
  Deutsch in Deutschland)
  la **lengua** materna **IIU4B** die Muttersprache
  la **lengua** oficial **IIU5PP** die Amtssprache
lento, -a **IU7A** langsam
levantarse **IU5B** aufstehen
libre **IU4PP** frei
  el tiempo **libre** **IU4PP** die Freizeit
la **librería** **IIU6A** die Buchhandlung
el **libro** **IU4PP** das Buch
lila **IU8A** lila
limitar con… **IIU1PP** grenzen an …
lindo, -a **IU7A** schön
la **línea** **IU3B** die Linie
el **lío** **IIU5B** das Durcheinander
la **lista** **IU6A** die Liste
  la **lista** de la compra **IU6B**
  die Einkaufsliste
la **Literatura** **IU5A** die Literatur (*als Fach*)
  la Lengua Castellana y **Literatura** **IU5A**
  Spanisch (*als Schulfach, wie das Fach*
  Deutsch in Deutschland)
el **litro** **IU6B** der Liter
llamar a alguien **IU5A** jdn (an)rufen
llamarse **IU5B** heißen
la **llave** **IIU1B** der Schlüssel
llegar (*g-gu*) **IU6C** (an)kommen
lleno, -a **IIU5B** voll
llevar algo **IU6B** etw. tragen;
  etw. mitnehmen; etw. hinbringen
  ¿Qué **lleva** la pizza? **IU6C** Was ist auf
  der Pizza?
  llevar (*+ gerundio + Zeitraum*) **IIU7A**
  etw. schon seit (*Zeitraum*) tun
llover (*-ue-*) **IU7A** regnen
lo que… **IIU6A** was; das, was …
loco, -a **IU3A** verrückt
  ¡Ni **loco**! **IU3A** Nicht einmal im Traum!
lógico, -a **IIU2B** logisch
lograr algo **IIU6PP** etw. erreichen
los **IU1** die
luchar por/contra algo/alguien **IIU3B**
  für/gegen etw./jdn kämpfen
luego **IU1** später
  ¡Hasta **luego**! **IU1** Bis später!

el **lugar** **IU6A** der Ort; der Platz
  el **lugar** de nacimiento **IIU4B**
  der Geburtsort
  en primer **lugar** **IIU3A** zuerst;
  zunächst einmal
el **lujo** **IIU7B** der Luxus
el **lunes** **IU4PP** der Montag; am Montag

M

la **madre** **IU2PP** die Mutter
el **maíz** **IU6C** der Mais
majo, -a (*col.*) **IIU1B** nett
mal (*adv.*) **IU7B** schlecht (*Adv.*)
el **malentendido** **IIU7A**
  das Missverständnis
la **maleta** **IU7B** der Koffer
malo, -a **IU5A** schlecht
  tener **mala** cara **IU5A** schlecht aussehen
la **mamá** **IU2A** die Mama
mandar algo **IIU1B** etw. schicken
la **manera** **IIU3A** die Art; die Weise
la **manifestación** **IIU7PP**
  die Demonstration
la **mano** **IU8B** die Hand
mañana **IU5B** morgen
por la **mañana** **IU4A** am Morgen;
  am Vormittag
  de la **mañana** **IU4B** morgens
el **mapa** **IIU2A** die (Land)Karte
el **mar** **IIU1B** das Meer
maravilloso, -a **IIU6B** wunderbar;
  wunderschön
el **marisco** **IIU5A** die Meeresfrüchte
marrón **IU8A** braun
el **martes** **IU4PP** der Dienstag
marzo **IU6PP** März
más **IU1** plus **IU2A** mehr; weiter
  más (que) **IU7A** mehr (als)
  más bien **IIU6B** eher; vielmehr
  más o menos **IIU5B** mehr oder
  weniger
la **mascota** **IU2PP** das Haustier **IIU1A**
  das Maskottchen
matar a alguien (**IIU7C**) jdn töten
las **Matemáticas** (*pl.*) **IU5A** Mathematik
maya **IU7B** Maya-… (*zur Kultur der*
  Maya gehörend)
mayo **IU6PP** Mai
de **mayor** **IIU7B** wenn ich groß bin
la **mayoría** **IIU3PP** die Mehrheit;
  die meisten
el **médico**/la **médica** **IU2A** der Arzt/
  die Ärztin
medio, -a **IU6B** halb

el **medio de transporte** **IU7A**
  das Verkehrsmittel
el **medioambiente** **IIU4PP** die Umwelt
los **medios** **IIU3PP** die Medien
a lo **mejor** **IU3A** vielleicht
mejor **IU6B** besser
  lo **mejor** **IU3A** das Beste
mejorar algo **IIU3A** etw. verbessern
melancólico, -a **IIU6A** melancholisch;
  betrübt
menos (*Uhrzeit*) **IU4B** vor (*Uhrzeit*)
  más o **menos** **IIU5B** mehr oder
  weniger
  menos **IU1** minus **IU4A** außer
  menos (que) **IU7A** weniger (als)
el **mensaje** **IU4B** die Nachricht
la **mentira** **IIU2A** die Lüge
  decir una **mentira** **IIU2A** lügen
la **merienda** **IU5B** *kleine Zwischen-*
  mahlzeit am Nachmittag
el **mes** **IU6PP** der Monat
la **mesa** **IU3A** der Tisch
meter algo en algo **IU5A** etw. in etw.
  (hinein)legen
el **metro** **IU3PP** die U-Bahn **IU7PP**
  der Meter
  la parada de **metro** **IU3PP**
  die U-Bahn-Station
México **IU1** Mexiko
  Ciudad de **México** **IU2A** Mexiko-Stadt
mi **IU2PP** mein/meine
mí **IU4PP** mir; mich
  A **mí** no. **IU4PP** Mir nicht.; Ich nicht.
  A **mí** sí. **IU4PP** Mir schon.; Ich schon.
  A **mí** también. **IU4PP** Mir auch.;
  Ich auch.
  A **mí** tampoco. **IU4PP** Mir auch
  nicht.; Ich auch nicht.
el **miedo** **IU3A** die Angst
  ¡Qué **miedo**! **IU3A** Was für eine Angst
  ich hatte!
  tener **miedo** de algo/de alguien **IIU2A**
  vor etw./jdm Angst haben
mientras (*conj.*) **IIU1B** während (*Konj.*)
el **miércoles** **IU4PP** der Mittwoch
el **milagro** **IIU6B** das Wunder
un **millón** **IU7PP** eine Million
el **minuto** **IU4A** die Minute
mirar algo/a alguien **IU3B**
  etw./jdn (an)schauen
  Mira. **IU5A** Schau (mal).
el **mismo**/la **misma** **IU7B** der-, die-,
  dasselbe; das Gleiche
  ahora **mismo** **IU3A** sofort;
  im Augenblick

la **mitad** IIU3PP die Hälfte

el **mito** IIU6A der Mythos

la **mochila** IU5PP der Rucksack

la revista de **moda** IU8A die Modezeitschrift

moderno, -a IU3A modern

mogollón (col.) IIU1B sehr

molestar a alguien IIU2A jdn stören;
jdn belästigen; jdn ärgern

el **momento** IU8B der Moment

la **moneda** IIU6PP die Währung

el **monitor**/la **monitora** IIU4PP
der Fitnesstrainer/die Fitnesstrainerin

la **montaña** IU7PP der Berg

montar a caballo IU7B reiten
montar en bicicleta IU4PP Rad fahren

el **monumento** IU1 die Sehenswürdigkeit

moreno, -a IU8B dunkelhaarig;
dunkel; dunkelhäutig

morir(se) (irr.) IIU6B sterben

mostrar (-ue-) algo/a alguien IIU6PP
jdm etw. zeigen

motivar a alguien IIU4PP jdn motivieren

el **motivo** IIU5B der Grund; das Motiv

mover(se) (-ue-) IU7B (sich) bewegen

el **móvil** IU1 das Handy

mucho (adv.) IU4PP sehr

mucho, -a IU3PP viel
Hay **muchas** cosas que ver. IU7A
Es gibt viel zu sehen.

la **mudanza** IU3A der Umzug

mudarse IIU6B (um)ziehen

el **mueble** IU3A das Möbelstück

la **mujer** IIU1B die Frau

el **mundo** IU2PP die Welt
todo el **mundo** IIU5B alle; jeder

el **museo** IU1 das Museum

la **música** IU4PP die Musik
la **Música** IU5A Musik (Schulfach)

muy IU1 sehr

N

nacer (-zco) IIU6A geboren werden

el lugar de **nacimiento** IIU4B
der Geburtsort

la fecha de **nacimiento** IIU4B
das Geburtsdatum

nada IU6C nichts

nadar IU7B schwimmen

nadie IU6C niemand

naranja IU8A orange (als Farbe)

estar hasta las narices de algo/
de alguien (col.) IIU2A die Nase von
etw./jdm voll haben

la **naturaleza** IU5A die Natur
en plena **naturaleza** IIU5A mitten in
der Natur
las Ciencias de la **Naturaleza** IU5A
die Naturkunde (Schulfach)

navegar (g-gu) IIU7A (im Internet)
surfen

la **Navidad** IU6PP Weihnachten

necesario, -a IU6A notwendig

necesitar algo/a alguien IU4A
etw./jdn brauchen

negro, -a IU8A schwarz

estar **nervioso, -a** IIU2PP nervös sein

nevar (-ie-) IU7A schneien

ni… ni IIU6B weder … noch

Hay **niebla.** IU7A Es ist neblig.

ningún/ninguno, -a IIU4A kein, -e, -r, -s

el **niño**/la **niña** IU7B das Kind

el **nivel** IIU4B das Niveau

no IU2PP nein; nicht
no obstante IIU3A dennoch; trotzdem
ya **no** IU4PP nicht mehr

la **noche** IU1 die Nacht
¡Buenas **noches**! IU1 Guten
Abend!; Gute Nacht!
de la **noche** IU4B abends; nachts
por la **noche** IU3A am
Abend; abends; in der Nacht; nachts

la **Nochevieja** IU6PP Silvester

el **nombre** IU2A der Name

normal IU3A normal
normalmente IU4A normalerweise

el **norte** IU7A der Norden
en el **norte** IIU1PP im Norden

nosotros, -as IU2A wir

la **nota** IU5A die Notiz; die Note
sacar (c-qu) buenas/malas **notas** IIU2B
gute/schlechte Noten bekommen

la **noticia** IU8B die Neuigkeit;
die Nachricht

noviembre IU6PP November

el **novio**/la **novia** IU2A der feste Freund/
die feste Freundin

Está **nublado.** IU7A Es ist bewölkt.

nuevo, -a IU3A neu

el **número** IU1 die Nummer; die Zahl
Mi **número** de teléfono es el…
IU1 Meine Telefonnummer lautet …

nunca IU4A nie; niemals

O

o IU4A oder

obligatorio, -a IIU4A obligatorisch;
verpflichtend

octubre IU6PP Oktober

ocuparse de algo/alguien IIU4B
sich um etw./jdn kümmern

odiar algo/a alguien IIU2A
etw./jdn hassen

el **oeste** IU7A der Westen

oficial IU7A offiziell

la **oficina** IIU4PP das Büro
la **Oficina** de Empleo IIU7PP
das Arbeitsamt

ofrecer (-zco) algo a alguien IIU3B
jdm etw. anbieten

el **ojo** IU8B das Auge

olvidar algo IIU1B etw. vergessen

la **ONG** (organización no gubernamental)
IIU4A die NGO (non-governmental
organisation; Nichtregierungsorganisation)

la **opinión** IU8PP die Meinung
en mi **opinión** IU8PP meiner Meinung
nach

la **oportunidad** IIU4PP die Gelegenheit; die Chance

el **ordenador** IU3A der Computer

el **orégano** IU6C der Oregano

organizar (z-c) algo IU6A
etw. organisieren
organizado, -a IU7A ordentlich;
organisiert

el **origen** IIU6A der Ursprung

la **orilla** IIU1B das Ufer

oscuro, -a IU8A dunkel

el **otoño** IU8PP der Herbst

otro, otra IU6C noch eine, -r, -s;
ein anderer, eine andere, ein anderes
otra vez IIU2PP noch einmal;
(schon) wieder
por un lado…, por **otro** lado… IIU3A
einerseits …, andererseits …

¡**Oye**! IU4A Hör mal!

P

la **paciencia** IIU4PP die Geduld

el **padre** IU2PP der Vater

los **padres** (pl.) IU2PP die Eltern

pagar (g-gu) algo IU6C etw. (be)zahlen

la **página web** IIU3PP die Webseite

el **país** IU5B das Land

el **País** Vasco IIU1PP das Baskenland

el **paisaje** IIU1B die Landschaft

el **pájaro** IU7PP der Vogel

la **palabra** IU8A das Wort

el **palacio** IU1 der Palast; das Schloss

el **pan** IU6B das Brot

la **panadería** IU3PP die Bäckerei

la **pancarta** llU7PP das Plakat; das Spruchband

la **pantalla** lllU3A der Bildschirm

el **pantalón**/los **pantalones** lU8PP die Hose

el **papá** lU2A der Papa

el **paquete** lU6B die Packung

para lU4A für
  para *(+ inf.)* lU5B um … zu
  para que *(+ subj.)* lllU3B damit

la **parada** lU3PP die Haltestelle
  la **parada** de metro lU3PP die U-Bahn-Station

el **paraíso** lllU5A das Paradies

parar lU7B anhalten

parecer *(-zco)* lU8PP scheinen; finden
  ¿Qué os **parece** si…? lU6C Was haltet ihr davon, wenn … ?
  ¿Qué te **parece** si…? lU4B Was hältst du davon, wenn …?

parecerse *(-zco)* a algo/alguien lllU6PP etw./jdm ähneln; etw./jdm ähnlich sehen

la **pared** lllU6A die Wand

el **paro** lllU7PP die Arbeitslosigkeit
  estar en **paro** lllU7PP arbeitslos sein

el **parque** lU1 der Park
  el **parque** de atracciones lU4B der Freizeitpark; der Vergnügungspark
  el **parque** nacional lllU6PP der Nationalpark

la **parte** lllU1A der Teil

el/la **participante** lllU4PP der Teilnehmer/ die Teilnehmerin

participar en algo lllU3A an etw. teilnehmen

el **partido** lU4A das Spiel; das Match
  el **partido** de fútbol lU4A das Fußballspiel

a **partir de** lU7PP von … an; ab *(+ Zeitpunkt)*

ser una **pasada** *(col.)* lllU5B toll sein

pasado, -a lU7B vergangen, -e, -r, -s; letzte, -r, -s

el **pasado** lU6A die Vergangenheit

pasar lU2A verbringen lU8PP geschehen; passieren
  ¡Que lo **pases** bien! lU6A Viel Spaß!
  ¿Qué **pasa** (con…)? lU3A Was ist los (mit …)?
  pasarlo muy bien lllU5A einen Riesenspaß haben

el **paseo** lU3B der Spaziergang
  dar un **paseo** lllU1A spazierengehen

el **pasillo** lU3A der Flur

la **pasión** lllU6A die Leidenschaft

la **patata** lU6A die Kartoffel
  la **patata** frita lU6A der Kartoffelchip
  las **patatas** fritas lU6A die Pommes frites; die Kartoffelchips

el **patio** lU5PP der Hof; der Schulhof

la zona **peatonal** lllU1A die Fußgängerzone

pedir *(-i-)* algo lU6C etw. bestellen
  pedir *(-i-)* algo a alguien lllU2B jdn um etw. bitten
  pedir perdón a alguien lllU2B sich bei jdm entschuldigen

pelearse con alguien lU5B sich mit jdm streiten

la **película** lU4A der Film

peligroso, -a lllU3B gefährlich

pelirrojo, -a lU8B rothaarig

el **pelo** lU8B das Haar

Es una **pena.** lllU2B Es ist schade.

pensar *(-ie-)* en algo/alguien lU5A an etw./jdn denken

pequeño, -a lU3A klein

perder *(-ie-)* algo/a alguien lU5A etw./jdn verlieren
  perderse *(-ie-)* algo lllU5A etw. verpassen

Perdón. lU6C Entschuldigung.
  pedir **perdón** a alguien lllU2B sich bei jdm entschuldigen

el **peregrino**/la **peregrina** lllU5PP der Pilger/die Pilgerin

perfecto, -a lU4B perfekt

el **periódico** lllU3PP die Zeitung

permitir hacer algo a alguien lllU2B jdm erlauben, etw. zu tun; zulassen, dass jd etw. tut

pero lU1 aber

el **perro** lU2A der Hund

la **persona** lU2A die Person

personal lllU4B persönlich

pesar lllU5B wiegen

el **pescado** lU6B der Fisch

pesimista lllU6A pessimistisch

el **peso** lllU5B das Gewicht lllU6PP der Peso *(Währung)*

picante lU6C scharf

picar *(c-qu)* lU6A knabbern; naschen

el **pie** lU5B der Fuß
  a **pie** lU5B zu Fuß

la **piel** lU8B die Haut

el **pijama** lU5B der Schlafanzug; der Pyjama

la **pimienta** lU6B der Pfeffer

el **pimiento** lU6B die Paprika

el **pincho** lllU1PP das Häppchen

pintoresco, -a lllU6A pittoresk; malerisch

la **pirámide** lU7PP die Pyramide

la **piscina** lU4A das Schwimmbad

el **piso** lU3A die Wohnung; das Stockwerk

la **pizza** lU6C die Pizza

el **plan** lU4B der Plan

planear algo lllU2B etw. planen

el **planeta** lllU7A der Planet

en primer **plano** lllU1A im Vordergrund

plantar algo lllU7PP pflanzen; etw. einsetzen

la Expresión **Plástica** lU5A Kunst *(Schulfach)*

el **plátano** lU6B die Banane

el **plato** lU6C der Teller; das Gericht
  el primer **plato** lU6C die Vorspeise
  el segundo **plato** lU6C das Hauptgericht

la **playa** lU1 der Strand

la **plaza** lU1 der Platz

en **plena** naturaleza lllU5A mitten in der Natur

pobre lllU4A arm

poco, -a lU3PP wenig
  hace **poco** lllU2B vor Kurzem
  pocas veces lllU3PP selten
  un **poco** (de) lU6C ein bisschen

poder *(irr.)* (hacer algo) lU4B (etw. tun) können; (etw. tun) dürfen

la **policía** lU8A die Polizei

la **política** lllU7PP die Politik

el **político**/la política lllU7A der Politiker/ die Politikerin

estar hecho, -a **polvo** *(col.)* lllU2A total kaputt sein *(ugs.)*; völlig fertig sein

poner *(irr.)* algo lU5A etw. (hinein) legen; etw. setzen; etw. stellen
  ¿Qué **pone** ahí? lllU1A Was steht denn da?
  poner *(irr.)* en silencio lU5A auf leise stellen
  ponerse algo lU5B etw. anziehen

popular lllU5A beliebt; populär

por lU3B durch; über; entlang; in lU5B wegen
  … **por** ciento lllU3PP … Prozent
  por cierto lllU2B übrigens
  por correo (postal) lllU5B per Post
  por lo tanto lllU3A daher; darum
  por supuesto lllU3B natürlich; selbstverständlich
  por último lllU7B letztens; schließlich
  por un lado…, por otro lado… lllU3A einerseits …, andererseits …

por eso lU3B deswegen; deshalb

¿**Por qué**…? lU2B Warum …?
  ¿**Por qué** no? lU4B Warum nicht?

el **porcentaje** IIU7A der Prozentsatz

porque IU4A weil

el **portátil** IU5PP der Laptop

Portugal IU2A Portugal

posible IIU2B möglich

por correo (**postal**) IIU5B per Post

el **postre** IU6C der Nachtisch
de **postre** IU6C zum Nachtisch

practicar (c-qu) deporte IIU1PP
Sport treiben

las **prácticas** IIU4A das Praktikum

práctico, -a IIU3A praktisch

precioso, -a IU8A wunderschön; wertvoll

preferir (-ie-/-i-) algo IU6C etw. lieber
mögen

la **pregunta** IU4A die Frage

preguntar IU2B fragen

estar **preocupado, -a** IIU2PP besorgt
sein

preparar algo IU3B etw. zubereiten;
etw. vorbereiten

el **presente** IIU6A die Gegenwart

prestar algo a alguien IU7B jdm etw.
leihen

la **primavera** IU8PP der Frühling

en **primer** lugar IIU3A zuerst;
zunächst einmal
el **primer** plato IU6C die Vorspeise

primero IU5B zuerst

el **primo**/la **prima** IU2B der Cousin/
die Cousine

la **princesa** ⟨IIU7C⟩ die Prinzessin

principalmente IIU6A hauptsächlich

el **príncipe** ⟨IIU7C⟩ der Prinz

al **principio** IIU3B am Anfang

probable IIU7A wahrscheinlich

el **probador** IU8B die Umkleide

probar (-ue-) algo IIU1A etw. probieren
probarse (-ue-) algo IU8PP
etw. anprobieren

el **problema** IU6C das Problem

el **producto** IU8PP das Produkt

la **profesión** IIU4PP der Beruf

profesional IIU4B beruflich

el **profesor**/la **profesora** IU1 der Lehrer/
die Lehrerin

el **programa** IU4A das (Fernseh)-
Programm; die (Fernseh)Sendung
el **programa** antivirus IIU3B
das Antivirenprogramm

estar **prohibido, -a** IIU1A verboten sein

prometer algo a alguien IIU2B jdm etw.
versprechen

promocionar algo IIU7B für etw. werben

pronto IU1 bald
de **pronto** IIU1B plötzlich

propio, -a IIU4A eigene, -r, -s

proponer (irr.) algo a alguien IIU2B
jdm etw. vorschlagen

la **provincia** IIU1PP die Provinz

próximo, -a IU7B nächste, -r, -s

el **proyecto** IIU2PP der Plan; das Projekt

la **prueba** IIU3B der Beweis

el **pueblo** IU7B das Dorf

el **puente** IIU1PP die Brücke

la **puerta** IU3A die Tür; das Tor

el **puerto** IIU1PP der Hafen

pues IU3A also

el **puesto** IIU1B der (Verkaufs)Stand
IIU4B der Arbeitsplatz; die Arbeitsstelle

el **pulpo** IIU5PP der Krake

el **punto** IU2A der Punkt
… en **punto** IU4B Punkt …
el **punto** fuerte IIU4A die Stärke

Q

¿Qué…? IU1 Was …?

¡Qué fuerte! (col.) IU2B Krass! (ugs.)

¡Qué horror! IU2B Wie entsetzlich!

¡Qué miedo! IU3A Was für eine Angst
ich hatte!

¡Qué vergüenza! IIU1B Wie peinlich!

¿Qué hora es? IU4B Wie spät ist es?

¿Qué lleva la pizza? IU6C Was ist auf
der Pizza?

¿Qué os parece si…? IU6C Was haltet
ihr davon, wenn … ?

¿Qué pasa (con…)? IU3A Was ist los
(mit …)?

¿Qué tal? IU1 Wie geht's?

¿Qué te parece si…? IU4B Was hältst
du davon, wenn …?

¿Qué… ? IU8A Welche, -r, -s …?

que IU5A dass
¡Que lo pases bien! IU6A Viel Spaß!
más (**que**) IU7A mehr (als)

que (pron. de rel.) IU8A der/die/das
(Rel. pron.)

quedar IU3A sich verabreden;
sich treffen
quedar (a alguien) IU8A
jdm stehen; aussehen
quedarse IU5B bleiben; sich aufhalten
quedarse (+ gerundio) IIU7A bleiben,
um etw. zu machen
quedarse sin (+ sust.) IU7B
jdm ausgehen

quejarse IIU3A sich beklagen

querer (irr.) algo IU4B etw. wollen;
etw. mögen

querido, -a IIU6A geliebt

el **queso** IU6C der Käse

¿Quién…?/**¿Quiénes**…? IU2A Wer …?

quitarse algo IIU1B (sich) etw. abnehmen; (sich) etw. ausziehen

quizá(s) IIU3A vielleicht

R

la **radio** IIU3PP das Radio

el **rafting** IIU5A das Rafting (Bootfahren
auf einem Wildwasser)

rápido, -a IU6C schnell

raro, -a IU3A seltsam

tener **razón** IIU1A Recht haben

la **realidad** IIU2A die Wirklichkeit;
die Realität
en **realidad** IIU2A eigentlich;
in Wirklichkeit

rebelde IIU7B rebellisch

rechazar algo/a alguien ⟨IIU7C⟩
etw./jdn zurückweisen

recibir algo IU4B etw. empfangen

recomendar (-ie-) algo a alguien IU7A
jdm etw. empfehlen

el **recreo** IU5A die Pause

todo **recto** IU3B geradeaus (weiter)

la **red** IIU3PP das Netz; das Internet
la **red** social IIU3PP das soziale
Netzwerk

reflejar(se) en algo IIU6PP (sich) in etw.
widerspiegeln

el **refresco** IU6C das Erfrischungsgetränk

regalar algo a alguien IIU5B jdm etw.
schenken

el **regalo** IU4B das Geschenk

la **región** IIU6PP die Region

regular IIU4PP regelmäßig

la **reina** ⟨IIU7C⟩ die Königin

reírse (irr.) de algo/alguien IIU1B
über etw./jdn lachen

la **relación** IIU2B die Beziehung

relajarse IU5B sich ausruhen;
sich entspannen

la **religión** IIU7A die Religion

religioso, -a IIU5B religiös

el **reloj** IU4B die Uhr

el **remo** IIU1PP das Rudern

de **repente** IU8B plötzlich

repetir (-i-) algo IIU5B etw. wiederholen

el **reportero**/la **reportera** IIU4PP
der Reporter/die Reporterin

representar algo IIU6PP etw. darstellen; etw. abbilden; etw. zeigen

reservar algo IIU5A etw. reservieren

respetar algo/a alguien **IIU3B**
etw./jdn achten; etw./jdn respektieren

responder algo a alguien **IIU6B**
jdm etw. antworten

responsable IIU2A verantwortungsbewusst **IIU3B** verantwortlich;
verantwortungsvoll

la **respuesta IIU4A** die Antwort

el **restaurante IU3PP** das Restaurant

el **reto IU5B** die Herausforderung

la **revista** de moda **IU8A** die Modezeitschrift

el **rey** ⟨IIU7C⟩ der König

la **ría IIU1PP** *Meeresarm, der weit in
das Land hineinreicht*

rico, -a IU3B lecker; reich

el **río IU7PP** der Fluss

la **riqueza IIU6A** der Reichtum

¡Qué **risas**! **IU5B** Das war vielleicht
zum Lachen!

la **rivalidad IIU6A** die Rivalität

(estar) **rodeado, -a** de **IIU6PP** umgeben
(sein) von

rojo, -a IU5A rot

ser un **rollo IIU2B** langweilig sein

romper (*irr.*) con alguien **IIU2A** sich von
jdm trennen; mit jdm Schluss machen

romperse (*irr.*) **IIU4A** kaputt gehen

la **ropa IU7B** die Kleidung

rosa IU8A rosa

rubio, -a IU8B blond

la **silla** de **ruedas IIU3A** der Rollstuhl

el **ruido IU3A** das Geräusch; der Lärm

el **rumor IIU3B** das Gerücht

rural IIU5PP ländlich

la **ruta IU7B** die Route

la **ruta** de peregrinación **IIU5A**
der Pilgerweg

S

el **sábado IU4PP** der Samstag

saber (*irr.*) algo **IU8A** etw. wissen

sacar (*c-qu*) buenas/malas notas **IIU2B**
gute/schlechte Noten bekommen

la **sal IU6B** das Salz

salado, -a IU6C salzig

el **salami IU6C** die Salami

salir (*irr.*) **IU4B** ausgehen **IU5B**
hinausgehen; verlassen

estar castigado, -a sin **salir IU4B**
Hausarrest haben

el **salón IU3A** das Wohnzimmer

la **salud IIU7A** die Gesundheit

la **sandalia IU8PP** die Sandale

seco, -a IIU5PP trocken

el **secretario**/la **secretaria IIU4PP**
der Sekretär/die Sekretärin

la **secretaría IU5PP** das Sekretariat

el **secreto IU5A** das Geheimnis

seguir (+ *gerundio*) **IIU7A** weiterhin
etw. tun

seguir (*gu-g; -i-*) algo/a alguien **IIU3PP**
etw./jdm folgen

el **segundo** plato **IU6C** das Hauptgericht

seguro, -a IU8PP sicher

estar **seguro, -a** de que **IIU3A** sicher
sein, dass

seguro que **IIU5B** sicher; sicherlich

seguro, -a de sí mismo, -a **IIU4PP**
selbstsicher; selbstbewusst

la **semana IU2B** die Woche

a la **semana IIU4A** pro Woche

el fin de **semana IU2B** das Wochenende; am Wochenende

hacer **senderismo IU7B** wandern

sentarse (*-ie-*) ⟨IIU7C⟩ sich setzen

sentirse (*-ie-/-i-*) **IIU2PP** sich fühlen

la **señal IIU1PP** das (Verkehrs)Schild

septiembre IU6PP September

ser (*irr.*) **IU2A** sein **IIU4A** werden

ser abierto, -a **IIU4PP** offen sein;
aufgeschlossen sein

ser de alguien **IU5A** jdm gehören

ser un rollo (*col.*) **IIU2B** langweilig sein

la **serie IU3A** die Fernsehserie

serio, -a IIU4PP ernst; ernsthaft

en **serio IIU2B** im Ernst

servir (*-i-*) algo a alguien **IIU4PP**
jdm etw. servieren

sí IU2PP ja

A mí **sí**. **IU4PP** Mir schon.; Ich schon.

si IU6A wenn; falls **IU8A** ob

siempre IU4A immer

Lo **siento**. **IU2B** Es tut mir leid.

la **sierra IIU1PP** die Gebirgskette

el **siglo IIU6A** das Jahrhundert

significar (*c-qu*) **IU7A** bedeuten

siguiente IIU1B folgend, -e, -r, -s

al día **siguiente IIU1B** am nächsten
Tag

el **silencio IU5A** die Ruhe

poner en **silencio IU5A** auf leise
stellen

la **silla IU3A** der Stuhl

la **silla** de ruedas **IIU3A** der Rollstuhl

el **símbolo IIU5PP** das Symbol

simpático, -a IU3A sympathisch

simple IIU4A einfach; nur ein, -e, -r, -s

sin IU6C ohne

quedarse **sin** (+ *sust.*) **IU7B**
jdm ausgehen

sin embargo **IIU1A** dagegen; trotzdem

sino IIU3A sondern

sino que IIU3A sondern dass

el **sinónimo IU8A** das Synonym

ni **siquiera IIU6B** nicht einmal

la **situación IIU1PP** die Lage;
die Situation

sobre IU3B über

sobre todo **IIU2B** vor allem

sociable IIU4A gesellig; kontaktfreudig

social IIU7A sozial; gesellschaftlich

la red **social IIU3PP** das soziale
Netzwerk

la **sociedad IIU7A** die Gesellschaft

el **sol IU7A** die Sonne

Hace **sol**. **IU7A** Die Sonne scheint.

las gafas de **sol** (*pl.*) **IU8PP**
die Sonnenbrille

tomar el **sol IU4A** sich sonnen

soler (*-ue-*) hacer algo **IU5B**
etw. normalerweise tun

la **solicitud IIU4B** die Bewerbung

solidario, -a IIU7PP solidarisch

solo, -a IU3A allein

hablar **solo IU3A** ein Selbstgespräch
führen

Mejor **solo, -a** que mal acompañado, -a.
IIU2B Lieber allein als in schlechter
Gesellschaft.

solo IU4A nur

la **solución IIU2A** die Lösung

sonreír (*irr.*) **IIU6B** lächeln

la **sonrisa IIU6B** das Lächeln

soñar (*-ue-*) con algo/alguien **IIU6A**
von etw./jdm träumen

la **sopa IIU5A** die Suppe

soportar algo/a alguien **IIU2A**
etw./jdn ertragen

sorprender a alguien **IIU6A**
jdn überraschen

estar **sorprendido, -a IIU2PP** überrascht
sein

la **sorpresa IU4B** die Überraschung

soso, -a IU6C ungesalzen; fade

su IU3A sein, -e; ihr, -e; Ihr, -e

subir algo **IIU3PP** etw. hochladen

subir a algo **IIU5A** auf etw. hinaufgehen

el **suelo IU6C** der Boden

el **sueño IIU4A** der Traum

la **suerte IU5B** das Glück

¡Mucha **suerte**! **IU5B** Viel Glück!

por **suerte IIU6B** zum Glück

sufrir (algo) **IIU3B** leiden; etw. erleiden

super- IIU1B super

el **supermercado IU3PP** der Supermarkt

el **sur IU7A** der Süden

hacer **surf IU7B** surfen

T

la **tableta** IIU3PP das Tablet
tal vez IIU6B vielleicht
el **tamaño** IIU5B die Größe
también IU1 auch
   A mí **también.** IU4PP Mir auch.;
   Ich auch.
tampoco IU4A auch nicht
   A mí **tampoco.** IU4PP Mir auch
   nicht.; Ich auch nicht.
tan (… como) IU7A so (… wie)
el **tango** IIU6A der Tango (*Tanz aus*
   Argentinien)
tanto, -os, -a, -as (como) IU7A (genau)
   so viel, -e (wie)
las **tapas** IU6A die Tapas (*Häppchen in*
   Bars, Kneipen)
el **tapón para los oídos** IIU5B der Ohrstöpsel
tardar (mucho) IU5B (lange) (Zeit)
   brauchen
tarde IU5B spät; zu spät
la **tarde** IU1 der Nachmittag; der Abend
   ¡Buenas **tardes!** IU1 Guten Tag!; Guten
   Abend!
   de la **tarde** IU4B nachmittags; abends
   esta **tarde** IU3A heute Nachmittag
   por la **tarde** IU4A am Nachmittag
la **tarta** IU6C die Torte; der Kuchen
el **taxi** IU1 das Taxi
el **teatro** IU3B das Theater
el **tejado** IIU5A das Dach
el **teléfono** IU1 das Telefon
   hablar por **teléfono** IU2A telefonieren
   Mi número de **teléfono** es el… IU1
   Meine Telefonnummer lautet …
la **tele(visión)** IU4PP das Fernsehen
el **televisor** IIU3PP der Fernseher
el **tema** IIU7A das Thema
temprano IU5B früh
tener (*irr.*) IU2B haben
   tener mala cara IU5A schlecht aussehen
   tener miedo de algo/de alguien IIU2A
   vor etw./jdm Angst haben
   tener que hacer algo IU4B etw. tun
   müssen
   tener razón IIU1A Recht haben
   Tengo… años. IU1 Ich bin … Jahre alt.
el **tercio** IIU3PP das Drittel
terminar (algo) IU3B etw. beenden;
   enden
terrible IIU6B furchtbar
el **texto** IIU4A der Text
el **tiburón** IU7B der Hai

el **tiempo** IU4PP die Zeit IU7A
   das Wetter
   el **tiempo** libre IU4PP die Freizeit
   en aquel **tiempo** IIU1A damals;
   zu der Zeit
   un **tiempo** después IIU7B einige Zeit
   später
la **tienda** IU3B der Laden; das Geschäft
tímido, -a IIU3B schüchtern
el **tío** (*col.*) IIU1B der Typ (*ugs.*)
el **tío**/la **tía** IU2PP der Onkel/die Tante
típico, -a IU3B typisch
el **tipo** IU4A die Art
el **tiramisú** IU6C das Tiramisu
tirarse por tirolina IIU5A *sich an Seil-*
   bahnen durch Baumwipfel ziehen
   (Abenteuersport)
el **título** IIU6A der Titel
tocar (*c-qu*) IU4A spielen (*Musik-*
   instrument)
todavía (no) IIU1A noch (nicht)
(todos, -as) juntos, -as IU5B
   (alle) zusammen
   sobre **todo** IIU2B vor allem
   todo el día IU7B den ganzen Tag
   todo el mundo IIU5B alle; jeder
   todo el…/**toda** la… IIU1A der/die/
   das ganze …
   todos los días IU2A jeden Tag
   todos, -as IU6C alle; jede, -r, -s
todo IU3A alles
   todo recto IU3B geradeaus (weiter)
tomar algo IU3B etw. nehmen IU5B
   etw. trinken; etw. essen
   tomar el sol IU4A sich sonnen
el **tomate** IU6B die Tomate
la **tontería** IIU2B die Dummheit
tonto, -a IU5A dumm
la **torre** IIU1PP der Turm
la **tortilla** IU6B die Tortilla (*Omelett aus*
   Kartoffeln und Eiern)
trabajar IU2A arbeiten
el **trabajo** IIU3PP die Arbeit
la **tradición** IIU6A die Tradition
traer (*irr.*) algo/a alguien IU6C
   etw./jdn (mit/her)bringen
el **tráfico** IIU1A der Verkehr
hacer **trampas** IIU3A mogeln;
   schummeln
tranquilo, -a IU5A ruhig
transparente IIU5A durchsichtig;
   glasklar
el medio de **transporte** IU7A
   das Verkehrsmittel
tratar algo IIU6B etw. versuchen

tratar algo/a alguien IIU7A
   etw./jdn behandeln
el **tren** IU7A der Zug
estar **triste** IIU2PP traurig sein
tu IU2PP dein/deine
tú IU1 du
la **tumba** IIU5A das Grab
el **turismo** IU7A der Tourismus
el/la **turista** IU7A der Tourist/
   die Touristin
turístico, -a IU7A touristisch
el **turno** (de trabajo) IIU4PP
   die (Arbeits)Schicht

U

u (*vor o und ho*) IU4A oder
último, -a IU8B letzte, -r, -s
   por **último** IIU7B letztens; schließlich
un/una IU1 ein/eine
único, -a IIU5PP einzig; einzigartig
(los) Estados **Unidos** (*pl.*) IU2A
   die Vereinigten Staaten
la **universidad** IIU4A die Universität
unos, -as IU6A einige IIU5PP ungefähr
usar algo IIU3PP etw. verwenden;
   etw. benutzen
usted IU7PP Sie
útil IIU3A nützlich; hilfreich
utilizar (*z-c*) algo IIU3A etw. benutzen

V

la **vaca** IIU6PP die Kuh
las **vacaciones** IU2A die Ferien; der
   Urlaub
vago, -a IU4A faul
Vale. IU3A Einverstanden.; O.K.
los **vaqueros** (*pl.*) IU8PP die Jeans(hose)
varios, -as IU7B mehrere
el **vasco** IIU1A Baskisch; die baskische
   Sprache (*im Spanischen*)
el País **Vasco** IIU1PP das Baskenland
el **vecino**/la **vecina** IU3A der Nachbar/
   die Nachbarin
vender algo IIU3PP etw. verkaufen
venir (*irr.*) IU7A kommen
la **ventaja** IIU3A der Vorteil
la **ventana** IIU1B das Fenster
ver (*irr.*) algo/a alguien IU4PP
   etw./jdn (an)schauen; etw./jdn sehen
   ¡Nos **vemos**! IU4B Bis bald!
   A **ver**… IU6B (Lass) mal sehen …
   Hay muchas cosas que **ver**. IU7A
   Es gibt viel zu sehen.
el **verano** IU2A der Sommer

la **verdad** IIU1A die Wahrheit
¡Es **verdad**! IU3A Das stimmt!
Es **verdad**. IIU1A Das ist wahr.
verde IU8A grün
la **verdura** IU6C das Gemüse
¡Qué **vergüenza**! IIU1B Wie peinlich!
dar **vergüenza** a alguien IIU3B
jdm peinlich sein
el **vestido** IU8PP das Kleid
la **vez** IU4A das Mal
muchas **veces** IIU3PP oft
otra **vez** IIU2PP noch einmal;
(schon) wieder
pocas **veces** IIU3PP selten
viajar IIU4PP reisen
el **viaje** IU5B die Reise
ir de **viaje** IU5B verreisen
la **víctima** IIU3B das Opfer
la **vida** IIU2A das Leben
hacer la **vida** imposible a alguien IIU2A
jdm das Leben schwer machen;
jdm das Leben zur Hölle machen

el **vídeo** IIU3PP das Video
el **videojuego** IIU3PP das Videospiel;
das Computerspiel
viejo, -a IU7A alt
el casco **viejo** IIU1A die Altstadt
el **viento** IU7A der Wind
Hace **viento**. IU7A Es ist windig.
el **viernes** IU4PP der Freitag
la **visita** IU5B der Besuch;
die Besichtigung
visitar algo/a alguien IU4PP
etw./jdn besuchen; etw. besichtigen
la **vista** IIU1B die (Aus)Sicht
vivir IU4A wohnen; leben
el **volcán** IU7PP der Vulkan
volver *(irr.)* IU7B zurückkommen;
zurückkehren
volver *(irr.)* a hacer algo IIU7A
wieder etw. tun
vosotros, -as IU2A ihr
la **voz** IIU7A die Stimme

Y

y IU1 und IU4B nach
ya IU3A schon
ya no IU4PP nicht mehr
ya que IIU4B da; weil
yo IU1 ich

Z

la **zanahoria** IU6B die Karotte
las **zapatillas de deporte** *(pl.)* IU8PP
die Sportschuhe
el **zapato** IU8PP der Schuh
la **zona** IU7A die Zone; das Gebiet
la **zona** industrial IIU1A
das Industriegebiet
la **zona** peatonal IIU1A
die Fußgängerzone
el **zoo** IU4B der Zoo
el **zumo** IU6A der Saft

Alemán – Español

A

abbiegen IU3B girar
etw. **abbilden** IIU6PP representar algo
der **Abend** IU1 la tarde
  am **Abend** IU3A por la noche
  Guten **Abend**! IU1 ¡Buenas tardes!; ¡Buenas noches!
  zu **Abend** essen IU5B cenar
abends IU3A por la noche IU4B
  de la tarde; de la noche
das **Abenteuer** IU7B la aventura
aber IU1 pero
von etw./jdm **abhängig** sein IIU3A
  estar enganchado, -a a algo/a alguien
(sich) etw. **abnehmen** IIU1B quitarse
  algo
etw. **abschalten** IIU3A desconectar algo
der **Abschnitt** IIU4A la etapa
etw. **abschreiben** IU5A copiar algo
ab (+ Zeitpunkt) IU7PP a partir de
etw./jdn **achten** IIU3B respetar algo/
  a alguien
achte, -r, -s IU3A octavo, -a
die **Adresse** IU6C la dirección
etw./jdm **ähneln** IIU6PP parecerse (-zco)
  a algo/alguien
etw./jdm **ähnlich** sehen IIU6PP
  parecerse (-zco) a algo/alguien
aktiv IIU4PP emprendedor, -ora
die **Aktivität** IU4A la actividad
aktuell IIU2B actual
der **Akzent** IU2A el acento
alle IU6C todos, -as IIU5B
  todo el mundo
allein IU3A solo, -a
  Lieber **allein** als in schlechter Gesellschaft. IIU2B Mejor solo, -a que mal
  acompañado, -a.
vor **allem** IIU2B sobre todo
alles IU3A todo
allmählich etw. tun IIU7A ir (+ gerundio)
der **Alltag** IU5PP el día a día
die **Alpen** IU2B los Alpes
als IU7B cuando
also IU3A pues
alt IU3A antiguo, -a IU7A viejo, -a
  Ich bin … Jahre **alt**. IU1 Tengo… años.
  Wie **alt** bist du? IU1 ¿Cuántos años
  tienes?
altertümlich IU3A antiguo, -a
die **Altstadt** IU3B el centro histórico
  IIU1A el casco viejo
amerikanisch IIU6PP americano, -a
die **Amtssprache** IIU5PP la lengua oficial

sich **amüsieren** ⟨IIU7C⟩ divertirse (-ie-/-i-)
an IU1 en
anbei IIU4B adjunto
jdm etw. **anbieten** IIU3B ofrecer (-zco)
  algo a alguien
Andalusien IU1 Andalucía
ein **anderer**, eine **andere**, ein **anderes**
  IU6C otro, otra
einerseits …, **andererseits** … IIU3A
  por un lado…, por otro lado…
etw. **ändern** IIU2B cambiar (de) algo
  IIU7A cambiar algo
anders IU6C diferente
der **Anfang** IIU6A el comienzo
  am **Anfang** IIU3B al principio
anfangen IU6PP empezar (z-c; -ie-)
anfangen etw. zu tun IIU1B empezar
  (z-c, -ie-) a hacer algo
die **Angaben** zur Person IIU3B los datos
  personales
die **Angelegenheit** IIU4B el asunto
angenehm IIU5A agradable
die **Angst** IU3A el miedo
  vor etw./jdm **Angst** haben IIU2A
  tener miedo de algo/de alguien
  Was für eine **Angst** ich hatte! IU3A
  ¡Qué miedo!
anhalten IU7B parar
der **Animateur**/die **Animateurin** IIU4B
  el animador/la animadora
(an)kommen IU6C llegar (g-gu)
etw. **anprobieren** IU8PP probarse (-ue-)
  algo
jdn **(an)rufen** IU5A llamar a alguien
etw./jdn **(an)schauen** IU3B mirar algo/
  a alguien IU4PP ver (irr.) algo/a alguien
der **Anschluss** IU8PP la conexión
die **Anstrengung** IIU7A la labor
das **Antivirenprogramm** IIU3B
  el programa antivirus
die **Antwort** IIU4A la respuesta
jdm etw. **antworten** IIU1B contestar
  algo a alguien IIU6B responder algo
  a alguien
die **Anwendung** IU3PP la aplicación
etw./jdn **anzeigen** IIU3B denunciar
  algo/a alguien
etw. **anziehen** IU5B ponerse algo
der **Apostel** IIU5A el apóstol
die **Apotheke** IU3PP la farmacia
die **App** IU3PP la aplicación
der **Apparat** IIU4PP el aparato
April IU6PP abril
die **Arbeit** IIU3PP el trabajo IIU7PP
  el empleo IIU7A la labor
arbeiten IU2A trabajar

Arbeits- IIU7A laboral
das **Arbeitsamt** IIU7PP la Oficina de
  Empleo
arbeitslos sein IIU7PP estar en paro
die **Arbeitslosigkeit** IIU7PP el paro
der **Arbeitsplatz** IIU4B el puesto IIU7PP
  el empleo
die **Arbeitsstelle** IIU4B el puesto
die **Architektur** IIU6A la arquitectura
Argentinien IIU6PP Argentina
argentinisch IIU6PP argentino, -a
jdn **ärgern** IIU2A molestar a alguien
arm IIU4A pobre
die **Art** IIU3A la manera IIU4A el tipo
der **Artikel** IIU4PP el artículo
der **Arzt**/die **Ärztin** IU2A el médico/
  la médica
atlantisch IIU5PP atlántico, -a
auch IU1 también
  auch nicht IU4A tampoco
  Ich **auch** nicht. IU4PP A mí tampoco.
  Ich **auch**. IU4PP A mí también.
  Mir **auch**. IU4PP A mí también.
auf IU1 en IU3A encima de
etw. **(auf)bauen** IIU7A construir (-y-) algo
etw. **aufbewahren** IIU3B guardar algo
aufgeschlossen sein IIU4PP
  ser abierto, -a
sich **aufhalten** IU5B quedarse
aufhören, etw. zu tun IIU7A dejar de
  hacer algo
etw./jdn **aufnehmen** IIU4B grabar
  algo/a alguien
sich **aufregen** IU7B enfadarse
Wie **aufregend**! IU3A ¡Qué emoción!
aufstehen IU5B levantarse
auftauchen IIU6PP aparecer (-zco)
aufwachen IU8B despertarse (-ie-)
(auf)wachsen IIU6PP crecer (-zco)
das **Auge** IU8B el ojo
im **Augenblick** IU3A ahora mismo IIU1A
  actualmente
August IU6PP agosto
aus IU1 de IU3B desde
die **(Berufs)Ausbildung** IIU4A
  la formación (profesional)
der **Ausdruck** IU8A la expresión
etw. **ausdrücken** IIU6A expresar algo
der **Ausflug** IU2B la excursión
etw. **ausgeben** ⟨IIU7C⟩ gastar algo
ausgehen IU4B salir (irr.)
  jdm **ausgehen** IU7B quedarse sin
  (+ sust.)
das **Ausland** IU5B el extranjero
die **Ausnahme** IIU2B la excepción
die **Ausrede** IIU3A la excusa

sich **ausruhen** IU4PP descansar IU5B relajarse

aussehen IU8A quedar (a alguien)
schlecht **aussehen** IU5A tener mala cara

das **Aussehen** IIU3B la imagen (pl. imágenes)

außer IU4A menos

außerdem IU3A además

außergewöhnlich IIU5A inolvidable

die **(Aus)Sicht** IIU1B la vista

etw. **(aus)tauschen** IIU2B cambiar (de) algo

etw./jdn **(aus)wählen** IIU4A elegir (g-j,-i-) algo/a alguien

auswandern IIU7A emigrar

(sich) etw. **ausziehen** IIU1B quitarse algo

das **Auto** IU7A el coche

die **autonome** Region IIU1PP la comunidad autónoma

der **Autor**/die **Autorin** IU6A el autor/ la autora

B

die **Bäckerei** IU3PP la panadería

das **Bad** IU3A el baño

der **Badeanzug** IU7B el bañador

die **Badehose** IU7B el bañador

baden IIU1B bañar(se)

das **Badezimmer** IU3A el baño

der **Bahnhof** IU1 la estación

bald IU1 pronto
Bis **bald!** IU4B ¡Nos vemos!

der **Balkon** IU3A el balcón

die **Banane** IU6B el plátano

der **Bart** IU8B la barba

das **Baskenland** IIU1PP el País Vasco

der **Basketball** IU4B el baloncesto
Basketball spielen IU4B jugar (g-gu; -ue-) al baloncesto

die **baskische** Sprache (im Baskischen) IIU1PP el euskera
die **baskische** Sprache (im Spanischen) IIU1A el vasco

Baskisch IIU1PP el euskera IIU1A el vasco

der **Bauch** IU7B la barriga

etw. **(auf)bauen** IIU7A construir (-y-) algo

der **Baum** IU3PP el árbol

bedeuten IU7A significar (c-qu)
das **bedeutet** IIU3A es decir
das **bedeutet, dass** IIU3A así que

die **Bedeutung** IIU6PP la importancia

jdn **bedrängen** IIU3B acosar a alguien

jdn **bedrohen** IIU3B amenazar (z-c) a alguien

bedrückt sein IIU2PP estar deprimido, -a

beeindruckend IU7PP impresionante

etw. **beenden** IU3B terminar (algo)

sich **befinden** IU3A estar (irr.)

zu **Beginn** (von) IIU6A a comienzos de

beginnen IU6PP empezar (z-c; -ie-)
beginnen, etw. zu tun IIU1B empezar (z-c, -ie-) a hacer algo

jdn **begleiten** IU7B acompañar a alguien

etw. **behalten** IIU3B guardar algo

etw./jdn **behandeln** IIU7A tratar algo/ a alguien

die (körperliche) **Behinderung** IIU7A la discapacidad (física)

zum **Beispiel** IU6A por ejemplo

bekannt IU3A famoso, -a IIU6A conocido, -a

sich **beklagen** IIU3A quejarse

etw. **bekommen** IIU5B conseguir algo (-i-)
gute/schlechte Noten **bekommen** IIU2B sacar (c-qu) buenas/malas notas

jdn **belästigen** IIU2A molestar a alguien

der **Belästiger**/die **Belästigerin** IIU3B el acosador/la acosadora

die **Beleidigung** IIU3B el insulto

beliebt IIU5A popular

etw. **bemerken** IIU1B darse cuenta de algo

etw. **benutzen** IIU3PP usar algo IIU3A utilizar (z-c) algo

das **Benzin** IU7B la gasolina

bequem IIU5B cómodo, -a

der **Berg** IU7PP la montaña

der **Beruf** IIU4PP la profesión

beruflich IIU4B profesional

die **Berufsausbildung** IIU4A la formación (profesional)

berühmt IU3A famoso, -a

die **Beschäftigung** IU4A la actividad

etw. **beschließen** IU8B decidir algo

etw./jdn **beschreiben** IIU7B describir (irr.) algo/a alguien

etw. **besichtigen** IU4PP visitar algo/ a alguien

die **Besichtigung** IU5B la visita

besonders IU6C especial

besorgt sein IIU2PP estar preocupado, -a

besser IU6B mejor

das **Beste** IU3A lo mejor

bestehen IIU1A existir

etw. **bestellen** IU6C pedir (-i-) algo

der **Besuch** IU5B la visita

etw./jdn **besuchen** IU4PP visitar algo/ a alguien

etw. **betrachten** als IIU6A considerar algo como

der **Betreff** IIU4B el asunto

betrübt IIU6A melancólico, -a

das **Bett** IU3A la cama

bevor IU5B antes de (+ inf.) IIU3B antes de que (+ subj.)

(sich) **bewegen** IU7B mover(se) (-ue-)

der **Beweis** IIU3B la prueba

die **Bewerbung** IIU4B la solicitud

das **Bewerbungsschreiben** IIU4B la carta de presentación

Es ist **bewölkt.** IU7A Está nublado.

sich einer Sache **bewusst** werden IIU1B darse cuenta de algo

etw. **(be)zahlen** IU6C pagar (g-gu) algo

die **Beziehung** IIU2B la relación

etw. **bezweifeln** IIU6B dudar algo

die **Bibliothek** IU3PP la biblioteca

der **Bikini** IU8PP el bikini

das **Bild** IIU3B la imagen (pl. imágenes)

etw. **bilden** IIU7B formar algo

der **Bildschirm** IIU3A la pantalla

die **Bildung** IU5A la educación

billig IU7A barato, -a

bis IU1 hasta
Bis bald! IU4B ¡Nos vemos!
Bis später! IU1 ¡Hasta luego!
von … **bis** IU4B de… a

ein **bisschen** IU6C un poco (de)

Bitte. IU6C Por favor.

jdn um etw. **bitten** IIU2B pedir (-i-) algo a alguien

blau IU8A azul

bleiben IU5B quedarse
bleiben, um etw. zu machen IIU7A quedarse (+ gerundio)

der **Bleistift** IU5PP el lápiz

der **Blog** IIU3PP el blog

blond IU8B rubio, -a

die **Bluse** IU8PP la blusa

der **Boden** IU6C el suelo

das **Boot** IIU1PP el barco

etw./jdn **brauchen** IU4A necesitar algo/ a alguien
(lange) (Zeit) **brauchen** IU5B tardar (mucho)

braun IU8A marrón

braunhaarig IU8B castaño, -a

breit IU8A ancho, -a

der **Brief** IU5A la carta

die **Brille** IU8PP las gafas (pl.)

etw./jdn **(mit/her)bringen** IU6C traer (irr.) algo/a alguien

das **Brot** **IU6B** el pan
das belegte **Brötchen** **IU2B** el bocadillo
die **Brücke** **IIU1PP** el puente
der **Bruder** **IU2PP** el hermano
brünett **IU8B** castaño, -a
das **Buch** **IU4PP** el libro
die **Buchhandlung** **IIU6A** la librería
die **Bucht** **IIU1PP** la cala
bunt **IIU6A** de colores
der **Buntstift** **IU5PP** el lápiz
das **Büro** **IIU4PP** la oficina
der **Bus** **IU1** el autobús

C

das **Café** **IU3PP** la cafetería
die **Cafeteria** **IU3PP** la cafetería
das **Campen** **IIU5A** el camping
der **Campingplatz** **IIU5A** el camping
der **Canyon** **IU7A** el cañón
der **Cent** **IU6B** el céntimo
der **Champignon** **IU6C** el champiñón
die **Chance** **IIU4PP** la oportunidad
chatten **IU4PP** chatear
der **Chef**/die **Chefin** **IIU4A** el jefe/la jefa
der **Chili** **IU6C** el chile
das **Chilipulver** **IU6C** el chile
der **Comic** **IU4A** el cómic
der **Computer** **IU3A** el ordenador
der **Computerraum** **IU5PP** el aula (f.)
de Informática
das **Computerspiel** **IIU3PP** el videojuego
der **Cousin**/die **Cousine** **IU2B** el primo/
la prima
das **Cybermobbing** **IIU3B** el ciberacoso

D

da **IU7A** ahí
da ist/sind **IU3PP** hay
da sein **IU3A** estar (irr.)
da **IIU4B** ya que
das **Dach** **IIU5A** el tejado
dagegen **IIU1A** en cambio; sin embargo
daher **IIU3A** por lo tanto
damals **IIU1A** antes; entonces; en aquel
tiempo
damit **IIU3B** para que (+ subj.)
danach **IU4B** después
Danke. **IU4A** Gracias.
dann **IU4B** después **IU5A** entonces
etw. **darstellen** **IIU6PP** representar algo
darum **IIU3A** por lo tanto
dass **IU5A** que
der-, die-, **dasselbe** **IU7B** el mismo/
la misma

die **Daten** **IU8PP** los datos
das **Datum** **IU6PP** la fecha
das **Geburtsdatum** **IIU4B** la fecha de
nacimiento
dauern **IIU1B** durar
dein/deine **IU2PP** tu
etw. **dekorieren** **IU6A** decorar algo
der **Delfin** **IIU1B** el delfín
die **Demonstration** **IIU7PP**
la manifestación
an etw./jdn **denken** **IU5A** pensar (-ie-) en
algo/alguien **IIU5B** acordarse (-ue-) de
algo/alguien
dennoch **IIU3A** no obstante
deprimiert sein **IIU2PP** estar deprimido,
-a
der/die/das **IU1** el/la
der/die/das (Rel. pron.) **IU8A**
que (pron. de rel.)
der-, die-, dasselbe **IU7B** el mismo/
la misma
deshalb **IU3B** por eso **IIU3A** así que
das **Design** **IIU4B** el diseño
deswegen **IU3B** por eso
das **Detail** **IIU6B** el detalle
Deutsch **IU2A** el alemán
Deutschland **IU1** Alemania
Dezember **IU6PP** diciembre
dick **IU8B** gordo, -a
die **IU1** los; las
der **Dienstag** **IU4PP** el martes
der-, **die-,** das**selbe** **IU7B** el mismo/
la misma
dieser, diese, dieses (da) **IU8A**
ese, -a, -os, -as
dieser, diese, dieses (hier) **IU8A**
este, -a, -os, -as
digital **IIU3PP** digital
das **Ding** **IU1** la cosa
der **Direktor**/die **Direktorin** **IIU3A**
el director/la directora
diskutieren **IIU2B** discutir
das **Dokument** **IIU5B** el documento
der **Dom** **IU1** la catedral
der **Donnerstag** **IU4PP** el jueves
das **Dorf** **IU7B** el pueblo
dort **IU2B** allí
die **Dose** **IU6B** la lata
drinnen **IU8A** dentro
das **Drittel** **IIU3PP** el tercio
dritte, -r, -s **IU3A** tercer(o), -a
du **IU1** tú
der **Dudelsack** **IIU5PP** la gaita
dumm **IU5A** tonto, -a
die **Dummheit** **IIU2B** la tontería
dunkel **IU8A** oscuro, -a **IU8B** moreno, -a

dunkelhaarig **IU8B** moreno, -a
dunkelhäutig **IU8B** moreno, -a
dünn **IU8B** delgado, -a
durch **IU3B** por
das **Durcheinander** **IIU5B** el lío
etw. **durchhalten** **IIU3A** aguantar algo
durchsichtig **IIU5A** transparente
(etw. tun) **dürfen** **IU4B** poder (irr.)
(hacer algo)
etw. nicht tun **dürfen** **IIU5B** no deber
hacer algo
(sich) **duschen** **IU5B** ducharse

E

eher **IIU6B** más bien
das **Ei** **IU6B** el huevo
eigene, -r, -s **IIU4A** propio, -a
die **Eigenschaft** **IIU4B** la cualidad
eigentlich **IIU2A** en realidad
ein/eine **IU1** un/una
einerseits …, andererseits … **IIU3A**
por un lado…, por otro lado…
einfach **IIU2B** fácil **IIU4A** simple
etw. **(ein)halten** **IIU7B** cumplir algo
einige **IU6A** unos, -as **IIU4A** algunos, -as
einigermaßen **IU1** así así
einkaufen gehen **IU4PP** ir de compras
die **Einkaufsliste** **IU6B** la lista de
la compra
das **Einkaufszentrum** **IU3PP** el centro
comercial
jdn **einladen** **IU6A** invitar a alguien
die **Einladung** **IU6A** la invitación
noch **einmal** **IIU2PP** otra vez
zunächst **einmal** **IIU3A** en primer
lugar
etw. **einrichten** **IIU3B** instalar algo
eintreten **IU8B** entrar
die **Eintrittskarte** **IU4B** la entrada
Einverstanden. **IU3A** Vale.
einverstanden sein **IU5B** estar de
acuerdo
der **Einwanderer**/die **Einwanderin** **IIU6A**
el/la inmigrante
der **Einwohner**/die **Einwohnerin** **IU7PP**
el/la habitante
einzig **IIU5PP** único, -a
einzigartig **IIU5PP** único, -a
die **Eltern** **IU2PP** los padres (pl.)
die **E-Mail** **IU5A** el e-mail **IIU1B**
el correo electrónico
die **Emotion** **IIU5A** la emoción
etw. **empfangen** **IU4B** recibir algo
jdm etw. **empfehlen** **IU7A** recomendar
(-ie-) algo a alguien

das **Ende** IU2B el fin
  am **Ende** IU3B al final
enden IU3B terminar (algo)
  ⟨IIU7C⟩ acabarse
eng IU8A estrecho, -a
Englisch IU2A el inglés
  Englisch *(Schulfach)* IU5A el Inglés
enorm IIU6PP enorme
die **Ensaimada** *(typisches Gebäck aus Mallorca)* IIU1PP la ensaimada
etw. **entdecken** IIU5PP descubrir algo
weit **entfernt** (von) IU3A lejos (de)
entlang IU3B por
etw. **entscheiden** IU8B decidir algo
die **Entscheidung** IIU4A la decisión
sich bei jdm **entschuldigen** IIU2B
  pedir perdón a alguien
die **Entschuldigung** IIU3A la excusa
  Entschuldigung. IU6C Perdón.
Wie **entsetzlich!** IU2B ¡Qué horror!
sich **entspannen** IU5B relajarse
enttäuscht sein IIU2PP
  estar decepcionado, -a
etw. **entwerfen** IIU4PP diseñar algo
sich **entwickeln** IIU7A evolucionar
er IU2A él
die **Erfahrung** IIU3A la experiencia
der **Erfolg** IIU7B el éxito
das **Erfrischungsgetränk** IU6C
  el refresco
etw. **erfüllen** IIU7B cumplir algo
etw. **(er)hoffen** IIU2B esperar algo
sich an etw./jdn **erinnern** IIU5B
  acordarse (-ue-) de algo/alguien
jdm etw. **erklären** IIU2B explicar (c-qu)
  algo a alguien
jdm **erlauben**, etw. zu tun IIU2B permitir
  hacer algo a alguien
etw. **erleiden** IIU3B sufrir (algo)
ernst IIU4PP serio, -a
im **Ernst** IIU2B en serio
ernsthaft IIU4PP serio, -a
etw. **eröffnen** IIU4A abrir *(irr.)* algo
etw. **erreichen** IIU5B conseguir algo (-i-)
  IIU6PP lograr algo
etw. **(er)schaffen** IIU4PP crear algo
erscheinen IIU6PP aparecer (-zco)
jdn **erschrecken** IU8B asustar a alguien
etw. **erstellen** IIU4PP crear algo
das **Erstellen** IIU4A la creación
etw./jdn **ertragen** IIU2A soportar algo/
  a alguien
der/die **Erwachsene** IIU3A el adulto/
  la adulta
etw. **erwarten** IIU2B esperar algo
die **Erwartung** IIU7B la expectativa

jdm etw. **erzählen** IU6C contar *(-ue-)*
  algo a alguien
die **Erzählung** ⟨IIU7C⟩ el cuento
die **Erziehung** IU5A la educación
der **Esel** IU7B el burro
etw. **essen** IU4A comer algo IU5B
  tomar algo
  zu Abend **essen** IU5B cenar
das **Essen** IU3B la comida
die **Etappe** IIU4A la etapa
etwas IU4A algo
  das ist **etwas,** was … IU8A es algo
  que…
der **Euro** IU6B el euro
der **Europäer**/die **Europäerin** IIU6PP
  el europeo/la europea
existieren IIU1A existir
das **Experiment** IIU3A el experimento
das **Extra** IU6C el extra

F

die **Fabrik** IIU1A la fábrica
fade IU6C soso, -a
die **Fähigkeit** IIU4B la competencia
fahren IU3B ir *(irr.)*
  (ein Fahrzeug) **fahren** IIU7B conducir
  (irr.)
  Rad **fahren** IU4PP montar en bicicleta
die **Fahrkarte** IU7A el billete
das **Fahrrad** IU2B la bicicleta
  mit dem **Fahrrad** IU2B en bicicleta
fallen IU8B caerse *(irr.)*
  in Ohnmacht **fallen** IU8B desmayarse
falls IU6A si
die **Familie** IU2A la familia
der **Fan** IIU7B el/la fan
fantastisch IU5B fantástico, -a
die **Farbe** IU8A el color
fast IU4A casi
faul IU4A vago, -a
Februar IU6PP febrero
das **(Feder)Mäppchen** IU5PP el estuche
etw. **feiern** IU6A celebrar algo
der **Feind**/die **Feindin** IU2B el enemigo/
  la enemiga
das **Feld** IIU5PP el campo
das **Fenster** IIU1B la ventana
die **Ferien** IU2A las vacaciones
das **Ferienlager** IIU4B el campamento
  de verano
das **Fernsehen** IU4PP la tele(visión)
der **Fernseher** IIU3PP el televisor
die **Fernsehserie** IU3A la serie
völlig **fertig** sein IIU2A estar hecho, -a
  polvo *(col.)*

das **Fest** IU1 la fiesta
das **Festival** IIU5A el festival
das **Feuer** IIU6PP el fuego
der **Film** IU4A la película
etw./jdn **filmen** IIU4B grabar algo/
  a alguien
der **Filmregisseur**/die **Filmregisseurin**
  IIU7B el director de cine/la directora
  de cine
etw./jdn **finden** IU5A encontrar *(-ue-)*
  algo/a alguien
  finden IU8PP parecer *(-zco)*
die **Firma** IIU4PP la empresa
der **Fisch** IU6B el pescado
fit sein IIU4PP estar en forma
der **Fitnesstrainer**/die **Fitnesstrainerin**
  IIU4PP el monitor/la monitora
die **Flasche** IU6B la botella
das **Fleisch** IU6B la carne
flexibel IIU4PP flexible
der **Flughafen** IIU1B el aeropuerto
das **(Flug)Ticket** IU7A el billete
das **Flugzeug** IU7A el avión
der **Flur** IU3A el pasillo
der **Fluss** IU7PP el río
etw./jdm **folgen** IIU3PP seguir *(gu-g; -i-)*
  algo/a alguien
folgend, -e, -r, -s IIU1B siguiente
die **Form** IIU1B la forma
  in **Form** sein IIU4PP estar en forma
das **Foto** IU2B la foto
der **Fotoapparat** IIU3PP la cámara de
  fotos
der **Fotograf**/die **Fotografin** IU7B
  el fotógrafo/la fotógrafa
die **Fotografie** IIU4A la fotografía
das **Fotografieren** IIU4A la fotografía
die **Frage** IU4A la pregunta
fragen IU2B preguntar
Französisch *(Schulfach)* IU5A el Francés
die **Frau** IU3A la señora IIU1B la mujer
frei IU4PP libre
der **Freitag** IU4PP el viernes
die **Freizeit** IU4PP el tiempo libre
der **Freizeitpark** IU4B el parque de
  atracciones
sich über etw. **freuen** IIU2A alegrarse
  de algo
der **Freund**/die **Freundin** IU1 el amigo/
  la amiga
  der feste **Freund**/die feste **Freundin**
  IU2A el novio/la novia
freundlich IIU4PP amable
frisch IIU5A fresco, -a
froh sein IU5B estar contento, -a
fröhlich IIU2A alegre
früh IU5B temprano

der **Frühling** IU8PP la primavera
etw. **frühstücken** IU5B desayunar algo
sich **fühlen** IU3A estar (irr.) IIU2PP
  sentirse (-ie-/-i-)
ein Selbstgespräch **führen** IU3A hablar
  solo, -a
fünfte, -r, -s IU3A quinto, -a
funktionieren IIU4A funcionar
für IU4A para
  für etw./jdn IIU3B a favor de algo/
  alguien
furchtbar IIU6B terrible
der **Fuß** IU5B el pie
  zu **Fuß** IU5B a pie
  zu **Fuß** gehen IIU5A caminar
der **Fußball** IU4A el fútbol
das **Fußballspiel** IU4A el partido de
  fútbol
der **Fußballspieler**/die **Fußballspielerin**
  IIU6A el/la futbolista
die **Fußgängerzone** IIU1A la zona
  peatonal

G

Galicien IIU5PP Galicia
galicisch IIU5PP el gallego
  die **galicische** Sprache IIU5PP
  el gallego
der/die/das **ganze** … IIU1A todo el…/
  toda la…
  den **ganzen** Tag IU7B todo el día
der **Garten** IU3A el jardín
der **Gast** IU6PP el invitado/la invitada
der **Gaucho** (berittener Viehhirte in der
  Pampa) IIU6PP el gaucho
das **Gebäckstück** IIU1PP el dulce
das **Gebäude** IU7PP el edificio
jdm etw. **geben** IU8A dar (irr.) algo a
  alguien
  es **gibt** IU3PP hay
das **Gebiet** IU7A la zona
die **Gebirgskette** IIU1PP la sierra
geboren werden IIU6A nacer (-zco)
der **Geburtsort** IIU4B el lugar de
  nacimiento
der **Geburtstag** IU4B el cumpleaños
die **Geduld** IIU4PP la paciencia
sehr **geehrte, -r** IIU4B estimado, -a
gefährlich IIU3B peligroso, -a
gefallen IU4PP gustar
  sehr **gefallen** IU8A encantar
gegen etw./jdn sein IIU3A estar en
  contra de algo/alguien
gegenüber IU6B frente a
die **Gegenwart** IIU6A el presente
das **Geheimnis** IU5A el secreto

gehen IU3B ir (irr.) IU5B irse
  (hinein)**gehen** IU8B entrar
  Es **geht.** IU1 así así
  Wie **geht's?** IU1 ¿Qué tal?
  zu Fuß **gehen** IIU5A caminar
jdm **gehören** IU5A ser de alguien
die **Geisteswissenschaften** IIU4A
  las Humanidades
gelangweilt sein IIU2PP estar aburrido,
  -a
gut/schlecht **gelaunt** sein IIU4A estar
  de buen/mal humor
gelb IU8A amarillo, -a
das **Geld** IU6A el dinero
  das **Geld** (lat. am.) IU7A la lana
die **Gelegenheit** IIU4PP la oportunidad
geliebt IIU6A querido, -a
das **Gemüse** IU6C la verdura
genial IU2A genial
etw. **genießen** IIU3A disfrutar (de) algo
Geschichte und Erdkunde (Schulfach)
  IU5A la Geografía e Historia
gerade etw. getan haben IU5B acabar
  de hacer algo
geradeaus (weiter) IU3B todo recto
das **Gerät** IIU4PP el aparato
das **Geräusch** IU3A el ruido
das **Gericht** IU6C el plato
Er/Sie macht etw. **gerne.** IU4A Le gusta
  algo/hacer algo.
  Ich würde **gerne** … IU7A
  Me gustaría…
das **Gerücht** IIU3B el rumor
das **Geschäft** IU3B la tienda
geschehen IU8PP pasar
das **Geschenk** IU4B el regalo
die Gleichstellung der **Geschlechter**
  IIU7A la igualdad de género
die **Geschwister** IU2PP los hermanos
gesellig IIU4A sociable
die **Gesellschaft** IIU7A la sociedad
  Lieber allein als in schlechter **Gesellschaft.** IIU2B Mejor solo, -a que mal
  acompañado, -a.
gesellschaftlich IIU7A social
die **Gesellschaftswissenschaften** IIU4A
  las Ciencias Sociales
das **Gesicht** IU5A la cara
gestern IU7B ayer
die **Gesundheit** IIU7A la salud
das **Getränk** IU6A la bebida
traditioneller **Getreidespeicher** in
  Nordspanien IIU5PP el hórreo
das **Gewicht** IIU5B el peso
die **Gitarre** IU4A la guitarra
glasklar IIU5A transparente
etw. **glauben** IU5A creer algo

die **Gleichberechtigung** IIU7A
  la igualdad
das **Gleiche** IU7B el mismo/la misma
die **Gleichheit** IIU7A la igualdad
die **Gleichstellung** der Geschlechter
  IIU7A la igualdad de género
der **Gletscher** IIU6PP el glaciar
das **Glück** IU5B la suerte (IIU7C)
  la felicidad
  Viel **Glück!** IU5B ¡Mucha suerte!
  zum **Glück** IIU6B por suerte
glücklich IU6C feliz
die **Glückseligkeit** (IIU7C) la felicidad
das **Grab** IIU5A la tumba
der **Grad** IU7A el grado
  Es sind … **Grad.** IU7A Hace… grados.
grau IU8A gris
die **Grenze** IU7PP la frontera
grenzen an … IIU1PP limitar con…
groß IU3A grande IU7PP alto, -a IU8B
  gran (vor Nomen)
  wenn ich **groß** bin IIU7B de mayor
großartig IU3A grande IU8B gran
  (vor Nomen)
die **Größe** IIU5B el tamaño
die **Großeltern** IU2PP los abuelos (pl.)
die **Großmutter** IU2PP la abuela
der **Großvater** IU2PP el abuelo
grün IU8A verde
der **Grund** IIU5B el motivo
die **Grundschule** IIU4A la Educación
  Primaria
die **Gruppe** IU7A el grupo
Mit freundlichen **Grüßen** IIU4B
  Atentamente
gut IU5B bueno, -a IU8A buen (vor
  männlichem Nomen)
gut (Adv.) IU1 bien (adv.)
  Gute Nacht! IU1 ¡Buenas noches!
  Guten Abend! IU1 ¡Buenas tardes!;
  ¡Buenas noches!
  Guten Morgen! IU1 ¡Buenos días!
  Guten Tag! IU1 ¡Buenos días!;
  ¡Buenas tardes!
das **Gymnasium** IU2A el instituto

H

das **Haar** IU8B el pelo
haben IU2B tener (irr.)
  Hausarrest **haben** IU4B
  estar castigado, -a sin salir
  Recht **haben** IIU1A tener razón
  vor etw./jdm Angst **haben** IIU2A tener
  miedo de algo/de alguien
der **Hafen** IIU1PP el puerto
der **Hai** IU7B el tiburón

halb IU6B medio, -a
die **Hälfte** IIU3PP la mitad
Hallo! IU1 ¡Hola!
   Hallo. (*Ausdruck zu Beginn eines Telefongespräches*) IU6C Diga./Dígame.
Was **haltet** ihr davon, wenn … ? IU6C ¿Qué os parece si…?
Was **hältst** du davon, wenn …? IU4B ¿Qué te parece si…?
die **Haltestelle** IU3PP la parada
die **Hand** IU8B la mano
der **Handschuh** IU8PP el guante
das **Handy** IU1 el móvil
jdn **hängen** lassen IIU2A dejar colgado, -a a alguien (*col.*)
das **Häppchen** IIU1PP el pincho
etw./jdn **hassen** IIU2A odiar algo/ a alguien
hässlich IU3A feo, -a
das **Hauptgericht** IU6C el segundo plato
hauptsächlich IIU6A principalmente
die **Hauptstadt** IU7PP la capital
das **Haus** IU1 la casa
   zu **Hause** IU2A en casa
Hausarrest haben IU4B estar castigado, -a sin salir
die **Hausaufgaben** IU4A los deberes (*pl.*)
das **Haustier** IU2PP la mascota
die **Haut** IU8B la piel
das **Heft** IU5PP el cuaderno
jdn **heiraten** IIU7B ⟨IIU7C⟩ casarse con alguien
heiß IU6C caliente
das **heißt** IIU3A es decir
heißen IU5B llamarse
der **Heißluftballon** IU7A el globo
jdm bei etw. **helfen** IU6B ayudar a alguien con algo
hell IU8B claro, -a
das **Hemd** IU8PP la camisa
die **Herausforderung** IIU5B el reto
herausgehen IU5B salir (*irr.*)
die **Herberge** IIU5PP el albergue
der **Herbst** IU8PP el otoño
der **Herr** IU3A el señor
heute IU3A hoy
   heute Nachmittag IU3A esta tarde
heutzutage IIU1A hoy en día
hier IU3B aquí
die **Hilfe** IU4A la ayuda
hilfreich IIU3A útil
(**hin**) **zu** IU3B a
auf etw. **hinaufgehen** IIU5A subir a algo
hinausgehen IU5B salir (*irr.*)
etw. **hinbringen** IU6B llevar algo
(**hinein**)**gehen** IU8B entrar
hinten IIU1A al fondo

hinter IU3A detrás de
im **Hintergrund** IIU1A al fondo
hinunterlaufen IIU7A bajar
hinzugeben IU6C echar
das **Hobby** IIU4PP la afición
hoch IU7PP alto, -a
etw. **hochladen** IIU3PP subir algo
der **Hof** IU5PP el patio
hoffen IU6C esperar
   etw. (er)**hoffen** IIU2B esperar algo
jdm das Leben zur **Hölle** machen IIU2A hacer la vida imposible a alguien
etw./jdn **hören** IU3A escuchar algo/ a alguien
   Hör mal! IU4A ¡Oye!
der **Horror** IU2B el horror
die **Hose** IU8PP el pantalón/ los pantalones
das **Hotel** IU1 el hotel
hübsch IIU1B guapo, -a
der **Hubschrauber** IU7A el helicóptero
der **Hund** IU2A el perro
Hunger haben IU2B tener hambre

I

ich IU1 yo
   Ich auch nicht. IU4PP A mí tampoco.
   Ich auch. IU4PP A mí también.
ideal IIU5A ideal
die **Idee** IU5B la idea
etw./jdn **ignorieren** IIU3B ignorar algo/ a alguien
ihr IU2A vosotros, -as
immer IU4A siempre
in IU1 en IU3B por IIU7B dentro de
das **Industriegebiet** IIU1A la zona industrial
die **Informatik** IU5PP la Informática
die **Information** IU6A la información
der **Ingenieur**/die **Ingenieurin** IIU4PP el ingeniero/la ingeniera
innerhalb IIU7B dentro de
die **Insel** IIU1PP la isla
etw. **installieren** IIU3B instalar algo
das (Musik)**Instrument** IIU5PP el instrumento
intelligent IIU7B inteligente
interessant IU3B interesante
das **Interesse** IIU4A el interés
jdn **interessieren** IIU4A interesarle a alguien
international IIU5A internacional
das **Internet** IU6A (el/la) Internet IIU3PP la red
das **Interview** IIU4B la entrevista
isoliert IIU6B aislado, -a

J

ja IU2PP sí
die **Jacke** IU8PP la chaqueta
das **Jahr** IU1 el año
   Ich bin … **Jahre** alt. IU1 Tengo… años.
   pro **Jahr**/Woche/Tag IIU5PP al año/ a la semana/al día
die **Jahreszeit** IU8PP la estación del año
das **Jahrhundert** IIU6A el siglo
Januar IU6PP enero
die **Jeans**(hose) IU8PP los vaqueros (*pl.*)
jede, -r, -s IU6C todos, -as IIU5A cada
   jeden Tag IU2A todos los días
   jeder IIU5B todo el mundo
jener, jene, jenes IU8A aquel, aquella, aquellos, aquellas
jetzig IIU2B actual
jetzt IU1 ahora
der/die **Jugendliche** IIU2PP el/la joven
Juli IU6PP julio
der **Junge** IU1 el chico
Juni IU6PP junio

K

der **Kaffee** IIU6A el café
kahlköpfig IU8B calvo, -a
kalt IU5B frío, -a
   Es ist **kalt**. IU7A Hace frío.
die **Kampagne** IIU3B la campaña
für/gegen etw./jdn **kämpfen** IIU3B luchar por/contra algo/alguien
das **Kanu** IIU5A la canoa
die **Kappe** IU8PP la gorra
kaputt gehen IIU4A romperse (*irr.*)
   total **kaputt** sein (*ugs.*) IIU2A estar hecho, -a polvo (*col.*)
die **Karotte** IU6B la zanahoria
die (Land)**Karte** IIU2A el mapa
die **Kartoffel** IU6A la patata
der **Kartoffelchip** IU6A la patata frita
der **Käse** IU6C el queso
(**kastanien**)**braun** IU8B castaño, -a
Katalanisch IIU1PP el catalán
   die **katalanische** Sprache IIU1PP el catalán
die **Katastrophe** IU3A el desastre
die **Kathedrale** IU1 la catedral
die **Katze** IU2PP el gato
etw. **kaufen** IU4B comprar algo
kaum IIU6B apenas
kein, -e, -r, -s IIU4A ningún/ninguno, -a
der **Keks** IU5B la galleta
der **Kellner**/die **Kellnerin** IU6C el camarero/la camarera

etw./jdn **kennen** IU8A conocer (-zco)
algo/a alguien

jdn **kennenlernen** IU8A conocer (-zco)
algo/a alguien

die **Kenntnisse** IIU4B los conocimientos

das **Kilo** IU1 el kilo

der **Kilometer** IU3B el kilómetro

das **Kind** IU7B el niño/la niña

das **Kino** IU3PP el cine

die **Kirche** IIU5A la iglesia

klar IU8B claro, -a

Klar! IU5A ¡Claro!

klasse IU5B guay

die **Klasse** IU4A la clase

die **Klassenarbeit** IU5B el examen

der **Klassenraum** IU4A la clase IU5PP
el aula (f.)

das **Kleid** IU8PP el vestido

die **Kleidung** IU7B la ropa

klein IU3A pequeño, -a

klein (Körpergröße) IU8B bajo, -a

klettern IU4PP escalar

das **Klettern** IIU5A la escalada

das **Klima** IIU5PP el clima

knabbern IU6A picar (c-qu)

die **Kneipe** IU1 el bar

der **Knoblauch** IU6B el ajo

der **Koffer** IU7B la maleta

etw. mit etw. **kombinieren** IIU4B
combinar algo con algo

das **Komma** IIU3PP la coma

kommen IU7A venir (irr.)

der **Kommentar** IIU2B el comentario

die **Kommunikation** IIU3A
la comunicación

mit jdm **kommunizieren** IIU7PP
comunicarse (c-qu) con alguien

die **Kompetenz** IIU4B la competencia

komplett IIU4B completo, -a

kompliziert IIU5B complicado, -a

der **König** (IIU7C) el rey

die **Königin** (IIU7C) la reina

(etw. tun) **können** IU4B poder (irr.)
(hacer algo)

kontaktfreudig IIU4PP comunicativo, -a
IIU4A sociable

der **Kontinent** IIU6PP el continente

etw./jdn **kontrollieren** IIU2B controlar
algo/a alguien

das **Konzert** IIU5A el concierto

Kopf hoch! IIU2B ¡Ánimo!

sich den **Kopf** zerbrechen (ugs.) IIU2A
comerse el coco (col.)

der **Kopfsalat** IU6B la lechuga

etw. **kopieren** IU5A copiar algo

der (menschliche) **Körper** IIU5B
el cuerpo

kosten IU6B costar (-ue-)

kräftig IIU3B fuerte

der **Krake** IIU5PP el pulpo

krank sein IU8A estar enfermo,-a

das **Krankenhaus** IIU4PP el hospital

der **Krankenpfleger**/die **Krankenpflegerin**
IIU4PP el enfermero/la enfermera

Krass! (ugs.) IU2B ¡Qué fuerte! (col.)

kreativ IIU4PP creativo, -a

die **Küche** IU3A la cocina

der **Kuchen** IU6C la tarta

der **Kugelschreiber** IU5PP el bolígrafo

die **Kuh** IIU6PP la vaca

der **Kühlschrank** IU6C el frigorífico

die **Kultur** IIU6A la cultura

sich um etw./jdn **kümmern** IU4B cuidar
algo/a alguien IIU4B ocuparse de
algo/alguien

die **Kunst** IIU6A el arte
Kunst (Schulfach) IU5A la Expresión
Plástica

der **Künstler**/die **Künstlerin** IIU6A
el/la artista

der **Kurs** IU6PP el curso

kurz IU8A corto, -a

vor **Kurzem** IIU2B hace poco

der **Kuss** IIU1PP el beso

das **Küsschen** IU4B el besito

die Küste IU1 la costa

L

lächeln IIU6B sonreír (irr.)

das **Lächeln** IIU6B la sonrisa

über etw./jdn **lachen** IIU1B reírse (irr.)
de algo/alguien
Das war vielleicht zum **Lachen**! IIU5B
¡Qué risas!

der **Laden** IU3B la tienda

die **Lage** IIU1PP la situación

das **Land** IU5B el país

die (**Land)Karte** IIU2A el mapa

ländlich IIU5PP rural

die **Landschaft** IIU1B el paisaje

lang IU8A largo, -a
(**lange**) (Zeit) brauchen IU5B tardar
(mucho)

langsam IU7A lento, -a

sich **langweilen** IIU4A aburrirse

langweilig sein IIU2A ser aburrido, -a
IIU2B ser un rollo (col.)

der **Laptop** IU5PP el portátil

der **Lärm** IU3A el ruido

jdn etw. tun **lassen** IIU2PP dejar hacer
algo a alguien

laufen IU4A correr IIU5A caminar

Wie **lautet** deine Telefonnummer? IU1
¿Cuál es tu número de teléfono?

leben IU4A vivir

das **Leben** IIU2A la vida
jdm das **Leben** schwer machen;
jdm das **Leben** zur Hölle machen IIU2A
hacer la vida imposible a alguien

der **Lebenslauf** IIU4B el currículum
(vítae)

lecker IU3B rico, -a

etw. (hinein)**legen** IU5A poner (irr.) algo
etw. in etw. (hinein)**legen** IU5A meter
algo en algo

der **Lehrer**/die **Lehrerin** IU1 el profesor/
la profesora

leicht IIU2B fácil

Es tut mir **leid**. IU2B Lo siento.

leiden IIU3B sufrir (algo)

die **Leidenschaft** IIU6A la pasión

jdm etw. **leihen** IU7B prestar algo a
alguien

auf **leise** stellen IU5A poner (irr.) en
silencio

lernen IU2A estudiar
etw. **lernen** IU7A aprender algo/
a hacer algo
lernen etw. zu tun IU7A aprender
algo/a hacer algo

etw. **lesen** IU4PP leer algo

letzte, -r, -s IU7B pasado, -a IU8B
último, -a

letztendlich IIU6B después de todo

letztens IIU7B por último

der **Leuchtturm** IIU5A el faro

die **Leute** IU7A la gente

die **Liebe** IU5A el amor

liebenswürdig IIU4PP amable

etw. **lieber** mögen IU6C preferir (-ie-/-i-)
algo

der **Liebhaber**/die **Liebhaberin** IIU5A
el/la amante

Lieblings- IU4A favorito, -a

das **Lied** IU6A la canción

lila IU8A lila

die **Linie** IU3B la línea

links (von) IU3A a la izquierda (de)

die **Liste** IU6A la lista

der **Liter** IU6B el litro

die **Literatur** (als Fach) IU5A
la Literatura

logisch IIU2B lógico, -a

Was ist **los** (mit …)? IU3A ¿Qué pasa
(con…)?

die **Lösung** IIU2A la solución

der (**Luft)Ballon** IU7A el globo

die **Lüge** IIU2A la mentira

lügen IIU2A decir (irr.) una mentira

auf etw. **Lust** haben **IU4B** tener ganas
de algo/de hacer algo
Lust haben, etw. zu tun **IU4B** tener
ganas de algo/de hacer algo
lustig **IU6A** divertido, -a
lustig sein **IU2B** tener gracia
der **Luxus** **IIU7B** el lujo

M

etw. **machen** **IU4PP** hacer *(irr.)* algo
das **Mädchen** **IU1** la chica
Mai **IU6PP** mayo
der **Mais** **IU6C** el maíz
das **Mal** **IU4A** la vez
malerisch **IIU6A** pintoresco, -a
die **Mama** **IU2A** la mamá
manchmal **IU3A** a veces
der **Mann** **IU8B** el hombre
der **Mantel** **IU8PP** el abrigo
die (Schreib)**Mappe** **IU5PP** la carpeta
das **Märchen** ⟨IIU7C⟩ el cuento
März **IU6PP** marzo
das **Maskottchen** **IIU1A** la mascota
das **Match** **IU4A** el partido
Mathematik **IU5A** las Matemáticas *(pl.)*
Maya-... *(zur Kultur der Maya gehörend)*
IU7B maya
die **Medien** **IIU3PP** los medios
das **Meer** **IIU1B** el mar
Meeresarm, *der weit in das Land*
hineinreicht **IIU1PP** la ría
die **Meeresfrüchte** **IIU5A** el marisco
mehr **IU2A** más
mehr (als) **IU7A** más (que)
mehr oder weniger **IIU5B** más o
menos
nicht **mehr** **IU4PP** ya no
mehrere **IU7B** varios, -as
die **Mehrheit** **IIU3PP** la mayoría
mein/meine **IU2PP** mi
etw. **meinen** **IU5A** creer algo
die **Meinung** **IU8PP** la opinión
meiner **Meinung** nach **IU8PP**
en mi opinión
die **meisten** **IIU3PP** la mayoría
der **Meister**/die **Meisterin** **IIU6A**
el campeón/la campeona
melancholisch **IIU6A** melancólico, -a
die **Menschen** **IU7A** la gente
merkwürdig **IIU1B** curioso, -a
der **Meter** **IU7PP** el metro
Mexiko **IU1** México
Mexiko-Stadt **IU2A** Ciudad de México
etw. **mieten** **IU7B** alquilar algo
die **Milch** **IU5B** la leche
eine **Million** **IU7PP** un millón

mindestens **IIU5B** como mínimo
minus **IU1** menos
(... Grad) **minus,** unter Null **IU7A**
bajo cero
die **Minute** **IU4A** el minuto
mir **IU6C** me
Mir auch nicht. **IU4PP** A mí tampoco.
Mir auch. **IU4PP** A mí también.
Mir nicht. **IU4PP** A mí no.
Mir schon. **IU4PP** A mí sí.
das **Missverständnis** **IIU7A**
el malentendido
mit **IU2A** con
mit dem Fahrrad **IU2B** en bicicleta
mit dir **IU7A** contigo
mit mir **IU7A** conmigo
bei etw. **mitarbeiten** **IIU4B** colaborar
en algo/con alguien
mit jdm **mitkommen** **IU7B** acompañar
a alguien
etw. **mitnehmen** **IU6B** llevar algo
der **Mitschüler**/die **Mitschülerin** **IIU2A**
el compañero/la compañera
in der **Mitte** **IIU1A** en el centro
der **Mittwoch** **IU4PP** el miércoles
jdn **mobben** **IIU3B** acosar a alguien
das **Mobbing** **IIU3B** el acoso
das **Möbelstück** **IIU3A** el mueble
Ich **möchte** ... **IU7A** Me gustaría...
modern **IU3A** moderno, -a
die **Modezeitschrift** **IU8A** la revista
de moda
mogeln **IIU3A** hacer trampas
mögen **IU4PP** gustar
etw. lieber **mögen** **IU6C** preferir
(-ie-/-i-) algo
etw. **mögen** **IU4B** querer *(irr.)* algo
sehr **mögen** **IU8A** encantar
möglich **IIU2B** posible
der **Moment** **IU8B** el momento
der **Monat** **IU6PP** el mes
der **Montag** **IU4PP** el lunes
am **Montag** **IU4PP** el lunes
morgen **IU5B** mañana
am **Morgen** **IU4A** por la mañana
Guten **Morgen!** **IU1** ¡Buenos días!
morgens **IU4B** de la mañana
das **Motiv** **IIU5B** el motivo
jdn **motivieren** **IIU4PP** motivar a alguien
müde sein **IIU2PP** estar cansado, -a
das **Museum** **IU1** el museo
die **Musik** **IU4PP** la música
Musik *(Schulfach)* **IU5A** la Música
etw. tun **müssen** **IU4B** tener que hacer
algo **IIU5B** deber hacer algo
man **muss** ... **IU6PP** hay que...
die **Mutlosigkeit** **IIU6B** el desánimo

die **Mutter** **IU2PP** la madre
die **Muttersprache** **IIU4B** la lengua
materna
die **Mütze** **IU8PP** el gorro
der **Mythos** **IIU6A** el mito

N

nach **IU2B** después de **IU3B** a **IU4B** y
IU8B hacia
der **Nachbar**/die **Nachbarin** **IIU3A** el
vecino/la vecina
nachdem **IU5B** después de *(+ inf.)*
die **Nachhilfestunde** **IIU4B** la clase
particular
der **Nachmittag** **IU1** la tarde
am **Nachmittag** **IU4A** por la tarde
heute **Nachmittag** **IU3A** esta tarde
nachmittags **IU4B** de la tarde
der **Nachname** **IU2A** el apellido
die **Nachricht** **IU4B** el mensaje **IU8B**
la noticia
nächste, -r, -s **IU7B** próximo, -a
am **nächsten** Tag **IIU1B** al día siguiente
die **Nacht** **IU1** la noche
Gute **Nacht!** **IU1** ¡Buenas noches!
in der **Nacht** **IU3A** por la noche
der **Nachteil** **IIU3A** la desventaja
der **Nachtisch** **IU6C** el postre
zum **Nachtisch** **IU6C** de postre
nachts **IU3A** por la noche **IU4B**
de la noche
in der **Nähe** von **IU3A** cerca de
der **Name** **IU2A** el nombre
naschen **IU6A** picar *(c-qu)*
die **Nase** von etw./jdm voll haben **IIU2A**
estar hasta las narices de algo/
de alguien *(col.)*
der **Nationalpark** **IIU6PP** el parque
nacional
die **Natur** **IU5A** la naturaleza
mitten in der **Natur** **IIU5A** en plena
naturaleza
die **Naturkunde** *(Schulfach)* **IU5A**
las Ciencias de la Naturaleza
natürlich **IIU3B** por supuesto
Natürlich! **IU5A** ¡Claro!
neben **IU3A** al lado de
Es ist **neblig.** **IU7A** Hay niebla.
etw. **nehmen** **IU3B** tomar algo
nein **IU2PP** no
nervös sein **IIU2PP** estar nervioso, -a
nett **IIU1B** majo, -a *(col.)*
das **Netz** **IIU3PP** la red
das soziale **Netzwerk** **IIU3PP**
la red social
neu **IU3A** nuevo, -a

neugierig **IIU1A** curioso, -a
die **Neuigkeit** **IU8B** la noticia
neunte, -r, -s **IU3A** noveno, -a
die **NGO** (non-governmental organisation; Nichtregierungsorganisation)
IIU4A la ONG (organización no
gubernamental)
nicht **IU2PP** no
auch **nicht** **IU4A** tampoco
Ich auch **nicht**. **IU4PP** A mí tampoco.
Ich **nicht**. **IU4PP** A mí no.
nicht einmal **IIU6B** ni siquiera
nicht mehr **IU4PP** ya no
nichts **IU6C** nada
nie **IU4A** nunca
niemals **IU4A** nunca
niemand **IU6C** nadie
das **Niveau** **IIU4B** el nivel
noch eine, -r, -s **IU6C** otro, otra
noch (nicht) **IIU1A** todavía (no)
noch einmal **IIU2PP** otra vez
weder … **noch** **IIU6B** ni… ni
der **Norden** **IU7A** el norte
im **Norden** **IIU1PP** en el norte
normal **IU3A** normal
normalerweise **IU4A** normalmente
etw. **normalerweise** tun **IIU5B** soler
(-ue-) hacer algo
die **Note** **IU5A** la nota
gute/schlechte **Noten** bekommen
IIU2B sacar (c-qu) buenas/malas notas
die **Notiz** **IU5A** la nota
notwendig **IU6A** necesario, -a
November **IU6PP** noviembre
die **Nummer** **IU1** el número
Nun (gut), … **IU6C** Bueno,…
nur **IU4A** solo
nur ein, -e, -r, -s **IIU4A** simple
nützlich **IIU3A** útil

O

O.K. **IU3A** Vale.
ob **IU8A** si
obligatorisch **IIU4A** obligatorio, -a
das **Obst** **IU5B** la fruta
obwohl **IIU5B** aunque
oder **IU4A** o; u (vor o und ho)
offen **IIU4PP** comunicativo, -a
offen sein **IIU4PP** ser abierto, -a
offiziell **IU7A** oficial
etw. **öffnen** **IIU4A** abrir (irr.) algo
oft **IIU3PP** muchas veces
ohne **IU6C** sin
in **Ohnmacht** fallen **IU8B** desmayarse

der **Ohrstöpsel** **IIU5B** el tapón para
los oídos
Oktober **IU6PP** octubre
das **Öl** **IU6B** el aceite
die **Olive** **IU6C** la aceituna
omamäßig **IU8A** de abuela
der **Onkel** **IU2PP** el tío
das **Opfer** **IIU3B** la víctima
orange (als Farbe) **IU8A** naranja
ordentlich **IU7A** organizado, -a
der **Ordner** **IU5PP** la carpeta
der **Oregano** **IU6C** el orégano
etw. **organisieren** **IU6A** organizar (z-c)
algo
organisiert **IU7A** organizado, -a
der **Ort** **IU6A** el lugar
der **Osten** **IU7A** el este

P

die **Packung** **IU6B** el paquete
der **Palast** **IU1** el palacio
die (Ausweis)**Papiere** **IIU5B**
el documento
die **Paprika** **IU6B** el pimiento
das **Paradies** **IIU5A** el paraíso
der **Park** **IU1** el parque
die **Party** **IU1** la fiesta
passieren **IU8PP** pasar
die **Pause** **IU5A** el recreo
Wie **peinlich**! **IIU1B** ¡Qué vergüenza!
jdm **peinlich** sein **IIU3B** dar vergüenza
a alguien
perfekt **IU4B** perfecto, -a
die **Person** **IU2A** la persona
die **Personalien** **IIU3B** los datos
personales
persönlich **IIU4B** personal
der **Peso** (Währung) **IIU6PP** el peso
pessimistisch **IIU6A** pesimista
der **Pfeffer** **IU6B** la pimienta
das **Pferd** **IIU6PP** el caballo
pflanzen **IIU7PP** plantar algo
der **Pilger**/die **Pilgerin** **IIU5PP**
el peregrino/la peregrina
der **Pilgerweg** **IIU5A** la ruta de
peregrinación
pittoresk **IIU6A** pintoresco, -a
die **Pizza** **IU6C** la pizza
das **Plakat** **IIU3B** el cartel **IIU7PP**
la pancarta
der **Plan** **IU4B** el plan **IIU2PP**
el proyecto
etw. **planen** **IIU2B** planear algo
der **Planet** **IIU7A** el planeta
der **Platz** **IU1** la plaza **IU6A** el lugar

plötzlich **IU8B** de repente **IIU1B**
de pronto
plus **IU1** más
die **Politik** **IIU7PP** la política
der **Politiker**/die **Politikerin** **IIU7A**
el político/la política
die **Polizei** **IU8A** la policía
die **Pommes frites** **IU6A** las patatas
fritas
populär **IIU5A** popular
Portugal **IU2A** Portugal
per **Post** **IIU5B** por correo (postal)
das **Praktikum** **IIU4A** las prácticas
praktisch **IIU3A** práctico, -a
prima **IU5B** estupendo, -a
der **Prinz** ⟨IIU7C⟩ el príncipe
die **Prinzessin** ⟨IIU7C⟩ la princesa
pro Woche **IU4A** a la semana
pro Jahr/Woche/Tag **IIU5PP** al año/
a la semana/al día
etw. **probieren** **IIU1A** probar (-ue-) algo
das **Problem** **IU6C** el problema
das **Produkt** **IU8PP** el producto
das (Fernseh)**Programm** **IU4A**
el programa
das **Projekt** **IIU2PP** el proyecto
die **Provinz** **IIU1PP** la provincia
… **Prozent** **IIU3PP** … por ciento
der **Prozentsatz** **IIU7A** el porcentaje
der **Pullover** **IU8PP** el jersey
der **Punkt** **IU2A** el punto
Punkt … **IU4B** … en punto
sich die Zähne **putzen** **IU5B** lavarse
los dientes
der **Pyjama** **IU5B** el pijama
die **Pyramide** **IU7PP** la pirámide

Q

der **Quadratkilometer** **IIU6PP**
el kilómetro cuadrado

R

Rad fahren **IU4PP** montar en bicicleta
der **Radiergummi** **IU5PP** la goma
das **Radio** **IIU3PP** la radio
das **Rafting** (Bootfahren auf einem Wildwasser) **IIU5A** el rafting
der **Rat** **IU3B** el consejo
die **Realität** **IIU2A** la realidad
rebellisch **IIU7B** rebelde
die **Rechnung** **IU6C** la cuenta
Recht haben **IIU1A** tener razón
rechts (von) **IU3A** a la derecha (de)
reden **IU2A** hablar **IIU5B** charlar

regelmäßig **IIU4PP** regular

der **Regenmantel** **IIU5B** el chubasquero

die **Region** **IU6PP** la región
  die autonome **Region** **IIU1PP**
  la comunidad autónoma

regnen **IU7A** llover (-ue-)

reich **IU3B** rico, -a

der **Reichtum** **IIU6A** la riqueza

die **Reise** **IU5B** el viaje

der **Reiseführer**/die **Reiseführerin** **IU3B**
  el/la guía

reisen **IIU4PP** viajar

das **Reiseziel** **IU7B** el destino

reiten **IU7B** montar a caballo

die **Religion** **IIU7A** la religión

religiös **IIU5B** religioso, -a

rennen **IU4A** correr

etw. **reparieren** **IIU4A** arreglar algo

der **Reporter**/die **Reporterin** **IIU4PP**
  el reportero/la reportera

etw. **reservieren** **IIU5A** reservar algo

etw./jdn **respektieren** **IIU3B** respetar
  algo/a alguien

das **Restaurant** **IU3PP** el restaurante

einen **Riesenspaß** haben **IIU5A** pasarlo
  muy bien

riesig **IIU6PP** enorme

die **Rivalität** **IIU6A** la rivalidad

die **Robbe** **IIU6PP** la foca

der **Rock** **IU8PP** la falda

der **Rollstuhl** **IIU3A** la silla de ruedas

rosa **IU8A** rosa

rot **IU5A** rojo, -a

rothaarig **IU8B** pelirrojo, -a

die **Route** **IU7B** la ruta

der **Rücken** **IIU5B** la espalda

der **Rucksack** **IU5PP** la mochila

das **Rudern** **IIU1PP** el remo

die **Ruhe** **IU5A** el silencio

ruhig **IU5A** tranquilo, -a

S

die **Sache** **IU1** la cosa

der **Saft** **IU6A** el zumo

jdm etw. **sagen** **IU8A** decir (irr.) algo
  a alguien

die **Salami** **IU6C** el salami

der **Salat** **IU6A** la ensalada

das **Salz** **IU6B** la sal

salzig **IU6C** salado, -a

der **Samstag** **IU4PP** el sábado

die **Sandale** **IU8PP** la sandalia

der **Sänger**/die **Sängerin** **IIU6A**
  el/la cantante

etw./jdn **satt** haben **IIU2A**
  estar harto, -a de algo/de alguien

der **Satz** **IIU6B** la frase

Es ist **schade.** **IIU2B** Es una pena.

etw. (er)**schaffen** **IIU4PP** crear algo

etw. **schaffen** **IIU5B** conseguir algo (-i-)

das **Schaffen** **IIU4A** la creación

der **Schal** **IU8PP** la bufanda

scharf **IU6C** picante

Schau (mal). **IU5A** Mira.

der **Schauspieler**/die **Schauspielerin**
  IU2A el actor/la actriz

scheinen **IU8PP** parecer (-zco)
  Die Sonne **scheint**. **IU7A** Hace sol.

jdm etw. **schenken** **IIU5B** regalar algo
  a alguien

die (Arbeits)**Schicht** **IIU4PP** el turno
  (de trabajo)

etw. **schicken** **IIU1B** mandar algo

das **Schiff** **IIU1PP** el barco

das (Verkehrs)**Schild** **IIU1PP** la señal

der **Schinken** **IU6C** el jamón

der **Schlafanzug** **IU5B** el pijama

schlafen **IU5B** dormir (-ue-/-u-)

das **Schlafzimmer** **IU3A** el dormitorio

die (Menschen)**Schlange** **IIU7PP** la cola

Schlange stehen **IIU7PP** hacer cola

schlank **IU8B** delgado, -a

schlecht **IU5A** malo, -a
  Lieber allein als in **schlechter** Gesellschaft. **IIU2B** Mejor solo, -a que mal
  acompañado, -a.
  schlecht aussehen **IU5A** tener mala
  cara
  sehr **schlecht** **IU3A** fatal

schlecht (Adv.) **IU7B** mal (adv.)

schließlich **IIU7B** por último; finalmente

das **Schloss** **IU1** el palacio

zum **Schluss** **IU3B** al final
  mit jdm **Schluss** machen **IIU2A**
  romper (irr.) con alguien

der **Schlüssel** **IIU1B** la llave

der **Schmerz** **IU7B** el dolor

der **Schmuck** **IU8B** la joya

etw. **schmücken** **IU6A** decorar algo

schneien **IU7A** nevar (-ie-)

schnell **IU6C** rápido, -a

schnorcheln **IU7A** bucear

die (Trink)**Schokolade** **IU3B** el chocolate

schön **IU3A** bonito, -a **IU7A** lindo, -a
  IIU1B guapo, -a
  Wie **schön**! **IU2A** ¡Qué bien!

schon **IU3A** ya
  (schon) wieder **IIU2PP** otra vez
  etw. **schon** seit (Zeitraum) tun **IIU7A**
  llevar (+ gerundio + Zeitraum)
  Ich **schon**. **IU4PP** A mí sí.
  Mir **schon**. **IU4PP** A mí sí.

der **Schrank** **IU3A** el armario

schrecklich **IIU2B** horrible

der **Schrei** **IU8B** el grito

jdm etw. **schreiben** **IU4A** escribir (irr.)
  algo a alguien
  Man **schreibt** … **IU2A** Se escribe…
  Wie **schreibt** man …? **IU2A**
  ¿Cómo se escribe…?

schreien **IIU1A** gritar

schüchtern **IIU3B** tímido, -a

der **Schuh** **IU8PP** el zapato

die **Schuhe** **IU5B** el calzado

das **Schuhwerk** **IIU5B** el calzado

die **Schule** **IIU1A** el colegio **IIU6B**
  la escuela

der **Schüler**/die **Schülerin** **IU5A**
  el alumno/la alumna

der **Schüleraustausch** **IIU4B**
  el intercambio escolar

der **Schulhof** **IU5PP** el patio

das **Schuljahr** **IU6PP** el curso

schummeln **IIU3A** hacer trampas

schwarz **IU8A** negro, -a

schwer **IIU1A** difícil
  jdm das Leben **schwer** machen **IIU2A**
  hacer la vida imposible a alguien

die **Schwester** **IU2PP** la hermana

schwierig **IIU1A** difícil

das **Schwimmbad** **IU4A** la piscina

schwimmen **IU7B** nadar

sechste, -r, -s **IU3A** sexto, -a

der **See** **IIU6PP** el lago

etw./jdn **sehen** **IU4PP** ver (irr.) algo/
  a alguien
  (Lass) mal **sehen** … **IU6B** A ver…
  Es gibt viel zu **sehen**. **IU7A**
  Hay muchas cosas que ver.

die **Sehenswürdigkeit** **IU1**
  el monumento

sehr **IU1** muy **IU4PP** mucho (adv.)
  IIU1B mogollón (col.)

sein **IU2A** ser (irr.) **IU3A** estar (irr.)
  da **sein** **IU3A** estar (irr.)
  fit **sein** **IIU4PP** estar en forma
  gegen etw./jdn **sein** **IIU3A** estar en
  contra de algo/alguien
  in Form **sein** **IIU4PP** estar en forma

sein, -e **IU3A** su

seit **IU5A** desde **IU8A** desde hace
  seit dem Ende **IIU6A** desde finales

seitdem **IIU2A** desde entonces **IIU4A**
  desde que

das **Sekretariat** **IU5PP** la secretaría

der **Sekretär**/die **Sekretärin** **IIU4PP**
  el secretario/la secretaria

selbstbewusst **IIU4PP** seguro, -a de
  sí mismo, -a

ein **Selbstgespräch** führen **IU3A** hablar solo, -a
selbstsicher IIU4PP seguro, -a de sí mismo, -a
selbstverständlich IIU3B por supuesto
selten IIU3PP pocas veces
seltsam IU3A raro, -a **IIU1B** curioso, -a
die (Fernseh)**Sendung IU4A** el programa
sensationell IIU6B espectacular
September IU6PP septiembre
jdm etw. **servieren IIU4PP** servir (-i-) algo a alguien
etw. **setzen IU5A** poner (irr.) algo
sich **setzen** ⟨IIU7C⟩ sentarse (-ie-)
shoppen gehen **IU4PP** ir de compras
sich IU5B se
sicher IU8PP seguro, -a **IIU5B** seguro que
sicher sein, dass **IIU3A** estar seguro, -a de que
sicherlich IIU5B seguro que
die (Aus)**Sicht IIU1B** la vista
sie IU2A ella
sie (f.) **IU2A** ellas
sie (m.) **IU2A** ellos
Sie IU7PP usted
siebte, -r, -s IU3A séptimo, -a
der **Sieger**/die **Siegerin IIU6A** el campeón/ la campeona
Silvester IU6PP la Nochevieja
singen ⟨IIU7C⟩ cantar
die **Situation IIU1PP** la situación
jdn **sitzen** lassen **IIU2B** dejar a alguien
so IU1 así
(genau) **so** viel, -e (wie) **IU7A** tanto, -os, -a, -as (como)
so (... wie) **IU7A** tan (... como)
so lala IU1 así así
sodass IIU3A así que
sofort IU3A ahora mismo
sogar IIU5A incluso
der **Sohn IU2A** el hijo
solidarisch IIU7PP solidario, -a
der **Sommer IU2A** el verano
sondern dass IIU3A sino que
sondern IIU3A sino
die **Sonne IU7A** el sol
die **Sonne** scheint. **IU7A** Hace sol.
sich **sonnen IU4A** tomar el sol
der **Sonnenaufgang IIU1B** el amanecer
die **Sonnenbrille IU8PP** las gafas de sol (pl.)
der **Sonntag IU4PP** el domingo
sozial IIU7A social
das **soziale** Netzwerk **IIU3PP** la red social
Spanien IU1 España

die **spanische** Sprache **IU5A** el castellano
Spanisch IU2A el español
Spanisch (als Schulfach, wie das Fach Deutsch in Deutschland) **IU5A** la Lengua Castellana y Literatura
spannend IIU6B apasionante
Viel **Spaß! IU6A** ¡Que lo pases bien!
spät IU5B tarde
Wie **spät** ist es? **IU4B** ¿Qué hora es?
zu **spät IU5B** tarde
später IU1 luego
Bis **später! IU1** ¡Hasta luego!
einige Zeit **später IIU7B** un tiempo después
spazierengehen IIU1A dar (irr.) un paseo
der **Spaziergang IU3B** el paseo
etw. **speichern IIU3B** guardar algo
das (Speise)**Eis IU2B** el helado
spektakulär IIU6B espectacular
das **Spiel IU4A** el partido **IU6A** el juego
mit jdm etw. **spielen IU4B** jugar (g-gu; -ue-) a algo con alguien
Basketball **spielen IU4B** jugar (g-gu; -ue-) al baloncesto
spielen (Musikinstrument) **IU4A** tocar (c-qu)
der **Sport IU4PP** el deporte
Sport (Schulfach) **IU5A** la Educación Física
Sport treiben **IIU1PP** practicar (c-qu) deporte **IIU5B** hacer ejercicio
Sport- IIU4B deportivo, -a
sportlich IIU4B deportivo, -a; deportista
die **Sportschuhe IU8PP** las zapatillas de deporte (pl.)
die **Sprache IU2A** el idioma **IU5A** la lengua
die baskische **Sprache** (im Baskischen) **IIU1PP** el euskera
die baskische **Sprache** (im Spanischen) **IIU1A** el vasco
die katalanische **Sprache IIU1PP** el catalán
die spanische **Sprache IU2A** el español
sprechen IU2A hablar
über (etw./jdn) **sprechen IU2B** hablar de (algo/alguien)
der **Sprit IU7B** la gasolina
das **Spruchband IIU7PP** la pancarta
das **Stadion IU1** el estadio
die **Stadt IU2PP** la ciudad
das (Stadt)**Zentrum IU1** el centro
der (Verkaufs)**Stand IIU1B** el puesto
stark IIU3B fuerte
die **Stärke IIU4A** el punto fuerte
(an)**statt IU6C** en vez de

jdm **stehen IU8A** quedar (a alguien)
Was **steht** denn da? **IIU1A** ¿Qué pone ahí?
Schlange **stehen IIU7PP** hacer cola
etw. **stellen IU5A** poner (irr.) algo
auf leise **stellen IU5A** poner (irr.) en silencio
sterben IIU6B morir(se) (irr.)
der **Stern IIU1B** la estrella
der **Stiefel IIU5B** la bota
der **Stil IU7B** el estilo
die **Stimme IIU7A** la voz
Das **stimmt! IU3A** ¡Es verdad!
das **Stockwerk IU3A** el piso
jdn **stören IIU2A** molestar a alguien
der **Strand IU1** la playa
die **Straße IU1** la calle
sich mit jdm **streiten IU5B** pelearse con alguien
mit jdm über etw. **streiten IIU2B** discutir
studieren IU2A estudiar
das **Studium IIU4A** los estudios
der **Stuhl IU3A** la silla
die **Stunde IU2B** la hora
der **Stundenplan IU5A** el horario
etw./jdn **suchen IU5A** buscar (c-qu) algo/ a alguien
süchtig IIU3A adicto, -a
nach etw./jdm **süchtig** sein **IIU3A** estar enganchado, -a a algo/a alguien
der **Süden IIU7A** el sur
super IIU1B super-
der **Supermarkt IU3PP** el supermercado
die **Suppe IIU5A** la sopa
(im Internet) **surfen IIU7A** navegar (g-gu)
surfen IU7B hacer surf
süß IU6C dulce
die **Süßspeise IIU1PP** el dulce
das **Symbol IIU5PP** el símbolo
sympathisch IU3A simpático, -a
das **Synonym IU8A** el sinónimo

T

das **Tablet IIU3PP** la tableta
der **Tag IU1** el día
am nächsten **Tag IIU1B** al día siguiente
den ganzen **Tag IU7B** todo el día
Guten **Tag! IU1** ¡Buenos días!; ¡Buenas tardes!
jeden **Tag IU2A** todos los días
pro Jahr/Woche/**Tag IIU5PP** al año/ a la semana/al día
eines **Tages IIU7B** un día
der **Tagesanbruch IIU1B** el amanecer

der **Tango** (*Tanz aus Argentinien*) **IIU6A**
el tango

die **Tankstelle** **IU7B** la gasolinera

die **Tante** **IU2PP** la tía

tanzen **IIU1A** bailar

die **Tapas** (*Häppchen in Bars, Kneipen*)
IU6A las tapas

der **Taschenrechner** **IU5PP** la calculadora

tauchen **IU7A** bucear

die **Taucherbrille** **IIU1B** las gafas de
bucear (*pl.*)

etw. (aus)**tauschen** **IIU2B** cambiar (de)
algo

das **Taxi** **IU1** el taxi

das **Team** **IIU4PP** el equipo

der **Teil** **IIU1A** la parte

an etw. **teilnehmen** **IIU3A** participar en
algo

der **Teilnehmer**/die **Teilnehmerin** **IIU4PP**
el/la participante

das **Telefon** **IU1** el teléfono

telefonieren **IU2A** hablar por teléfono

Meine **Telefonnummer** lautet … **IU1**
Mi número de teléfono es el…

der **Teller** **IU6C** el plato

teuer **IU7A** caro, -a

der **Text** **IIU4A** el texto

das **Theater** **IU3B** el teatro

das **Thema** **IIU7A** el tema

einige **Zeit** später **IIU7B** un tiempo
después

das **Tier** **IU1** el animal

der **Tintenfisch** **IU3B** el calamar

der **Tipp** **IU3B** el consejo

das **Tiramisu** **IU6C** el tiramisú

der **Tisch** **IU3A** la mesa

der **Titel** **IIU6A** el título

die **Tochter** **IU2A** la hija

die **Toilette** **IU3A** el baño

toll **IU5B** estupendo, -a; guay;
fantástico, -a

toll (*ugs.*) **IIU1B** chulo, -a (*col.*)
toll sein **IIU5B** ser una pasada (*col.*)

die **Tomate** **IU6B** el tomate

das **Tor** **IU3A** la puerta

die **Torte** **IU6C** la tarta

die **Tortilla** (*Omelett aus Kartoffeln und
Eiern*) **IU6B** la tortilla

jdn **töten** ⟨IIU7C⟩ matar a alguien

der **Tourismus** **IU7A** el turismo

der **Tourist**/die **Touristin** **IU7A**
el/la turista

touristisch **IU7A** turístico, -a

die **Tradition** **IIU6A** la tradición

etw. **tragen** **IU6B** llevar algo

der **Traum** **IIU4A** el sueño
Nicht einmal im **Traum**! **IU3A** ¡Ni loco!

von etw./jdm **träumen** **IIU6A** soñar (*-ue-*)
con algo/alguien

traurig sein **IIU2PP** estar triste

sich **treffen** **IU3A** quedar

Sport **treiben** **IIU1PP** practicar (*c-qu*)
deporte **IIU5B** hacer ejercicio

etw. **trennen** **IIU3A** desconectar algo
sich von jdm **trennen** **IIU2A** romper
(*irr.*) con alguien

etw. **trinken** **IU5B** tomar algo **IU6C**
beber algo

trocken **IIU5PP** seco, -a

trotzdem **IIU1A** sin embargo **IIU3A**
no obstante

Tschüs! **IU1** ¡Adiós!

das **T-Shirt** **IU8PP** la camiseta

etw. normalerweise **tun** **IIU5B**
soler (*-ue-*) hacer algo

die **Tür** **IU3A** la puerta

der **Turm** **IIU1PP** la torre

die **Turnhalle** **IU5PP** el gimnasio

die **Tüte** **IU6B** la bolsa

der **Typ** (*ugs.*) **IIU1B** el tío (*col.*)

typisch **IU3B** típico, -a

U

die **U-Bahn** **IU3PP** el metro

die **U-Bahn-Station** **IU3PP** la parada de
metro

über **IU3B** por; sobre

jdm etw. **überlassen** **IIU5B** dejar algo a
alguien

etw. **überqueren** **IU3B** cruzar (*z-c*) algo

jdn **überraschen** **IIU6A** sorprender a
alguien

überrascht sein **IIU2PP**
estar sorprendido, -a

die **Überraschung** **IU4B** la sorpresa

übertrieben **IIU1B** exagerado, -a

jdn von etw. **überzeugen** **IIU6B**
convencer (*c-z*) a alguien de algo

übrigens **IIU2B** por cierto

das **Ufer** **IIU1B** la orilla

die **Uhr** **IU4B** el reloj
Um wie viel **Uhr** …? **IU4B** ¿A qué
hora… ?

die **Uhrzeit** **IU2B** la hora

um … **IU4B** a las…/a la…
um mich herum **IU8B** a mi alrededor
um … zu **IU5B** para (*+ inf.*)

jdn **umarmen** **IIU6B** abrazar (*z-c*) a
alguien

die **Umfrage** **IU4A** la encuesta

umgeben (sein) von **IIU6PP** (estar)
rodeado, -a de

die **Umkleide** **IU8B** el probador

die **Umwelt** **IIU4PP** el medioambiente

die **Umweltverschmutzung** **IIU1A**
la contaminación

(um)**ziehen** **IIU6B** mudarse

der **Umzug** **IU3A** la mudanza

unabhängig **IU7PP** independiente

der/die **Unbekannte** **IIU3B**
el desconocido/la desconocida

und **IU1** y
und (*vor i und hi*) **IU4B** e

ungefähr **IIU5PP** unos, -as

ungesalzen **IU6C** soso, -a

unglaublich **IIU1B** increíble

die **Ungleichheit** **IU7PP** la diferencia

die **Universität** **IIU4A** la universidad

unmöglich **IIU2A** imposible

unter **IU3A** debajo de

sich **unterhalten** **IIU5B** charlar

das **Unternehmen** **IIU4PP** la empresa

unternehmungslustig **IIU4PP** emprendedor, -ora

der **Unterricht** **IU4A** la clase

das **Unterrichtsfach** **IU5A** la asignatura

die **Unterrichtsstunde** **IU4A** la clase

der **Unterschied** **IU7PP** la diferencia

etw./jdn **unterstützen** **IIU3B** apoyar
algo/a alguien

unvergesslich **IIU5A** inolvidable

der **Urlaub** **IU2A** las vacaciones

der **Ursprung** **IIU6A** el origen

V

der **Vater** **IU2PP** el padre

sich **verabreden** **IU3A** quedar

sich von jdm **verabschieden** **IIU6B**
despedirse (*-i-*) de alguien

etw. **verändern** **IIU7A** cambiar algo

die **Veränderung** **IIU7A** el cambio

verantwortlich **IIU3B** responsable

verantwortungsbewusst **IIU2A**
responsable

verantwortungsvoll **IIU3B** responsable

verärgert sein **IU6C** estar enfadado, -a

etw. **verbessern** **IIU3A** mejorar algo

verboten sein **IIU1A** estar prohibido, -a

etw. mit etw. **verbinden** **IIU4B** combinar
algo con algo

sich mit etw. **verbinden** **IIU3PP**
conectarse a algo

etw. **verbreiten** **IIU3B** difundir algo

verbringen **IU2A** pasar

etw. **verdienen** **IIU4PP** ganar algo

die **Vereinigten** Staaten **IU2A** (los) Estados Unidos *(pl.)*

der **Verfolger**/die **Verfolgerin** **IIU3B** el acosador/la acosadora

vergangen, -e, -r, -s **IU7B** pasado, -a

die **Vergangenheit** **IIU6A** el pasado

etw. **vergessen** **IIU1B** olvidar algo

der **Vergnügungspark** **IU4B** el parque de atracciones

etw. **verhindern** **IIU3B** evitar algo

etw. **verkaufen** **IIU3PP** vender algo

der **(Verkaufs)Stand** **IIU1B** el puesto

der **Verkehr** **IIU1A** el tráfico

das **(Verkehrs)Schild** **IIU1PP** la señal

das **Verkehrsmittel** **IU7A** el medio de transporte

verlassen **IU5B** salir *(irr.)*

jdn **verlassen** **IIU2B** dejar a alguien

sich in jdn **verlieben** ⟨IIU7C⟩ enamorarse de alguien

(in etw./jdn) **verliebt** sein **IIU2PP** estar enamorado, -a (de algo/alguien)

etw./jdn **verlieren** **IU5A** perder *(-ie-)* algo/a alguien

etw. **vermeiden** **IIU3B** evitar algo

das **Vermögen** ⟨IIU7C⟩ la fortuna

etw. **verpassen** **IIU5A** perderse *(-ie-)* algo

verpflichtend **IIU4A** obligatorio,-a

verreisen **IU5B** ir de viaje

verrückt **IU3A** loco, -a

verschieden **IU6C** diferente

verschwinden **IIU3B** desaparecer *(-zco)*

jdm etw. **versprechen** **IIU2B** prometer algo a alguien

sich mit jdm **verständigen** **IIU7PP** comunicarse *(c-qu)* con alguien

etw./jdn **verstehen** **IIU2PP** entender *(-ie-)* algo/a alguien

etw. **versuchen** **IU8B** intentar algo **IIU6B** tratar algo

etw./jdm **vertrauen** **IIU2B** confiar *(-í-)* en algo/alguien

in etw./jdn **Vertrauen** haben **IIU2B** confiar *(-í-)* en algo/alguien

etw. **verwenden** **IIU3PP** usar algo

das **Video** **IU3PP** el vídeo

das **Videospiel** **IIU3PP** el videojuego

viel **IU3PP** mucho, -a

Es gibt **viel** zu sehen. **IU7A** Hay muchas cosas que ver.

Viel Spaß! **IU6A** ¡Que lo pases bien!

zu **viel** **IU6C** demasiado

die **Vielfalt** **IIU6A** la diversidad

vielleicht **IU3A** a lo mejor **IIU3A** quizá(s) **IIU6B** tal vez

vielmehr **IIU6B** más bien

das **(Stadt)Viertel** **IU3PP** el barrio

ein **Viertel** **IU4B** un cuarto

vierte, -r, -s **IU3A** cuarto, -a

der **Vogel** **IU7PP** el pájaro

voll **IIU5B** lleno, -a

die Nase von etw./jdm **voll** haben **IIU2A** estar hasta las narices de algo/de alguien *(col.)*

völlig fertig sein **IIU2A** estar hecho, -a polvo *(col.)*

vollständig **IIU4B** completo, -a

von **IU1** de **IU3B** desde

von … an **IU7PP** a partir de

von … bis **IU4B** de… a

vor **IU3A** delante de **IU5B** antes de *(+ inf.)*

vor *(Uhrzeit)* **IU4B** menos *(Uhrzeit)*

vor *(+ Zeitraum)* **IU7B** hace *(+ Zeitraum)*

vor allem **IIU2B** sobre todo

vor Kurzem **IIU2B** hace poco

etw. **vorbereiten** **IU3B** preparar algo

im **Vordergrund** **IIU1A** en primer plano

vorher **IIU1A** antes

vorherige, -r, -s **IIIU4A** antiguo, -a

am **Vormittag** **IU4A** por la mañana

jdm etw. **vorschlagen** **IIU2B** proponer *(irr.)* algo a alguien

die **Vorspeise** **IU6C** el primer plato

das **Vorstellungsgespräch** **IIU4B** la entrevista

der **Vorteil** **IIU3A** la ventaja

der **Vulkan** **IU7PP** el volcán

W

etw. **wagen** **IIU7B** arriesgar *(g-gu)* algo

etw./jdn (aus)**wählen** **IIU4A** elegir *(g-j,-i-)* algo/a alguien

Das ist **wahr.** **IIU1A** Es verdad.

während *(Konj.)* **IIU1B** mientras *(conj.)*

während *(+ Subst.)* **IU7B** durante *(+ sust.)*

die **Wahrheit** **IIU1A** la verdad

wahrscheinlich **IIU7A** probable

die **Währung** **IIU6PP** la moneda

der **Wal** **IIU6PP** la ballena

der **Wald** **IU7PP** el bosque

die **Wand** **IIU6A** la pared

der **Wandel** **IIU7A** el cambio

wandern **IU7B** hacer senderismo

Wann …? **IU4A** ¿Cuándo…?

warm **IU6C** caliente

Es ist **warm.** **IU7A** Hace calor.

warten **IU6C** esperar

Warum …? **IIU2B** ¿Por qué…?

Warum nicht? **IU4B** ¿Por qué no?

was **IIU6A** lo que…

das, **was** … **IIU6A** lo que…

Was …? **IU1** ¿Qué…?

Was haltet ihr davon, wenn … ? **IU6C** ¿Qué os parece si…?

Was hältst du davon, wenn …? **IU4B** ¿Qué te parece si…?

Was ist auf der Pizza? **IU6C** ¿Qué lleva la pizza?

Was ist los (mit …)? **IU3A** ¿Qué pasa (con…)?

sich **waschen** **IU5B** lavarse

das **Wasser** **IU5B** el agua *(f.)*

der **Wasserfall** **IIU6PP** la catarata

der **Webdesigner**/die **Webdesignerin** **IIU4PP** el diseñador/la diseñadora de páginas web

die **Webseite** **IIU3PP** la página web

der **Wecker** **IIU3A** el despertador

weder … noch **IIU6B** ni… ni

der **Weg** **IU7B** el camino

wegen **IU5B** por

weggehen **IU5B** irse

wehtun **IIU5B** doler *(-ue-)*

Weihnachten **IU6PP** la Navidad

weil **IU4A** porque **IIU4B** ya que

die **Weise** **IIU3A** la manera

auf diese **Weise** **IU1** así

weiß **IU8A** blanco, -a

weit **IU8A** ancho, -a

weit entfernt (von) **IU3A** lejos (de)

weiter **IU2A** más

sich **(weiter)entwickeln** **IIU7A** evolucionar

weiterhin etw. tun **IIU7A** seguir *(+ gerundio)*

Welche, -r, -s …? **IU4A** ¿Cuál… ? **IU8A** ¿Qué… ?

die **Welt** **IU2PP** el mundo

wenig **IU3PP** poco, -a

weniger (als) **IU7A** menos (que)

wenn **IU6A** si **IU8A** cuando

auch **wenn** **IIU5B** aunque

Wer …? **IU2A** ¿Quién…?/¿Quiénes…?

für etw. **werben** **IIU7B** promocionar algo

werden **IIIU4A** ser *(irr.)*

werfen **IU6C** echar

auf etw. **Wert** legen **IIU7B** dar importancia a algo

wertvoll **IU8A** precioso, -a

der **Westen** **IU7A** el oeste

der **Wettbewerb** **IIIU4A** el concurso

das **Wetter** **IU7A** el tiempo

wichtig **IU3B** importante

etw. als **wichtig** betrachten **IIU7B** dar importancia a algo

die **Wichtigkeit** **IIU6PP** la importancia

(sich) in etw. **widerspiegeln** **IIU6PP** reflejar(se) en algo

Wie …? **IU1** ¿Cómo…?

so (… **wie**) **IU7A** tan (… como)

wie **IU2B** como

Wie alt bist du? **IU1** ¿Cuántos años tienes?

Wie geht es dir? **IU1** ¿Cómo estás?

Wie geht's? **IU1** ¿Qué tal?

Wie lautet deine Telefonnummer? **IU1** ¿Cuál es tu número de teléfono?

Wie schön! **IU2A** ¡Qué bien!

Wie schreibt man …? **IU2A** ¿Cómo se escribe…?

Wie spät ist es? **IU4B** ¿Qué hora es?

Wie viel kostet das? **IU6C** ¿Cuánto es?

Wie viele …? **IU5PP** ¿Cuántos, -as…?

(schon) **wieder** **IIU2PP** otra vez

wieder etw. tun **IIU7A** volver (irr.) a hacer algo

etw. **wiederholen** **IIU5B** repetir (-i-) algo

Auf **Wiedersehen**! **IU1** ¡Adiós!

wiegen **IIU5B** pesar

willkommen **IU5B** bienvenido, -a

der **Wind** **IU7A** el viento

Es ist **windig**. **IU7A** Hace viento.

der **Winter** **IU8PP** el invierno

wir **IU2A** nosotros, -as

die **Wirklichkeit** **IIU2A** la realidad

in **Wirklichkeit** **IIU2A** en realidad

wirtschaftlich **IIU6PP** económico, -a

die **Wirtschaftswissenschaften** **IIU4A** las Ciencias Económicas

etw. **wissen** **IU8A** saber (irr.) algo

die **Wissenschaft** **IU5A** la ciencia

witzig **IU3A** gracioso, -a

Wie **witzig**! **IU3A** ¡Qué gracioso!

Wo …? **IU1** ¿Dónde…?

wo (Relativpronomen) **IIU6A** donde (pronombre de relativo)

die **Woche** **IU2B** la semana

pro **Woche** **IU4A** a la semana

das **Wochenende** **IU2B** el fin de semana

am **Wochenende** **IU2B** el fin de semana

Woher kommst du? **IU1** ¿De dónde eres?

Wohin? **IU3B** ¿Adónde?

wohnen **IU4A** vivir

das **Wohnhaus** **IU7PP** el edificio

die **Wohnung** **IU1** la casa **IU3A** el piso

das **Wohnzimmer** **IU3A** el salón

die **Wolle** **IU7A** la lana

etw. **wollen** **IU4B** querer (irr.) algo

das **Wort** **IU8A** la palabra

das **Wörterbuch** **IIU2A** el diccionario

das **Wunder** **IIU6B** el milagro

wunderbar **IIU6B** maravilloso, -a

wunderschön **IU8A** precioso, -a **IIU6B** maravilloso, -a

jdm etw. **wünschen** **IU6C** desear algo (a alguien)/hacer algo

wünschen etw. zu tun **IU6C** desear algo (a alguien)/hacer algo

Ich **würde** gerne … **IU7A** Me gustaría…

Z

die **Zahl** **IU1** el número

etw. (be)**zahlen** **IU6C** pagar (g-gu) algo

der **Zahn** **IU5B** el diente

sich die **Zähne** putzen **IU5B** lavarse los dientes

zehnte, -r, -s **IU3A** décimo, -a

etw. **zeichnen** **IIU4PP** diseñar algo

die **Zeichnung** **IU2A** el dibujo

jdm etw. **zeigen** **IU8A** enseñar algo a alguien **IIU6PP** mostrar (-ue-) algo/ a alguien

etw. **zeigen** **IIU6PP** representar algo

die **Zeit** **IU4PP** el tiempo

zu der **Zeit** **IIU1A** entonces; en aquel tiempo

die **Zeitung** **IIU3PP** el periódico

das (Stadt)**Zentrum** **IU1** el centro

sich den Kopf **zerbrechen** (ugs.) **IIU2A** comerse el coco (col.)

das **Ziel** **IU7B** el destino

ziemlich **IIU1A** bastante

das **Zimmer** **IU3A** la habitación

die **Zone** **IU7A** la zona

der **Zoo** **IU4B** el zoo

zu **IU8B** hacia

(hin) **zu** **IU3B** a

zu (+ adj.) **IU6C** demasiado

zu der Zeit **IIU1A** entonces

zu viel **IU6C** demasiado

etw. **zubereiten** **IU3B** preparar algo

der **Zucker** **IU6B** el azúcar

zuerst **IU5B** primero **IIU3A** en primer lugar

zufrieden sein **IU5B** estar contento, -a

der **Zug** **IU7A** el tren

Zugang haben **IIU3PP** acceder a algo

auf etw. **zugreifen** **IIU3PP** acceder a algo

die **Zukunft** **IIU4A** el futuro

zulassen, dass jd etw. tut **IIU2B** permitir hacer algo a alguien

zunächst einmal **IIU3A** en primer lugar

zurückgehen **IIU7A** bajar

zurückkehren **IU7B** volver (irr.)

zurückkommen **IU7B** volver (irr.)

etw./jdn **zurückweisen** ⟨ ⟩ rechazar algo/a alguien

zurzeit **IIU1A** actualmente

zusammen **IU5B** juntos, -as

(alle) **zusammen** **IU5B** (todos, -as) juntos, -as

bei etw./mit jdm **zusammenarbeiten** **IIU4B** colaborar en algo/con alguien

mit etw./jdm **zusammenstoßen** **IU8B** chocar(se) (c-qu) con algo/con alguien

die **Zutat** **IU6B** el ingrediente

der **Zweifel** **IIU3B** la duda

zweisprachig **IIU4A** bilingüe

zweite, -r, -s **IU3A** segundo, -a

die **Zwiebel** **IU6B** la cebolla

zwischen … (und) … **IU3A** entre (… y…)

Galicia

España

OCÉANO ATLÁNTICO

La Coruña

La Coruña
Santiago de Compostela

Lugo
Lugo

GIJÓN

ASTURIAS
Oviedo

GALICIA

Pontevedra

Vigo
Pontevedra

Orense

Orense

León
León

Palen

CASTILLA Y LEÓN

Zamora

Palencia

Zamora

Valladolid
Valladolid

Salamanca

Salamanca

Ávila
Ávila

MA

PORTUGAL

Cáceres

Cáceres

Toledo

EXTREMADURA

Ciudad Real

Badajoz
Mérida

Ci

Badajoz

Lisboa

Córdoba

Huelva

Sevilla

Córdoba

Córdoba

Huelva

Sevilla
Sevilla

ANDALUCÍA

Jaé

Costa de la Luz

Málaga

Gran

Álora

Cádiz

Jerez de la Frontera
Ronda

Nerja

Benalmádena

Cádiz

Cádiz

Málaga

Cos

Algeciras

Tarifa
Gibraltar (Reino Unido)

Estrecho de Gibraltar

Ceuta (España)

MARRUECOS

○ más de 500.000 habitantes
○ más de 200.000 habitantes
○ más de 100.000 habitantes
○ otra ciudad importante

■ Capital de Estado (3.273.000 hab.)

⦿ Capital de la comunidad autónoma
   (Barcelona 1.619.000 habitantes)

● Capital de provincia

0 km   33   66   100 km

México y Centroamérica

ESTADOS UNIDOS
DE AMÉRICA

MÉXICO

Ciudad de
México

BELIZE

GUATEMALA

Guatemala

San Salvador

EL SALVADOR

HONDURAS

Tegucigalpa

NICARAGUA

Managua

San José

COSTA RICA

Panamá

PANAMÁ

Miami

Bahamas

Nassau

La Habana

CUBA

Santo
Domingo

San Juan

PUERTO
RICO

HAITÍ

REPÚBLICA
DOMINICANA

JAMAICA

Kingston

América del Sur

Argentina

SUCRE

BOLIVIA

PARAGUAY

ASUNCIÓN

São Paul

Parque Nacional
del Iguazú

BRASIL

Océano
Pacífico

▲ 6739
Volcán
Llullaillaco

6862
Nevado Ojos
del Salado

ARGENTINA

Valle de la Luna

Esteros del Iberá

6959
Cerro Aconcagua

Córdoba

Santa Fe

L

O

S

SANTIAGO DE CHILE

Mendoza

CHILE

URUGUAY

MONTEVIDEO

BUENOS AIRES

La Plata

Río de la Plata

PAMPA

Mar del Plata

A

N

D

Océano
Atlántico

P
A
T
A
G
O
N
I
A

E

S

Glaciar Perito Moreno

Tierra del Fuego

Ushuaia

0 km   225   450   675 km

Bildquellen

Ablang, Friederike, Berlin, **60.3**; **60.4**; **60.5**; Alamy stock photo, Abingdon (Image navi – Sozaijiten), **48.5**; (Svea Pietschmann), **111.1**; Alecus – Ricardo Clem, San Salvador, **67.1**; Avenue Images GmbH, Hamburg (StockDisc), **123.2**; Ballhaus, Verena, München, **26.3**; Bauer, Klaus, Bondorf, **49.1**; **72.1**; Campaña is4k-ciberbullying, INCIBE – Instituto Nacional de Ciberseguridad, www.is4.es, **56**; Copyright Enigma Films SL, **130.2**; Ernst Klett Verlag GmbH, Stuttgart, **10.4**; **10.5**; **10.8**; **10.10**; **109.8**; **177**; **183.1**; **U1.1**; **U4**; Faro, **67.2**; Faro/Da Col, **53.1**; **82.1**; Fotosearch Stock Photography, Waukesha, WI, **35.8**; Fröhlich, Anke, Leipzig, **17.3**; **26.1**; **60.2**; F1online digitale Bildagentur, Frankfurt (AGEFOTOSTOCK), **14.4**; Gaturro 3, ediciones de la flor, 2002, Nik, **144.1**; gemeinfrei, **108.3**; Geoatlas, Hendaye, **111.5**; **246**; Getty Images Plus, München (Andria Patino), **123.5**; (Booka1), **105.7**; **109.9**; (David Lees DigitalVision), **123.8**; (diegograndi iStock), **105.5**; (DigitalVision/Counter), **70.2**; (domoyega), **122.2**; (E+/Stígur Már Karlsson/Heimsmyndir), **167.1**; (Federico Stariha), **105.4**; (Foto4440), **105.1**; (Francisco Archilla Bernardino), **78.2**; (iStock/AdventurePicture), **122.8**; (iStock/RicAguiar), **122.5**; (Jack Hollingsworth), **123.6**; (Juanmonino), **32.2**; **33.1**; **34.1**; **37.1**; (Leander Baerenz/Photodisc), **74.3**; (Michele Pevide), **63.1**; (PeopleImages), **68.4**; (Ridofranz), **70.3**; (SBenitez), **148.3**; (StefaNikolic), **71.1**; (StockRocket), **81.1**; (Tempura/E+), **108.1**; (Tim Macpherson), **180.3**; (Valeriy_G), **70.1**; (Willie B. Thomas/DigitalVision), **39.2**; Getty Images, München (AFP), **122.4**; (Bloomberg), **48.7**; (Cover), **99.2**; (Moment), **13.9**; (Vittoriano Rastelli/Corbis via Getty Images), **107.3**; (Westend61), **68.6**; Görtler, Carolin, Berlin, **60.1**; Graphi-Ogre/GEOATLAS, Hendaye, **86.1**; **242.1**; **244**; **245**; Hochmann, Carmen, Gütersloh, **26.4**; Hochmann, Carmen, Gütersloh; Tillmann, Rüdiger, Hamburg; (Zeichnung/Illustration: Australien und Ozeanien, Kontinent, Känguru, Koalabär, Kaninchenplage, Sydney, Opera House, Ayers Rock, Aborigines, Ureinwohner, Wüste, Pazifik, Inselwelt, Klassenstufe 5/6), **26.2**; imagen cedida por BILBAO Ría 2000, **16.1**; **16.2**; IMAGO, Berlin (United Archives International), **146.1**; ISS Facility Services, S.A. 2021, Reservados todos los derechos, **65.1**; iStockphoto, Calgary, Alberta (Alija), **88.3**; (artisticco), **40.3**; (blackred), **48.1**; (Carmen Martínez Banús), **76.1**; (DC_Colombia), **110.1**; (FrankvandenBergh), **110.5**; (holgs), **109.5**; (Mikkel William Nielsen), **48.9**; (monkeybusinessimages), **125.5**; (spanishjohnny72), **14.2**; (Tiago_Fernandez), **111.4**; (wmiami), **109.6**; jani lunablau, Barcelona, **20.2**; **31.4**; **31.5**; **31.6**; **31.7**; **31.8**; **31.9**; **31.10**; **31.11**; **31.12**; **31.13**; **31.14**; **31.15**; **32.1**; **32.3**; **37.2**; **44.1**; **44.2**; **44.3**; **44.4**; **44.5**; **44.6**; **44.7**; **70.5**; **94.2**; **99.1**; **102.2**; **123.9**; **138.1**; **138.2**; **138.3**; **138.4**; **138.5**; **138.6**; **138.7**; **138.8**; **138.9**; **138.10**; **138.11**; **138.12**; **178.1**; Joaquín S. Lavado (Quino)/Caminito S.a.s. Literary Agency, Cesano Maderno (MI), **163.1**; Kartendaten © 2017 Google, **111.6**; know idea, Uli Weidner, Freiburg, **73.1**; La Voz de Galicia, **147.1**; Leberer, Sven, Altenberge, **60.6**; Marc Javierre Kohan, Barcelona, **43.1**; **43.2**; **43.3**; **43.4**; **43.5**; **43.6**; **43.7**; **51.1**; Mauritius Images, Mittenwald (David R. Frazier Photolibrary, Inc.), **112.1**; Mauritius Images, Mittenwald (travelstock44/Alamy Stock Foto), **113.1**; NIK – Gaturro.com (Cristian Dzwonik), Buenos Aires (Nik 2010), **19.1**; **160.1**; Oertel, Katrin, Münster,

17.5; Oser, Liliane, Hamburg, **176.1**; Padylla (José Luis Padilla) para La Opinión de Tenerife (17 diciembre de 2012), **130.1**; Palmowski, Sven, Barcelona, El Prat de Llobregat, **10.9**; **11.2**; **11.4**; **17.1**; **17.2**; **17.7**; **18.1**; **21.1**; **21.2**; **21.3**; **21.4**; **21.5**; **21.6**; **23.1**; **23.2**; **23.3**; **23.4**; **24.1**; **29.2**; **29.3**; **29.4**; **29.5**; **29.6**; **29.7**; **35.1**; **35.2**; **35.3**; **35.4**; **35.5**; **35.6**; **35.7**; **46.1**; **46.2**; **46.3**; **46.4**; **50.1**; **50.2**; **50.3**; **69.1**; **69.2**; **69.3**; **69.4**; **73.2**; **73.3**; **73.4**; **73.5**; **95.1**; **95.2**; **95.3**; **95.4**; **95.5**; **97.1**; **97.2**; **97.3**; **97.4**; **97.5**; **97.6**; **97.7**; **97.8**; **97.9**; **97.10**; **97.11**; **97.12**; **97.13**; **97.14**; **97.15**; **97.16**; **97.17**; **97.18**; **127.1**; **127.2**; **127.3**; **127.4**; **127.5**; **135.1**; **136.1**; **137.1**; **137.2**; **137.3**; **137.4**; **137.5**; **137.6**; **137.7**; **137.8**; **137.9**; **137.10**; **150.1**; **150.2**; **151.1**; **151.2**; **162.1**; **162.2**; **162.3**; **162.4**; **162.5**; **162.6**; **165.1**; **165.2**; **165.3**; **165.4**; **165.5**; **165.6**; **165.7**; **165.8**; **165.9**; **165.10**; **165.11**; **165.12**; **165.13**; **165.14**; **165.15**; **165.16**; **165.17**; **165.18**; **180.1**; **180.2**; **183.2**; **186.1**; Picture-Alliance, Frankfurt/M. (ASSOCIATED PRESS), **125.3**; (empics), **107.2**; Rau, Katja, Berglen, **17.4**; Revilla López, David, Barcelona, **27.1**; **27.2**; **27.3**; **45.1**; **45.2**; **61.1**; **61.2**; **61.3**; **85.1**; **85.2**; **101.1**; **101.2**; **101.3**; **121.1**; **121.2**; **121.3**; **121.4**; **141.1**; **141.2**; **141.3**; **184.1**; Rother, Lothar, Schwäbisch Gmünd, **147.2**; Schwarzstein, Jaroslaw, Hannover, **10.1**; **10.2**; **10.3**; **10.6**; **10.7**; **11.1**; **11.3**; **75.1**; **75.2**; **75.3**; **75.4**; **75.5**; **75.6**; **75.7**; **75.8**; **75.9**; **75.10**; **75.11**; **75.12**; **102.3**; **102.4**; **102.5**; **133.1**; **142.2**; **142.3**; **142.4**; **142.5**; **142.6**; **U2**; ShutterStock.com RF, New York (AndromidA), **38.1**; (Antonio Guillem), **39.4**; **39.5**; **41.1**; **47.1**; **86.5**; **164.1**; (Barone Firenze), **64.4**; (Beatriz Vera), **143.3**; (Benevolente82), **122.1**; (Bored Photography), **128.4**; (Borkin Vadim), **124.1**; (Botond Horvath), **14.1**; (Cecilia Di Dio), **148.9**; (cesar fernandez dominguez), **123.3**; (Chepe Nicoli), **123.4**; (colores), **89.5**; (Cookie Studio), **131.1**; (Curioso.Photography), **145.2**; (Darios), **64.2**; (Darya Sarakouskaya), **124.3**; **124.4**; (Dean Drobot), **116.2**; **157.1**; (Ekaterina Pokrovsky), **13.1**; (Elena Mirage), **110.4**; (ESB Professional), **48.8**; (EugeneEdge), **31.2**; (Farknot Architect), **86.6**; (Fernando Tatay), **88.1**; (fizkes), **129.2**; **142.1**; (Fotoluminate LLC), **54.1**; (F8 studio), **143.1**; (Galina Barskaya), **59.2**; (Gena Melendrez), **91.1**; **96.1**; (George Rudy), **131.5**; (Gerain0812), **66.1**; (Globe Turner), **74.2**; **78.1**; (Golubovy), **185.1**; (Gorodenkoff), **68.1**; (Graham King), **108.2**; (Guillermo Spelucin R), **148.1**; **148.2**; **148.4**; **148.5**; **148.7**; **148.8**; (Helmut Spoonwood), **128.1**; (holbox), **13.6**; (hydebrink), **28.5**; (ImagenX), **122.6**; (IndianFaces), **129.1**; (insta_photos), **39.1**; **52.1**; (javifuentess), **86.4**; (Jonak), **118.2**; **179.1**; (Jörg Jahn), **91.2**; (joserpizarro), **96.2**; (Juan Garcia Hinojosa), **30.1**; (Julia Sudnitskaya), **28.6**; (Kamil Macniak), **29.1**; (karengoncalvese), **88.2**; (kavram), **114.1**; (Khosro), **166.1**; (Kobby Dagan), **64.5**; (Konstantin Chagin), **131.4**; (Kostenko Maxim), **48.2**; (Krakenimages.com), **70.4**; **79.1**; **131.2**; **131.3**; **131.6**; (kropaman), **128.5**; (LAONG), **128.2**; (Lisa-S), **62.1**; (Luciano de la Rosa), **146.3**; (LUISMARTIN), **146.2**; (Matyas Rehak), **13.2**; **28.1**; (mavo), **137.11**; (MaxMaximovPhotography), **88.4**; **102.1**; (Migel), **88.5**; (MILA PARH), **148.6**; (Mimadeo), **15.1**; (Monkey Business Images), **54.2**; (Multiart), **123.1**; (Natallia Boroda), **128.3**; (NDAB Creativity), **125.4**; (Nestor Rizhniak), **75.14**; (Niv Koren), **105.3**; (Octavian Rosca), **91.5**; (Ondacaracola), **28.4**; (oneinchpunch), **125.1**; (Pablo Rodriguez Merkel), **106.1**; **106.2**; **106.3**; **106.4**; **122.7**; (Pixachi), **28.3**; (Pixel-Shot), **39.6**; (PRESSLAB), **68.3**; (Prostock-studio), **90.1**; (Q77photo), **146.4**; (Rawpixel.com), **174.1**; (researcher97), **57.2**; (RM_Design), **28.2**; (Robcartorres), **13.4**; (rubiphoto),

Quellennachweis

Textquellennachweis